U0618921

HONGGUAN GAODENG JIAOYU
PINGGUXUE YINLUN

宏观高等教育评估学引论

上海市教育评估院　组织编写

熊庆年　田凌晖　任　佳
叶　林　俞　可　著

高等教育出版社·北京
HIGHER EDUCATION PRESS　BEIJING

内容简介

　　本书以丰富的国内外研究资料为基础，对宏观高等教育评估现象进行全面的分析和归纳，进而抽象出一定的理论要素，初步构建了宏观高等教育评估学的概念体系，确立了学科知识体系的逻辑结构和研究的基本范式。

　　本书包括八章：绪论、宏观高等教育评估的社会基础、宏观高等教育评估的基本问题、宏观高等教育评估的系统关联、宏观高等教育评估的实践样式、宏观高等教育评估的国际视野、我国宏观高等教育评估的发展、余论。

　　本书适于政府教育行政管理部门、社会教育评估机构、高等学校的管理者、评估实践者及研究者阅读，也可作为高等教育学、教育经济与管理专业研究生的教材。

图书在版编目(CIP)数据

宏观高等教育评估学引论/熊庆年等著；上海市教育评估院组织编写.—北京：高等教育出版社，2011.11
（教育评估文库）
ISBN 978-7-04-033463-0
Ⅰ.①宏…　Ⅱ.①熊…②上…　Ⅲ.①高等教育－教育评估－研究　Ⅳ.①G642.0
中国版本图书馆 CIP 数据核字（2011）第 190525 号

策划编辑　刘金菊　姚云云	责任编辑　姚云云	封面设计　王　睢	版式设计　范晓红
责任校对　杨凤玲	责任印制　朱学忠		

出版发行　高等教育出版社　　　　　　　　咨询电话　400－810－0598
社　　址　北京市西城区德外大街 4 号　　网　　址　http://www.hep.edu.cn
邮政编码　100120　　　　　　　　　　　　　　　　　　http://www.hep.com.cn
印　　刷　河北鹏盛贤印刷有限公司　　　网上订购　http://www.landraco.com
开　　本　787mm×1092mm　1/16　　　　　　　　　　　http://www.landraco.com.cn
印　　张　17　　　　　　　　　　　　　　版　　次　2011 年 11 月第 1 版
字　　数　320 千字　　　　　　　　　　　印　　次　2011 年 11 月第 1 次印刷
购书热线　010-58581118　　　　　　　　定　　价　40.40 元

《教育评估文库》编委会

建立科学的教育评估理论

——《教育评估文库》总序

在人类发展的长河中,教育出现之际,教育评估也伴之而生。其评估不外乎由家庭、社会、政府或是由受教者、育人者、专家学者作为,或是对学生、教师、设施、课程等的微观性评估,或是对教育过程、教育内容、教育效果、教育策略等的宏观性评估。其范围之广与教育步步相应,就评估本身而言,又涉及评估标准、评估人员、评估方法、评估技术、评估结果、评估自身估计等诸多内容,并涉及了许多学科和技术。但评估不外乎是运用各种合理的手段对教育的各方面进行评估,以发现优良之举,找出不足之处,继而以公布排名、分级或评估分析报告的形式让公众知晓,以供选学之用;让教育方得知,以改进教学;让政府了解,以供决策之依据。

教育的重要性决定了人们对教育评估的关注度。目前,世界上许多国家都有专门的评估机构,国际上还成立了国际高等教育质量保障组织联盟(INQAAHE),亚太地区也成立了教育质量保障组织联盟(APQN),每年召开会议研讨教育评估的开展。

教育管理结构科学化决定了世界上大部分国家和地区教育管理和服务的"1+3"形式,即政府教育主管部门加上教育科学研究、教育评估和教育考核。我国许多省市自20世纪90年代中期开始就形成了这样的科学框架,并发挥了很好的作用。

教育本身的开放性和当今国际交流的发展要求每个国家和地区的教育要参与到相应的国际活动中去,并提出有水平的建议,共同提高教育水平。教育评估也是如此。

上海市教育评估院成立于2000年,其前身是成立于1996年的上海市高等教育评估事务所。现在,上海市教育评估院已发展为拥有基础教育评估所、职成教育评估所、高等教育评估所、医学教育评估所和综合教育事务评估所五大评估所的从事各级各类教育评估的专门机构。为适应教育评估的发展与提升,上海市教育评估院除了参与评估、参与国内外交流外,还意在教育评估的理论和应用研究上建立更系统的内涵,于是决定出版《教育评估文库》。

《教育评估文库》是教育评估理论和应用研究成果的汇集,它包含了教育评估的基础内容,如《中国教育评估史》等一系列著作;也包括了涉及教育评估应用技术的汇编,如"教育评估标准"、"教育评估规程"等;还包括教育评估的专业理论,如"跨境教育认证"等；并涉及了评估本身评价的《教育评估的可靠性研究》等著作；当然也可包含对境外著作的翻译。总之，它涉及了教育评估的基础理论、专业基础、专业科学、应用技术等多个方面，我们期望有更多的研究成果，不断丰富文库。

《教育评估文库》将是众多学者的知识贡献，我们非常热忱地欢迎各方学人参与文库建设，共同托起教育评估的辉煌。

教育犹如奔腾不息之江，前浪不止，后浪又涌；教育又如连绵的山脉，一峰才登，又见高山。作为一名教育人，为此事业而奉献，无限欣慰；为此而建树，无限光荣。人们将永远感谢为教育而为的人，当然也包括为教育评估而为的人。以此为序，愿教育评估成功！

张伟江

上海市教育评估院院长

2009 年 3 月

目　　录

第一章　绪　论 ……………………………………………………………（ 1 ）

　　第一节　宏观高等教育评估研究的学术价值 ………………………（ 1 ）

　　第二节　宏观高等教育评估研究的发展现状 ………………………（ 5 ）

　　第三节　宏观高等教育评估研究的路径选择 ………………………（ 24 ）

第二章　宏观高等教育评估的社会基础 ……………………………（ 27 ）

　　第一节　高等教育功能膨胀 …………………………………………（ 27 ）

　　第二节　利益诉求主体多元 …………………………………………（ 32 ）

　　第三节　服务贸易日益广泛 …………………………………………（ 35 ）

　　第四节　公共管理范式变革 …………………………………………（ 40 ）

第三章　宏观高等教育评估的基本问题 ……………………………（ 45 ）

　　第一节　评估的目的 …………………………………………………（ 45 ）

　　第二节　评估的主客体 ………………………………………………（ 49 ）

　　第三节　评估内容和评估标准 ………………………………………（ 54 ）

　　第四节　评估的方法 …………………………………………………（ 57 ）

第四章　宏观高等教育评估的系统关联 ……………………………（ 61 ）

　　第一节　宏观高等教育评估是复杂巨系统 …………………………（ 61 ）

　　第二节　治理结构与评估的关联性 …………………………………（ 67 ）

　　第三节　信息系统与评估的关联性 …………………………………（ 74 ）

　　第四节　专家系统与评估的关联性 …………………………………（ 81 ）

　　第五节　模型选择与评估的关联性 …………………………………（ 88 ）

第五章　宏观高等教育评估的实践样式 ……………………………（ 93 ）

　　第一节　作为竞争力要素的高等教育评估 …………………………（ 93 ）

　　第二节　对高等教育发展的整体性评估 ……………………………（ 97 ）

　　第三节　公共管理中的常规性评估 …………………………………（100）

　　第四节　社团性行业性评估 …………………………………………（111）

　　第五节　舆论性满意度评估 …………………………………………（115）

　　第六节　商业化的大学排行榜 ………………………………………（120）

第六章　宏观高等教育评估的国际视野 …………………………………（129）

　　第一节　美国 ……………………………………………………………（129）

　　第二节　日本 ……………………………………………………………（151）

　　第三节　英国　澳大利亚　印度 ………………………………………（166）

　　第四节　德国 ……………………………………………………………（185）

　　第五节　国际高等教育质量保证机构 …………………………………（212）

第七章　我国宏观高等教育评估的发展 …………………………………（222）

　　第一节　发展历程 ………………………………………………………（222）

　　第二节　现状分析 ………………………………………………………（232）

　　第三节　未来展望 ………………………………………………………（242）

第八章　余论 ………………………………………………………………（246）

　　第一节　宏观高等教育评估的哲学观照 ………………………………（246）

　　第二节　宏观高等教育评估的文化审视 ………………………………（250）

　　第三节　宏观高等教育评估的艺术把握 ………………………………（255）

参考文献 ……………………………………………………………………（259）

后记 …………………………………………………………………………（262）

第一章 绪 论

本研究冠以"宏观高等教育评估"之名,是与高等学校内部的"微观高等教育评估"相对而言的。然而"宏观"仍然是模糊的,从最恢宏的视野来说,可以是世界的,对全世界高等教育的评估;再聚焦一点,可以是对一个国家高等教育整体的考察。当然,我们更多的是把视线放在一个国家中,但这也还是有范围或者层面的问题;至少可以作两类区分,一类是从公共政策层面上对高等教育事业的评估,一类是公共管理层面上外部对高等学校的评估。为了方便起见,本研究不做严格的逻辑区分,凡不属高等学校自身所组织的内部评估活动,概在观察的范围之内。

第一节 宏观高等教育评估研究的学术价值

"评估"这个词,在我国教育政策文本中,出现得越来越频繁了。改革开放以来三个等级最高的政策文本中,1985 年 5 月 27 日发布的《中共中央关于教育体制改革的决定》,只有一次提到"评估":

> 教育管理部门还要组织教育界、知识界和用人部门定期对高等学校的办学水平进行评估,对成绩卓著的学校给予荣誉和物质上的重点支持,办得不好的学校要整顿以至停办。

到中共中央、国务院 1993 年 2 月 13 日印发的《中国教育改革和发展纲要》,便有五次提到"评估":

> (18)要重视和加强决策研究工作,建立有教育和社会各界专家参加的咨询、审议、评估等机构,对高等教育方针政策、发展战略和规划等提出咨询建议,形成民主的、科学的决策程序。
>
> (20)完善研究生培养和学位制度。通过试点,改进硕士学位授权点和博士生导师的审核办法,同时加强质量监督和评估制度。
>
> (32)建立各级各类教育的质量标准和评估指标体系。各地教育部门要把检查评估学校教育质量作为一项经常性的任务。要加强督导队伍,完善督导制度,加强对中小学学校工作和教育质量的检查和指导。对职业技术教育和高等教育,要采取领导、专家和用人部门相结合的办法,通过多种形式进行质量评估和检查。

而 2010 年 7 月 29 日发布的《国家中长期教育改革与发展规划纲要(2010—2020 年)》(以下简称《规划纲要》),则有十二次提到"评估":

（十四）建立健全职业教育质量保障体系，吸收企业参加教育质量评估。

（十九）改进高校教学评估。

（二十二）改进管理模式，引入竞争机制，实行绩效评估，进行动态管理。

（二十四）加强继续教育监管和评估。

（四十）鼓励专门机构和社会中介机构对高校学科、专业、课程等水平和质量进行评估。建立科学、规范的评估制度。

（四十四）加强对民办教育的评估。

（四十七）整合国家教育质量监测评估机构及资源，完善监测评估体系，定期发布监测评估报告。

（六十七）建立教育质量监测、评估体系，定期发布测评结果等。

（实施）对规划纲要实施情况进行监测评估和跟踪检查。

政策文本"评估"词频的不断提高，所折射的信息是，在高等教育宏观管理中，评估作为政策工具的功能越来越受到重视。事实上，二十多年来，中国高等教育宏观评估活动在政府的推动下，涉及面越来越广，系统性越来越强，"红绿灯"和"指挥棒"的作用越来越显现。然而，另一方面，社会对政府教育行政部门"评估"的批评越来越多，越来越激烈。尤其是 2003 年至 2008 年教育部实施第一轮对本科教学评估以来，批评之声不绝于耳，不仅社会人士批，大学教师批，大学生批，连大学校长们也纷纷加入批评行列。

曾任教育部高等教育司司长的中国人民大学校长纪宝成，曾于 2008 年 3 月 26 日在《人民日报》撰文，指出大学评估存在的"三大问题"。第一，评估太多太滥，缺乏总体设计；第二，教育评估体系、方法单一，拉不开差距；第三，评估造假，敷衍了事。[①]

前中国科技大学校长朱清时也认为："现在本科教学评估带着强烈的行政主导的特征。评价各种不同类型的大学，竟然用相同的标准，这是非常不对的。""我们的错误纠正机制很不灵敏，在任何健康的地方，一旦出了这么多问题之后，都应该迅速发现，立即纠正……最好的做法就是赶快停下来。""要改的话，就是要停掉行政主导的教学评估，以社会评价和同业评价为评估的依据。"[②]

那么，社会评价或者同业评价是不是就能够为人们所接受呢？也未必。我国自 1987 年开始出现了所谓的大学排行活动，[③]到现在有近 20 个机构发布过这样或

① 纪宝成：《大学评估太多了》，载《人民日报》2008 年 3 月 26 日第 11 版。

② 傅剑锋：《中科大校长建议停止以行政主导的高校评估》，http://news.qq.com/a/20080424/002584.htm.

③ 武书连：《中国有多少大学排行榜》，http://www.edu.cn/20010917/3001903.shtml.

那样的大学排行榜。人们对这些排行活动的诟病也随着排行榜的增加而增多。复旦大学校长杨玉良就表示:"在不符合科学精神的评估及评价体系下,大学很有可能沦为大学排行榜里的大学,'一流大学'成为指标化和数字里的'一流大学'。令人担忧的是,与这种大学排行榜相对应的评价、评估方法,正在成为一种'制度',污染着'学术空气'。"①

不过,我们只要仔细分析一下批评者的言论,就会发现,大多数批评者对高等教育评估并不完全排斥,他们所批评的是被权力异化了的评估、不科学的评估、有严重缺陷的评估。有的学者强调对评估需持客观的态度,华中科技大学教育科学研究院副院长别敦荣认为:"如果没有评估,整个高等教育的质量、学校的办学条件、对教学的重视程度以及教学的规范性,也不可能有现在的水准。"②北京理工大学高等教育研究所所长杨东平认为:"评估本身是没错的,只是各个国家评估的内容、方法不同,我国的评估方式还存在一些缺陷,需要进一步完善。对于那些优秀的大学应当分类管理,我国目前存在多类型的学校,用现有的一套指标体系显然非常不合理,例如西部地区和东部地区学校,其条件和水平完全不一样,实践型大学与研究型大学不一样,对那些以世界一流大学为目标的研究型大学,应该完全放开,不参加这种评价,或者建立另一套适合它们的评价体系。"③

有学者对第一轮本科教学评估中教师的反映作了问卷调查,超过80%的高校教师认为开展教育部本科教学评估工作"非常有必要"和"有必要",对评估结论,42.5%的教师认为符合学校的实际情况,40.4%的教师认为"比较符合"。"评估指标体系"、"评估方法"和"评估配套政策"等是评估工作中教师最希望得到改进的地方。④ 不过这项调查样本只有160份,还不足于将其作为判断的可靠依据。

综上所述,评估活动已经成为我国高等教育宏观管理系统的一个重要环节,但其功能和价值还没有得到实在的证明。现时的高等教育评估作为一种高等教育宏观管理的工具,其科学性、可靠性尚未得到一致的认可,其使用的合法性和恰当性同样受到质疑。然而,这并不能表明高等教育评估不具有实在的价值,因为高等教育是一种极为复杂的社会现象,非简单化的评估可以奏效,高等教育评估需要在不断实践中探索并加以完善。无论持什么观点的人都承认,一个没有恰当评估的高等教育体系肯定是低效和不完善的。《规划纲要》对评估政策的绵密宣示,清晰地发出了一个信号,评估在高等教育宏观管理中将被更加深入和广泛地运用。

政府坚定不移地进一步开展高等教育评估,是现实的必然要求。到 2002 年,

① 杨玉良:《大学排行榜污染"学术空气"》,载《人民日报》2009 年 3 月 17 日第 11 版。
② 陈彬:《评估专家:现行评估方式有利于学校建设》,载《科学时报》2008 年 1 月 21 日第 6 版。
③ 陈彬、杨东平:《现有评估方式还需完善》,载《科学时报》2008 年 1 月 21 日第 7 版。
④ 章建石、刘雪平、高莉、王桂雪:《本科教学评估的经验与启示:高校教师的视角》,载《科学时报》2008 年 1 月 21 日第 6 版。

中国高等教育毛入学率达到15%,进入了大众化阶段。在此之后,高等教育规模仍保持了较快速的增长,至2010年,高等教育毛入学率可达到25%,在校生总规模将超过3000万人。10年之后,到2020年,高等教育毛入学率计划达到40%,在校生总规模可望达到3550万人。但是,中国是"穷国办大教育",教育公共财政投入占GDP的比例一直低于国际平均水平,即使按照《规划纲要》教育公共财政投入占GDP达到4%,整体投入水平也是不高的。这也就意味着要用有限的高等教育投入维持一个巨大规模的高等教育体系,资源性短缺将是一种常态。如何把钱真正用在刀刃上,如何使有限的资金发挥最大的效用,这就需要以科学的评估作判断依据。

实施高等教育评估,不只是资源有效配置的要求,也是社会建设、公共治理的现实要求。与精英教育阶段不同,高等教育进入大众化阶段以后,高等教育与普通老百姓的生活越来越具有相关性。公民在享有平等接受高等教育权利的同时,也更加关心高等教育公共资源的效率与公平;社会主体在参与高等教育事业发展的同时,也更加关心非公共投入的价值和效益。由此而催生出社会问责,高等教育评估可以说即是回应问责、参与治理的主要形式。

国外高等教育发展的历史经验也说明,高等教育评估是高等教育发展到一定阶段的必然产物。在美国,全国性高等教育鉴定机构的形成,就在20世纪30年代高等教育大众化迅速发展之时,它适应了高等教育机构分化和市场竞争的各种需求。在英国,高等教育评估的体系是在20世纪80年代建立起来的,而这一时期正是英国高等教育快速发展之际。为了应对高等教育的规模扩张和经济危机导致的公共开支紧缩,在质量与效益上保障高等教育健康的发展,英国逐渐构筑起了以评估为基础的较为完善的高等教育质量管理体系。已经实现高等教育大众化的国家大体上都经历了这样一个过程,为满足高等教育多元分化、资源竞争性配置和质量控制的要求,不断探索和健全符合本国教育文化特性的评估体系。

总之,在高等教育日益成为国家、民族、社会和个人发展动力源的今天,高等教育评估成为宏观高等教育管理重要工具的必然性已经毋庸置疑,尽管人们对其规律性认识还有待提高,尽管人们对高等教育评估的实践有着种种的质疑和批评,但是其社会功能价值不可否认。高等教育评估不是要不要的问题,而是如何完善并使之具有科学性、可靠性和适切性的问题。

理论的任务就在于科学地认识现象,为实践提供指引。科学的理论无不是时代精神的精华,总能反映时代的问题,回应实践的呼声。我们之所以要把宏观高等教育评估作为理论研究的对象,就是因为时代需要我们理性地认识高等教育评估现象,研究高等教育评估的规律性,建构起高等教育评估的系统知识。未来的十年,将是我国教育事业科学发展的十年,在由人力资源大国向人力资源强国迈进的过程中,在由高等教育大国向高等教育强国的进军中,提高质量成为战略的核心任务,势必要求更加科学、更加符合实际的高等教育评估为之提供保障。从更长远、更广阔的视野看,在未来以知识发展为基础的社会中,高等教育将是人类社会可持续发展的最强大动力,高等教育的质量决定着民族和国家能否兴盛,也影响着国与国之间的文化交融,宏观高等教育评估必将成为实现国家、国际公共治理的工具与手段,面向未来、面向世界,是宏观高等教育评估研究不可忽略的现实命题。时代赋予理论工作者以学术之使命,我们的目标就是反思高等教育宏观评估的各种现象,回应高等教育评估实践中的现实问题,努力总结对事物的规律性认识。

第二节　宏观高等教育评估研究的发展现状

无论是发达国家还是发展中国家,高等教育评估是高等教育体系中不可缺少的一部分。其存在于世界各国的高等教育体系中,但是其作用、方法、目的和功能却在各国既有共同点又有不同之处。高等教育评估包含了两个基本的内容,即质量评估和教学评估。质量评估主要是针对学校和学科,它是对学校和学科所提供的教育质量进行评估,以保障或提高高等教育的质量。教学评估主要是针对学生的学习活动,它是对学生的学习成果进行评估,以保证学生从高校毕业后掌握一定的知识和技能,并具备相应的科学素质。

一、质量评估

高等教育评估体系直接关系到高等教育体系中的专科、本科和研究生阶段的教育质量是否能达到其预期的目标。高等教育评估的对象既可以是高等院校,也可以是专业学科;既可以是综合性大学,也可以是专科学校。

(一)高等教育评估的功能

高等教育评估体系包含了各个层次的功能:第一,这个体系要对一个新的高等学校或者是一个新学科的建立进行评估。在评估合格后,授予这个学校或学科合格证书。这样,新学校或新学科在建立之初就获得了公众的认可。第二,这个体系要实行监督的功能。即对学校的管理和财务要进行监督,以确保其能正常运作。第三,认证是一种对学校或学科的质量评估的方法。这是保证高质量的高等教育评估的方法之一。第四,颁发职业证书也是这个体系的评估功能之一。第五,这个教育评估体系要对公众发布并定期更新以上各个评估的结果,以保证信息的公开和有效。这个质量评估体系由不同的评估主体来实现以上这些功能。教育部、认证机构、评估机构、职业证书考核部门,以及社会组织都有可能成为评估的主体。①

在评估教育质量的时候,我们还要考虑到环境、方法、层面、机制、价值等几个方面。评估环境主要包括国家、地方和学校等环境。评估方法主要是指自我评估、

---

① Martin,M. & Stella,A. *External quality assurance in higher education:Making choices*[R]. UNESCO:International Institute for Educational Planning,2007.

互相评估和实地考察评估等方法。评估层面包括教育系统、学校、科系和个人的层面。评估机制是指奖励机制、政策制定、结构调整、文化约束等。评估价值包括学术价值（提高学科建设的价值）、管理价值（提高教学水平和质量的价值）、就业价值（提高毕业生的竞争优势和就业率）。[①]

（二）高等教育评估的目的

马丁和斯戴拉（Martin & Stella）指出高等教育评估主要有以下三种目的[②]：第一，教育质量保证。第二，高等教育政策制度的问责制（accountability）。第三，为了提高现有的教育质量。

1. 教育质量的保证

教育部门的传统功能之一是保证最基本的教育质量。过去，在我国几乎所有的高等教育都是由政府包办的，因而这个功能就被弱化了。公众普遍认为，政府投入了所需的资源，其提供的教育是有保障的。但是，现在随着越来越多的民办大学和私立大学的成立，高等教育质量的保证被公众提上了日程。高等教育的质量受到越来越多的质疑。因此，高等教育行政部门不得不对所有的高等教育机构（各类高等院校、具有高等教育培养功能的机构，如科学院、研究中心）提出教育质量保证的要求。高等教育行政部门提出了一系列保障高等教育质量的基本要求，并要求所有的高等教育机构都要达到这些要求。这既是教育部门保证大学生所受到的优质教育以及公众的高等教育消费得到回报，也是对高校发展方向的把握和指导。

2. 高等教育政策制度的问责制

公众有权对高等教育政策制度进行问责。教育评估的一个主要目的是得到公众对教育质量的认可，即认为高校的教育质量是可接受的或是需要提高的。认证是一种以标准为基础的可测量的评估方法。根据认证机构公布的评估标准和方法，高等教育机构可针对认证的标准来进行自我调节，以达到或符合认证的标准。高等教育机构可以向认证机构提供教学数据和报告来证实自己的教育质量已经达到认证机构的标准。获得认证的学校以此来向公众证明本校的教育质量是有保证的。

3. 提高现有的教育质量

要提高现有的教育质量，所有的教职人员必须要参与到这个过程。然而，提高教育质量并不是评估的单一目的，评估的主要目的是让学校或学科通过正式的、系统的自我评估的过程，来达到提高教育质量的目的，将这种自我评估的过程逐渐转

① Vlasceanu, L., Grunberg, L. & Parlea, D.. *Quality assurance and accreditation: A glossary of basic terms and definitions*[R]. Bucharest: UNESCO - CEPES, 2004.

② Martin, M. & Stella, A. *External quality assurance in higher education: Making choices*[R]. UNESCO: International Institute for Educational Planning, 2007.

换成为学校或学科的一种自我提高的过程,这样教育质量的不断提高才能真正实现。

(三)教育质量评估的手段

教育质量评估存在强制性和自愿性两种手段。强制性的教育质量评估是指高等教育体系要求所有的高等院校和学科都必须要定期进行教育质量评估。[①]

匈牙利在 20 世纪 90 年代就建立起了强制性的教育质量评估体系,且这个评估体系成为了政府的法律。经过一系列的试行和改革,匈牙利 1997 年成立了匈牙利认证委员会(Hungary Accreditation Committee)。这个委员会是一个"质量监控"的组织,它主要负责对高等教育的内容和质量进行监督,即通过对各个院校和学科进行定期的认证来保证高等教育的质量。

匈牙利认证委员会有多种功能。首先,每隔八年,该委员会通过自我评价、学院互评和评估报告等方式,对所有的高等院校和学科进行认证。其次,它还对新成立的大专和本科院校、国际学校和学科进行质量评估,并颁发资格证书。除此之外,它还颁布国家教育资格认定标准、学分制的规定和外国学历证书的鉴定和审核标准。

为实现以上这些功能,匈牙利认证委员会下属三个二级委员会。第一个是学科委员会,第二个是学院委员会,第三个是匈牙利认证委员会办公室。虽然最终的认证结果是由教育部决定,但是提出决定意见的任务是由认证委员会来完成的。认证委员会根据学科建设、师资队伍以及学院发展三个方面来提出决定的意见。

匈牙利认证系统的建立一开始的目的是保证学科的质量。由学科认证委员会制定最低的学科质量评估的标准,并且强制所有的高校根据此标准进行质量评估。学校质量认证的主要目的是为了促进学校的不断进步。首先学校要进行自我评估,以及兄弟院校之间进行互相访问,然后学校必须准备一份评估报告。这样的做法是为了促进高校的发展和质量评估的管理。目前,这个质量评估过程已作为认证过程的一部分。[②]

有的国家采用自愿的教育质量评估手段。例如,美国的区域和行业认证都是自愿的。首先,高等院校需向本校所在地的所属区域认证机构提出申请;其次,区域认证机构审核并批准其资格;然后学校才进入评估程序。与此类似,行业认证也是由学科或专科学院首先向行业认证机构提出认证申请,然后才开始评估程序。[③]

① Martin, M. & Stella, A.. *External quality assurance in higher education: Making choices*[R]. UNESCO: International Institute for Educational Planning, 2007.

② Kozma, T.. *Accreditation in the higher education system in Hungary: A case study for international comparison*[R]. Paris: IIEP - UNESCO, 2003.

③ El-Khawas, E.. *Accreditation in the United States: Origins, developments and future prospects*[R]. Paris: IIEP - UNESCO, 2001.

（四）高等教育评估的方法

高等教育评估的基本方法有两种：与目的匹配的方法和以标准为基础的方法。[①] 与目的匹配的评估方法首先分析高校或学科自述的目的，并同时考核这个目的的可行性。这种方法得到很大的支持，因为在高校系统中，每个学校和学科有各自不同的服务对象和群体，具有其特殊性。因此，不能用同样的标准来评估所有的学校和学科。例如，一个传统的四年制的大学是以科研为主，并且建立在一个主要的大城市，而另一个学校是以教学为主，主要服务非传统学生，那么这两所学校应采用不一样的评估标准。

但是，也有人认为某些评估标准应该是对所有的高校都适用，并且，这些统一的标准能确保所有高校的基本教学质量的一致性。这种评估方法在现代国际评估系统中得到越来越多的认同。因此，越来越多的质量评估系统采用这种以标准为基础的方法。与目的匹配的评估方法通常被认为更适用于提高教学质量，而以标准为基础的评估方法则更适用于保障教学质量。

美国的区域认证机构采用以标准为基础的方法，大多数认证机构提出很精细的标准，其中一些标准是对所有高校的要求，而另一些则是有针对性的标准。认证机构要求高等院校提供学校组织结构和学科的信息，并说明学校或学科的教育质量是否符合评估的标准。[②]

法国的质量评估机制采用更加开放的审阅机制，这个过程用了近 20 年的时间来改革。这个开放的审阅机制主要是用来评估高校的特有的优势和弱点，并且根据这些信息提出进一步提高质量的建议。同时，这些信息还会公布于大众。2003年，一系列的标准被审阅机制采纳，评估者和大学的管理者都可以使用这些标准对学校进行评估。2003 年法国评估全国委员会（Comité national d'évaluation，CNE）颁布了《标准之书》（Livre des Références），这本书提出了教育评估的框架，这个评估框架主要是根据学校的表现，让学校提出自己从评估中学到什么，并如何使用这个评估信息。这个评估框架包括三个方面：教育政策、科研政策以及学校管理者如何执行以上的政策。这本书由 10 个部分组成，每个部分分别针对学校的管理和合作的一个主要的方面。另外，这本书还有 63 个实践系统，以及 302 个准则，这些实践系统和准则组成了一个机制，这个机制能够保障教学质量达到预期的目标。《标准之书》不仅被法国评估全国委员会用于所有的评估项目，而且还被证实是一种有效的交流工具。[③]

①　Martin, M. & Stella, A.. *External quality assurance in higher education：Making choices* [R]. UNESCO：International Institute for Educational Planning, 2007.

②　El-Khawas, E.. *Accreditation in the United States：Origins, developments and future prospects* [R]. Paris：IIEP-UNESCO, 2001.

③　Levasseur, M.. *Using evaluation for joint planning and creating more transparency：France* [Z]. Paper presented at the IIEP Policy Forum, Paris, France, 2005.

（五）高等教育评估的模式

在教育评估系统中有的评估侧重于"量"，即依赖量的评估。而有的评估则侧重于质，即依靠专业的判断，两种模式各有利弊。

1. 依赖量的评估

教育评估机构有时会采用依赖量的评估。他们会要求学校提供数据来证明其达到一些量化的标准，并对这些标准提供量化的尺度，然后报告这些数据是否符合标准。

哥伦比亚国家认证委员会（National Council of Accreditation in Colombia）评估学校的 66 个方面，每一个评估方面都由一系列的量化的标准来组成。若弗洛和赫曼德兹（Revelo & Hermandez）举了哥伦比亚采用依赖量的评估的例子。[①]

评估方面：为达到教学目标并满足学科的特性，师资力量必须充足，教师必须受过必要的学科培训，教师必须投入到学科的教学工作中。

评估描述：为了达到学科教学的目标，学校必须招募到规定数量的教师。这些教师必须拥有恰当的教学资格，并致力于所属学科的教学。

评估内容：教师是否安排到具体的科系，他们是否接受过足够的培训，他们是否致力于所属学科的教学。

评估标准：教师的培训、资格和投入必须符合所属学科的要求。

评估参数：教师的受教育程度（研究生、博士生学历）及其与升职制度和教学任务的分配相关性。

教师的其他教育经历，及其与教学任务的相关性。

教师在该学科教学的工作年数，以及其在其他学科或专业工作的经验。

该学科注册的学生数量和教学师资的比例。该师生比例是指全职学生和全职教师的比例。

对该学科的全职教师的评估包括学术和教学的表现。

该学科的学生的评估包括在校学生的质量和数量。

哥伦比亚的评估例子说明教育评估是可以通过一些量化的评估标准来实现的。同时，我们也可以看到教育评估是一个复杂的过程，另一些评估机构采用其他的评估模式。

2. 依靠专业的判断

许多教育评估机构并不制定评估细则和量的标准，因为一旦制定这些标准，那么教育的多样性和特性就无法体现在评估过程中。因此，要考虑教育多样性，依赖量的评估模式就很少有用武之地了，因而评估机构就采用了依靠专业判断的模式。

如果教育评估机构采用依靠专业的判断的评估模式，就不会制定量化的标准，

---

① Revelo，J. R. & Hermandez，C. A.．*The national accreditation system in Colombia. Experiences from the National Council of Accreditation（CAN）*［R］．Paris：IIEP － UNESCO，2003：47.

也不会要求学校提供量化的数据。但是，他们会对一些问题提出一些具体的指导或要求。例如，评估机构会要求学校提供资源充足和有效利用资源的证明。举例来说，教育评估机构也许并不强调生师的比例必须是10∶1，但是，它可能要求研究生的教学必须由具有博士学历的教师来担任。换句话说，教学任务必须由具有恰当学历和资格的教师来完成。

澳大利亚的大学质量评估机构（Australian Universities Quality Agency，AUQA）就采用专业判断的评估方法，对学校仅提出指导性的评估范围。在其审查手册中的指导性评估范围有以下几个方面：

- 学校的领导、管理和计划；
- 教学、学科审批和监督、国内外的学术标准的可比性；
- 科研活动和科研产出，以及将科研产出商品化；
- 社区服务活动；
- 国际化发展，以及与海外的合作；
- 支持教职员工和学生的机制；
- 与校内外的各个阶层交流；
- 系统的内部评估（例如，科系内的评估），并使用有效的评估机制；
- 上级领导的支持。

有些人担心如果教育评估机构完全依靠专业的判断，那么评估结果会很大程度上受到评估人员主观的影响。马丁和斯戴拉（Martin & Stella）指出，为防止担心成为现实，教育评估机构通常会有评估手册和指导方法来指导评估人员的评估活动和评估过程，严格的培训也是保障评估结果可信度的主要策略。马丁和斯戴拉还发现评估机构还建立了一种策略来提高评估结果的客观性，即所有的评估人员必须对评估结果达成共识，而不是通过投票的方法来决定评估的结果。通过主观的方法来提高评估结果的客观性，即评估人员提出自己的不同意见，讨论后达成共识，然后公布达成共识的评估结果。评估小组成员的组成，以及各自表达不同意见的方法，是作出准确评估结果的关键。[①]

总之，有的教育评估机构依赖量的评估，有的依靠专业的判断，评估机构应选择一种符合自己评估对象特性并符合评估机构标准的方法。而且，因为依赖量的评估和依靠专业判断的两种模式各有自己的优势和缺点，教育评估机构可以结合两种模式，同时采用。当教育评估机构无法决定应该依靠量还是质的评估的时候，他们往往同时使用两种方法，以达到好的评估效果。

（六）高等教育的评估和认证

认证是在教育评估体系中运用最广泛的一种方法，并且已经被很多高等教育

---

① Martin，M. & Stella，A.. *External quality assurance in higher education：Making choices*［R］. UNESCO：International Institute for Educational Planning，2007.

评估系统所采用。作为一种新的评估方法或者是替代原来的评估方法,认证是对教育质量全面评估的一种方法,且认证是一种以标准为基础的教育评估方法。它有两种标准——最低标准(minimum standards)和高标准(high-level standards),其中,最低标准的认证更普遍地被采用。①

1. 高等教育评估和认证的类型:最低标准认证和高标准认证

(1)最低标准认证

最低标准认证主要是给学校和专业颁发一种有时效的证书。最低标准的评估对学生、教职员、大楼、设施、财务、管理、科研活动等方面进行评估,这些方面是一个高等学校能够正常运行的基本条件。以下例子是哥伦比亚采用最低标准的认证方式。②

哥伦比亚的高等教育很复杂,学校质量也参差不齐,教育系统中包括多种层次的院校:科研性大学、综合性大学、高等科技学院和高等职业技术学院。全社会的中等学校毕业生对高等教育的需求在过去的20年中急速增加。但是,由于经费紧张,只有部分需求得到了满足。广大没有被满足的需求促进了许多私立高等学校的成立。然而,这些私立学校提供的高等教育的质量却参差不齐。

从1992年起,哥伦比亚高等教育体系进行了一系列的改革——专门成立了哥伦比亚高校认证体系和国家认证委员会。高校认证体系隶属于国家认证委员会,国家认证委员会隶属于国家高等教育委员会,哥伦比亚高等教育政策都是由国家高等教育委员会制定的,一些国家级的学术界权威人士和一个秘书处组成国家认证委员会,全国的高等教育学校的认证程序也由该认证委员会制定,国家认证委员会负责认证。

优质认证(Accreditation of Excellence)是一个临时、自愿的认证。优质认证强调的是质量提高,而不是质量控制。因此,优质认证采用了一种新的体系,这种体系将理想状态下的高质量标准和现实中的质量进行比较,用比较的结果来促进质量的提高。

优质认证是国家认证委员会设定的一种模式。优质认证共有以下七个方面:学校的规划、学生和师资、学科建设、学校发展、学校管理和组织机构、研究生及其影响力、物资和财政资源。这七个方面被具体地转化成66个参数,每个参数又转化成一系列可测量的指数,这些指数是与理想标准一致的。根据认证的对象,某些参数比其他的参数重要,而某些参数则是至关重要的。因此,认证学校以及考察团需要有一个列表,这个列表是根据认证学校的特点,如特殊学科或学校文化来制定

① Martin, M. & Stella, A.. *External quality assurance in higher education: Making choices*[R]. UNESCO: International Institute for Educational Planning, 2007.

② Revelo, J. R. & Hermandez, C. A.. *The national accreditation system in Colombia. Experiences from the National Council of Accreditation (CAN)*[R]. Paris: IIEP – UNESCO, 2003: 47.

的。学科和学校的认证过程相似,只是各自的侧重点不同。

学校或学科优质认证的方法包括四个步骤。首先是考核一个学校或学科的资格。接着,申请认证的学校根据预先制定的方法和标准对自我进行评估。然后,一个由外校的同行组成的考察团对该学校进行访问,这个考察团在与学校的管理层交谈后准备一份报告。最后,考察团将考察报告递交给国家认证委员会,国家认证委员会对申请学校作出最终的评估或者提出综合建议。国家认证委员会根据评估结果,建议国家教育部对该学校给予 3 至 10 年的认证。

（2）高标准的认证

高标准的认证是指最低标准已经在不同的机制下得到考核并已经达到考核标准,或者已经达到同等质量标准的系统考核标准①。高标准的认证在一些国家更加普遍,因为这些国家具有传统的高度自主的高等院校。高标准的认证一般都是基于自愿的,因为认证的主要目的是给高校提供一个模式和一系列的参考资料以激励高校提高教育质量。但是,如果该高校不能接受这个期望的教育质量的目标,那么这个高标准的认证机制就缺乏有效性。由于这个机制主要针对的是那些已经具有较高的教育质量的学校和学科,因此,对于教育质量参差不一的民办高校来说,高标准的认证机制也就缺乏有效性。

2. 认证基本步骤

虽然各国都根据本国的情况,采用各种质量评估的方法,但是通常来说质量评估机构采用以下三个步骤:第一,学校或学科的自我评估报告的准备过程;第二,外部审核过程;第三,作出决定并公布评估结果。②

马丁和斯戴拉对质量评估机构的共同特征作出了以下的总结③:

- 评估是依据已经制定的标准。
- 结合采用自我评估和外部审核的方法。
- 自我评估在评估中的作用各异。许多特殊学校或者专业学科的评估机构仅仅要求学校或学科提供信息,而不要求对此信息作出评价或分析。
- 强调评估结果的公开性。虽然各个国家对评估结果公开的程度不一,有的只公开评估的结果,而有的公开整个评估的报告。
- 评估结果都有有效期,而非终身制。

（1）自我评估报告的准备过程

学校或学科根据已经制定并公布的标准准备评估材料。多数情况下,这份材

---

① Martin, M. & Stella, A.. *External quality assurance in higher education: Making choices*[R]. UNESCO: International Institute for Educational Planning, 2007.

② Vlasceanu, L., Grunberg, L. & Parlea, D.. *Quality assurance and accreditation: A glossary of basic terms and definitions*[M]. Bucharest: UNESCO – CEPES, 2004.

③ Martin, M. & Stella, A.. *External quality assurance in higher education: Making choices*[R]. UNESCO: International Institute for Educational Planning, 2007.

料就是自我评估报告。自我评估报告是一份重要的分析报告,是教育质量评估过程中重要的组成部分。所有的质量评估机构都强调并认识到自我分析、自我批判过程的重要性,但是,很多时候他们也意识到要求高等院校自我分析、自我批判的不现实和不可操作性。以下是主要的原因:

第一,由于缺乏"评估文化",自我评估变得不可能。尤其当这种评估存在重要的利害关系的时候,期待学校进行真正的、严格的自我评估和批判是不现实的。例如,质量评估的结果会影响到学科或学院能否继续存在或成立的时候,自我评估或自我批判就很难实现。第二,如果评估机构是一个国际组织,他们就更倾向于亲自对学校进行评估。

质量评估机构制定了一系列的标准以便学校进行自我评估。质量评估机构通常让各个方面的部门都参与到标准制定的过程中。质量评估机构标准制定各异。例如,有的机构采用已经制定的统一的标准来考核所有的学校和学科(以标准为基础的方法),而有的机构是根据学校的特色和目标来决定考核的标准(与目的匹配为基础的方法),还有的机构采用的是二者并用的方法。无论采用哪种方法,质量评估机构都在开始评估程序之前就将采用的方法告知申请评估的学校或学科。质量评估机构要求申请评估的学校或学科首先进行自我评估,并在报告中指出其是否符合质量评估机构制定的标准或准则。

学校或学科进行自我评价的过程中,申请评估的学校或学科根据评估要求对学校或学科的优势和弱点进行分析,并对本校弱点的形成原因进行分析,说明如何采用自己的优势来提高教育质量。这种做法的优点是学校各层都能参与到提高质量的过程中,并执行改革的方案,从而使学校建立起提高质量的文化环境,并加强其学科建设的意识。

另外,自我评估的假设前提是学校或学科真正了解自己的优势和弱点,了解自己的潜力和阻力。在充分自我了解的前提下,自我评估才是一种成功方法。自我评估报告是整个评估过程中重要的一个步骤。外部评审小组实地参观之前,正是通过这份自我评估报告来对申请评估的学校或学科进行初步的评估。

(2)外部审核过程

质量评估机构的第二步是外部评审小组实地考察,同时对学校自我评估报告的内容进行核实。然后,外部评审小组将对该学校或学科的质量评估报告或建议递交给质量评估机构。申请评估的学校或学科可以利用这次实地考核的机会来巩固和加强学术环境。

同第一步中的自我评估过程一样,这一步在国际上也被很多国家采用。外部评审小组由质量评估机构委任。外部评审小组的成员通常是教育质量评估领域的专家,或者是对申请评估的学校或学科相当了解的同行或专业人士。外部评审小组的成员不能是申请评估的学校或学科的雇员。因此,他们是以外人的眼光来评估该学校的教育质量。

申请评估的学校或学科递交了自我评估报告后,外部评审小组一方面是以外人的眼光来评估该学校或学科的教育质量,另一方面是证实自我评估报告中的陈述是否属实。通常,外部评审小组会到申请评估的学校进行实地考核,与校内外的各个参与方访谈,并以此方法来收集评估的信息。根据这些信息,外部评审小组决定教育质量评估的结果。

(3)作出决定并报告审核结果

第三步(也是质量评估过程中的最后一步)是作出决定并报告评估结果。依据学校或学科的自我评估报告和外部评审小组的建议,教育质量评估机构作出最终的评估决定。在有的国家,教育质量评估机构对公共权力机构(如教育部)提出评估建议,由公共权力机构作出最终的评估决定。在所有的教育质量评估机制中,通常都由一个公共部门来公布评估的结果,尽管结果公布的程度有所不一。大多评估机构只公布评估的结果,但有时候也会公布整个评估报告的内容。一般说来,如果评估报告是唯一的评估结果,那么这份报告就会被公开。如果评估结果是一份有书面报告的正式决定,那么报告被公开的程度就会不一样。

有的评估结果只有简单的"通过"或者"没通过"。有的评估结果是有附带条件的。对于简单的"通过"或者"没通过"的决定,有的教育评估机构会附加一个等级系统用来补充说明。教育评估机构通常可以公开外部审核小组的报告,但是有的评估机构不公开外部审核小组的报告。评估结果通常的有效期为5至10年。

这个教育质量评估三步曲的认证模式在质量评估领域中被广泛接受,但是整个过程既冗长又昂贵。如果高等教育系统很庞大的话,教育质量评估机构就需要寻找一种便宜、快捷的模式。减少教育质量评估三步曲中前两个步骤中的一步就能达到此目的。如果减少自我评估的步骤,那么教育评估就采用学校提供的数据,学校无需进行自我评估和批判;如果减少外部小组实地考核这一步骤,那么就采用远程考核的方式来替代;也有可能这两个步骤都被省略。因此,当高等教育系统非常庞大的话,教育质量评估机制就必须采用其他的方法来保证教育质量。

二、教学评估

教学评估主要是指对学生学习活动的评估,其涉及高校教师和学生。罗特立(Rowntree)认为关注评估结果和评估外部问题(即考试和测试、考试问题和制定标准、考试等级和成绩结果)是一件相对容易的事情,但是要真正深入理解高等教育的核心问题却是一件难事。[1] 评估存在于个人、课程、学科、学校等各个层面上。人们往往站在自己的立场上,根据自己认为的评估目的、教师和学生在评估过程中担任的角色、学校的教学评估要求,以及在评估实践中使用的策略,来进行教学评

---

① Rowntree,D.. *Assessing students:How shall we know them?* (2nd ed.)[M]. London:Kogan Page,1987.

估。因此,我们对评估的理解和界定都受到这些周围现实情况的影响。①

（一）教学评估的界定

牛津英语辞典对评估作出以下的界定:"评估是对人或事的评价,对质量、价值的估计、测量或判断。在教育领域中,评估是指一种评价学科中的工作程序。"在高等教育评估的文献中,人们对评估的界定有很多种,以下是两种相对简单的定义。

第一个是澳大利亚昆士兰大学 2007 年在教育评估政策和实践的文件中对评估的描述:"每个在校学生必须完成考试、作业、实践或其他形式的评估活动。学校进行评估的原因是:(1) 完成教育的目的(例如促进学习、提供反馈等);(2) 保存学生学习成果的正式记录或提供证明学习能力的证书;(3) 给予学生学习等级。"昆士兰大学这个评估政策的描述有以下几个特点:(1) 把评估活动等同于学生的学习活动;(2) 没有提到评估者的角色或如何进行评估;(3) 阐述了评估的多种目的。

第二个评估的定义来自罗特立,他认为:"教学评估是指一个人有意识地了解并解释另一个人对知识的掌握和理解的程度,以及他具有的能力或态度。这种评估发生在一个人直接或间接地与另一个人接触的过程中。在某种程度上,这种接触行为是有目的地去了解另一个人。"②罗特立定义中的"接触"是指一种互动的过程。评估是一个人的行为与另一个人之间的关系,但是,这一定义排除了自我评价和学生对自己作业质量的监督过程。③

以上两个评估的界定反映了教学评估过程中的重要方面,而且都受到了其周围现实情况的影响。这两个定义都不能作为教学评估的一般性定义,因为它们各自存在一定的问题。第一个定义超越了教学评估的本质和意义,第二个定义没包括教学评估行为的自然特性。如何定义"教学评估"成为了高等教育学家们的热门话题。

苏斯吉(Suskie)指出:"评估是一个持续的过程:(1) 建立清晰的、可测量的学生学习成果的预期目标;(2) 确保学生有充分的机会来掌握这个预期的学习成果;(3) 系统地收集、分析和解释学生学习成果是否达到预期的成果;(4) 采用评估结果来了解和提高学生的学习。"④

桑德勒(Sandler)认为,评估的行为是:(1) 通过学生对一系列学习任务作

---

① Joughin,G.(Eds). Assessment, *learning and judgement in higher education*［M］. Dordrecht：Springer, 2009.

② Rowntree,D.. *Assessing students：How shall we know them?* (2nd ed.)［M］. London：Kogan Page, 1987：4.

③ Joughin,G.(Eds). Assessment, *learning and judgement in higher education*［M］. Dordrecht：Springer, 2009.

④ Suskie,L.. *Assessing student learning：A common sense guide.* (2nd ed.)［M］. Jossey–Bass,2009.

15

出的反馈来判断学生已经完成的学习活动的质量;(2)预测学生能够完成的学习任务;(3)我们对学生知道什么做出结论。① 可见,评估的核心有三个方面:(1)学生的学习活动;(2)判断学生学习活动的质量;(3)对学生知道什么作出结论。

乔京(Joughin)认为,教学评估的定义既要能够概括评估中必不可少的本质,又不应涉及过多的附加概念。② 他对评估的定义是:评估就是对学生的学习活动作出判断,由此来推断出学生的能力、知识和价值观。③ 乔京的定义并没有明确指出评估的目的、评估的主体和客体、评估的时间和评估的方法,但是他指出了评估和学习以及评估和判断是相互关联的。

(二)教学评估的模式

评估作为判断成为了评估的核心,而判断的直接对象是学生的学习活动。乔京(Joughin)概括了二种评估的模式:(1)评估是一种用量的方法来测量学习成果,即测量模式。(2)评估是对学习的质量评价和判断的过程,即判断模式。

海格和布特勒(Hager & Butler)具体分析了这两种模式的区别。他们认为在科学的测量模式看来,知识是客观的、不受环境影响的。评估就是测试知识的掌握程度,可以与实际脱离。在测量模式中,评估使用封闭式的问题,即这种问题的答案是客观的、固定不变的。相反,判断模式结合理论和实际,该模式认为知识是临时的、主观的、受环境影响的。这种与实际联系起来的评估采用开放式的问题,即这种问题的答案是不固定的。④ 奈特(Knight)也强调了测量模式和判断模式的重要区别。他指出复杂的知识体系必须采用不同的判断模式来评估,而不能采用简单的测量模式来评估不可测量的学习成果。⑤ 邦德进一步指出教学评估并不仅仅是判断学生的学习活动,而是积极地帮助学生对自己的学习活动进行自我判断。⑥

(三)教学评估的目的

布朗等人认为评估的三个主要目的是:(1)支持学习的过程;(2)根据学科的

---

① Sadler, R.. Formative assessment and the design of instructional systems[J]. *Instructional Science*, 1989 – 18(1):1 – 25.

② Joughin, G. (Eds). *Assessment, learning and judgement in higher education*[M]. Dordrecht: Springer, 2009.

③ Joughin, G. (Eds). *Assessment, learning and judgement in higher education*[M]. Dordrecht: Springer, 2009.

④ Hager, P. & Butler, J.. Two models of educational assessment[J]. *Assessment and Evaluation in Higher Education*, 1996, 21(4): 367 – 378.

⑤ Knight, P.. *Grading, Classifying and Future Learning*[M].//D. Boud & N. Falchikov (Eds.), Rethinking assessment in higher education. Abingdon and New York: Rouledge, 2007: 72 – 86.

⑥ Boud, D. & Falchikov, N. (Eds). *Rethinking assessment for higher education: Learning for the longer term*[M]. London: Routledge, 2007.

要求来判断学生的学习成绩;(3)保证学生在毕业后达到该学科领域的专业标准。① 这三个目的都非常重要,并指导教学评估在教育领域中的应用。

教学活动提供给学生学习情况的信息,指出学生学习中的优势和弱项。此信息不仅应该有助于学生提高自我评估的能力,而且还应被采用于激励学生的学习活动。教学评估也向教师提供反馈信息、所授课程的优势和弱项,以帮助教师提高教学技巧和方法,并以此信息作为课程改革的指导方向。教学评估的活动主要目的之一是支持学生学习,并鼓励积极的学习态度。

除了支持学习以外,教学评估活动还通过评估学生的学习成绩(如将学生的成绩分等级或排名),来测量学生的知识和技能的水平,从而可以判断学生是否符合毕业生所应达到的各个学科的标准。教学评估的活动还能够通过评估学生的学习状况,来帮助学生决定今后的学习计划和选修课程,甚至选定未来的职业方向,从而保证学生在毕业后达到专业领域的标准。

卡列斯等人指出教学评估的另一个目的是提高学习效果。② 以下是四种能够实现这个目的的方法。

第一种方法是把评估任务设计成学习任务。因此,完成评估要求的过程就成为了鼓励学生投入到整个的学习过程。坐在教室里考试的方法是不能做到以上所说的学习过程。但是,让学生在一定的时间内完成一个项目,或者投入到一项实践工作中,或者是完成一篇仔细撰写的论文的过程,是完全能够让学生深入到学习过程中的。并且,这一过程能够充分体现学生的知识和能力,从而达到评估的目的。这种方法主要是要求学生能够自己通过学习来"创造"答案,而不是从书本、网络或者其他同学那里直接得到答案。

第二种方法,也是最常用的方法:通过反馈来促进学习。反馈在这里是指,指出现状和要求之间的差距,并指导学生使用各种方法来弥补此差距。这样的反馈是一种复杂的学习过程。

第三种方法是通过培养学生评估自己作业质量的能力,从而使学生了解评估的过程,并促进学习效果。邦德在自己的书中也提出了这种方法。③ 这种方法帮助学生了解评估的过程,以及评估和学习结果的密切关系。因而,让学生自我评估并提高学习的方法,对学生未来的学习和发展都很有帮助。

第四种方法是把评估的结果交给教师,教师通过教学来提高学生的学习。虽然这种方法早就在高等教育领域中被广泛地了解,但是怎样在实践中运用却很少

① Brown,G.,Bull,J. & Pendlebury,M. *Assessing student learning in higher education*[M]. London:Routledge,1997.

② Carless,D.,Joughin,G.,Liu,N. F. & Associates. *How assessment supports learning:Learning - oriented assessment in action*[M]. Hong Kong:Hong Kong University Press,2006.

③ Boud,D. & Falchikov,N.(Eds). *Rethinking assessment for higher education:Learning for the longer term*[M]. London:Routledge,2007.

提及。

（四）教学评估的方法

教学评估的方法主要分两种:直接评估和间接评估。直接评估是指评估的结果是明确的、可见的、可自我解释的和有说服力的证据,以证明学生是否掌握一定的知识。[①] 直接评估的方法各种各样。例如,由雇主或其他专业人士对学生的技能进行评级;专业资格证书或国家资格考试的分数或通过率;毕业论文或毕业设计;学习期间的作品或成果;课程、资格考试或综合考试的成绩;课堂内的即时问题回答等。这些方法都是直接对学生的知识和技能的考核,并通过学生的表现来了解学生的学习状况。

间接评估是指通过一系列的指标来证明学生的学习情况。这种间接的评估方法与直接的评估方法相比,缺少明确性和说服力。[②] 与直接评估方法一样,间接的评估方法也有很多,例如,学生的毕业率,研究生院的录取率或研究生院的入学考试成绩,毕业生就职后的反馈信息,应届毕业生的就业率,学生对大学期间课程质量的评价,学生对掌握的知识和技能的自我评估,学生、毕业生和雇主的满意度的调查,参与到教授的科研项目的学生人数,毕业生或雇主向学校提供的奖学金或赠与的数量,等等。

柯克帕特里克(Kirkpatrick)等总结了学习经历框架的四个层次:反馈、学习、转换、结果。反馈是指学生对自己的学习经历的满意程度。学习是指学生在学习过程中掌握的知识和技能。转换是指学生在毕业后(如工作中或研究生学习中)运用已经掌握的知识和技能。结果是指学生如何将掌握的知识和技能来达到自己制定的目标。[③] 其中对反馈、转换和结果三个层次的评估都能间接地证明学生的学习状况,而学习这个层次则是直接地评估学习成果。

尽管直接评估的方法能够更加明确地证明学生的学习情况,但是间接的评估方法也是不可缺少的一种教学评估方法。间接评估的结果为高校管理者和教师提供了重要的、有效的教学信息。一方面,许多的学习内容(如学生的价值观、人生态度、思想品质、性格养成等)无法用直接的评估方法来评估。另一方面,采用直接评估和间接评估相结合的方法,能够从多方面获得更准确的评估信息,从而能够更有效地达到教学评估的目的。

（五）教学评估对学生学习的影响

许多高等教育文献指出,学生根据评估的内容来决定学习的内容。罗特立在高等教育评估的书中提到:"如果我们要发现教育系统的真实状况,我们必须先看

[①] Suskie,L. *Assessing student learning : A common sense guide.* (2nd ed.) [M]. Jossey – Bass,2009.

[②] Suskie,L. *Assessing student learning : A common sense guide.* (2nd ed.) [M]. Jossey – Bass,2009.

[③] Kirkpatrick,D. L. & Kirpatrick,J. D. Evaluating training programs. (3rd ed.) [M]. Berrett – Koehler Publishers. 2006.

看它的评估程序。"①这种说法得到很多教育专家的认同。拉姆斯登（Ramsden）指出："在学生的眼里，评估决定了真正的课程。"②比格斯（Biggs）指出："学生只学他们认为会考的内容"③。格布斯（Gibbs）认为："评估形成了学习，创造了学习活动，并带动了学习行为的各个方面。"④布赖恩和克莱格（Bryan & Clegg）在他们的书中写道："过去20多年的研究证实学生通过被评估来掌握学习的策略和技巧。"⑤贝克等人发现大学生中普遍存在学分积点观，即认为学习成绩是大学生活中最主要的价值。⑥ 以上的研究都证实，大学生是根据学校的评估任务来决定他们学习的活动，以提高自己的学分积点。学生们掌握各种学习策略和考试技巧，来取得更好的学习成绩或更高的学分积点。这种现象在各个国家、各种文化背景以及各个学科中都存在。

格布斯等人在研究"怎样的评估能支持学生的学习"的过程中，设计了一份评估经历问卷（Assessment Experience Questionnaire）。这份问卷是用来测量学生每个学期的学习努力程度是否一致，以及评估是否影响学生对教学大纲的注意程度⑦。这个问卷调查的结果证实了评估能影响学生的努力方向和对教学大纲的注意程度⑧。针对学生如何根据评估来调整自己的学习，评估经历问卷的调查研究提供了有用的信息。

许多研究证实，评估不仅仅决定学生在学习过程中学什么，而且还决定学生采用的学习方法的深浅程度。深度的学习是指学生了解并真正理解他们学习的内容，而肤浅的学习是指学生仅仅能够重复、并不能理解学习的内容⑨。奈廷格尔等指出："对学生学习的研究已经多次发现评估对学生的学习方法的影响力"⑩。同

① Rowntree, D.. *Assessing students: How shall we know them?* (1st ed.)[M]. London: Routledge, 1977: 1.

② Ramsden, P.. *Learning to teach in higher education* (2nd ed.)[M]. London: Routledge, 2003: 182.

③ Biggs, J. B.. *Teaching for quality learning at university* (2nd ed.)[M]. Maidenhead: Open University Press: 182.

④ Gibbs, G.. *How assessment frames student learning*[M].//C. Bryan, K. Clegg (Eds.), Innovative assessment in higher education. London: Routledge, 2006: 23.

⑤ Bryan, C. & Clegg, K. (Eds). *Innovative assessment in higher education*[M]. London and New York: Routledge, 2006: 1.

⑥ Becker, H. S., Geer, B. & Hughes, E. C.. *Making the grade: The academic side of college life*[M]. New Brunswick: Transaction, 1995.

⑦ Gibbs, G. & Simpson, C.. Conditions under which assessment supports students' learning[J]. *Learning and Teaching in Higher Education*, 2003, 1: 3 – 31.

⑧ Gibbs, G.. *How assessment frames student learning*[M].//C. Bryan, K. Clegg (Eds.), Innovative assessment in higher education. London: Routledge, 2006: 23.

⑨ Marton, F. & Saljo, R.. *Approaches to learning*[M].//F. Marton, D. hounsell, N. Entwistle (Eds.). The experience of learning (2nd ed.). Edinburgh: Scottish Academic Press, 1997.

⑩ Nightingale, P. & O'Neil, M. *Achieving quality in learning in higher education*[M]. London: Kogan Page, 1994.

时,其他的研究者也指出,"改变评估的体系能快速地改变学生的学习方法"①。邦德强调评估活动能够影响学生的学习方法,但是不能决定他们的学习方法②。以上的研究都说明评估能有效地、积极地影响学生的学习过程。

早在20世纪30年代,泰瑞(Terry)和梅耶尔(Meyer)就比较了学生对待开放式考试和封闭式考试的学习方法。开放式考试是指问答式的题目,答案没有统一的标准。封闭式考试是指选择题、是非题、简述题等,有统一的标准答案。泰瑞发现,学生对待封闭式考试的学习方法是注重内容的细节,即记住单词、词组、句子和基本概念。而学生对待开放式考试的学习方法是掌握学习内容的大纲,即掌握主要观点、概要和相关概念等。泰瑞同时也指出,并不是所有的学生都是采用如此的学习方法来应对开放式考试和封闭式考试,有些学生对于不同类型的考试采用的是相同的学习方法。③ 梅耶尔比较了学生考试结束后的记忆内容,他发现开放式考试后学生的记忆比封闭式考试后学生的记忆更加全面。他又进一步调查这些学生对两种不同考试的学习方法。他发现学生对待开放式考试采用的是整体学习的方法,而学生对待封闭式考试采用的是细节学习的方法。并且,被调查的学生们都承认他们对待不同类型的考试采用不一样的学习方法。④ 梅耶尔总结道:"学生如果事先知道考试的类型,那么他们就会采用相应的学习方法。因此,教师可以并能够掌控学生的学习行为。通过选择恰当的考试类型,教师可以调节学生学习的方式,让学生采用恰当的学习方式来掌握应当学习的内容。"⑤

许多研究者在后来的研究中也证实了泰瑞和梅耶尔的结论。斯库勒(Scouller)发现学生在回答选择题的时候多采用肤浅的方法;而在回答问答题的时候,则很少采用这种方法。⑥ 唐(Tang)也证实学生在回答简答题的时候会采用记忆等方法,而在做复杂的作业的时候会同时采用肤浅和深度的方法。⑦ 托马斯和班(Thomas & Bain)在比较开放式和封闭式的考试方法的时候也发现,学生采用肤浅的学习方法来应对封闭式的考试,但是当考试题目从选择题改成开放式的问答

① Elton, L. & Laurillard, D. M.. Trends in research on student learning[J]. *Studies in Higher Education*, 1979(4):87-102.

② Boud, D. & Clegg (Eds.). *Innovative assessment in higher education*[M]. London and New York: Routledge, 2006.

③ Terry, P. W.. How students review for objective and essay test[J]. *The Elementary School Journal*, 1933 (4): 592-603.

④ Meyer, G.. An experimental study of the old and new types of examination: Methods of study[J]. *The Journal of Educational Psychology*, 1935(26): 30-40.

⑤ Meyer, G.. An experimental study of the old and new types of examination: The effect of the examination set on memory[J]. *The Journal of Educational Psychology*, 1934(25): 642-643.

⑥ Scouler, K.. The influence of assessment method on students' learning approaches: Multiple choice question examination versus assignment essay[J]. *Higher Education*, 1998(35): 453-472.

⑦ Tang, K. C. C.. *Effects of modes of assessment on students' preparation strategies*[M].//G. Gibbs (Ed.). Improving student learning: Theory and practice. England: Oxford Centre for Staff Development, 1994: 151-170.

题的时候,学生的学习方法就发生了变化——减少了记忆的方法,增加了转换的方法。① 杉贝尔和麦当威尔(Sambell & McDowell)的报告中指出当考试形式从传统的闭卷式改成开卷式以后,学生的学习方法明显转换成了深度的学习。② 乔京在一项口试的研究中发现:由于评估的形式从笔试变成了口试,许多学生从记忆的学习方法转换成深度的学习方法。③

在过去的几十年中,很多研究都证实了评估能够影响学生的学习方法。进而,马通等开展了一项新的研究——如何通过改变评估方法来引导学生采用深度的学习方法,经过20多年的研究,马通等总结道:"显然,引导学生采用肤浅的学习方法(阅读文章后回答问题)是非常容易的。但是,引导学生采用深度的学习方法却是一件难度很大的任务。"④因此,从理论上来说,用评估来改变学生学习的方法是一件容易的事情,但事实上,它却是一件很难的事。

多项研究的结果证实,不同的评估方法能够引导学生采取深浅程度不同的学习方法。同时,研究的结果也证实了那些有能力运用深度学习方法的学生会根据评估来选择学习方法,即在需要采用深度学习方法的时候采用深度学习的方法,而在只需要采用肤浅学习方法的时候就不会采用深度学习的方法。如果学生只掌握肤浅学习方法,没有掌握深度学习方法,那么,无论评估方法和学习任务如何变化,他们都采用肤浅的学习方法。由此可见,恰当的评估方法不一定能改变学生使用深度学习的方法,而不恰当的评估方法却可能导致学生采用不当的学习方法。除非学生已经掌握深度的学习方法,不然评估不可能引导学生采用深度的学习方法⑤。因此,艾同和劳瑞拉德(Elton & Laurillard)的观点——"改变评估的体系能快速地改变学生的学习方法"⑥——并不适用于所有的学生,它只适用于同时掌握深度和肤浅学习方法的一部分学生。

(六) 评估、反馈和判断

评估和判断的关系有两层:第一,用判断来提高学习;第二,培养学生判断自己作业质量的能力。反馈是这两层关系的核心,并且已经在评估研究文献中得到广

---

① Thomas, P. R. & Bain, J. D.. Contextual dependence of learning approaches: The effects of assessments [J]. *Human Learning*, 1984(3): 227 – 240.

② Sambell, K. & McDowell, L.. The construction of the hidden curriculum[J]. *Assessment and Evaluation in Higher Education*, 1998, 23(4): 391 – 401.

③ Joughin, G.. Student conceptions of oral presentations[J]. *Studies in Higher Education*, 2007, 32(3): 323 – 336.

④ Marton, F. & Saljo, R.. *Approaches to learning*[M].//F. Marton, D. hounsell, N. Entwistle (Eds.). The experience of learning (2nd ed.). Edinburgh: Scottish Academic Press, 1997:53.

⑤ Haggis, T.. Constructing images of ourselves? A critical investigation into "approaches to learning" research in higher education[J]. *British Educational Research Journal*, 2003, 29(1), 89 – 104.

⑥ Elton, L. & Laurillard, D. M.. Trends in research on student learning[J]. *Studies in Higher Education*, 1979(4): 87 – 102.

泛的认同。

教育者普遍认同反馈是学习的核心。在有效教学理论中，反馈具有显著的地位。拉姆斯登（Ramsden）认为学习的主要活动中包括恰当的评估和反馈。他还列举出大量的研究证据来证明反馈的质量是区分课程好坏的最重要的依据。[1] 罗特立把反馈比作"学习的血液"[2]。可见，反馈是学习中重要的一部分。

布莱克和威廉（Black & William）认为反馈能有效地影响学习，但是他们同时也指出，有的时候反馈也可能带来负面的影响，积极的效果依赖于反馈的质量。布莱克和威廉的观点在高等教育领域中被广泛地接纳。他们强调反馈具有形成性的功能（formative function），即反馈的内容是指出真实的表现和要求之间的差距，并提出如何能弥补这个差距的做法。他们指出反馈关注的应该是学习，而不是学生。[3]

格布斯和辛普森（Gibbs & Simpson）提出了有效反馈的条件：(1) 反馈的数量和时间；(2) 反馈的质量——反馈信息必须针对学习，关联评估的标准，容易被学生理解；(3) 要求学生记录下反馈的信息，并且以此来提高自己的学习。[4] 侯赛和他的合作者们提出了反馈和指导六步曲。这六步曲是对大一和大四的学生进行调查和访谈的研究而发现的。这六步曲中的第一步是指学生以前的评估经历，然后通过对学生表现的反馈来指导学生，并将学生分类，其次是辅助、支持学生，帮助学生理解反馈信息，最后应用到以后的学习中。[5]

但是，也有学者认为高等教育中反馈的理论和实践存在差距，实践中存在一些问题。戈鲁夫和布朗（Glover & Brown）对一些自然科学的学生进行访谈后发现，学生得到了反馈，但是却不应用到以后的学习中。学生们反映这些反馈往往只针对他们正在做的项目，与今后的学习任务没有关联。戈鲁夫和布朗进而研究了这些学生获得的反馈，果然，这些反馈没有建议或指导学生在未来的学习活动中如何运用这些反馈信息。[6] 单诺克（Chanock）发现了一个更基本的问题——学生不理解反馈的内容，[7]这很可能是导致学生不应用反馈的原因。

显然，反馈在理论和实践中差距很大。学习理论强调反馈在学习过程中的重

① Ramsden, P.. *Learning to teach in higher education* (2nd ed.) [M]. London: Routledge, 2003.

② Rowntree, D.. *Assessing students: How shall we know them?* (2nd ed.) [M]. London: Kogan Page, 1987: 24.

③ Black, P. & William, D.. Assessment and classroom learning [J] *Assessment in Education*. 1998, 5(1), 7 - 74.

④ Gibbs, G. & Simpson, C.. Conditions under which assessment supports students' learning [J]. *Learning and Teaching in Higher Education*, 2003 (1): 3 - 31.

⑤ Hounsell. D., McCune, V., Hounsell, J. & Litjens, J.. The quality of guidance and feedback to students [J]. *Higher Education research and Development*, 2008, 27(1): 55 - 67.

⑥ Glover, C. & Brown, E.. Written feedback for students: Too much, too detailed or too incomprehensible to be effective? [J]. *Bioscience Education ejournal*, 2006 - 7.

⑦ Chanock, K.. Comments on essays: do students understand what tutors write? [J]. *Teaching in Higher Education*, 2000, 5(1): 95 - 105.

要作用,但是在现实研究中,研究者们发现反馈在学生学习中的作用却很有限,反馈并没有在学习过程中起到有效的作用。这与形成性的评估理论(formative assessment theory)完全相反。这一差距引起很多学者以及评估者的担心,即我们对学习的认知是否全面以及反馈在学习中的作用是否重要。

有的学者认为评估是一种专业的判断,而不是一种测量方法。施邦德认为,测量理论是针对真实和稳定的事物,它并不能对变化和竞争的社会现象来进行测量。评估的最好的诠释是使用信息来进行判断——根据信息来评判事实、审视现状和周围环境,作出合理的结论,并以此分析来作出相应的行动。[①]

判断的过程通常被认为是一个简单的过程,即由有经验的教师用事先确定的标准,根据课堂的要求,来决定学生学习成绩的等级或分数。但是散德勒强烈地批判了这种所谓的判断过程。他认为,当评估的目的是判断学生的学习成果的时候,学校内部往往将学习成果等同于学校制定的教学目标,将评估与学生完成这种教学目标的表现联系在一起。但是评估作为保障专业学科标准的功能的时候,它超出了学校内部的教学目标了,而同世界上各个专业或学科的实践相联系起来了。[②]

当评估作为保障并促进实践标准的一种方法的时候,评估方法就需要从实践中来提炼,并不断改进。这对于许多大学的教师来说就是一种巨大的挑战,因为这种评估超出了学术的范畴。但是,如果大学课程和实际工作是紧密相连的话,这一步就会稍微简单一点。[③]

雇主、专业机构和大学都希望能够确保大学毕业生有能力从事专业工作。那么,评估是否具有保障专业标准的功能呢?标准化的考试就是现实中用来评估学生成果的传统测量的方法。这些考试是在测量的范畴内制定的,它的标准具有公正性、有效性和可重复性。[④] 然而,这些标准考试只测试学习的成绩,既不考虑学习是评估一种功能,也不考虑评估学习的方法。

评估的实践是旨在提高学习,并同时平衡评估、学习和判断的功能。评估并不是简单地放弃传统的测量标准,而是重新思考这种标准,让这种标准能以一种更有说服力的途径来诠释评估的多重功能。

综述高等教育评估学的文献是一项困难的工作。因为,学术界对评估的界定

① Boud,D. & Falchikov,N. (Eds). *Rethinking assessment for higher education: Learning for the longer term* [M]. London: Routledge,2007.

② Sadler,R.. Formative assessment and the design of instructional systems[J]. *Instructional Science*,1989 - 18(1):1 - 25.

③ Joughin,G. (Eds). *Assessment, learning and judgement in higher education* [M]. Dordrecht: Springer, 2009.

④ Joughin,G. (Eds). *Assessment, learning and judgement in higher education* [M]. Dordrecht: Springer, 2009.

存在不同的见解,评估的理论与实践研究的结果存在差异,研究者对同一评估问题的观点以及研究结果也不一致。笔者只能尽力阐述现有的一些理论和实践研究结论和观点,予以总结和归纳,供读者参考和分析。

第三节　宏观高等教育评估研究的路径选择

　　某种知识可以称之为"某某学"者,通常的理解,至少应当是成系统的。稍微精确一点讲,应当是有比较完整的理论体系的。这也就意味着有独特的概念,有自足的逻辑结构与知识关联性,能够系统地而且完整地回答某类、某方面的问题,并具有不可替代性。更学术一点讲,或者更严格地说,"某某学"应当就是一门自成体系的学问,在知识的分类中可以当做一类,从等级上分析,最高层次上可以指某一门类,如物理学、医学、哲学、教育学之类;也可以指某一级学科,如我国研究生培养学科专业目录中,在教育学门类下再分为教育学、心理学、体育学三个一级学科,无论门类还是一级学科,它们称之为"学"似乎没有疑义。但到一级学科下的二级学科,则就不尽然了。在教育学一级学科下又有十个二级学科,有的名之为"学",如比较教育学、学前教育学、高等教育学、成人教育学、职业技术教育学、特殊教育学、教育技术学;也有的不以"学"名,如教育学原理、教育史、课程与教学论等。看来"学"之为名并无一定之规,若要细细追究,恐怕"剪不断、理还乱",还是用约定俗成解释来得方便。大致人们会认为,教育学原理、教育史、课程与教学论是教育学的基础理论,其他则是应用理论。

　　本书冠之以"学"名,人们就有理由来质询,此"学"是否成系统,有没有独特的概念体系和方法云云,这是其一。人们可能还会问,此"学"属于哪一门、哪一学科、哪一等级,这是其二。要老老实实地承认,这些问题确实是我们目前难以回答的问题。宏观高等教育评估作为一门"学"的体系尚在构建之滥觞,研究对象的边界在哪儿,主要的问题应该是什么,运用什么样的方法、按照什么规则去解释现象、寻找问题的答案,这些都远远没有确定。至于此"学"姓什么,一时也很难回答。属于教育学,还是属于管理学?或者属于政治学?似乎都可以挂上边。若一定要说出个学科等级,那更只会是自寻烦恼。既然如此,为何要"学"以名之?非为自重,争得学术等级地位,实为树立目标,鼓舞斗志,冀理论上有所贡献,并期望引起读者重视,仅此而已。至于是否能够成就其"学",是否名副其实,不必刻舟求剑,姑且游戏观之,宽容待之。

　　笔者为自己开脱的同时,也为自己打气。宏观高等教育学实属草创,草创有草创的难处,可也有它的好处,好处就在有想象和创造的空间。按照库恩的理论,一个成熟的学科应当有确定的范式(paradigm),它被认为是存在于某一科学论域内关于研究对象的基本意向,可以用来界定什么应该被研究、什么问题应该被提出、如何对问题进行质疑以及在解释我们获得的答案时该遵循什么样的规则,是从事某一科学的研究者群体所共同遵从的世界观和行为方式。宏观高等教育评估"学"是一个学科,还是一个领域,抑或是一个主题,还值得讨论,更何谈成熟。那么它也就没有确定范式的束缚,没有研究对象边界的栅栏,没有提出问题的限制性条件,没有研究的一定之规,不用戴着镣铐跳舞。

虽然如此,我们仍然试图用能够得到知识共同体普遍承认的方式来完成研究的工作。最初的设想,是开展规范性研究,试图构建一个宏观高等教育评估的理想框架。所以,确立的研究目标是,形成高等教育宏观评估的一般范畴和概念体系,确立起其作为学科知识体系的逻辑结构和研究的基本范式,构成相对完整的理论框架;划分主要的问题域,并形成对应的分析方法。根据这一目标,形成了研究的逻辑结构:

宏观高等教育评估的价值论——评估的系统功能、评估的工具价值、评估的科学性、评估的合法性、评估的有限性、教育评估的特异性;

宏观高等教育评估的主体论——评估主体的多元性、评估的权力与制度、评估的组织体系与运行机制、社会问责与政府问责、评估与民主、评估与公平、评估的正义性;

宏观高等教育评估的客体论——评估客体的多样性和复杂性、评估客体的广延性(社会教育环境评估)、评估客体的受动性和能动性、评估的客体效应、评估客体的权益;

宏观高等教育评估的过程论——评估的主观性与客观性、评估的视域与语境、评估的尺度与标准、评估的效率和效能与公平;

宏观高等教育评估的方法论——评估方法的综合性(定量与定性等)、评估与信息的对称性、评估方法的技术性、评估方法的实践性、结果问责与发展支持;

宏观高等教育评估的实践论——宏观高等教育评估的层次与类型、中外宏观高等教育评估比较、宏观高等教育评估与信息传播、高等教育政策分析方式;

宏观高等教育评估的文化论——评估的历史与传统、评估的心理与行为、评估的受容、评估的批评、评估的社会效应。

这个逻辑结构的基本思路,是以范畴为经,以概念和问题为纬,构成系统的规范性理论框架;以实践为基础,透过宏观高等教育评估的现象,归纳具有区别性特征的概念,抽象出有意义的命题,进行理论的概括;综合管理学、政治学、经济学、社会学等多学科的知识,比较中外宏观高等教育评估的实践,提炼具有典型意义的问题和主题,进行系统的多角度的深层分析。这种思路不能说不周全,结构不能说不严整,也可以说很理想、很美。但我们经过反复讨论,放弃了这一想法,原因就在于这样进行的结果,很可能为了知识的系统性而割裂了活生生的现实。对于一个远没有认识清楚的实践,借用一个一般的价值论框架去硬套,大概只会是削足适履。

在重新思考之后,我们形成了新的思路,研究的逻辑起点不再是范畴和基本概

念,而是高等教育评估的实践。其基本逻辑结构是:

宏观高等教育评估的社会基础——高等教育功能膨胀、利益诉求主体多元、服务贸易日益广泛、公共管理范式变革;

宏观高等教育评估的基本问题——评估的功能、评估的主体、评估的内容、评估的标准、评估的使用;

宏观高等教育评估的系统关联——系统性、外部因素、信息系统、数据挖掘……

宏观高等教育评估的实践样式——样式的分类、要素性评估、政策性评估、舆论性评估、功能性评估……

宏观高等教育评估的国际视野——国际组织、美国、日本、英国、德国、澳大利亚……

我国宏观高等教育评估的发展——发展历程、现实状况、未来展望。

这个思路以事实与经验为出发点,用人们易于感知的实践逻辑来展开,通过对宏观高等教育评估现象的分析、归纳,来达到对认识对象的理性把握。换句话说,以经验性研究为基本定位,目标指向以问题为中心。从理论化的角度看,经验性研究不如规范性研究那样有很强的知识系统性和论理的逻辑性,但它更符合目前我们对宏观高等教育评估现象的认知程度,也更能满足现实工作中相关人士对宏观高等教育评估的知识企求。当然,我们也并没有完全放弃最初的想法,仍然在一定程度保留了部分的规范研究要素,一则为了克服所掌握的经验的有限性,二则把现实与理想结合起来,以更好地发挥理论的思想价值,同时也是为今后更深入的研究作积累和铺垫。

鲁迅先生说过:"世上本无路,走的人多了,也便有了路。"我们试着迈出宏观高等教育评估学建构的第一步,这一步路子是否正,有待实践来检验。然而,我们的目标是明确的,宏观高等教育评估学的构建,是为了满足高等教育公共管理发展的需要,是为了推动宏观高等教育评估的科学发展,而不是满足学院中书斋里的智力欣赏。构建有一个学术积累的过程,我们不能超越现实的可能性。当下,我们最有可能去做的,是对实然的宏观高等教育评估作出历史的回溯、实践的归纳、比较的分析和批判的反思,初步确立起宏观高等教育评估学基本的价值观和方法论。进而要努力争取的,是通过知识的提炼、体系的关联,将感性转化为理性,把经验上升为理论,把局部连缀为整体,从一般抽绎出规律,逐步形成应然的知识体系,搭建起"学"之框架。未来所要坚持的是,从实践到理论,从理论到实践,循环往复,不断提高我们对宏观高等教育评估的认识水平,这样就能慢慢廓清宏观高等教育评估学之边界,抽象出科学的概念与范畴,形成宏观高等教育评估学的系统理论,使其"学"真正能矗立于学术之林,真正能够成为指导实践的有力武器。"不积跬步,无以至千里。"我们将沿着这一路线图奋力前行,一步一步去接近理想的目标。

第二章 宏观高等教育评估的社会基础

评估作为宏观高等教育管理的一种工具或者制度,它的产生和发展,源自于国家、政府和社会对高等教育公共管理的需求。也就是说,它的存在根基于一定的高等教育社会基础,即高等教育的公共性。这种基础的时代发展和变异,决定了宏观高等教育评估的时代内容和形式。

第一节 高等教育功能膨胀

从 1088 年中世纪博罗尼亚大学诞生到现在,以西方大学为制度化形式的高等教育走过了近千年的历史。在最初的 300 多年里,大学数量的增加是极为缓慢的。1500 年,全世界的大学不到 100 所,大学生总人数应不超过 1 万人。这时候的大学,用"象牙塔"来形容一点也不为过。它与绝大多数人的生活无关,与社会基本的生产活动无关。它所承载的社会功能,主要是生产那个时代的知识分子:神职和公职人员、律师、医生。在国家管理与社会管理上,它的状况无关大局宏旨,所以也就无足轻重,并不需要有一套制度化的办法来进行评估。

这种情况到工业革命以后有所改变,新的生产方式需要有更高知识水准的专门技术人才,满足这种需要的新的高等教育机构应运而生,一些以培养技能型人才为目标的专门学校创办出来,开始在社会生产与国家生活中扮演某种角色。创立于 1794 年的巴黎高等理工学校,曾经是法国高级专门技术人才的摇篮。1804 年拿破仑一世建立第一帝国,为了征服欧洲,诉诸武力,大力发展军事工业,为了满足对专门人才的需要,将巴黎高等理工学校定为军事学院。在他眼中这所高等学府是只"会下金蛋的母鸡"。1814 年欧洲反法联军就要攻到巴黎,巴黎高等理工学校许多学生要求参战,拿破仑却加以拒绝:"这怎么可能呢? 我不能为了打赢一场战争,杀死一只会下金蛋的母鸡吧。"[①]拿破仑对巴黎高等理工学校学生的爱惜,并不能表明他对知识和人才的尊重,而是反映了其鲜明的国家功利主义立场。

真正意义上改变传统大学面貌的是德国人。1810 年,洪堡创立了柏林大学,把研究确定为大学的基本功能,奠定了现代大学的基本制度。这一创新使大学适应了新时代知识发现的要求,摆脱了过去新知识发现主要在大学以外的状况,由

---

① 柯南:《法国名校中的名校:巴黎高等理工学院(Ecole Polytechnique)》,http://www.gter.net/? action - viewthread - tid - 320904.

此,德国大学很快成为了世界的知识中心。柏林大学新范式的迅速传播,带动了世界高等教育的转型,使高等教育不仅为社会提供高层次人才培养,而且开始成为社会知识发展最强大的动力源。特别值得一提的是,柏林大学是在特殊的历史条件下成立的,它创办的直接目的,是为了提升濒临亡国的普鲁士王朝的精神。虽然洪堡要求国家不要向大学提直接的具体利益要求,但他毕竟把国家需要、国家利益与大学关联起来了。从此,在一些国家,大学就成为从属于国家机器的一个部分。柏林大学讲座制采取了教授直接与政府商谈"投入"设立的制度,尽管我们还没有材料能够详细窥知当年的情形,可以猜想,政府在认定某一讲座是否必要设立和在多大力度上资助之际,必定要对其价值进行评估。

高等教育一步步从"象牙塔"中走出来,与社会关联越来越紧密,越来越世俗。而完成高等教育"世俗化"进程的是美国人,他们崇尚实用主义哲学,将欧洲各国高等教育制度移植过来并加以创造性的改造,以适应新联邦蓬勃发展的需要。1862年通过的莫里尔法案,确立了美国公立高等教育的基本制度,为大学向工农子弟开门提供了政治基础,迈出了高等教育走向社会的重要一步。1876年模仿德国柏林大学创办起来的约翰·霍普金斯大学,是美国第一所研究型大学,但它并没有完全按照洪堡的理念去追求"纯粹的研究"。其第一任校长吉尔曼坚持,"作为一所致力于基础研究和应用研究的机构,履行对社会的重要责任,其结果将减少贫穷中的痛苦、学校中的无知、教学中的褊狭、医院中的苦难、商业中的欺诈、政治中的愚蠢"。他把电报、电话、摄影、蒸汽机车、电灯这些"奇妙的发明"视为"大学研究的直接果实"而加以褒扬。[①] 这种美国式的研究型大学显然深深地打上了美国实用主义哲学和"服务"意识的烙印。

到20世纪初,"服务社会"的大旗便在美国高高飘扬起来。1904年,查理斯·R.范海斯担任了威斯康星大学的校长,他认为,"州立大学的生命力存在于它和州的紧密关系中。州需要大学来服务,大学对于州负有特殊的责任。教育全州男女公民是州立大学的任务,州立大学还应促成对本州发展有密切关系的知识的迅速成长。州立大学教师应用其学识专长为州做出贡献,并把知识普及于全州人民"。[②] 按照范海斯的说法:"鞋子上沾满牛粪的教授是最好的教授。"封闭的大学围墙在这种观念之下必然土崩瓦解,他所倡导的理念被称为威斯康星思想,实际上代表了当时美国高等教育的新思潮,为高等教育功能的再造奠定了坚实的观念基础。

人才培养、科学研究、社会服务三大功能的逐步形成,标志着高等教育由社会的边缘走向社会的中心,而高等教育大众化的发展,则进一步拓展和丰富了这三大功能。1900年,美国高等教育在校学生数为23.7万人,1920年达到59.7万人,

① 沈红:《美国研究型大学形成与发展》,华中理工大学出版社1999年版,第32—33页。
② 陈学飞:《当代美国高等教育思想研究》,辽宁师范大学出版社1996年版,第31页。

1930 年达到 110 万人,1940 年达到 149.4 万人,1950 年达到 244.4 万人。以 18—24 岁年龄组人口统计,高等教育入学率 50 年间由 2.3% 上升为 14.3%。大众化的实现在根本上改变了美国高等教育的面貌,美国高等教育的目标不再只是培养社会的精英,而是面向普通民众的需求。多元化巨型大学的涌现,也使大学的其他功能伸出其触角,满足社会的种种要求。正如克拉克·克尔指出的:"现代大学是一种'多元的'机构——在若干种意义上的多元:它有若干个目标,不是一个;它有若干个权力中心,不是一个;它为若干种顾客服务,不是一种。它不崇拜一个上帝,它不是单一的、统一的社群;它没有明显固定的顾客;它标志着许多真、善、美的幻想以及许多通向这些幻想的道路;它标志着权力的冲突,标志着为多种市场服务和关心大众。"①"它(大学)在维护、传播和研究永恒真理方面的作用简直是无与伦比的;在探索新知识方面的能力是无与伦比的;综观整个高等院校史,它在服务于文明社会众多领域方面所作的贡献也是无与伦比的。"②正是在这个意义上,高等教育走到了社会的中心。

在美国高等教育的示范下,20 世纪后半叶,整个世界高等教育大众化、普及化潮起潮涌,波澜壮阔。有学者统计过,1200 年至 1985 年间建立的 1845 所大学中,有 1101 所是 1950 年至 1985 年间建立的。③ 1960 年世界的大学在校生数达到 1300 万,1970 年 2800 万,1980 年 4600 万,1991 年为 6500 万,2000 年超过 1 亿。从 1500 年不到 100 所大学、1 万大学生,发展到 2000 年上万所高等学校、上亿大学生,我们不能不说,高等教育已经发生了本质性的变化。

1998 年 10 月首届世界高等教育会议召开,所通过的《21 世纪高等教育世界宣言:愿景与行动》提出:"能否被高等院校录取应根据那些想接受高等教育的人的成绩、能力、努力程度、锲而不舍和献身的精神,而且一个人在一生中的任何时候均可被录取,其以前所获得的实际能力应得到应有的承认。因此,任何人不得因其种族、性别、语言、宗教,也不得因其经济、文化或社会差别或身体残疾而被拒绝接受高等教育。"④这也就意味着,高等教育由少数人才能享有的特权演变为人人应当享有的权利。进入本世纪,世界高等教育的规模持续扩张,2007 年全世界大学生总数达 1.52 亿,比 2000 年增加了 50%。年轻人上大学的比例从 2000 年的 19%上升到 2007 年的 26%。⑤

事实上,第二次世界大战以后,教育人权化、教育民主化对高等教育的规模扩

---

① 〔美〕克拉克·克尔著,陈学飞等译:《大学的功用》,江西教育出版社 1993 年版,第 96 页。

② 〔美〕克拉克·克尔著,陈学飞等译:《大学的功用》,江西教育出版社 1993 年版,第 29 页。

③ 胡晓莺、许明:《世纪之交国际高等教育发展的若干共同趋势》,厦门大学高等教育科学研究所编《两岸大学教育学术研讨会论文集》,厦门大学出版社 1998 年版,第 584 页。

④ 联合国教科文组织:《21 世纪的高等教育:展望和行动世界宣言》,载《教育参考资料》1999 年第 3 期。

⑤ 姚立:《世界高教大会发出的讯息》,载《光明日报》2009 年 7 月 11 日第 8 版。

张起到了十分重要的作用。高等教育作为一种政治的功能显然被放大了，人们把高等教育看做是改变社会不平等现象的理想手段与途径。美国社会学家索罗金早在1927年就指出："学校是使人从社会底层向社会上层流动的电梯。"日本学者麻生诚对日本高等教育与职业关系的调查分析表明，英才地位与高学历之间的关系越来越密切，也就是说，要取得英才地位必须具备高等教育学历。我国学者的研究也表明，"高等教育对代际流动特别是代际向上流动起到重要的作用"，"越是高学历出身，工农的家庭所占的比重越大"，"我国高学历的获得，主要受制于个人的后天努力程度，而受社会经济地位制约较小"。① 据国家统计局和中国经济景气监测中心1999年底发布的资料显示，中国90%的家长希望子女能够接受高等教育（北京这一比例高达97%），69%的家长表示愿意举债支持子女就学。1999年对城市居民的调查显示，64.1%被访者储蓄的主要目的是用于子女教育，明显高于选择就医（51.4%）、养老（46.2%）、购房（37.1%）的比例。② 这充分反映了新时代我国社会对高等教育提出的新要求，高等教育功能所承载的不再只是少部分人的希望，而是大众的梦想。

在高等教育大众化时代，高等教育是对未来的投资，从个人来说是这样，从国家来说同样如此。第二次世界大战以后，不少发展中国家希望通过发展高等教育来缩小与发达国家之间的贫富差距，这与人力资源理论广为传播有关，人们意识到，"教育远非一种消费行为，在此意义上，上学不仅仅是为了得到满足和效用。相反，公共和个人用于教育的费用，意在获取生产性'存量'。这种'存量'包含在人体中，将来能提供各种服务"。③ 20世纪60年代，T. W. 舒尔茨和加里·贝克尔把人力资本引入经济学分析之中，认为教育可以通过生产人力资本，从而提高生产效率，促进经济与社会的发展。而作为专业化的人力资本投资形式，高等教育在社会发展中的作用更为显著。④

高等教育在科学研究方面的功能在20世纪也大大拓展了，美国研究型大学创造了大学与工业界的完美结合，把知识发现、知识传播与知识的应用融为一体，成为国家和社会经济发展的发动机。尤其是20世纪下叶，知识经济的迅速发展，更凸显了大学在国家创新体系中的核心作用。据1997年的有关分析，如果将所有麻省理工学院毕业生及教师所成立的公司集合为一个国家，可相当于世界第24大经济体。4000个与麻省理工学院相关的公司共雇用110万员工，年产值相当于1160亿美元GDP，略小于南非但大于泰国。哈佛大学前校长伯克教授在其《大学与美

① 张德祥：《社会学的观点：社会分层与高等教育机会》，载潘懋元主编《多学科观点的高等教育研究》，上海教育出版社2001年版，第260—289页。

② 韩洪文：《个人为高等教育付费：理论困惑与现实反思》，载《湖南师范大学教育科学学报》2006年第3期。

③ ［美］戴维·波普诺著，刘云德等译：《社会学（下）》，辽宁人民出版社1987年版，第38页。

④ Schultz, T. W.. Investment in Human Capital. *The American Economic Review*, 1961, 51(1): 1–17.

国的未来》一书中指出：从《华盛顿邮报》的撰稿人到后工业社会的倡导者贝尔教授都认为，大学将是未来社会的中心机构。现代发达社会取决于三个主要因素：专业知识，训练有素的专业人才，发明创造。而大学历来对前两个因素起决定性作用，现在发明创造方面也发挥着越来越重要的作用。

在当今时代，高等教育已经成为社会现代化的火车头，发挥着种种的作用。有学者甚至提出，高等教育除人才培养、科学研究、社会服务之外，还有其他功能。有的认为"文明与文化'交往（Communication）'功能"是高等教育的第四功能，"'文明的冲突'阴影不散，'全球化'下的文化认同困惑着多元文化共处下的世界，'交往'是当今时代精神的要求。大学有何可为？大学的特殊性正应该无可替代地承担起这一最为重要，也是大学最具魅力的方面所在，大学历来是不同文化和文明交流的殿堂，大学又是在某种程度上最富有交往传统、又最能影响未来的场所，她又具有可以超越政治观点歧见、经济利益竞争而能充分展开深入坦诚对话的场所，所以，大学责无旁贷、义不容辞"。① 也有的学者认为，引导社会前进是现代大学的第四功能，"在未来社会里，现代大学将不仅是培养创造性人才的重要基地、发展科学事业的重要方面军和主动适应社会发展需要的服务站，它正在逐步发展成为社会的思想库、知识产业、科技进步的孵化器和社会进步的加速器，正在从工业经济社会的边缘逐步迈向现代社会的中心，正在逐步走向世界"。② 还有学者认为，"引领文化，是大学的第四功能，而且是大学与生俱来、更为独有、影响更为深远的社会功能"，"大学引领文化的功能体现在继承并发扬优秀的传统文化、借鉴并传播先进的外来文化、创造并培育引领时代的新型文化"。③ 至于"社会批判功能"、"社会改造功能"和"国际化功能"之说，都有主张者。不管这些观点是否合理、是否严谨，至少说明，大学服务社会已经不能狭窄地去理解。在当代，大学教育"与其说是社会的一个发源的部分，不如说是社会的一个响应的部分"④。

高等教育的功能是在不断发展的，克拉克·克尔形象地描述了这一时代的变迁："知识原先是为了真理起见（例如亚里士多德），然后是为了对自然的权力（例如培根），然后为了国家的领导（例如拿破仑和洪堡），然后也为了个人的能力（例如杰弗逊），然后为了领导的素质（例如纽曼），然后为了金钱（例如富兰克林和马奇卢普和一切工业社会），现在为了所有这六项（和其他目的）一起。"⑤正是在这

---

① 章仁彪：《守护与创新：现代大学理念与功能》，载《高教发展论坛》2004年第3期，第1—17页。

② 王冀生：《现代大学文化学》，北京大学出版社2002年版，第4页。

③ 赵沁平：《发挥大学第四功能作用 引领社会创新文化发展》，载《上海教育》2006年第11B期，第6页。

④ ［美］克拉克·克尔著，王承绪译：《高等教育不能回避历史——21世纪的问题》，浙江教育出版社2001年版，第267页。

⑤ ［美］克拉克·克尔著，王承绪译：《高等教育不能回避历史——21世纪的问题》，浙江教育出版社2001年版，第73页。

种变化条件下,高等教育由社会的边缘走向社会的中心,成为国家的重要事业。

"高等教育越卷入社会的事务中就越有必要用政治观点来看待它。"①高等教育越来越大众化、普及化,越来越具有公共性,也就越来越政治化。"政治化意味着高等教育'成为'经济和社会政策的关键因素,因而意味着结构多样化的需要和整个中学后教育中新颖的或迄今未被重视的院校升级。高等教育作为国家头等重要的事业,其活动原则必须符合国家需要和广泛接受的社会标准。"②从高等教育自身的系统性来说,功能负载越多、越重,社会要求越高、越多,也就越需要宏观的评估,评估活动会越复杂。

第二节 利益诉求主体多元

随着高等教育功能的逐渐膨胀,受教育人群也由少数精英扩大到社会大众,高等教育的大众化、普及化,使得高等教育的利益主体及其诉求愈趋多元。高等教育服务的国际化,教育传播技术的网络化和数字化,又加剧了多元利益的交互和碰撞。

一、利益相关者:从单一到多元

如果大学外面曾经围绕着爬满常春藤的围墙,保护着我们免受政治和经济的侵蚀,这些墙早已被拆除了。③ 大学从初具雏形到中世纪的发展历程中,始终是少数统治阶层子弟和极少数以自身超群智力脱颖而出的精英的特有领地,甚至大学作为一种组织形态的出现,根本上也是源于对学者们自身利益的保护。在这漫长的进程中,学生背诵或者翻译远古的著作,死记硬背古典的语言和修辞法,学习一些简单的数学,教师关注的是学生的准确性,而不是理解力。大学教育的内容不仅与社会生产生活无关,也完全拒绝外界的干预,大学通过一种精英式的自我维护系统,自我界定和维护着教育的质量。直到文艺复兴时期,人文主义者批判"整天学习辩证法满足于争辩取胜,而不用这一工具去探索知识,是虚度时光"④,并把一些以人为中心的新学科带进了大学,自此才把大学森严的大门打开了一条缝。

随着人类社会从农业经济向工业经济过渡,工业技术革新和新兴中产阶级挑战着传统的精英文化和精英阶层,也使生存下来的大学更加积极地回应社会和学生的新需求。欧洲大陆和北美陆续建起公立大学,以满足国家和社会对专业知识

---

① [美]约翰·S.布鲁贝克著,王承绪译:《高等教育哲学》第二版,浙江教育出版社1998年版,第32页。

② [加]约翰·范德格拉夫等著,王承绪等译:《学术权力——七国高等教育管理体制比较》第二版,浙江教育出版社2001年版,第12页。

③ [美]詹姆斯·杜德斯达著,刘彤主译:《21世纪的大学》,北京大学出版社2005年版,第44页。

④ 褚宏启:《走出中世纪——文艺复兴时代的教育情怀》,北京师范大学出版社2000年版,第329页。

和专门人才生产的需要。公共财政的投入意味着政府成为高等教育机构的利益相关者。在世界高等教育史上具有里程碑意义的柏林大学，其建校目的便在于提升濒临亡国的普鲁士王朝精神。这一时期，高等教育仍然续写着精英主义的篇章，传统和新兴精英阶层通过获得高质量的大学教育来确保他们的社会经济优势地位。换言之，大学的排他性维护着作为受教育者的少数精英的特权和优势。在高等教育的精英体系中，大学的教育质量由其排他性来证明，大学的教育质量和出色性归于其人员的选择上：只有"最好的"才能成为高校学生；只有"最有能力的"才能成为其教师。[①]

伴随着大学对社会和公众需求回应性的逐渐提高，高等教育从传统的精英教育转向了大众教育、普及教育。大学向各个阶层的公众开放，个人承担教育费用的比例增加，使有教育需求的公民成为高等教育的利益相关者。为社会公众提供质优价廉的学习机会，并使他们获得提高经济收入和社会流动的资本成为高等教育机构生存和发展的基础。公共预算的减少和企业科技创新的需求，推动高等教育机构更大程度地面向市场，面向由大学所传播、加工或发现的知识的消费者。大学要获得充足的经费和良好的声誉，就需要产出教师和学生、学校捐助者、工商企业、社区、政府等多元利益相关者多层次的期望。大学的独立与竞争的本质使其更多地关注社会需求。[②]

进入知识经济时代，知识成为国家和个人发展的引擎。在一定程度上，人们对大学功能的期望从重点从事人力资本开发的社会机构转变为发现、加工、传播和应用知识本身为工作重心的社会机构。知识的重要性，将高等教育机构与社会和个人发展的利益相关性提升到一个前所未有的高水平。大学如果希望在知识社会继续赢得多元利益相关者的支持，就必须满足多维度、多层次的利益诉求，否则就会被边缘化。利益相关者的价值观、需求的多样性和不协调性，已经成为现代大学必须面对的重要挑战。

二、利益诉求：多样与冲突

密歇根大学前校长詹姆斯·杜德斯达认为，现代大学是复杂的多维的机构，校园内外的人依据他们的利益、需求与期望用各不相同的方式来观察和理解大学……面向未来，大学能否取得广泛支持，取决于能否成功地使这些不同群体的要求与价值观念和平相处，而不是水火不容。[③]

在当今社会，大学具有诸多作用：为公民提供教育，培养社会所需要的学者、专

---

① [美]约翰·布伦南等著,陆爱华等译:《高等教育质量管理——一个关于高等院校评估和改革的国际性观点》,华东师范大学出版社 2005 年版,第 25 页。

② [美]詹姆斯·杜德斯达著,刘彤主译:《21 世纪的大学》,北京大学出版社 2005 年版,第 43 页。

③ [美]詹姆斯·杜德斯达著,刘彤主译:《21 世纪的大学》,北京大学出版社 2005 年版,第 26—27 页。

家和领导者,保存和传播文化遗产,进行必要的科学研究以发现对国家发展有重要意义的新知识,利用我们机构特有的专门技术解决大量的尖端问题为社会服务。①高等教育机构在上述方面的产出质量,关涉着国家、社会、受教育者及其家庭、工商企业的竞争力,反过来,谁愿意为大学出资,以什么样的质量争取更大的资助和支持,也影响着大学自身的生存和发展。

国家作为高等教育的利益相关者,为高等教育机构提供支持,根源于教育是社会公共福利的一部分。高等教育对于主权国家的根本利益——维护国家安全、整合社会文化和价值观、促进经济的发展和创新、提升公民的福利水平——具有明显的外部性。这也就是公立的高等教育机构创生和发展的动因。尽管后来发现高等教育阶段受教育者的个人收益大于社会收益,在大学的经费构成方面加大了个人付费的比例,但国家仍然是高等教育的重要利益相关者,通过助学贷款、研究基金等更加多样、更富激励性的投入计划,投资于并享用着高等院校在人才培养、科学技术创新和社会服务等方面的产出数量和质量。当经济增长方式步入知识经济时代,大学这样一个一直以来以知识的传承和创新为职责的机构,其与国家生存和发展之间的联系得到了进一步强化。

学生及其家庭从来都是大学的关键利益相关者,尽管在不同时代,他们参与大学的机会以及大学给予他们的利益回报的内容有所不同。大学发展的早期,学生是大学的最重要的出资人,学生管理着大学,掌控着大学的质量,大学是其传统精英生活方式的一部分。进入工业社会后,教育在个人追求富裕生活和社会流动过程中的关键作用逐渐成为一种社会性的认识。大学的学位证书成为个人进入高阶职业生涯和社会生活的入场券。大学期间获得的知识和技能,以及社会资本成为学生们拥有富裕且有意义的人生的重要因素。因此,大学的质量和社会声誉已经成为学生人力资本的重要部分,无论是在工业社会早期,还是在今天的知识社会,都与受教育者有着高利害关系。

随着高等教育从精英阶段步入大众化、普及化阶段,入学人口数量的增加和人口统计特征的多元化也带来了利益诉求的多样化,人们对教育质量的要求变得更加丰富。不同类型的大学被建立起来,为更多学生提供入学机会。研究发现,大学生的入学动机已发生了变化。来自美国的一项调查显示,75%的大学生把经济上的成功看作他们接受教育的一个非常重要的动机,只有40%的学生认为大学教育是一个能够培养有意义的人生观的机会,这与20世纪60年代学生的动机正好相反。②入学动机的变化意味着受教育者对高等教育质量的界定发生了变化。步

① Casper, G.. *Come the Millennium, Where the University?* [R]. Paper Presented to the Annual Meeting of The American Education Research Association, San Francisco, 1995.

② American Council of Education. A Survey of Students Views on the University[R]. Washington D. C., 1998.

入知识经济时代,劳动者需要更加复杂和快速反应的教育和培训课程来保持他们的竞争力。根据多伦斯(Dolence)和诺瑞斯(Norris)的研究,如果个人知识与工作技能和知识同步就大约需每周进行一天的学习。[①] 不同年龄、性别、族群和社会阶层的学生进入大学,大学需要建立更富弹性、更具兼容性的教学安排和校园文化。

教师和管理人员是大学最重要的内部利益相关者,大学的质量很大程度上由他们的日常工作所决定,同时他们对所在大学的看法和工作产出取决于这个机构能够在多大程度上保障他们的需求和权益。大学不仅是教师和管理人员职业生涯发展的平台,也是他们社会生活的重要场所。所在学校和学科的社会声誉和质量是教师社会地位、科研竞争力,甚至经济收入的保障。生源质量、科研条件和职能机构的服务水平影响着教师教学和科研的绩效。在今天大学早已发展成为一个社区,为工作和生活于其中的教师和管理人员提供着社会交往、文化生活和后勤保障的服务。然而,教师和管理人员也不是同质的群体,新入职的教师与有终身教职的教师有着不同的资源和利益诉求,教师和管理人员职业发展的逻辑和目标有所不同,这些利益诉求的表达和满足,塑造着大学的内部和外部质量。

工商业是高等教育机构产品的消费者,直接或间接地消费着高等教育机构产出的毕业生、科研产品和社会服务。在人力、技术等资源均由市场配置的社会中,这些产品的消费需求和消费导向,在相当程度上引导着高等教育机构人才培养、科学研究和社会服务的目标和提供方式。不同行业、不同规模的工商企业形成了对高等教育质量的多元化需求。

社区既是高等教育机构所在的环境,大学也为社区的文化、经济的发展做着贡献。在大学办学愈加开放的今天,大学与社区的互动也越来越受到彼此的重视。大学为社区及其居民带来相对高质量的文化生活、带动中小学的发展、吸引高科技企业的进驻和高端的商业投资。

高等教育已经越来越成为一个开放的、多价的系统,满足复杂多样,甚至相互不协调的利益诉求,处理与多元利益相关者之间的关系已经成为高等教育机构面临的重要挑战。告知外部和内部利益相关者有关大学的质量信息,已经成为大学获取自身发展所需要的资源的重要条件,也是政府和公众发起高等教育质量评估的重要原因。

第三节　服务贸易日益广泛

在传统的社会意识中,高等教育向来被认为是一种社会事业,而不是可以用来

---

① Dolence,M. G. & Norris,D. M.. *Transforming Higher Education: A Vision for Learning in the 21st Century*[R]. Ann Arbor: Society for College and University Planning,1995.

牟利的产业，很少有人会把教育与商品联系起来。然而，21世纪前后，这种意识被颠覆。"高等教育日益被视为一种可以像任何其他商品一样买卖的商业性产品。高等教育商业化目前已经进入全球市场。"①不管学术界人士、高等教育学者们如何担忧，这一趋势似乎势不可当。尤其是当世界贸易组织（WTO）把教育纳入服务贸易条款，各组织成员国围绕教育服务贸易讨价还价的时候，高等教育显然已经成为俎上之肉，由不得你愿意不愿意了。

实际上，高等教育作为服务贸易的萌芽，可以追溯到20世纪70年代。在此之前，国际学生的流动主要是欠发达国家的学生到发达国家学习先进的科学技术。第二次世界大战以后，随着民族国家纷纷独立，一些发达国家为了控制原殖民地，不遗余力地输出教育文化，以培植其政治亲信或文化渗透。正如美国著名高等教育学者阿特巴赫指出的："在所有发达国家，接受外国留学生都与该国基本的政治外交政策联系在一起，接受留学生最多的国家都是世界强国，它们都把接受外国留学生视为保持它们在第三世界之影响的重要手段。"②另一位学者曼德也指出，国家援助发展中国家高等教育的目的，不是为了"当地人民的需要"，而是为了对当地"再殖民"。1963年英国的《罗宾斯报告》明明白白地说，"英国政府将留学生资助作为它海外政策的一部分"，以扩大英国在新兴独立国家和英联邦国家的政治影响和长远利益，英国政府"每年为资助外国留学生花费九百万英镑"。③与此同时，与西方资本主义国家阵营对垒的苏联和东欧社会主义国家阵营，也大力开展国际教育援助活动，向其他社会主义国家和一些发展中国家施加文化影响。改变高等教育国际化文化输出特征的始作俑者，是担任过英国教育大臣和首相的撒切尔夫人。为了克服20世纪70年代的经济危机，她采取了两项政策，一是减少政府高等教育拨款，二是向外国留学生收取"全额成本学费"。据英国学者估计，以1979—1980年到1988—1989学年，英国的大学从留学生学费中获得的收入从0.46亿英镑上升到1.02亿英镑，留学生学费在大学总收入的比例也从2.8%上升到5.5%，这在一定程度上缓解了政府削减高等教育经费造成的财政危机，给英国的高等学校和经济发展注入了活力。④

英国高等教育国际化政策调整的成效，给陷于经济危机困境和高等教育规模扩张双重压力下的发达国家以示范效应。20世纪80年代，主要发达国家纷纷效法英国，将以文化输出为主要特征的高等教育国际化政策调整为以获取经济利益

---

① ［美］菲利普·G.阿特巴赫：《全球化驱动下的高等教育与WTO》，载《比较教育研究》2002年第11期，第1页。

② 夏人青、张民选：《高等教育国际化：从政治影响到服务贸易》，载《教育发展研究》2004年第2期，第23页。

③ 夏人青：《英国战后国际教育政策的演变》，载《全球教育展望》2005年第5期，第75页。

④ 夏人青、张民选：《高等教育国际化：从政治影响到服务贸易》，载《教育发展研究》2004年第2期，第24页。

为主要价值取向。澳大利亚政府更是明确提出了教育服务国际贸易的概念,1984年杰克逊委员会在向政府提交的报告中明确指出:"澳大利亚的教育服务国际贸易具有作为澳大利亚一个重要新兴产业的潜力。"[①] 从表2-1可以清楚地看到,20世纪末,七个发达国家留学生规模成倍地扩大。

表2-1 20世纪末七个发达国家接受留学生数量的变化

年份 国家	1970 年	1980 年	1995 年
美国	144708	311882	453787
英国	24606	56003	197188
德国	31119	88585	159894
法国	34877	110763	138191
俄罗斯	17400	62942	67025
日本	10471	6543	53847
澳大利亚	7104	8777	47834

(资料来源分别为:1972 年、1984 年、1996 年 UNESCO STASTICAL YEARBOOK、《教育参考资料》2000年 1 - 2 期,第 27 页。)

发达国家实施高等教育国际化新政策,不仅缓解了政府财政压力,为高等学校持续发展获取了巨大的资源,而且直接创造了可观的非教育性收入。留学生除了缴纳高额学费外,还要支付高额的生活费用。在美国,1993 年外国留学生学费收入 68 亿美元,而生活费估计达 38 亿美元,两项合计超过 100 亿美元,可创造十几万个就业机会,所以美国商务部称招收留学生已经成为美国第五大贸易产业。[②] 同年,英国从留学生身上收取的学费高达 34 亿英镑,加上生活费用,总收入近 50 亿英镑。[③] 1994 年,澳大利亚通过教育输出所获取的外汇收益高达 20亿澳元,位列澳大利亚外汇来源第九。[④] 难怪澳大利亚贸易委员会《智力出口》的报告会认为,澳大利亚高等院校的教育和开发活动已经成为除电脑工业外,澳大利亚发展最快、占市场份额最大的"出口产业"。1994 年加拿大工业联合会《教育与

---

① 高晓清:《世界主要国家大学市场行为国际化及其启示》,载《江苏高教》2001 年第 3 期,第 109 页。
② 张务一、蒋宁:《略论国际留学生市场》,载《外国高等教育资料》1997 年第 1 期,第 32 页。
③ 刘刚:《教育——英国最重要的输出》,载《世界教育信息》1996 年第 6 期,第 4 页。
④ 驻澳大利亚使馆教育处:《澳大利亚教育输出的几项措施》,载《世界教育信息》1997 年第 12 期,第1 页。

培训服务》报告认为,1991 年加拿大的教育产业为加拿大带来了 26.4 亿加元的收入。①

就在各发达国家政府竞相出台政策争夺留学生市场份额以获取经济利益的时候,世界贸易组织(WTO)于 1994 年通过的《服务贸易总协定》(General Agreement on Trade in Service,简称 GATS)正式将教育纳入"服务贸易"的范畴,使之成为世界通行的 12 种服务贸易之一。根据协定第 13 条规定,除了由各国政府彻底资助的教学活动之外(核定例外领域),凡收取学费,带有商业性质的教学活动均属于教育服务贸易范畴。截至 2002 年,世界贸易组织 144 个成员中已有 42 个(欧盟 12 国算作一个整体)在《服务贸易总协定》的教育条款上作了承诺,其中有 32 个成员承诺开放高等教育和成人教育服务。

WTO 关于教育服务贸易的规定,显然刺激了各国加大支持教育服务贸易政策的力度。俄罗斯于 1995 年发布了 774 号联邦政府令,宣布成立了跨部委的教育国际交流协调委员会。澳大利亚政府 1997 年公布了《为了生活的学习:高等教育财政和政策之检查》的报告,提出进一步促进留学生"产业"的发展,并于 2000 年颁布了海外学生教育服务法案,以提高教育服务的吸引力。1997 年美国克林顿政府设立了一个介于政府机构之间的小组,负责改进协作,提高效率,以有效地实施政府资助的国际交流和培训计划。法国 1998 年由外交部和国民教育、研究、技术部牵头,成立了专门公益机构——法兰西教育署,并采取了一系列的配套措施,以大力推动法国的留学生教育。英国布莱尔政府在 1999 年提出,要争取在 4—5 年内将英国在留学生市场中所占份额由目前的 17% 提高到 25%,年创汇 7 亿英镑以上。② 一些原本高等教育国际化程度并不高的国家也开始行动,加入市场争夺战。韩国政府于 2004 年推出了"扩大接收留学生的综合方案",提出到 2010 年外国留学生的比例要达到在校学生总数的 1.0%。新加坡政府 2003 年在未来 15 年经济发展报告中提出,要"把新加坡建设成为一个世界校园,以便在世界 2.2 万亿美元的教育市场中占据更大的份额"。在 2010 年前使教育服务贸易收入从占 GDP 的 1.9% 增长到 5%,使教育不仅成为经济发展的人力资源支柱,而且成为经济发展的重要组成部分。③

服务贸易实际包括境外消费、跨境交付、商业存在形式、自然人流动四种形式,其中境外消费也就是出国留学,是各国普遍承诺开放的,也是最主要的教育服务贸易形式。1960 年,世界留学生总量不到 25 万,70 年代中翻了一番多。据联合国教

① 夏人青、张民选:《高等教育国际化:从政治影响到服务贸易》,载《教育发展研究》2004 年第 2 期,第 25 页。

② 熊庆年、王秀娥:《高等教育国际贸易市场的形成与分割》,载《教育发展研究》2001 年第 9 期,第 47 页。

③ 郭秀晶、周永源:《促进高等教育境外消费出口政策的国际比较与启示》,载《比较教育研究》2009 年第 12 期,第 87 页。

科文组织统计所 2009 年发布的报告,1975 年全世界学生跨国流动总数达到 80 万,1985 年达到 110 万,1995 年达到 170 万,2007 年则达到了 280 万,32 年间规模扩张了 3.5 倍。① 2008 年全世界学生跨国流动达到 296 万②,人们预计 2010 年超过 300 万,这是无可怀疑的。

我国自改革开放以来,出国留学与来华留学的规模也不断扩大。尤其是进入 21 世纪以后,出现新的发展高潮。据《2009 中国留学报告》的统计,"截至 2008 年年底,我国总共送出留学人员 139 万。其中从 1872 年到 1978 年百年间不足 13 万;至 2000 年,总共也只送出 34 万留学生。而从 2000 年至 2008 年八年间超过了 100 万人。1998 年至 1999 年,中国一年只送出两万多留学生,十年之后,这个数字已变成了 20 万。专家预计,三年之内中国留学生总数就会超过 200 万。"③在华的外国留学生规模从 2000 年的 5.2 万人增加到 2008 年的 22.3 万人,八年时间里增长了三倍多。④ 教育部 2010 年 9 月 21 日发布《留学中国计划》:到 2020 年,全年在内地高校及中小学校就读的外国留学人员达到 50 万人次,其中接受高等学历教育的留学生达到 15 万人。⑤

规模空前的留学生流创造了巨大商机,也蕴涵着各种风险。事实上,高等教育一旦作为商业服务纳入全球经济化体系,市场的规律就会起作用,这是不以人的意志为转移的。高等教育各提供主体之间为了在国际高等教育市场占有一席之地,必然会关注自身以保证"知识产品"能够在国际市场上自由地交易。"无论跨国高等教育以何种方式提供,国家政府、国际组织、高等教育机构、学生与家长、企业雇主等利益相关者最关注的问题,当属'课程的质量与学位文凭要求的水平是否相符',即跨国高等教育质量保证和认证问题。"⑥就政府而言,他们一方面要提高本国产品的竞争力,努力扩大市场占有份额;另一方面,他们会尽力保护本国的高等教育机构和相关"产业"不受或少受冲击,同时,保护本国消费者的利益。这时候,宏观高等教育评估就显得非常必要。

在 WTO《服务贸易协定》之前,高等教育跨国流动的质量评估实际上已经开始引起关注。1993 年,联合国教科文组织在巴黎举行的第 27 届会议上,正式通过了

① UNESCO. Global Education Digest. [R/OL]. Paris:UNESC,2009,[2011 - 1 - 28]. http://www. uis. unesco. org/template/pdf/ged/ 2009/GED_2009_EN. pdf.

② UNESCO. Global Education Digest. [R/OL]. Paris:UNESC,2010,[2011 - 1 - 28]. http://www. uis. unesco. org/template/pdf/ged/ 2010/GED_2010_EN. pdf.

③ 姜泓冰:《新世纪以来中国留学生过百万 6 成"海归"未满 30 岁》,[Z/OL]2009 - 3 - 11,[2010 - 10 - 7]. http://www. chinanews. com/lxsh/news/2010/03 - 11/2163053. shtml. .

④ 于富增:《改革开放 30 年的来华留学生教育》,北京语言大学出版社 2009 年版前言。

⑤ 教育部:关于印发《留学中国计划》的通知[Z/OL]. 2009 - 09 - 21[2010 - 10 - 7]. http://www. moe. edu. cn/edoas/website18/22/info1285809448399122. htm.

⑥ 许培源:《WTO - GATS 规范与跨国高等教育的质量保证和认证》,载《科技和产业》2008 年第 5 期,第 74 页。

《关于承认高等教育学历和资格的建议书》。1993 年欧洲经济合作与发展组织（OECD）就发表了《高等教育绩效指标的编制——欧盟十二国的纲要》。《服务贸易协定》的制定，使高等教育的宏观评估发展加快。1998 年 9 月，国际高等教育质量保证机构网络（INQAAHE）在巴黎召开"跨北大西洋质量保证工作会议"，就高等教育国际化的质量评估和保障问题进行了广泛的探讨。2000 年 7 月至 2001 年 5 月，拥有欧洲 41 个国家共 527 所大学成员的欧洲大学协会（CRE）开展了"欧洲高等教育质量认证方案"探索，希望形成一个欧洲高等教育区，建立欧洲共同的质量认证体系。① 2005 年，联合国教科文组织（UNESCO）和经济合作与发展组织（OECD）联合召开教育服务贸易论坛，推出了《跨境高等教育质量措施指南》，目的就在于在国家和国际两个层面上，加强对新的跨境高等教育的国际性行动计划实施的质量保障、认证和资格认可的相关措施。指南认为："一个国家高等教育的质量及其评价和监控体系不仅会对其社会和经济发展产生重要影响，还会对本国高等教育体系在国际社会中的地位产生决定性影响。质量保障体系的建立，无论是对指导和监控国内高等教育质量来说还是对鼓励高等教育机构参与国际性的教育活动而言都已经必不可少。"②指南针对政府、高等教育机构、学生组织、质量保证及认可机构、学位文凭认证机构、专业学会，分别提出它们需努力的工作及注意的原则，但它并无任何的约束力，需要各跨国高等教育的提供者主动寻求评定以作为质量保证的依据。

第四节　公共管理范式变革

无论是公立的高等教育机构，还是私立的高等教育机构，都提供着具有公共属性的服务，在国家和人类发展的经济、政治、文化、科技，乃至生存条件改善和安全等诸多方面发挥着不可替代的作用。因此，尽管大学自产生以来一直以学术自由、自治为独特的组织原则，但随着高等教育与国家、社会发展关系的愈加紧密，政府和社会通过不同的方式对高等教育机构进行着控制。有时，国家或政府对私立高等教育机构的控制一点也不逊色于对公立高等教育机构的控制。不论在哪个国家，也不论大学自治的文化传统、大学与政府的关系如何，"大学自治不能凌驾于大学作为社会一员对社会需求、社会特征和社会转型做出必要的反应之上。大学应将自治和与社会的相互依赖结合起来，这一趋势目前比以往任何时候都更加明显"③。

---

① 毛萍、熊志翔：《试论高等教育质量的跨国比较》，载《高等工程教育研究》2003 年第 6 期，第 27—28 页。

② 岑建君、江彦桥：《着力提升高等教育跨境服务能力——UNESCO、OECD 教育服务贸易论坛述要》，载《中国高等教育》2005 年第 5 期，第 30 页。

③ ［西班牙］米格尔·安吉尔·埃斯科特：《大学治理：责任与财政》，载《教育研究》2008 年第 8 期，第 43 页。

一、公共部门管理改革

20 世纪 80 年代以后,兴起于盎格鲁—撒克逊国家的公共部门管理改革,逐渐改变了提供着公共服务的高等教育的管理范式和政府、社会与高等教育机构之间的治理关系。公共部门管理改革是在经济危机的背景下,公众和政治家深刻反思规模庞大、消耗着巨额的公共投入却难以产出令公众满意、讲求效率和效益的服务,而实施的一系列涉及政府、医疗和教育等公共部门的管理制度和机制的变革。英国是公共管理改革的发起者,在 20 世纪 70 年代末的改革初期将去管制、自由化和私有化作为改革的主题,在 2006 年发布的《英国政府公共服务改革路径》中将公共部门改革的机制概括为四个方面,即自上而下的绩效管理、公共服务提供的更大竞争性、公众的选择和发表意见的权利,以及加强政府及其公务人员的能力。美国的公共部门改革首先以节约、缩编、授权和重建为主题的政府改革揭幕,试图通过缩减政府开支、转变政府职能重建一个掌舵而非划桨的政府,以期度过公共部门面临的经济和信任危机。随后在 90 年代将改革推进到教育、医疗等更广泛的公共部门。如今,加强系统绩效成为改革的核心,小布什在上任之初提交给国会的"总统管理议事日程"中的开篇词很好地描述了这一核心理念:"良好的开端不是衡量成功的标准,最重要的是完成情况、绩效和结果。"[①]由福利国家经济制度和以官僚制为基础构建的公共部门管理制度的弊端在经济衰退的背景下集中爆发而引起的公共部门管理改革,通过国家间的主动政策"借用"以及世界银行、OECD 等国际组织向发展中国家的传播与灌输,逐渐成为全球性的改革浪潮。

尽管不同国家公共管理改革的侧重点不同,随改革进程的深入公共部门改革所显示出来的特征也有所不同,但公共管理改革仍然有着共同的内核,即私营部门管理方法的引入和市场竞争机制的构建。[②] 以效率和效益为核心的组织目标、绩效标准、合同等私营部门的管理方法引入到公共部门中,改变了公共部门的组织原则和行为方式。消费者选择、公共服务的竞争性提供等市场或准市场机制的构建,试图以市场在资源配置方面的灵活、优胜劣汰等特点,弥补公共产品配置中的政府失灵,打破了公共产品政府配置、私人产品市场配置的分立格局,改变了公共资源的配置机制和公共部门与消费者之间的权利和责任关系。公共管理改革不仅改变了公共部门管理的主流话语,更改变了公共部门的组织原则及其与社会、公众之间的关系,从而在根本上改变着公共管理的范式,成为一种范式意义上的转变。

二、公共管理视野下的高等教育评价

在整体性的公共部门管理改革的潮流中,绩效目标、公众问责、消费者付费与

---

① Office of management and Budget. *The President's Management Agenda*[R/OL]. Washington:Office of management and Budget,2002:1 [2009 - 6 - 13]. www. whitehouse. gov/omb/budget/fy2002/mgmt. Pdf.

② 田凌晖:《公共教育改革——利益与博弈》,复旦大学出版社 2011 年版,第 37 页。

选择、公共治理等方法被渗透和应用到高等教育机构的内部和外部管理中。这种变化源自两股力量的推动,一方面,无论是政府还是公众都希望高等教育机构能够产生出高效益、高质量、多样化的高等教育服务;另一方面,在政府公共投入减少、高等教育市场化进程加速、公众利益彰显的外部环境下,高等教育机构也在回应外部需求方面表现得更加积极。

政府和公众希望高等教育机构以什么满足他们的利益,高等教育机构又可以以什么换取更多的经费投入,并能在更具竞争性的高等教育市场中得以生存和发展呢?埃斯科特的观点较好地揭示了其中的答案。他认为,从本质上看,我们应该关注这样一个事实:大学可以采用的管理模式是一样的,有公立管理模式、私立管理模式或混合管理模式三种,大学唯一真正的区别只是高水平与低水平之分。①换言之,质量是联系高等教育多元利益相关者的纽带。尽管不同外部利益相关者心目中质量的内涵有所不同,但更高的质量均意味着更大的利益和更高的回报。对政府而言,更高的质量意味着更强的国家竞争力,更多的人力资源,更高的公共投入收益率;对受教育者、工商企业而言,高质量就是更强的竞争力和可持续发展能力。作为内部利益相关者的高校及其教职员,高质量意味着在经济和社会资本方面的更多资源以及更大的自主权。

公共管理范式的转变,质量评估成为外部利益相关者收集高等教育机构质量信息、对质量进行问责的重要手段。尽管目前还没有证据能够表明质量评估对于质量改进具有促进作用,但质量评估在帮助外部利益相关者打开高等教育机构质量的"黑箱",提升高等教育质量的公开性、可问责性,使高等教育机构更积极地回应外部利益需求方面发挥了重要作用。质量评估的发展,不仅符合公共管理改革中政府职能从"划桨"转变为"掌舵"的要求,也符合消费者投票、公共服务的竞争性提供等市场机制的要求,还符合社会民主进程中社会治理和公共问责的要求。

政府职能转变,即改变20世纪多数时间里在政府管理中占统治地位的科层制,以改变政府机构臃肿、低效的状况。戴维·奥斯本和彼得·普拉斯特里克做了最经典的有关政府职能转变的表述:掌舵而不是划桨,授权而不是直接提供服务,按结果而不是投入进行拨款,满足顾客而不是官僚制度的需要,挣钱而不是花钱,预防而不是医治的政府,从等级制到参与和协作,通过市场力量进行变革。② 政府不再直接参与公共产品的生产过程,而是把自主权交给生产者,在这种情况下,质量评价成为政府制衡公共产品生产者的自主权,使之以更低成本产出高质量公共服务的重要手段之一。尼夫简洁明了地把政府更多地在高等教育领域运用评估手

① [西班牙]米格尔·安吉尔·埃斯科特:《大学治理:责任与财政》,载《教育研究》2008年第8期。
② [美]戴维·奥斯本,彼得·普拉斯特里克:《摒弃官僚制:政府再造的五项战略》,中国人民大学出版社2002年版,附录A。

段这一趋势概括为"评估型政府"①。尽管政府对高等教育的评估早已有之,但在公共管理改革之前,政府对高等教育的评估主要以先验性评估(Priori Evaluation)存在,即政府制定目标,分配资源,控制过程,因此,评估的重点在于衡量是否达到目标,资源的投入是否充足,过程是否合乎规范等输入性标准。在这样的评估框架下,政府不得不事无巨细地管理着高等教育系统的质量过程,不断投入巨额经费却难以提高高等教育机构的质量责任意识。

在评估型政府中,政府职能的转变直接导致了政府评估作用和时间选择的改变,后验性评估(Posteriori Evaluation)取代了先验性评估,评估的重点从过程到结果、从输入到输出的转换。尼夫认为,后验性评估标志着政府与教育制度之间的关系发生了重大的、全新的发展。首先,它取代了人们对办学质量以及入学机会均等的强烈关注。其次,通过对输出的强调,依据经济的而非个人的需要重新界定了教育目的。再次,它为控制单个学校提供了强有力的工具。这不仅是评估方式和重点的变化,评估成为在政府和高等教育机构之间合理化并大规模重新分配职责的政策杠杆。政府最终通过少而精的政策杠杆保持着全面的策略性控制的权限。这些杠杆蕴藏在全部的调查团报告、制度目标的制定以及与输出质量相关的标准的实施之中。② 评估这一政策杠杆,帮助政府"从没完没了的琐碎小事所淹没的黑暗平原上撤退,进而在明朗、可策略性'总揽全局'的制高点上避难"③。政府有选择地退出直接管理,更多运用评估手段进行宏观管理,便产生了对专业性中介机构的需要。评估与拨款之间利益链条的建立,使得高等教育机构需要学会在自主管理与宏观评价构成的张力间寻求发展。

市场规则在高等教育公共服务领域的引入,把社会变成了一个消费者群体,受教育者得以像消费者一样,依据高等教育服务的质量对高等教育机构提供者进行问责,并依据消费者的选择获得激励或惩罚。市场化过程中政府将一些权利分摊到社会,特别是消费者身上,通过消费者选择更加敏锐地优化高等教育资源的配置。然而,消费者选择的有效性是建立在信息完全且每个消费者均具有理性的假设基础上的。在如何为消费者提供充分的选择信息方面,各种有关评估结果的报告、大学的排行扮演了重要角色。

公立和私立高等教育机构并无本质区别,或者至少不应该有本质区别。不论采用哪种模式,大学都是一种公共服务,它不能或不应该提供私人服务。④ 在民主

① Neave,G.. On the Cultivation of Quality,Efficiency and Enterprise:An Overview of Recent Trends in Higher Education in Western Europe,1968 – 1988[J]. *European Journal of Education*,1988,23(1/2),7 – 23.

② Neave,G.. On the Cultivation of Quality,Efficiency and Enterprise:An Overview of Recent Trends in Higher Education in Western Europe,1968 – 1988[J],*European Journal of Education*,1988,23(1/2),11.

③ Neave,G.. On the Cultivation of Quality,Efficiency and Enterprise:An Overview of Recent Trends in Higher Education in Western Europe,1968 – 1988[J],*European Journal of Education*,1988,23(1/2),12.

④ [西班牙]米格尔·安吉尔·埃斯科特:《大学治理:责任与财政》,载《教育研究》2008年第8期。

社会中,公共服务质量的社会问责成为弥补"政府失灵"和"市场失灵"的重要手段。社会问责的理论基础在于公民的权利和权威,社会介入到公共事务中能够避免市场化的服务供给中存在的生产不平等和迎合特定群体需求的弊端,也能够避免政府放松管制后出现监管真空的弊端。然而,社会问责同样需要信息和制度基础,即质量信息的公开、透明和高等教育机构对问责的回应性。各种来自政府、非营利性组织和商业机构的评估报告为社会问责提供了信息基础。社会组织的质量标准和评估结果为社会公众干预高等教育服务的质量提供了合理性。

第三章　宏观高等教育评估的基本问题

对高等教育评估基本问题的研究一直是众多学者关注的领域,迄今为止已经积累了众多研究成果。本章在总结先人成果的基础上,对评估目的、评估主客体、评估内容和评估标准、评估方法等基本问题进行进一步的考察。

第一节　评估的目的

在实施高等教育评估时,如果没有明确的目的,是很难得出令人信服的结论的。本节将在总结教育评估目的的基础上来剖析高等教育评估的具体目的。

一、教育评估的目的

在展开高等教育评估目的的讨论前,有必要先了解一下教育评估的目的。在这一问题上,教育评价理论界已经基本形成了共识。一般认为,教育评估的目的主要包括以下四个方面:

1. 管理目的

以管理为目的的评估,指的是从管理者的立场出发开展的评估活动。这是一种传统的教育评估,无论是宏观的教育行政管理还是微观的学校管理,都愿意将教育评估作为一种有效的管理手段。这类评估常见于对学生进行综合性评价,对教师进行职称评审、职务聘任等。评估结果通常是和奖惩联系在一起的,它看重的是成果,用事先拟定的绩效标准来进行评估。

2. 指导目的

以指导为目的的评估,指的是从指导者的立场出发开展的评估活动。指导者可以是人,也可以是机构。例如,教师运用诊断性评估、形成性评估和终结性评估等多种方式,了解学生的学习状况,弄清如何指导学生,如何进行教学以及如何开发教材。教育行政部门则通过制定评估标准,实施评估活动,指导被评估对象朝着教育行政部门为其设定的理想目标努力。

3. 学习目的

学生是教育评估的核心对象,以学习为目的的评估,指的就是从学生的立场出发,对学生的学习状态进行评估的活动。通过自我评估和学生间的相互评估,帮助学生发现问题,从而达到促进和改善其学习的目的。

4. 研究目的

以研究为目的的评估,指的是从包括教师在内的研究者的立场出发,收集各类相关信息并对其进行分析,从而为教育决策部门提供服务。对中小学新课程实施情况的评估、大学专业建设评估等都属于以研究为目的的评估活动。

根据不同的评估目的,巴顿(Patton,1997)对评估做出了如下分类:以选拔为目的的评估称为"判断型评估",以改善指导和学习为目的的评估称为"改善型评估",以调查和研究为目的的评估称为"知识型评估"。

但更多的情况下,人们会根据教育活动中所处的不同阶段来对评估进行分类,不同阶段有相应的评估目的。在教育活动的最初阶段,有必要对计划进行预测,或对被评估对象的现状和存在的问题做出鉴定,由此实施的评估被称为"诊断性评估"。诊断性评估不仅用来了解学生的学习潜力,更主要的是用来诊断制约学生学习的因素。可以在学习起点阶段和学习结束阶段分别进行此类诊断性评估,从而看出学习者的学习成果和存在的问题。诊断性评估同样适用于学校,例如,通过对干部队伍、教师队伍、教学工作、德育工作、体育卫生工作、心理健康工作、校园文化、学生素质发展水平、教育资源管理等现状的评价,发现学校存在的问题。

其次,在指导和学习过程中,需要确认教学方法和教材内容、学习的方向性是否正确;在学校发展过程中,需要及时评价现行措施是否得当,这类评估活动都可以被称为"形成性评估"。1934年至1940年美国心理学家泰勒(Tyler,R.)主持的"八年研究"就是一次典型的形成性评估。该项目的调查目的在于确认新课程的开发是否在发生作用。参加调查的各高中,一边开发和实施新课程,一边对照泰勒设定的教育目标,评估收集到的相关信息,从而判断当初的目标是否实现。这些信息被用来比较旧课程和新课程学习目标的达成度,以及分析新旧课程的长处和短处,以便为改善旧课程提供反馈信息。1967年,美国哈佛大学的斯克里芬(M. Scriven)在所著的《评价方法论》(The Methodology of Evaluation)中正式提出了"形成性评估"和"终结性评估"这两个概念。20世纪60年代,美国芝加哥大学的著名心理学家、教育家布卢姆(B. S. Bloom)将其引入教学领域,提出了掌握学习的教学策略,对后人产生了深远的影响。

最后,当某项教育活动告一段落时,对最终成果是否达到了预先设定的教育目标进行判断的活动被称为"终结性评估",例如,通过中考和高考来判断某所学校的办学质量高低。该类评估的目的在于区别优劣、分出等级或鉴定合格,为各级决策人员提供参考依据。

评估的目的不同,所采用的方法也会发生变化。以"管理目的"为例,如果要从众多的申请学校中选拔出少数优先扶持的学科,那么就会根据评估标准来制定量化指标,最终完成对申报学科的排序。但是,如果是以质量保证为目的的评估,通常并不是去判断机构或者个人的差异,而是去衡量他们是否达到了一定的标准。

二、高等教育评估的目的

高等教育评估属于教育评估中的一类,从原则上讲,其评估目的是和教育评估的目的相一致的,但是,高等教育活动又具有自身的特点,在评估目的的侧重点上有所不同。

以我国为例,从政府层面上看,对高等教育评估的目的已经做出了明确的规定。1990年发布的《普通高等学校教育评估暂行规定》是我国与高校评估直接相关的一部法规条例。其总则中这样写道:

> 普通高等学校教育评估的主要目的,是增强高等学校主动适应社会
> 需要的能力,发挥社会对学校教育的监督作用,自觉坚持高等教育的社会
> 主义方向,不断提高办学水平和教育质量,更好地为社会主义建设服务。

有学者认为,这一表述"从我国政治、经济、文化发展的实际出发,对我国教育评估的主要目的做出的这些规定,具有深刻的现实意义和深远的历史意义"。① 但是,和法规颁布之时相比,目前高等教育形势已经发生了翻天覆地的变化,20多年来,作为一部唯一和高等教育评估相关的法规条例却一直没有得以修正。因此,有必要结合现状,对包括高等教育评估目的在内的法规中的各项表述作进一步的完善。

参考经济合作与发展组织②的观点,高等教育评估的目的可以归纳为以下三点:

1. 为改善决策(Decision – Making)或现状提供材料

高等教育评估的目的不在于证明,而是改善,这是高等教育评估最根本的目的。引入评估机制后,使得"遵循先例"向"战略决策"转型,使得"基于投入量的管理"向"基于成果的管理"转型。例如,假设政府部门准备拨巨款给某大学购买仪器设备,按照传统的做法,通常是在参考上一年度的基础上确定拨款额,但是引入评估机制后情况就会发生变化,政府部门会关注现有的仪器设备是否发挥了应有的效益,在此基础上再来决定是增加拨款还是减少拨款,是继续拨款还是停止拨款。传统的"基于投入量的管理"通常是由行政组织内部来做出判断的,而"基于成果的管理"或者是"战略性的决策"则是以顾客为前提来做决定的。评估为"战略性的决策"提供了信息,它能帮助决策者来对评估对象进行价值判断。

此外,无论是大学内部的质量评估体系,还是来自外部的各类评估活动,均具有促进大学管理层、教师、政府部门等评估主体改进自身不足之功能。特别是对那些正处在起步阶段的新大学来说,评估活动是促进机构重组、改善教学活动的一个契机。

2. 为合理、有效进行资源分配(Resource – Allocation)提供材料

---

① 陈玉琨:《中国高等教育评价论》,广东高等教育出版社1993年版,第40页。

② OECD. *Improving Evaluation Practices*[R]. Paris:OECD,1999:14.

目前,不少高校面临财政危机,评估能够帮助政策评估者和财政部门改善资源分配,使资金得到合理、有效的运用。在评估过程中,人们会发现哪些地方是低效的,哪些问题是需要改善的,从而能够合理、有效地分配经费、人员、物资、时间、信息资源。以日本为例,为了进一步促进大学教学改革,从 2002 年开始,文部科学省拨出专项性资金,接受来自国立、公立和私立大学的申请,通过优胜劣汰来分配科研经费。对申请材料的评估是由学术振兴会下设的"高质量大学教育等推进事业委员会"来负责的。这一方式实现了资金的重点分配,促进了资金的合理流动和运用,为面临财政危机的政府提供了一条新思路。

3. 为切实履行绩效责任(Accountability)提供材料

俗话说,花了纳税人的钱,就得有所交代。的确,人们越来越多地关心自己缴纳的税金的使用途径。评估可以为切实履行这一绩效责任提供服务。评估促进透明性,评估肩负着对政府和公众进行绩效说明的责任。日本在履行这一责任方面的经验值得借鉴。在日本,有三家评估机构获得文部科学大臣的认可,可以对大学进行评估,它们分别是"大学基准协会"、"日本高等教育评估机构"和"大学评估和学位授予机构"。在这些机构的官方网站上,均设有专栏向社会公布对各大学的评估结果。"大学基准协会"的评估结果由"评估结果"、"总评"、"对大学的建议"三部分组成。与此相比,我国在此方面的研究则有待改进,普通高等学校本科教学工作水平评估在我国实施已久,具有广泛的社会影响,但是在"教育部高等教育教学评估中心"的网站上,却没有公开每所学校的评估结果,作为公众,无法知道为什么某些大学的评估结果是优秀,为什么某些大学的评估结果只有良好。此外,在日本各大学的网站上,也可以很方便地查阅到该大学的自我评估报告,包括教师、课程、财务运行等各种信息和数据,为学生择校提供了很大的便利,这一自律行为和市场行为相结合的方式,同样是一种履行绩效责任的有效做法。

三、两种不同的评估目的理念

在高等教育评估目的问题上,混杂着"为了改善的评估"和"为了绩效的评估"这两种理念,两者存在本质的区别。"为了绩效的评估"用来测定基于目标而制定的计划达成度,从而判断机构或个人是否圆满完成了上级部门指定的任务。由于这种评估往往和经费分配、考核联系在一起,测定看重的是业绩成果。它没有告诉大家该机构或个人是如何达到目标的,迄今为止所采取的做法是否合适。"为了改善的评估"则非常重视过程,其目的在于发现大学的长处,客观评价大学存在的问题和面临的挑战,为大学提高教学科研水平出谋划策。对"为了改善的评估"来说,评价指标显得并不重要,重要的是为了达成目标所采取的措施是否有效,如何根据既定标准去改善业绩。

虽然很多人都认同评价的目的是为了改善,但是在具体实施过程中却发生了偏差,最终还是偏向业绩成果评估。造成这一现象的原因之一是没有明确的政策来引导人们实施"为了改善的评估"。"为了绩效的评估"往往基于这样一种假设：通过划分等级、排列名次并实施奖罚措施，就能刺激被评者的积极性，从而达到提升质量的目的，操作起来也比较容易。但是众所周知，如何评估教育质量的问题本身就存在争议，如果在评估时只看重数量指标，就会引导人们只去追求数量而不是质量，甚至出现捏造数据等弄虚作假的现象。在政策面上如何引导人们去追求"为了改善的评估"是今后我们面临的一个重要课题。

以上从宏观的角度讨论了高等教育评估的目的，如果从微观层面来考察的话，高等教育评估的目的更为多元化。举例而言，评估的目的可以是为了对大学的设置、撤销、更名和调整等事项进行审核，对大学进行质量管理，对大学进行排序；评估的目的也可以是为了对学生择校提供参考依据，为了进行合理的资源分配，为了保护学生和相关人员的利益；评估的目的还可以是为了改善高等教育的质量，为了促进高等教育改革，等等。

第二节　评估的主客体

一个评估活动中必然有评估者和被评估者，通常将评估者称为评估主体，被评估者则称为评估客体。评估主体是发起评估的人或组织，对评估活动承担责任，实施评估，并将评估结果通知评估客体。评估客体是指被评估的人或组织，即评估活动所指向的对象。

一、评估主客体概论

通常评估主体和评估客体是不同的，我们将主客体相异的评价活动称为外部评价，即由被评估者之外的他人实施的评估。与此相对，评估主体和评估客体为同一人，即评估者对自己的评估则被称为"自我评估"，也称为"内部评估"。例如，对大学开展的自我检查和评估来说，大学既是评估的主体，又是评估的客体。在一定的条件下评估主体和评估客体是可以互相转换的。例如，在对学生成绩进行评估时，教师是评估主体，学生则是评估客体。而在学生评教的情况下，学生成为了评估主体，教师则成为评估客体。

自我评估和外部评估各具特色。对集主客体为一身的自我评估来说，虽然比较容易获得真实的数据，但也不是所有的问题都可以通过观察自我来发现。自我评估的难度在于如何让自己保持中立的立场来实施评估。在自我评估活动中往往会偏向于选取对自己有用的评估结果，容易走过场。

外部评估又被称为第三方评估。近年来，外部评估越来越受到人们的青睐。由于作为评估主体的第三方机构和被评者大学之间是一种相对平等的关系，因此有利于评估的公正性和科学性。但是，对第三方评估机构来说，很难透彻理解评估客体的背景尤其是文化内涵。尽管在评估活动中聘用了经验丰富的专家，但是，在一个有限的时间段里去了解评估客体的一些内在因素还是有很大难度的。

理想的方式应该是加强自我评估和外部评估之间的合作,尤其是挖掘集主客体为一身的大学的自我评估能力。大学应该努力收集和第三方评估相同的高质量信息,编制自我评估报告书,认真分析和反思,并将结果灵活运用到今后的改善中。拥有高度自我评估能力的人和组织,能够在别人看来近乎完美的情况下发现自己的不足,从而使自己的学术水准更上一层楼。

二、高等教育评估主体的多元化

多元化是现代社会的重要标志,高等教育评估主体的多元化指的是不同的利益相关者共同参与评估活动。目前,主体多元化已经成为各国高等教育评估的重要趋势,即构建一个由国际组织和国际质量保障机构、政府机构、大学、社会中介、新闻媒体、学术机构等多个主体组成的评估体系。①

(一)国际组织和国际质量保障机构

传统观念认为,一国的政府、高校和社会是高等教育质量保障体系建设的主要力量。但是,近年来跨国境高等教育在世界范围内得到快速发展,争夺国际优质生源成为各国面临的一个重要课题。在这一背景下,如何完善高等教育质量保障体系,从而在争夺全球化人才资源中站稳脚跟,成为各国在制定教育发展规划时重点考虑的问题。为了实现上述目标,有必要从国际层面来对各国的高等教育评估活动进行协调。国际组织和国际质量保障机构在这一过程中日益发挥着重要的作用。

1. 国际组织

世界贸易组织(WTO)、经合组织(OECD)和联合国教科文组织(UNESCO)是影响较大的三个国际组织。世界贸易组织将国际间的教育合作纳入到服务贸易的范畴,由此启动了国际协调的步伐。之后,经合组织和联合国教科文组织开始协调有关教育服务贸易的争论。OECD发表了两份有关跨国境高等教育质量保障的报告,并且和UNESCO合作制定了《跨国高等教育指南》,呼吁政府、大学、学生组织、评价机构、国际评估组织等利益相关者进行合作,确保跨国高等教育的质量。UNESCO也从20世纪70年代开始涉及制定和研究与学位相关的地区协定,协调国家间的协定和合约。在UNESCO的鼓励下,许多国家加入了里斯本条约(Convention on the Recognition of Qualifications Concerning Higher Education in the European Region 1997),可以说,国际组织的系统协调和成员国的积极配合,加快了高等教育评估走向国际化的步伐。

2. 国际质量保障机构

---

① 评估主体可以是除了评价者群体组成的评价机构,也可以是单个的评价者,后者的多元化指的是鼓励包括管理者、教师、学习者、家长、社会人士在内的任何人来对大学的教育教学和学习活动进行评价。

1991 年,国际高等教育质量保障机构网络(International Network for Quality Assurance Agencies in Higher Education,INQAAHE)在香港成立。该机构的宗旨是维护和推进高等教育质量,促进优良的实践事例、奖励和质量管理、实践相关的研究、援助高等教育质量保证机构的发展,以及促进各评估机构间的合作、协助设定国际评估基准、普及和质量保障相关的信息、开发互换学分的学习项目、促进国际学生的流动等。成立后,INQAAHE 一直致力于开发质量保障的国际基准,2005 年,在新西兰惠灵顿召开的 INQAAHE 年会上通过了制定质量保证的范例指南(Guideline of Good Practice,GGP)。

20 世纪 90 年代后期,一些区域性高等教育质量保证机构相继成立,比较有影响的有:美国高等教育认证委员会(Council for Higher Education Accreditation,CHEA)、欧洲高等教育质量保证协会(the European Association for Quality Assurance in Higher Education,ENQA)、亚太质量保障网络(The Asia – Pacific Quality Network,APQN)。目前,此类机构的数量快速增长,在协调区域高等教育质量保障机构的合作上发挥着不容忽视的作用。例如,成立于 2003 年的亚太质量保障网络,在 INQAAHE 的协助下,以亚太地区为中心,通过促进该地区高等教育质量保障机构的合作,来提高地区高等教育的质量。从 2009 年起,APQN 将秘书处设在上海市教育评估院。

(二)政府

在多元主体构成的大学评估体系中,政府往往占有主导地位。众所周知,大学自治与学术自由一直是英国大学引以为豪的传统,但是,从 20 世纪 80 年代后期开始,英国政府加强了对大学的控制,使用的工具就是大学评估。英国高等教育基金委员会(UK Higher Education Funding Council:HEFCE,SHEFC,HEFCW,DELNI)迄今实施了六次研究评价(Research Assessment Exercise,RAE),对大学教师的研究业绩进行考核,并在此基础上对各大学的研究经费进行分配。高等教育质量保证署(Quality Assurance Agency in Higher Education,QAA)则重点评估各大学的质量保障体系,并制定各学科的国家标准(Benchmark)。在美国,由于实行地方分权的教育管理体制,对高等教育的评估主要是由非政府的、自愿参加的院校、协会和专业团体所属的认证机构负责进行。联邦教育部虽然没有直接参与到大学评估活动中,但通过对各类认证机构进行认可、监督来制约和协调高等教育评估活动。

在中国,很长一段时间内高等教育评估都是由政府垄断的。现阶段依然是以中央政府为主导的高等教育评估体系,社会团体、学术团体主持的评估对大学教学或是质量保证并没有产生重大的影响(黄福涛,2005)。在这一体系中,高等教育行政部门和官方性质的评估机构在各类评估主体中具有绝对的主导地位。

1. 高等教育行政部门

《教育部主要职责内设机构和人员编制规定》(2008 年 7 月 10 日)明确指出,教育部的职责之一是"指导改进高等教育评估工作"。具体工作由各司及其下设业务部门负责。例如,发展规划司的职责中包括"会同有关方面拟订高等教育招生计划和高等学校设置标准;参与拟订各级各类学校建设标准;会同有关方面审核高等学校设置、撤销、更名、调整等事项";①又比如,教育部学位管理与研究生教育司(国务院学位委员会办公室)下设质量监督与信息处,负责研究、制定和学位与研究生教育相关的各类评估。但是,最直接的业务部门是高等教育司及其下设的"高等教育评估处"(教育部高等教育评估办公室)。"高等教育评估处"是1998年机构改革时新设的机构,其职能包括下列七条②。

(1)研究、拟订高等教育评估的方针、政策、法规和文件,推动高等教育质量宏观调控体系和评估制度的建立和完善。

(2)统筹规划与协调各类高等教育的评估工作。

(3)统筹规划、协调和组织各类高等学校教育教学工作的评估工作,组织评估结论的审核工作。

(4)组织有关评估专家组织,指导评估专家组织和中介机构开展工作。

(5)管理高等教育评估信息工作,分析研究评估信息,开展对外信息服务。

(6)规划组织高等教育评估研究和学术交流。

(7)统筹组织全国高等学校国家级教育教学成果的奖励和表彰工作。

各省、自治区、直辖市都有相对应的机构承担不同类型的评估任务。

2. 高等教育评估机构

进入20世纪90年代后,不同层次的教育行政部门先后建立了不少高等教育评估机构。1994年7月29日,受国务院学位委员会和国家教育委员会的委托,在北京理工大学成立了"高等学校与科研院所学位与研究生教育评估所",为全国各高校提供学位与研究生教育评估及其咨询服务。2003年7月2日,隶属教育部和国务院学位委员会的"教育部学位与研究生教育发展中心"成立,原"高等学校与科研院所学位与研究生教育评估所"也并入该中心,中心具有独立法人资格,接受上级行政部门的委托,承担学位与研究生评估、评审的具体事务性工作。2004年8月27日,教育部直属的高等教育教学评估中心成立,它也是一所具有独立法人资格的教学评估机构,这两所国家级的高等教育教学评估机构,均是行政色彩较浓的官方型评估机构。

此外,地方教育行政部门也非常重视评估机构的建设。1997年4月江苏省教育厅成立了江苏省教育评估院。2000年,上海市教育委员会将原上海高等教育评估事务所升格为上海市教育评估院。这些地方级的评估机构的职责主要是:开展

---

① 教育部:教育部司局机构设置[Z/OL]. http://www.moe.edu.cn/publicfiles/business/htmlfiles/moe/moe_2156/200807/36533.html,2010 – 12 – 1.

② 教育部:高等教育司领导介绍内设处室介绍[Z/OL]http://www.moe.edu.cn/publicfiles/business/htmlfiles/moe/s3372/201001/82437.html,2010 – 11 – 28.

教育评估的理论研究和学术交流活动,接受地方政府和教育行政部门的委托,开展对各级各类学校的评估工作。

随着评估实践的不断深入,学者们正在对这一以政府为主体的典型的"行政性评估"模式进行反思。由于评估主体和评估客体之间处于一种上下级的社会关系,上位的"评估者"实施的评估会对下位的"被评估者"产生了一种由上向下的强制力。例如,在教育部本科教学评估中,由于指标体系中要求教授、副教授近三年内要为本科生授课,结果大批教授重新回到本科教学岗位上。这根"指挥棒"用得好可以起到如虎添翼的作用,用得不好往往会适得其反。越来越多的学者呼吁正确定位政府在高等教育评估中的职能,实现高等教育评估主体多元化。

(三)大学

美国的大学认证评估是建立在各大学的自评报告的基础上的。荷兰也在 20 世纪 80 年代通过设立大学协会,建立了以大学自评为基础的高等教育评估体系。日本则历来重视高等教育机构的自我评估,并通过修改《大学设置基准》规定大学必须实现自我评价并向社会公布评价结果。可以说,人们已经愈来愈认识到,高等教育质量保障及其改进的主要责任在于高等教育机构自身上。

我国在 20 世纪 80 年代后期就已经出现了自发的大学内部评估活动,主要是对课程的评估和对教师教学质量的评估。2003 年首轮大规模的普通高等学校本科教学工作水平评估启动后,各高校纷纷设立了评估处或评估办公室等各类校内评估机构来组织迎评活动,高校内部评估体系也由此逐渐形成。目前,几乎所有的高等学校均在开展不同程度的内部评估活动。我国的大学内部评估主要局限在教学质量评估和科研评估两方面,其中的教学评估是重点。

1. 教学质量评估

通常,各高等学校的教务处负责实施教学质量的监控和评估。近年来在大学内部也出现了一些专门的教育教学质量监控和评估机构。主要有三种模式:一是隶属于教务处的机构,如北京大学教务部下属的"教育教学评估办公室";二是大学直属单位,如河北大学的"教育教学质量评估办公室";三是多部门分担的方式,如中国人民大学是由"教学评估办公室"和"教学督导室"两个机构分别执行评估事项;四是多部门联合的方式,如北京信息工程学院是通过教学指导委员会、教学督导组和教务处三方合作进行监控和评价。可以预料,今后将会有更多的大学设立独立的机构展开教学质量监控与评价。

2. 科研评估

不少高校建立有科研绩效评估体系,对教师和科研人员所从事的科研活动及其取得的科研成果进行综合评估。评估的内容主要包括项目评估、成果评估、人员评估等。实施科研评估的主要是各校的科研处,其他处室和学院也会开展不同类型的科研评估。

高等教育评估应该建立在大学自我评估的基础上,大学自身才能获得最全面、最系统和最准确的评估信息。重视大学自我评估也就是重视形成性评估，既可以促进本校更好地发展，又为外部终结性教育评价提供了基础。① 但是，大学自我评价体系的建设刚刚起步，面临着不少困难和问题。如何建立客观合理的评估指标、如何培养具有专业能力的评估人员等都是亟待解决的问题。

（四）社会中介、新闻媒体和学术机构等

美国已形成一个由多种评估主体组成的庞大的评价体系，其中的主导者来自社会中介、新闻媒体和学术机构。日本在高等教育评估体系建设中也积极吸纳第三方机构的介入，2000 年第三方机构"大学评估与学位授予机构"的建立被誉为是日本构建多元化评估体系中的里程碑。即便是在教育行政管理方面实行高度中央集权制管理的法国，在其改革方案中也提出了"对高等学校的评估将由高等评估事务所这一民间机构执行，评估事务所公布全国大学和大学校各系的名次，且每五年对高教系统评估一次，评估结果报告直接影响各校经费预算"。②

1992 年，国务院批转的《国家教委关于加快改革和积极发展高等教育的意见》中明确指出，"社会各界要积极支持直接参与高等学校的建设、人才培养、办学水平和教育质量评估"。这之后，从事高等教育评估的民间机构迅速增加，和国外社会力量实施的多样化的评估活动相比，国内的民间机构比较热衷的是大学排行榜的编制。根据粗略统计，中国共有十几家单位发表了 40 多个大学排行榜。

民间中介机构参与到高等教育评估活动中来是一件好事。首先，有利于大学去行政化改革，有利于加强社会和学校的联系，但是，也应该注意，有必要进一步充实社会评估机构的职能，加强协调和规范。其次，由于民间中介机构的活动具有商业色彩，所以尤其需要建立行业规范，加强自身建设。

第三节　评估内容和评估标准

在开展高等教育评估活动时，首先需要明确评估的内容，在评估指标体系中指的就是评估项目。而评估标准则是指人们就完成各项评估内容的程度进行价值判断的准则。在评估指标中评估内容和评估标准是不可分割的整体。

一、评估内容

高等教育评估面向的是大学这一特定的组织，或者说，是这一组织的构成元素。可以从时间和空间两个角度来分析高等教育评估的内容。

（一）时间角度

时间角度指的是从大学设置的前后顺序来考察大学评估的内容。大学设置前

---

① 沈志莉：《高等教育评价方法述评》，载《国家高级教育行政学院学报》2002 年第 6 期。
② 冯旭芳、李海宗：《法国高等教育质量评估机制对我国的启示》，载《教育探索》2008 年第 11 期，第139—140 页。

实施的典型的评估是特许状制度（chartering），大学设置后实施的典型的评估是认证制度（accreditation）。

特许状制定源自英国，目前已经被许多国家用于对大学的设置进行事前评估。即在新建大学时，对照事先制定的标准，审核该大学是否满足设置的基本条件。特许状制度旨在制定维持大学最低质量的最低标准，不会顾及大学设置后的质量保障。评估的内容侧重于一些非动态的硬件指标（参见表3－1）。特许状制度的不足之处在于容易造成所有大学具有相同的特性，不利于培养大学的个性。

表3－1　中日大学设置法规的比较

	主要评估内容
《普通本科学校设置暂行规定》（中国，教育部，2006）	办学规模、学科和专业、师资队伍、教学与科研水平、基础设施、办学经费、领导班子
《大学设置基准》（日本，文部科学省，1956）	教学研究的基本组织、教师组织、教师资格、招生指标、教学课程、毕业条件、土地校舍等设施设备、行政组织等

仅仅靠特许状这一事前审查的方式是很难维持和提升大学学术质量的。应运而生的是认证制度。认证制度不太看重设置大学时的基本标准，更重视新设大学后的过程。该制度源自美国，在设置大学时由主管部门发给大学一个"临时驾照"，在这之后，依据一定的标准，由大学自身组成的团体来对大学的理念、使命、目标的达成度进行审查，对符合要求的大学颁发正式的信用证（credit）。审查内容包括大学的使命与目标、组织与管理、学科专业、教师、学生与学生服务、学习资源和财务状况等。和特许状重视入口不同，认证制度更看重的是出口。通过对学生的学习成就和大学绩效的评估来判断大学的办学特色。由于若干年后还要再次实施审查，为了顺利通过认证，大学需要建立自我检查和评估的内部质量保证机制，对教学和科研进行自我评估。

（二）空间角度

空间角度指的是对大学活动中的某一部分进行评估。从理论上讲，高等教育评估的内容包括构成高等教育的所有活动，也就是说，高等教育评估应该具有全面性。例如，美国学者德雷斯尔（Dressel，1976）在其撰写的高等教育评估手册中，将高等教育评估的内容分为学生评估、教育项目（Program）及教职员评估两大类。[①]前者包括：

（1）招生宣传、考试、入学；（2）学习环境；（3）教学过程；（4）学科的测试和

---

① Dressel，P. L.. Student Progress, and Professional Performance for Decision Making in Higher Education. // *Handbook of Academic Evaluation*; *Assessing Institutional Effectiveness*[M]. Jossey－Bass，1976.

评估;(5）综合测试;(6）学习成绩和学分。后者包括:(7）课程;(8）研究生教育;(9）大学教师;(10）大学行政;(11）大学的自我研究;(12）管理和计划。

美国学者米勒（Miller,1979）则建议从更广的范畴来确定高等教育评估的内容:(1）教育目的和目标;(2）学生的学习;(3）大学教师的达成度;(4）专业;(5）设施设备;(6）大学行政组织;(7）财政管理;(8）理事会;(9）和校外的关系;(10）大学的自主改革。近年来,更有学者建议将大学的周边环境纳入到高等教育评估内容中去。

可以看出,高等教育的评估内容是很丰富的,其内涵和外延也在不断地发展中。当然,在现实中,多数评估侧重的是大学活动中的某一方面,并没有对大学的所有活动进行评估,如教学评估、科研评估、管理评估等。而且,由于每所大学的历史不同,特色不同,在实际评估工作中,要尊重评估内容的特色性,除了制定一些基础的评估项目之外,应更多地考虑如何通过评估去促进大学个性和特色的培育。日本高等教育评估机构（JIHEE）就在其指标体系中单独设立了"特别事项"这一项目,为大学总结本校的特色改革提供了机会。

二、评估标准

为了对评估信息进行价值判断,需要设定一种评估标准。如何设定评估标准,这是根据评估目的的不同而变化的。

一般而言,在进行选拔时,为了能确定被评估对象在集团中的相对位置,需要制定能对人和人进行比较的标准。通常采用的方法是:在被评估对象集团中选取一个或若干个对象作为标准,然后将其余评估对象与该标准进行比较,从而分出优劣。而评估学习时,通常是来判断对某单元的掌握程度是否达到某标准的要求,如果达到则可以继续下单元的教学,这时就需要预先确定一个能够继续下单元学习的客观标准,将评估对象与该标准进行比较,从而判断其达到标准的程度。这种依据特定目标所确定的标准（criterion）进行评估的活动被称为绝对评估。

评估标准反映评估主体对评估活动的价值取向和改革导向,是高等教育评估的核心问题。但如何设定评估标准也是困扰高等教育评估的一个问题,并不存在设定评估标准的固定的方法,评估标准可以是量化的,也可以是质性的,其制定受到个人或组织的价值观的左右。由于高等教育的目标非常抽象,在此基础上设定评估标准并使其指标化的确是一件非常不容易的事情。即便设定了操作性强的定量标准,也极易引起争议。在制定评估标准的过程中,不妨参考美国的经验。美国高等教育评估标准具有三个基本特点:

第一,灵活性。例如,在米勒的第四部分"教育项目"中是这样来制定评估标准的:是否对现有的项目进行检讨,为了开发新的项目而制定完善的方针和设立专门的组织;一般教育能否有效地激发学生的求知欲,成为课程的核心;研究生院的质量和规模是否符合研究生教育目的;是否拥有合适的图书馆等设施。这样一种相对比较灵活的评估标准,能够应变快速发展的不同时代的要求。

第二,务实性。再以米勒 10 项分类中的"专业"为例,评估的标准包括:大学是否对现有的专业进行反思,是否制定了充足的方针和配备了专门的机构来支持新专业的开发;通识教育是否是课程的核心;研究生教育的质量和规模是否适应大学教育目标;图书馆等学习设施的设置是否恰当等。由于这些标准是从社会威望较高的若干高水平大学的特征中提炼出来的,非常具有实用性(Trout,W. E. 1979)。

第三,明确性。如果对具体的评估标准进行进一步的分析的话就会发现,美国的大学评估标准很少有模糊不清的情况。任何一条评估基准,都有着一定的理念来支撑。

第四节　评估的方法

制定了评估标准之后,接下去面临的问题就是如何收集相关的评估信息,即"评估方法"的问题。评估方法不仅仅是指收集相关信息,还包括如何活用这些信息,即通过解释信息,使其有效地为下一阶段的活动提供服务。

在对某一评估内容进行评估时,通常不可能只存在一种评估方法。但是,各种评估方法都存在优点和局限。而且,在实施评估时可以利用的资源和时间也会受到限制,如何根据评估内容来确定最合适的评估方法是一重要课题。原则上,应该在对各种评估方法的得失进行深入检讨的基础上来进行判断。

高等教育评估没有一个固定的方法。以美国为例,迄今为止,在高等教育评估过程中,引入了心理学、社会学、教育学、经济学、政治学等领域开发的方法。按照评估指标的特征,可以划分为以下几类方法:

一、定性评估

在美国,许多大学排行榜采用的就是定性评估,这是一种主观评估。它们邀请了各大学学院院长、教授等作为评委,对各大学中的属于本学术领域的专业做出评估,最后以平均分来算出各大学的排列顺序。以《美国新闻与世界报道》杂志为例,该刊每年都要公布全美最佳的大学、最好的研究生院,以及在一些热门专业最突出的大学学院如商学院、法学院等。在评估学校的时候,会要求全国几千所大学的校长、学术界权威以及一些大的公司企业的主管列出他们心目中认为的最好的学校名单,然后将这一数据作为确定最好学校排名的重要依据。可以想象,填表人的身份不同,出发点也会不同,校长会更看重某大学的整体水平,学术权威更看重某大学教师发表的研究成果的质量,而公司企业的主管则看重某大学毕业生在工作单位的实际能力等。

根据劳伦斯和格林(Lawrence and Green,1980)等的研究,定性评估存在如下

不足:①

第一,通过定性评估获得的资料存在"主观性"的问题。大学校长、专家、企业主管们的评估,的确能够多角度综合地反映某大学的实力,但是,归根到底,这是一种凭借知觉的判断,和事实还是有一定距离的。

第二,定性评估中的评估标准存在定义模糊的问题。一方面,同一问卷在不同的调查中会得出不同的结论;另一方面,任何调查,都是试图通过有限的题目来把握大学、研究生院等高等教育机构的整体水平。调查的结果会因为答卷人的自身情况而产生波动。例如,如果答卷人是某大学教授,会不由自主地给"母校"打高分,这被称为"毕业生效应"。再者,凭借答卷人的经验和掌握的有限的信息,原本就容易对评估对象产生不正确的印象,再要求其对学科整体情况做出评估的话,就有点勉为其难了,他们很容易产生"晕轮效应"。美国著名心理学家爱德华·桑戴克提出的这一观点认为,人们对他人的认知判断首先是根据个人的好恶得出的,然后再从这个判断推论出认知对象的其他品质的现象。

第三,相对来说,定性评估对研究生院的博士课程、专业学院的特定项目比较有效,而对本科教育和硕士教育来说,各大学的人才培养目标不同,教育内容也不同,在使用定性评估这一方法时值得斟酌。

第四,在进行定性评估时,评估者很容易倾向于在排行榜中名列前茅的大学,忽视在排行榜中地处下位的大学之特色。其实,当今高等教育的发展十分强调多样性和多元化,各大学在改革过程中的新举措、新尝试等会在主观评估中被忽略。从这一意义上讲,定性评估奉行的是一种精英主义,维护的是传统的大学观,对高等教育的整体发展不太有利。

不过,值得关注的是,有学者指出,收集定性资料成为近年来高等教育评估中的重要趋势。"英国的院校审核主要从院校发布的教学质量报告、院校自述、六年来的院校质量报告、学生代表提交的信息等方面来收集质量信息,其中对定量信息没有统一的要求","在美国中北部认证协会 2003 年公布的认证标准中,指标体系以定性描述为主,各指标没有定量要求"。②

二、量化指标

对定性评估的批评主要集中在数据的"主观性"上,从这一立场出发,基于量化指标的评估具备客观性,容易获得人们的信任。迄今为止,在对大学教师、学生、设施设备、财政状况等进行评估时,主要用到的量化指标包括:

① Lawrence, J. K. & Green, K. C.. *A Question of Quality: The Higher Education Ratings Game* [R], American Association for Higher Education, 1980.

② 钟秉林、周海涛:《国际高等教育质量评估发展的新特点、影响及启示》,载《高等教育研究》2009 年第 1 期,第 3 页。

1. 大学教师

涉及大学教师研究业绩的量化指标有：著作和论文的数量、有无诺贝尔奖等的获奖。这些虽然的确是客观的数量指标，但是，这些数据是否能真正、全面反映大学教师的科研生产性，极有可能会仅仅停留在表层。众所周知，不能仅凭著作和论文的数量来对教师的生产性做出判断。为此，人们首先来判断著作和论文水平，对著作和论文给出不同的分值后再进行统计；重点关注该论文的被引用率，但是，仅仅通过这些措施还是不能从根本上解决问题，其他和大学教师相关的指标还包括：获得科研经费的数量、教师的收入、拥有博士学位的教师比率、母校（本科和研究生阶段）、更换大学的次数、教龄、出国次数等。

2. 学生

对学生的评估主要体现在学习达成度上。指标有：大学阶段的学习成绩、标准考试的分数，以及毕业后的收入、职业类别等。此外，有关本科生毕业后的去向方面的指标有：考入研究生的比率、博士学位取得率、毕业后的研究成果，在研究型大学就职的学生的比率。收集完整这些资料就可以对所有大学进行评估。在对学生进行评估时，要注意到各个大学之间存在的差异。接受了优质生源的大学和非优质生源的大学，其学生质量是存在差异的。学生评估的重点在于考查学生通过教学所获得的成果。

3. 设施设备和财政状况

和上述指标相比，图书馆、教室、实验室的数量、生均经费等统计数据要相对客观，而且比较容易获得最新的数据，但是，不应停留在表面，需要深入挖掘这些指标的利用程度和利用效果，否则，这些单纯的数量指标就会大打折扣。

量化指标的最大优势就在于它的客观性，但是它也存在固有的弱点。我们知道，仅仅依靠量化指标不能充分反映大学制度的多样性和大学教学的多样性。另外，从量化指标去衡量那些就职于高水平大学中的教师的业绩时，会发现他们具有很大的优势，这一优势，除了和他本人的实力有关，还和他所属的大学有关。通常来说，高水平大学提供的平台使得教师们有很多的机会来崭露头角，引起众人的关注，从而发表更多的文章，其论文也会有更多的机会刊登和获奖，这其实就是一种马太效应（Matthew effect）。

三、评估量表

利用评估量表（evaluation scale）开展高等教育评估的例子很多。例如，罗伯特开发的院校环境问卷（College and University Environment Scales，简称 CUES），是通过向学生发放问卷的形式，来对大学的文化、社会、智力环境进行评估。[①] 在对大

---

① C. Robert Pace. *College and University Environment Scales*［Z/OL］. http://www.cps.nova.edu/~cp-phelp/CUES.html,2010 - 10 - 24.

学教学进行评估的过程中,也开发出了不少评估量表,它们被运用到:(1)在决定教师待遇(晋升、发放津贴)时的参考材料;(2)改善教学的参考材料;(3)学生选课的参考材料;(4)研究教学效果的参考材料。不仅仅由管理层和学生来对教师进行评估,教师间也开展互评,还有同行评议。

尽管这些量表的内容不同,但是,都试图从多个角度去把握和评估对象相关的信息。和主观评估和量化指标相比,量表的优势在于能够比较全面、系统地分析评估对象。例如,沙特阿拉伯学术认证和评估国家委员会(The National Commission for Academic Accreditation & Assessment)开发的量表,从使命、管理、教师、学生、资源、财政、研究等方面来全面系统评估高等教育学习项目。① 但是,和问卷调查属于同一类的量表,也具有局限性。例如,获得的数据的信赖程度、调查的结果是和答卷人的年龄、性别、人种等基本属性,以及所属大学的特性、答卷人在该大学的地位等因素有关。由于个人的经历和价值观、期待等不同,得出的调查结果也会不相同。而且,被标准化的量表很难反映每所大学和教育项目的最新动态。例如,对大学正在进行的改革尝试、受外部环境影响而发生变化的大学内部若干因素来说,量表是很难发挥其作用的。

四、记叙式的个别分析

记叙式的个别分析指的是通过对历史资料的分析和长期的观察,以及集中式的访谈,来对大学或者学院进行评估的方法,这是一种质的研究方法。在评估的过程中,和评估活动直接相关的人们,围绕着某些具体问题展开深入的讨论,这是一种实效性较高的评估方法。定期发行的校史也可纳入此类别。在校史编撰过程中,会对以往的制度、规定、事件进行总结,当然,严格意义上编撰校史还称不上是高等教育评估,记叙式的个别分析还应该对现状中存在的问题点进行梳理。

---

① National Commission for Academic Accreditation & Assessment. *Self Evaluation Scales for Higher Education Programs*[R]. Riyadh:National Commission for Academic Accreditation & Assessment,2007,4. [2010 − 12 − 12]. http://www. ksu. edu. sa/sites/AdminDepts/RelianceAcademic/DocLib1/% D8% A7% D9% 84% D9% 87% D9% 8A% D8% A6% D8% A9% 20% D8% A7% D9% 84% D9% 88% D8% B7% D9% 86% D9% 8A% D8% A9% 20 ‚% 20% D8% B9% D8% A7% D9% 85/Self% 20Evaluation% 20Scales% 20for% 20Higher% 20Education% 20Programs. pdf.

第四章 宏观高等教育评估的系统关联

按照系统论的观点来看,评估是任何一种系统运行不可缺少的环节,系统通过评估获得信息反馈,从而调节系统的输入、运行和输出,修正系统的缺陷。评估作为系统的要素与系统其他构成要素有所不同的特点在于,评估几乎贯穿于系统的各个环节和运行的全过程,它自成系统,成为系统整体的子系统,其形态、功能、运行受着系统各要素的影响和制约。

第一节 宏观高等教育评估是复杂巨系统

20 世纪 80 年代末,我国著名科学家钱学森与合作者对系统科学的发展进行了总结和提炼,提出了开放的复杂巨系统的概念,并逐渐形成了一套理论和方法论。"如果子系统种类很多并有层次结构,它们之间关联关系又很复杂,这就是复杂巨系统。如果这个系统又是开放的,就称作开放的复杂巨系统。"[①]"开放的复杂巨系统的主要特点是:系统由大量的子系统组成,系统的目标多样且有难以量化的定性目标,功能综合的各子系统之间关联复杂,层次极多;系统本身与周围环境之间有信息、物质和能量的交换,尤其是与决策者意向的交换,系统中子系统的结构随着系统的演变而变化,且人的经验知识和意向对系统的作用显著。"[②]而社会建设正是这样一种复杂巨系统。"我们可以把完成上述组织管理社会主义建设的技术叫做社会工程。它是系统工程范畴的技术,但是范围和复杂程度是一般系统工程所没有的。这不只是大系统,而是'巨系统',是包括整个社会的系统。"[③]

高等教育系统显然是一个复杂巨系统,它不仅与政治、经济、文化、社会各系统都有错综复杂的交集,而且其自身系统的复杂性程度也非常高,从分类就可以清楚地看到这一点。以我国为例,高等教育有性质之别,如国民教育系统、非国民教育系统;有正规非正规之分,如学历教育、非学历教育;有办学主体之别,如公办高校、民办高校、混合高校;有行政隶属之分,如部属高校、省属高校、共建高校等;有层次之别,如有专科、本科、研究生院大学;有类型之分,如综合性高校、专业性高校、职

---

① 钱学森、于景元、戴汝为:《一个科学新领域——开放的复杂巨系统及其方法论》,载《自然杂志》1990 年第 1 期,第 4 页。

② 刘克胜、徐磊、张维明、邓苏:《复杂巨系统评估系统体系结构分析与研究》,载《计算机应用研究》2000 年第 8 期,第 6 页。

③ 钱学森、乌家培:《组织管理社会主义建设的技术社会工程》,载《经济管理》1979 年第 1 期,第 5 页。

业性高校、技术性高校;有载体之别,如普通高校、广播电视大学、网络高校;有规模之分,如巨型高校、中型高校、小型高校;有行政等级之别,如副部级高校、正局级高校、副局级高校;有资源渠道之分,如全额公共拨款高校、非全额公共拨款高校、无公共拨款高校;有纳入国家建设专项之别,如"985 工程"高校、"211 工程"高校、重点高校、非重点高校之类;有目标之分,如研究型大学、教学型大学、研究与教学型大学之类……教育行政部门越来越清楚地意识到,高等教育要分类指导,不能用一把尺子去衡量所有高校。遗憾的是,直至如今,我国高等教育如何分类仍然是一个悬而未决的问题,可见其复杂。

不唯中国,外国亦如此。美国卡耐基教学促进基金会(The Camegie Foundation for the Advancement Teaching,CFAT)于 1970 年创立了卡内基高等学校分类方法,起初主要按学校所授予学位的层次、毕业生数量和接受联邦政府资助经费的多少等进行分类,把美国的高校分为研究型大学、研究生水平大学、本科水平大学、两年制学院、专门教育机构五大类。40 年来经过了五次修改,1976 年只是微调,1987年开始以科研经费数额和新生选择性的高低作为高等学校分类的标准,1994 年提高了研究型大学科研经费数额的标准。2000 年力图克服只强调学术而忽视教学和服务的缺点,以在一定学科领域授予学位的数量而不是获得联邦资助的数量作为分类标准。2005 年的修订更进一步对标准动"大手术",从广泛性的纬度(传统分类、教育计划、学生状况)和可选择性纬度(本科教育状况、服务并参与社区建设),建立起大学特征的矩阵指标。这样做的目的,就在阻止把高等教育分类作为排序工具的趋势。"我们承认,人们一直在不同的背景下使用分类结果,有些分类对高等学校确有用处。我们关心的是围绕着分类而产生的攀比心理,这种攀比心理在博士学位授予大学中尤甚。这种心理导致高等学校常常不能合理地分配注意力,关注学校任务的各个方面。"[1]在美国,卡耐基分类是民间的,并没有联邦政府统一的分类,各州的高等教育系统并不一致,分类也不一样,加州高等教育系统就别具一格。按照 1960 年《加利福尼亚高等教育总体规划》,加州高等教育纵向分为公立、私立两个系统。公立高校系统分为三层,上面是有 12 个分校的加州大学系统,涵盖了学士学位、硕士学位和博士学位的教育;中间为州立大学系统,注重学士学位、硕士学位阶段的教育;下面为社区学院,提供学士学位及以下的课程。私立高校自成系统,其分层则主要是通过私立院校相互之间在学术市场上的竞争来实现的。[2] 从高校分类,我们不难窥测到美国高等教育系统高度的多样性和开放性。

在具有八百多年高等教育发展历史的英国,人们意识到大学是一个随时空变迁而动态变化和发展的概念。无论哪种分类,都会打上历史的印记。高等学校首

① 刘宝存:《美国卡耐基高等学校分类新方法评介》,载《世界教育信息》2001 年第 10 期,第 21 页。
② 陈厚丰:《国外高等教育分类研究述评》,载《高等教育研究》2007 年第 9 期,第 16 页。

先有大学和非大学之别,这不仅仅是一个分层的概念,而且也是发展的概念。它反映的是,在英国高等教育发展的进程中,非大学"升格"为大学的流动性。在大学中,则要区分大学的诞生期。有学者按英国大学发展的阶段性,把大学细分为 12 种,也有学者把大学分为"1992 年前大学(pre - 1992 universities)"和"1992 年后大学(post - 1992 universities)"。"1992 年前大学"指古典大学、近代大学、新大学、新新大学、升格大学、开放大学和私立大学。"1992 年后大学"指 1992 年所有升格为大学的多科技术学院以及其他学院。很显然,英国高等教育系统特征是历史和要素的混合,似乎只有在历史的坐标上,才能显示出大学的属性。索恩与丘伯特(Thome and euthbert,1996)根据学术自治、科层效率和市场竞争把大学分为 Al、AZ、Bl、BZ 四类:"Al 类型"是自治专业(autonomous professional)大学,主要由 1992 年前大学构成,它们与市场和学生消费主义相对较远,主要靠研究确立地位。"AZ 类型"是专业市场(professional market)大学,它们不依赖资助机构,更多地依靠学院自主获取资源。"Bl 类型"是管理市场(managerial market)大学,除教学外还开展重大研究调查,自主颁发学位。"BZ 类型"是市场科层(market bureaueraey)大学,由以教学为主的 1992 年后大学构成。[①] 这个分类使我们看到,大学的历史和传统与大学的权力、地位、功能是如何地糅合在一起。

日本学者也有过不少的分类研究。天野郁夫曾经研究了大众化高等教育系统下的大学分类问题,把日本的大学分为五种类型:一类研究型大学(research - R 型)、二类大学院大学(doctorate granting 1 - D1 型)、三类准大学院大学(doctorate granting 2 - D2)、四类硕士大学(master granting - M 型)、五类学部大学(college - C 型)。二类、四类、五类大学占到日本大学的 87%,为了便于区分,再将其细化为:二类大学院大学——2 - 1 综合性或多科性大学、2 - 2 医牙类单科大学、2 - 3 其他单科大学;四类硕士大学——4 - 1 综合性或多科性大学、4 - 2 单科大学;五类学部大学——5 - 1 多科性大学、5 - 2 女子大学、5 - 3 人文科学类单科大学、5 - 4 社会科学类单科大学、5 - 5 自然科学类大学。[②] 这个分类把目标、层次、科类、结构和功能统一起来,反映了日本高等教育系统进入大众化阶段后的分化与组合。

联合国教科文组织制定的"国际教育标准分类法"(ISCED),高等教育被称为第三级教育。按照 1997 年的版本,这个标准根据教学计划,从两个维度上划分:纵向上将高等教育从低到高分为序号 5(专科、本科和硕士研究生教育阶段)和序号 6(博士研究生教育阶段)两个等级(层次);横向上先是将高等教育第一阶段(序号 5)分为理论型(5A)、实用性、技术型(5B)两个一级类别,然后再将理论型(5A)分

① 张建新:《走向多元——英国高校分类与定位的发展历程》,载《比较教育研究》2005 年第 3 期,第 69 页。

② [日]天野郁夫:《试论日本的大学分类》,载《复旦教育论坛》2004 年第 5 期,第 10 页。

为学术型（5A1）和专业型（5A2）两个二级类别。① 这个标准因为要适用于世界各国，因此不得不采取以学程为核心的分类，通过最简要的概括来归类，这也就不得不舍去各国高等教育系统的多样性特征。

上面所说，主要还是从高等教育系统的外在特征来看的，如果从内在特性来观察，其复杂性更是不可低估的。克拉克·克尔指出："现代大学是一种'多元的'机构——在若干种意义上的多元：它有若干个目标，不是一个；它有若干个权力中心，不是一个；它为若干种顾客服务，不是一种；它不崇拜一个上帝；它不是单一的、统一的社群；它没有明显固定的顾客。它标志着许多真、善、美的幻想以及许多通向这些幻想的道路；它标志着权力的冲突，标志着为多种市场服务和关心大众。"②伯顿·克拉克曾经深入地研究了高等教育系统的性质和特征，在他看来，"广阔的知识领域是高等教育机构和系统的一个独特和主要的特征……学术系统的工作材料具有日益专门化、数量越来越多、知识密集性、知识广博性和自主性程度越来越高的特点"；组织"各部分松散联合的平坦结构"，以及"目的的自然模糊性"是高等教育不同于其他系统的重要特征；"由于目标是如此广泛含糊，以致大学或高等教育系统不可能实现目标——或不可能实现不了目标。任何人都不可能对目标实现的程度进行评估，甚至任何人都不可能知道哪一项或全部得到说明的目标是否为系统中的重要群体所接受，如果被接受的话，它们各自的优先程度如何。"③

伯顿·克拉克认为，高等教育系统组织有三个基本要素：第一个是工作表达和安排的方式，第二个是信念，第三个是权力。对这三个基本要素的协调与整合，构成了不同国家高等教育系统的多样性，也导致了高等教育系统的变革。他建立了国家、市场和学术权威三维关系模型，来探讨高等教育系统要素的关联和相互制约性。他指出："各国高等教育系统在依赖权力和依赖交换之间存在巨大差别；高教系统的结合愈松散，对交换的依赖愈大。"④他强调："尽管现代政府试图通过庞大的上层建筑来强行控制高等教育，但是围绕不同知识群体而组成的系统及其所属团体仍将我行我素；它们的变化方式和其他社会体制不同，往往是前后不联贯的，零星出现的，甚至是不为人察觉的。"⑤

作为社会学家的伯顿·克拉克，非常清楚地观察到了高等教育系统的内在本质特性和社会政治系统、经济系统的关联性。其实很多学者都认识到了这一点。

---

① 陈厚丰：《国外高等教育分类研究述评》，载《高等教育研究》2007年第9期，第16页。

② ［美］克拉克·克尔著，陈学飞等译：《大学的功用》，江西教育出版社1993年版，第96页。

③ ［美］伯顿·克拉克著，王承绪等译：《高等教育系统——学术组织的跨国研究》，杭州大学出版社1994年版，第11—26页。

④ ［美］伯顿·克拉克著，王承绪等译：《高等教育系统——学术组织的跨国研究》，杭州大学出版社1994年版，第155页。

⑤ ［美］伯顿·克拉克著，王承绪等译：《高等教育系统——学术组织的跨国研究》，杭州大学出版社1994年版，第208页。

前牛津大学校长科林·卢卡斯就指出：

> 世界各地政府——不管是英国和欧洲，还是中国、澳大利亚、巴西等——都在明确地指出大学的功能是为了帮助驱动和支撑全球化中的国家竞争力。人们认为高等教育在提供新知识以保护或增进全球性经济中的国家地位，以及把社会中广泛人群的技能提高到一个较高水平方面至关重要。……要点在于在变革的发展过程中，大学与新经济的联系已经被提上日程。这就是政府的观点……大学中的创新是必要的并且直接适应了国家的社会需要。创新的功能主要在经济方面，目的在于实现国家目标。目前，科学研究的本质和目标都与 20～25 年前有了非常明显的变化。①

其实，高等教育系统与社会其他系统的关联远不只政治和经济的关系。范德格拉夫指出："诸如人口、政治、经济和社会趋向之类的环境力量，强有力地冲击着当代高等教育的发展。这些力量决不限于在某个国家起作用，它们可以将一个共同发展结构强加给其他极为不同的国家。"②

正是由于现代高等教育系统有极强的外部性，这种外部性构成了对本体传统学术价值追求的挑战。布鲁贝克关于知识论与政治论两种高等教育哲学的论述，就反映了在新的历史条件下高等教育系统的矛盾性。知识论的高等教育哲学要求高等教育应当不受价值影响，要避免外部的干预。政治论的高等教育哲学则认为探讨深奥的知识不仅出于闲逸的好奇，而且还因为它对国家有着深远影响，因此要把教育作为政治的分支来对待。布鲁贝克的结论是："高等教育越卷入社会事务中就越有必要用政治观点来看待它。"③事实上，向传统的知识论高等教育哲学挑战的不仅仅是政治论的高等教育哲学，还有经济论的高等教育哲学，以及其他种种立场的高等教育哲学。在社会这个大系统中，高等教育是教育子系统的次级子系统。随着知识社会和全球化的来临，高等教育系统对社会系统的能量驱动作用越来越显著，其开放性也越来越强，与社会其他子系统的关联和能量交换越来越密切，因而自身也变得更加复杂和多变，与环境的关系也更加错综和不确定。

面对这样一个变化了的高等教育系统，如何恰当而有效地评估，是对人类智慧的挑战。可以这么说，到目前为止，宏观高等教育评估仍然是一个世界性难题。人们还没有找到能够普遍被接受的办法，哪里有评估，哪里就有争议。不得不指出的是，在一些地方，高等教育评估之所以为人们诟病，是由于评估者对高等教育系统的复杂性缺乏足够的认识，用"处理简单系统或简单巨系统的方法用来处理开放

① ［英］科林·卢卡斯：《21 世纪的大学》，载《国家高级教育行政学院学报》2002 年第 5 期，第 41 页。

② ［加］约翰·范德格拉夫等著，张维平等译：《学术权力——七国高等教育管理体制比较》，浙江教育出版社 1989 年版，第 8 页。

③ ［美］约翰·S. 布鲁贝克著，王承绪等译：《高等教育哲学》第二版，浙江教育出版社 1998 年版，第 32 页。

的复杂巨系统。他们没有看到这些理论方法的局限性和应用范围,生搬硬套,结果适得其反"。① 比如,用出版发表数量、获得项目多少来衡量研究水平,用就业率来衡量人才培养质量,用有多少院士来衡量学校实力,用研究产出来代表学校办学水平,用一套指标来评估所有的学校,等等。总之,不恰当地简单使用量化数据来作评估,并不鲜见。

对复杂巨系统的评估无疑是一项复杂而又艰巨的任务,因此,遵循科学的方法论显得尤其必要。"实践证明,唯一有效处理开放的复杂巨系统的方法是定性和定量相结合的综合集成方法。"②"定性定量相结合的综合集成方法,就其实质而言,是将专家群体(各种有关的专家)、数据和各种信息与计算机技术有机结合起来,把各种学科的科学理论和人的经验知识结合起来。这三者本身也构成了一个系统。这个方法的成功应用,就在于发挥这个系统的整体优势和综合优势。"③开放的复杂巨系统的理论和方法论,对宏观高等教育评估系统的构建具有重要的指导意义。

钱学森对定性定量相结合的综合集成方法作了系统的解析图示(图4-1):④

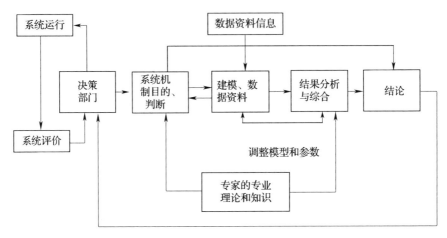

图4-1 定性定量相结合的综合集成方法

戴汝为指出:

用综合集成技术解决开放复杂巨系统的问题,大致可分为以下步骤:

① 钱学森、于景元、戴汝为:《一个科学新领域——开放的复杂巨系统及其方法论》,载《自然杂志》1990年第1期,第5页。
② 刘克胜、徐磊、张维明、邓苏:《复杂巨系统评估系统体系结构分析与研究》,载《计算机应用研究》2000年第8期,第6页。
③ 钱学森、于景元、戴汝为:《一个科学新领域——开放的复杂巨系统及其方法论》,载《自然杂志》1990年第1期,第6页。
④ 钱学森、于景元、戴汝为:《一个科学新领域——开放的复杂巨系统及其方法论》,载《自然杂志》1990年第1期,第7页。

1. 明确任务、目的是什么。

2. 尽可能多地请有关专家提意见和建议。专家的意见是一种定性的认识，肯定不完全一样。此外还要搜集大量的有关文献资料，认真了解情况。

3. 通过上述两个步骤，有了定性的认识，在此基础上建立一个系统模型。建立模型的过程中必须注意与实际调查数据结合起来，统计数据有多少就需要多少个参数，然后用计算机进行建模的工作。

4. 模型建立后，通过计算机运行得出结果。但结果的可靠性如何，需要把专家请来，对结果反复进行检验修改，直到专家认为满意时，这个模型才算完成。

这个方法综合了许多专家的意见和大量书本资料的内容，不是某一个专家的意见，而是专家群体的意见，是把定性的、不全面的感性认识加以综合集成。①

钱学森认为：定性定量相结合的综合集成方法"现在还只是个方法而已"，还没有"升华出理论"，尚未"真正达到科学化"。② 十多年来，经过一些科学工作者的努力，复杂巨系统的理论与方法得到了广泛的传播和部分的应用，也在实践中不断被检验。实事求是地说，还有很多问题需要去探索，需要进一步深化、丰富和发展。在宏观高等教育评估领域，如何引进复杂巨系统的思想，具体运用定性定量相结合的综合集成方法，更需要我们付出艰巨的努力。

第二节　治理结构与评估的关联性

宏观高等教育评估主要缘于政府宏观决策规划与公共问责的需要，尤其后者，是推动宏观高等教育评估发展的主要动力。在相当长的历史阶段中，高等教育是精英化的，高等学校规模小，高等教育公共投入占社会公共总投入比重不高，大学的研究活动与社会知识应用关联度不高，人们对高等学校的社会职责有基本共识，并给予它们较大的自主权。然而随着高等教育的大众化，高等教育与社会生活的关联度不断提高。大学作为知识生产地，成为新发明、新技术的动力源。大学作为人才培养之所，成为各行各业获得高素质人力资源的主渠道。无论政府、社会还是家庭，都愿意为高等教育投资，以获取更多的回报。"随着高等教育从边缘走向中心，它自然而然地受到社会的更多关注，这导致它要接受更多的问责。"③"在过去

---

① 戴汝为：《人—机结合的智能工程系统——处理开放的复杂巨系统的可操作平台》，载《模式识别与人工智能》2004 年第 3 期，第 258 页。

② 苗东升：《综合集成法的认识论基础》，载《系统辩证学学报》2003 年第 1 期，第 42 页。

③ ［美］菲利普·G.阿特巴赫著，蒋凯主译：《高等教育变革的国际趋势》，北京大学出版社 2009 年版，第 17 页。

的十年里,问责制已经成为世界大部分地区关心的一个主要议题。政府、议会和社会的要求日益增加,要求大学对如何使用公共资源进行合理性辩护,对于教学和科研效果进行全面说明。"①宏观高等教育评估由此兴盛起来,并日益成为教育公共管理和政策的重要工具。

一国宏观高等教育评估系统的构建,与一国高等教育系统的整体应当是相匹配的,尤其受制于该国政治和经济的体制以及高等教育行政体制和机制。用当代流行的政治话语体系来表达就是,宏观高等教育评估的系统与宏观公共治理结构是相关的,宏观公共治理结构的形态——更确切地说是宏观高等教育治理结构的形态——决定了宏观高等教育评估系统的形态。

伯顿·克拉克曾经以国家、市场和学术权威的三角形协调模式来分析各国的高等教育体制。在这个框架中,苏联是国家权力胜过其他两种权力的代表,瑞典和法国次之;美国是市场权力胜过其他两种权力的代表,加拿大、日本次之;意大利是学术权威胜过其他两种权力的代表,英国次之。②伯顿·克拉克看到了三种力量的整合和作用下,当代各国高等教育系统形成了不同的管理体制。事实上人们进一步发现:"在社会、经济和政治等基本力量的重压之下,高等教育已经由小规模的、选拔性的、关系松散的集团,发展成为具有重大社会经济意义的庞大系统。"③相应的,高等教育管理体制也在发生变革。

范德格拉夫等学者研究了七个主要发达国家的高等教育管理体制,"联邦德国各州的权力比以前大了,它们越来越多地在大学的实力、师资和课程问题上,进行监督管理"。"意大利在20世纪70年代开始了一系列不断增长的变革,它朝着形成一个更加多样化、更有适应性的体制发展。变革将学阀手中的一些权力转移到高等教育系统内外的其他集团手中。""1968年颁布的《高等教育方向法》试图通过分散权力、大学的结构改革和扩大地方组织和大学中各团体的参与,以满足高等教育扩展后在组织和职能方面多样化的要求。"瑞典"广泛地发展了教育规划","在瑞典的规划过程中,有两点一直排中心位置。第一点,基本政策和重大改革只有经过各有关方面的广泛协商之后,国会和执行机关才会采纳,才会由具有无尚权威的中央官方行政机构实施。第二,规划者和政策制定人总是注意把高等教育与劳动就业体制更为密切地结合起来。"在英国,"由于教育发展和开支上涨,经济危机和预算等原因,政府开始通过加强中央计划和财政监督,对大学的自治进行限制"。"近年来,美国高等教育体制开始朝集中管理和接受政治影响的方向发展。"

① [摩洛哥]Jamil Salmi:《不断发展的问责制:是进步吗?》,载《国际高等教育(电子刊)》2008年第1期,第4页。

② [美]伯顿·克拉克著,王承绪等译:《高等教育系统——学术组织的跨国研究》,杭州大学出版社1994年版,第161页。

③ [加]约翰·范德格拉夫等著,王承绪等译:《学术权力——七国高等教育管理体制比较》,浙江教育出版社2001年第二版,第161页。

"日本高等教育体制中出现了许多改革。国家政策的制定者开始消除等级制度在教育、财政和社会方面造成的不平等,另一方面,国家又要确保高教系统作为一个整体比以前更有效。"①这种变革一直持续到这个世纪,各国都在力图通过权力结构的调整,以克服以往体制的不足,而加强大学的外部制约和调控,则是共同的特点。

高等教育系统实际涉及两个方面,一是结构,二是运行机制。闵维方等认为:

> 对高等教育系统运行机制这一概念的理解应把握三个基本要义。一是,高等教育系统的运行是指在一定的高等教育体制下,构成运行过程中的各主体要素(学生、学校、政府、市场)和客体要素(资金、资源、服务等)之间的相互联系与作用的制约关系以及功能。在高等教育系统的运行过程中,各要素之间配置方式与组织形式以及调节功能不同,则运行机制的运行过程呈现的性质与特点就不同。二是,高等教育系统的运行机制的质的规定性取决于高等教育体制选择,即有什么样的体制,就有什么样的运行机制。三是,高等教育是社会经济系统中的一个子系统,高等教育体制以及运行机制取决于一个社会政治经济制度的安排。它从本质上是政治经济制度的一个部分,高等教育体制以及运行机制的性质与方式受制于一定的政治经济体制与运行机制的性质与方式。有什么样的政治经济体制以及运行机制,就有什么样的高等教育体制以及运行机制与之相适应。②

他们指出,市场经济和计划经济条件下的高等教育体制及运行机制,存在着性质与功能不完全相同的制度安排,它们各自又因市场经济或计划经济模式中市场力量与国家干预作用大小而呈现为在程度上略有差别、调节机制呈现混合型的高等教育体制及运行机制的三种类型(表4-1,表4-2):③

表 4-1   市场经济国家高等教育体制及运行机制

性质 \ 体制类型(国家案例)	集中型(法国)	集中+分散(英、德、日)	分散型(美国)
学校所有制	国家为主	多种形式并存	地方与私立相结合
学校性质	自治	自治	自治
调节机制	国家力量强	国家力量+市场机制	市场力量强

①　[加]约翰·范德格拉夫等著,王承绪等译:《学术权力——七国高等教育管理体制比较》,浙江教育出版社 2001 年第二版,第 162—169 页。

②　闵维方:《高等教育运行机制研究》,人民教育出版社 2002 年版,第 52 页。

③　闵维方:《高等教育运行机制研究》,人民教育出版社 2002 年版,第 52—54 页。

表 4 - 2   计划经济国家高等教育体制及运行机制

性 质 \ 体制类型（国家案例）	集中型（苏联）	集中为主（匈牙利）	分散为主（南斯拉夫）
学校所有制	国家	国家	社会
学校性质	政府管理	政府管理为主	自治
调节机制	国家力量强	国家力量 + 市场机制	市场力量强

不同体制和机制要素的多重作用,构成了不同宏观高等教育治理结构的区别性特征,由此也派生出各式各样的宏观高等教育评估系统。法国的高等教育管理体制有着较强的政府中央集权控制的特点,虽然 20 世纪 70 年代以来,高等教育系统结构发生了很大变化,高等学校有了较多的自主权,但系统上仍然没有改变以中央集权管理的基本特点,国家文凭制度也没有改变。与此相应,法国的高等教育评估系统是以国家为主导的。1984 年法国成立了国家评估委员会,它作为独立于教育部的第三方机构,直接对总统负责,每八年完成一次对所有大学的评估。德国是联邦制国家,高等教育管理权主要归属于州政府,因而高等教育评估系统也是以州一级为核心的,各州形成了有本州岛特点的评估制度和体系。英国的高等教育系统同样以国家为主导,但是它在管理体制上并未采取直接控制的方式,而是委托中间组织拨款委员会间接施加影响,这个委员会同时兼有对高校进行教育质量评估的职能。英国高等教育二元制改为一元制后,于 1997 年设立高等教育质量保证署,作为一个委托机构,它与专业学会、法定认定机构和拨款机构一道,构成了较完整的高等教育评估系统。日本高等教育系统是政府控制与市场调控双元并行,高校的体系为官、民并立,管理体制上国家与地方二级政府分别管理所属国立、公立高校,对私立高校政府主要依靠法律法规和部分资助来控制,私立高校的运行多靠市场机制自主调节。与之相应,日本的高等教育评估系统也是多元的,既有政府委托的大学评估、学位授予机构实施的外部评价,也有各类高等教育社会团体组织实施的自我评价。美国是一个高度分权的联邦制国家,美国的高等教育系统是以市场主导为典型特征的,联邦政府在高等教育上没有实质的管理权,各州根据本州岛实际自主建立高等教育的体系和管理体制,样式不一,各有千秋,但有一点是共同的,既保障基本的公共权利,又充分运用市场机制。在这种情形下,高等教育评估系统也是多元化的,有州政府的直接评估或间接评估,也有民间的各种论证和评估,乃至商业化目的的评估,联邦教育部则通过信息服务和对评估机构的认定来实施间接的影响。

在当代政治发展中,"治理"(governance)成为一个广泛接受的理念。治理成为许多国家政治变革的重要目标,对于宏观高等教育发展也产生了深远的影响。什么是治理?从不同的角度可能有不同的解释。这个概念现在用得极广,既可用在国际和区域领域,用在国家和社会层面,也可用在某个领域、某个组织上;既可作为动词来用,也可作为名词或形容词来用。从宏观的视野来看,全球治理委员会的定义比较多地为人们所引用:

> 治理是各种公共的或私人的个人和机构管理其共同事务的诸多方式的总和。它是使相互冲突的或不同的利益得以调和并且采取联合行动的持续的过程。它既包括有权迫使人们服从的正式制度和规则,也包括各种人们同意或以为符合其利益的非正式的制度安排。它有四个特征:治理不是一整套规则,也不是一种活动,而是一个过程;治理的基础不是控制,而是协调;治理既涉及公共部门,又包括私人部门;治理不是一种正式的制度,而是持续的互动。①

这个定义告诉我们,现代社会发展的格局和趋势,是尊重利益的多元和社会的多样性,治理就是要促进不同权利主体对社会事务的积极参与和有效互动,以达到关系的协调,实现社会的和谐、持续发展。

治理理念的提出,其真正的背景是避免政府"失灵"和市场"失灵"。第二次世界大战以后,许多国家都把发展高等教育作为基本国策,以增强国家综合实力。从 1955 年到 1985 年 30 年间,全世界高等教育入学率从 2.1% 上升到了13.1%,接受高等教育的人数由几百万上升到几千万。公共财政负担的加重和经济危机的发生,迫使各国调整高等教育公共政策,将市场要素引入高等教育,资源投入逐渐多元化。在美国等市场经济发达的国家之中,市场已经超越了政府成为影响高等教育管理的主要力量。在市场的条件下,高校有很强的灵活性,可以根据市场的需求来进行发展。但是市场总会失控,经济中适用的规律未必能完全适合于社会其他方面的情况,从现在的社会情况来看,市场机制并不能完全解决复杂多样的社会问题,而且还会产生新的问题,在高等教育领域同样也是如此,市场的盲目性、功利性和追求最大利益的特性与高等教育的一些根本特性会产生矛盾。为此,通过社会力量来协调、控制就成为必须。新公共管理思潮的流行和政府公共管理改革运动的兴起,正是这一要求的反映。新公共管理思潮最基本的观点是,政府的管理能力是有限的,社会的公共事务不能完全依靠政府,也不能完全交给市场,而应当走第三条道路,即鼓励民间自治与社会参与,建立新的社会协调机制。

在这种历史条件下,高等教育不可避免地越来越政治化了。

> 就其根本的意义而言,政治化意味着高等教育"成为"经济和社会政

---

① 盛冰:《高等教育的治理:重构政府、高校、社会之间的关系》,载《高等教育研究》2003 年第 2 期,第47—51 页。

策的关键因素,因而意味着结构多样化的需要和整个中学后教育中新颖的或迄今未被重视的院校的升级,高等教育作为国家头等重要的事业,其活动原则必须符合国家需要和广泛接受的社会标准。就其狭义而言,政治化不仅指政党、政治家和政府官员参与高等教育的决策的合法化,而且也是指大学内(学生、初级教学人员、非学术人员)外(工会、雇主协会)以前从未卷入的群体参与决策的合法化。这种参与,无论是非正式的还是通过正式民主决策过程制度化的,都可能与高等教育中的尖锐的意识形态冲突和政党冲突相联系。对高等教育结构和使命的任何重大评价,特别是在政治和集团压力条件下的评价,都注定是悬而未决的,至少对大学是如此。大学高居教育制度的顶端已有如此漫长的历史,必须对它进行广泛调整,因而不得不丢弃许许多多东西。①

正因为如此,高等教育的系统变革具有了普遍性,治理的理念越来越为人们所接受。盛冰认为:

> 高等教育治理的基本特征可以概括为:非国营化(denationalization)、去中心、自治和市场化。"非国营化"意味着政府不再垄断生产提供高等教育这种准公共产品,允许非政府部门和市场参与提供;"去中心"表明政府不再是唯一的权力中心,政府对学校的管理模式由直接管理向间接管理转变,政府、学校和社会之间存在着权力的依赖和互动;"自治"则意味着政府应逐渐退出微观办学过程,促使学校真正成为一个独立的法人实体,在教学、科研以及课程设置等方面具有相对的自由和更多的弹性;"市场化"表明在资源配置方面应更多地引入市场机制,大量吸收民间资本,减少高校对公共财政的依赖,并促使高校之间的竞争。②

高等教育治理的发展,引起了高等教育问责方式的转变,进而带动高等教育评估方式的转变。在美国就是如此:

> 政府、市场和市民社会呈三足鼎立之势,各自具有独特的权威属性,对大学采取了迥异的问责方式,也反映了它们不同的利益关注点。有九类大学利益相关者分属于这三种力量:州和联邦政府、司法机构代表着政府权力;工商界、学生及其家长代表市场力量;市民社会涵盖公众、认证等志愿组织、专业协会、校友和院外游说集团等广泛的中介组织、非政府组织、专业组织和协会组织等,但发挥主导作用的还是认证协会、教授协会这些专业和学术权威组织。

---

① 约翰·范德格拉夫等编著,王承绪等译:《学术权力——七国高等教育管理体制比较》,浙江教育出版社 2001 年第二版,第 12 页。

② 盛冰:《高等教育的治理:重构政府、高校、社会之间的关系》,载《高等教育研究》,2003 年第 24 期,第 51 页。

在 20 世纪 90 年代以前,学术权威占据了问责三角的主导地位。随着院校在新生入学、学生资助和预算份额竞争方面的加剧,市场的强大力量开始显现。而政府与公立院校的问责关系也只限于一方提供拨款,另一方负责就支出情况做出说明。到了 20 世纪 90 年代以后,这种关系发生了转向,"解除管制运动"给了院校更多的自治权,但同时也诞生了很多衡量院校负责情况的绩效计划。21 世纪初,市场力量更多地渗透进高等教育问责领域。随着美国经济的衰退和政府收入的减少,对公立院校的拨款随之下降,而院校不得不依靠市场手段来获得更多的经费支持。但是,出于对教育机会和可支付性的政治考虑,联邦和州政府又必须采取措施限制学费增长和提供更多的学生资助。①

治理理念的广泛传播,直接的现实就是促进了非政府组织的发达。从全球范围看,政府与非政府组织(或者说第三部门)的合作已经成为政府治理模式的主旋律。在高等教育领域,非政府组织越来越成为高等教育评估事务的主要担当。当然,非政府组织的性质、规模、形态、功能和手段等,各国有很大差异,它既为高等教育治理结构所决定,又成为治理变革的要素。从发生学的角度看,公民社会发育程度越高,社会力量越强大,非政府组织发育越成熟,队伍越壮大,组织化程度越高,越能在高等教育评估中发挥作用。从性质和功能的角度看,高等教育体制国家主导性越强,非政府组织的多样性越小,委托代理性非政府组织往往占据重要地位,而且"准官方"色彩较浓;高等教育体制市场主导性越强,非政府组织的多样性越大,高等教育评估系统的可选择性越大,多元化程度越高。从社会效能的角度看,非政府组织的一体化程度越高,评估的社会成本越低,但公正性程度也越低,而非政府组织的多样性越大,评估系统越多元化,社会成本越高,但公正性程度也越高。

在我国,由于社会建设相对滞后,教育类非政府组织的发展受到一定制约。全国和地区性的教育评估机构要么是政府教育行政部门举办,要么是附属于政府教育行政部门的事业单位,大部分是吃财政饭的,没有"官方"色彩的极少。正因为如此,它们的独立性很弱,评估的公正性也就难以保证。2003 年至 2008 年进行的第一轮大学本科教学评估,之所以受到广泛质疑,主要原因就在于评估缺乏独立性和公正性。虽然是由高等教育教学评估中心组织实施的,但是它实际是政府教育行政部门的直属机构。用民间的话说,政府既当运动员,又当裁判员,肯定搞不好。刘道玉指出:

> 一种有效的教学评估机制,必须做到三性,即独立性、随机性和非功利性。所谓评估独立性,是由教育行政领导部门和被评估大学以外的第三者,对大学教学进行独立的评估,既不受教育部的领导干预,也不受被

① 王淑娟:《美国高等教育的问责系统及其因素构成分析》,载《比较教育研究》2009 年第 8 期,第 42 页。

评估学校的公关和利用。独立的教育评估机构,应当由具有深厚学术背景和热心教育事业的专业人员组成,依据教育规律制定教学评估的条例,依据条例对大学进行科学的、实事求是的、严格的评估,并要根据评估结果出具评估结果证明。①

第三节　信息系统与评估的关联性

信息是评估的基本依据,科学评估的依据就是掌握全面的、及时的、准确的信息。站在现代信息学的角度看,评估实质就是对信息的处理和利用的一种活动,没有正确的信息处理就不可能有科学的评估。一个开放的复杂巨系统的评估,对信息的要求也是极高的。因而,构建一个高度匹配的信息系统,对于宏观高等教育评估是至关重要的。与宏观高等教育评估相匹配的信息系统,应当有一般信息系统的基本特性,要满足信息系统的普遍要求,遵循信息系统运行的一般规则。

比如,信息必须具有真实性,这是信息系统价值实现的前提条件。信息只有真实地反映客观事实,才是有意义的。然而,信息真实性的存在有一定的条件,除了信息本身的可采集性外,非常重要的是,它还取决采集者的认识能力、主观意图和价值取向,取决于采集的方法和手段。在现实的评估活动中,信息失真的现象并非鲜见。一个为人所熟知的例子就是,多年来我国经济发展信息统计中,全国 GDP 总量远远小于省级 GDP 总量之和,省级 GDP 总量小于所属区级 GDP 总量之和。GDP 的虚高,有核算制度和统计技术方面的原因,更有人为的原因。由于 GDP 涉及政治考核和政策调节,部分地方更改数据、虚报数据,以牟取更大利益,这种现象客观存在。在高等教育领域里,这种现象同样存在。一段时期,大学生就业率的虚高,也是饱受社会质疑的。有报道指出:"事实上,高校就业率存在注水和造假的现象……少数院校为保持高就业率设下门槛,催促应届毕业生上交'就业证明';更有甚者,少数学校的老师明确'指导'学生,没有就业单位接收,就找亲友企业或实习单位开'就业'证明。据报道,高校就业造假还与老师的奖惩挂钩。在如此语境下,高校毕业生的就业率到底有多少真实性,令人生疑。"②失真的就业率不仅仅粉饰了高等教育的缺陷,误导了公众,更重要的是会对政策决策造成负面影响,进而影响到整个教育的改革与发展。"教育界人士认为,国家为解决大学生就业这一重大民生问题,近年来出台了一系列就业政策,而'注水'的就业率,将使国家对大学生真实就业情况失去掌握,使就业难的矛盾得不到及时化解,并将误导下一步的教育政策和就业政策。'注水'后的就业率也失去了对教育质量的评价作用,失去对专业设置、课程设置、人才培养模式的适度调节作用,造成教育与就业的恶性

---

① 刘道玉:《中国高校之殇》,湖北人民出版社 2010 年版,第 197 页。

② 王捷:《虚高的就业率数字连累社会公信力》,载《新闻晚报》2011 年 1 月 27 日 A1(02)版。

循环。"①在评估活动中,最可怕的就是信息采集中有意的作假行为,它的破坏性在于抽去了信息的真实性基础,使信息系统丧失信度,造成无效输出,最终使评估失去公信力。

又如,信源的可靠性,它是信息系统有效输入的基本条件。如果没有可靠的信源保障,高等教育评估活动就难以得到令人信服的结果输出。目前流行的各种大学排行榜,其中不少通过向学校发送调查问卷、在其他学术界人士间进行民意调查等方式来获取声誉数据,这类调查样本有限,而且往往回收率有限。国外某大学排行榜比较注重声誉调查,"过去几年来'声望分数'受到严重抨击。首先,问卷回收率低(不到一成),有效性不足;且打分数者不可能了解全世界各地大学,最后常常沦为'印象分数',除了原本就知名的大学,'以首都为名'或'英美语系'的大学成绩也较佳,无法反映真正情况。"②"QS 的调查问卷回收率低。2009 年度只返回了3 500 份有效问卷。某些国家回收的样本数很低:2008 年度德国只返回了 182 份问卷,印度返回了 236 份问卷。问卷中的问题设置模糊,学术同行评议所占的40% 的评价权重也值得商榷。"③国内的大学排行榜同样有类似的问题。

由某排名机构 2004 年所做的声誉调查,其样本对总体可以说没有代表性。该机构寄出调查信总数为 2 254 封,其中,科学院院士 398,工程院院士 364,社科院研究员 205,长江学者特聘教授 302,本科院校校长 644,全国重点中学校长 234,高等教育评估专家 107。而回信总计为 423,其中有效回信 398 封,无效回信 25 封。具体是,科学院院士 54,工程院院士52,社科院研究员 56,长江学者特聘教授 50,本科院校校长 125,全国重点中学校长 21,高等教育评估专家 40。另有退信 35 封。扣除退信 35 封,调查问卷返回率仅为 19%;再扣除无效回信,则调查问卷有效返回率不到 18%。如此低的调查问卷有效返回率反映了被调查者对大学排名的不支持或否定。如果再考虑这种调查是自己调查,自己处理数据,没有分工制约,则其有效性就更低了。④

即使在有效的回收问卷中,也有很多不确定因素。笔者曾经多次受一位大学校长委托,代填大学声誉调查问卷。事实上笔者不用说不完全了解全国所有大学的情况,其实连了解一小部分大学的情况也难做到。这样填写的问卷究竟能够多大程度上反映大学声誉,人们不难想象。即使大学校长本人亲自填写,也难保就可

① 陈晓莉:《"被就业"现象:再指虚高就业率》,载《大连日报》,2009 - 8 - 10[2010 - 2 - 18]. http://www. daliandaily. com. cn/gb/daliandaily/2009 - 08/10/content_2796063. htm.
② 简立欣:《分析篇》看懂排行榜计分重点大不同,http://hi. baidu. com/% C1% D9% E4% B4% CC%A8% BF% CD/blog/item/54b437d51f11e2289b5027c2. html,2010 - 2 - 18.
③ [英]Phil Baty:《泰晤士报高等教育全球大学排名:历史、方法论及其影响》,http://ghb. csu. edu. cn/news/NewsContent. aspx? NewID = 334,2010 - 2 - 18.
④ 顾海兵:《应该终止有害无利的中国大学排名》,http://column. bokee. com/87621. html,2010 - 2 - 18.

信。信源的可靠性程度低,评估的信度也就不高。当然,信源的可靠性涉及因素也是比较多的。"2008 年世界银行发表有关非洲高等教育的第三份重要报告《加速追赶:撒哈拉以南非洲地区的高等教育和经济增长》,这份报告中所罗列的资料十分详尽,外部顾问专家组的构成也很多样化。然而,报告中所引用的一些数据已经过时……如果说存在什么问题的话,这种情况反映出对非洲的高等教育缺乏长期系统且易于查找的信息来源与研究。"①

再如,信息的时效性和范围性,也是信息不可忽略的重要性质。信息以事物的存在为前提,而事物是会变化和运动的,信息的价值就在于反映特定时间和空间条件下事物的变化状态和运动方式。从时效性角度看,信息可能因事物的不断扩大而增值,也可能会随着事物的逝去而衰减。脱离了相关的时间限定条件,信息便失去了效用。某世界大学学术排行榜在指标权重中,诺贝尔奖得主和菲尔兹奖得主的毕业生或学生数占总分的权重为 10%,诺贝尔奖得主和菲尔兹奖得主的教师数占总分的权重为 20%,合起来占到总权重的 30%。有学者指出了其信息时效性存在的问题,"有些已经过世将近一个世纪的诺贝尔奖获得者仍在大学排名的名次提升上发挥了很大的作用"。② 从范围性的角度看,信息可能因事物场域的变动而流转、扩散或缩减。脱离了相关的区域限定条件,信息同样会失去效用。在多数大学排行榜的评估体系中,评估指标通常是以某些确定性数据为重要依据的,而这些数据所反映的学术状态范围是有限的,用它们来评估全部的学术研究,显然失之偏颇。有实证研究表明,"不少大学排行榜排名采用了院士指标,但文科没有院士,因此该指标不适合用来评价文科。此外,通过企业委托项目经费等也是指标之一,用它来评价文科也不合适";"某些数据库与文科基本无关,不适用于作为文科排名指标。如基于 EI、SCI 等数据库的许多指标;《自然》《科学》杂志基本不涉及人文艺术等学科领域,因此基于这两个杂志的或者与这两个杂志有关的排名指标也是不适用于人文社会科学等学科的";"全球性排名中,不利于文科的指标较高","如果一所大学以文科为主或者偏重文科的发展,那么这些指标将会对这所大学在排名中的位置带来不利,甚至缺乏客观公正性"。③

然而,宏观高等教育评估信息系统又有一般信息系统所没有的特殊性,能否解决好这些特殊性问题,是其有效性的关键所在。

其一,是信息的识别性问题。在一般情况下,人们希望通过客观的、显性特征来进行信息识别,客观性越强,信息的可识别性就越好,真实性程度就越高。所以,

① [美]Damtew Teferra:《非洲的高等教育:世界银行的视角》,载《国际高等教育(电子刊)》2009 年第1 期,第 19 页。

② 戚巍、李峰:《大学排名的公共性缺失:风险分析及其治理》,http://fgy.ustc.edu.cn/fzyjy/gdjy/201011/t20101118_86516.html,2010 - 2 - 18.

③ 朱建华:《大学排行榜存在不足,不少指标不适用文科》,http://news.xinhuanet.com/edu/2011 - 02 - 16/c_121083890.htm,2010 - 2 - 18.

无论哪种评估体系,都会尽可能地使用客观数据指标。但是,高等教育在很多方面难以量化,客观性不强,信息识别的难度很大。比如人才培养质量,由于其效应不能够即时而充分地显现,究竟如何有效判别,直到如今也没有找到非常有效的办法。很多情况下,人们用入学分数、资源投入、师资队伍、硬件保障、教学获奖数等来判别人才培养质量,然而常识告诉人们,这些要素不足以说明人才培养质量的高低。教育教学是在特定情境下师生主体之间的智力活动,在教与学双方互动的过程中,知识材料的运用、主体性的发挥、学习行为的形成,是最重要的要素,而这些过程要素信息无法直接传递。从结果的角度看,人才培养质量是后显的,某一时期的某种教育努力,要在学生毕业后若干年才显现,而且所显现的状况也仅仅是模糊的经验判断。正是有人看到了这一点,采用替代性数据来做评估指标。如有的大学评估以毕业生的薪酬水平、财富拥有多少、社会地位高低等作为指标,有一定的合理性,但问题更多。因为这些后效应的形成是很复杂的,并不一定就是学校教育的结果,它们本身的尺度也是仁者见仁智者见智的。再说选择哪个时段来测量最恰当,更是无从确定。从逻辑上说,用过去的后效应来评估当下的质量,也不符合实际。不独是人才培养,高等教育的主要活动,都存在可识别性差的问题。拿学术研究来说,通常通过出版来衡量其状况,但简单化地用出版的数量来判别学术研究的质量,那就大错特错了。学术研究是一种高智力的知识创造活动,不同的学术门类、不同的学科、不同的研究类型、不同的呈现形式,都会有各自的特性。有的研究社会价值很快显现,也有的研究要经历很长的过程,甚至几十年乃至更长才能够发现其价值。非同行不足以判别,同行也未必就能判别。无论是历史上,还是现代,都不乏创新被同行错判、扼杀的故事。

其二,是信息的度量性问题。信息以数据为主要载体,对现象的描述转化为数据才能智能化识别,因而量化成为评估的主要手段。令人棘手的是,高等教育的客观成效可量化的程度是不高的。比如辍学率、毕业率,被一些国家作为高等教育质量状态的变量,但这些数据所蕴涵的信息却较难判别。辍学率高,可能是教育质量低,学生不愿读,也可能是高校把关严,学生读不下去,还可能是就业市场的影响。毕业率低,有可能是教育质量低,学生能达到毕业水平的比例低,也有可能是学生学得扎实而延长学习期限。在中国高等教育中,辍学率、毕业率基本上不具有质量识别的价值,因为咱们的制度是"严进宽出"。在学术研究方面,信息度量问题更复杂。文献计量学的发展,为学术研究的评估提供了工具,但是这种工具有很大局限。影响因子、引用频度等有帮助识别科学文献的作用,这种作用也可能误导。美国康奈尔大学的研究生 Philip Davis 曾搞过一个恶作剧,他和一个朋友用一个叫"SCIgen"的计算机程序随机产生了一个文档。这个文档中的语法和词汇是从一篇计算器学科的学术论文中摘取的,但这些词汇却是胡乱堆砌在一起的。文档本身没有任何具体的意义,想不到的是,被 Bentham Science 出版社出版的《信息科学公开杂志》(The Open Information Science Journal)接受发表。所以,"我们不应该仅用类似影响因子这样的文献计量学上的指标来判断一个学术成果的质量。人们很早就知道了其实影响因子与一个杂志的质量根本没什么相关性，更别说通过影响因子来衡量其中刊登的学术论文的质量，或是这些论文的作者的学术水平了"。①2005 年加州大学圣地亚哥分校物理学家乔治·赫希提出了一个表征科学家个人研究工作累积影响力的 h 指数指标，即一个人的 h 指数是指在一定期间内他发表的论文至少有 h 篇的被引频次不低于 h 次。h 指数被认为不仅可以用于评估研究人员过去的学术水平，也可以用于预测未来的学术成就。不过也有学者指出，h 指数用于科研新人或者大师身上都没有多大价值，科学家也有可能通过自引来提高 h 指数，不同学科之间 h 指数存在差异，不宜进行跨学科比较。上面提到的文献计量学工具，对自然科学的研究评估有一定辅助作用，但对人文学科和部分社会学科没有实际价值。美国人 20 世纪 60 年代建立了科学引文索引数据库（Science Citation Index，SCI），"虽然建立引文索引的初衷是加强科学信息的检索，但其发明人和支持者都预见到了它的更多用途，例如监测科学活动的发展及结构，或者通过引用影响力（citation impact）来衡量某人研究的重要性。科学研究不断扩大的规模及其跨学科的本质属性，有时会妨碍科研评价的客观性和公正性，即使由某个领域的专家来评价也是如此"。② 所以，过度使用科学引文索引的问题值得警惕。

其三，是信息的时滞性问题。如前所述，信息是有一定的时间与空间条件限制的，高等教育的人才培养和学术研究都存在后延效应的现象，如何判别后延效应的信息时滞程度，就成为高等教育评估的一个现实课题。在科学研究中，人们正在尝试一些新的办法来衡量科学研究的绩效。比如美国科技信息所（Institute for Scientific Information ，ISI）于 2001 年推出的基本科学指标数据库 ESI（Essential Science Indicators），它由引文排位（Citation Rankings）、高被引论文（Most Cited Papers）、引文分析（Citation Analysis）和评论报道（Commentary）四部分组成。引文分析部分平均被引频次（Averages）基于从论文出版年到当前的被引累积数，列出了近十年的年平均被引频次和十年的总平均被引值；分科排位（Field Rankings）依据总被引频次给出了 22 个学科的总体排序，并用图表描述了以五年为单位的连续时间段内该学科的论文数、引文数、篇均被引数变化的数量趋势；研究前沿（Research Fronts）基于五年时间段多学科范围内被引频次高的论文，通过聚类分析、共引分析列出各学科领域研究前沿。③ ESI 比过去一般性使用 SCI 和 SSCI 等，应当说大大前进了一步。这些指标的设置基于统计、文献计量等知识，经过长期观察筛选而形成，它考虑到了科学研究的信息时滞问题，在一个连续性的时段中动态地考察变化，使绩

① Arnold，D. N.《诚信的危机——学术出版的现状》，*SIAM News*，2009－10－10［2010－2－18］，http：//www. global－sci. org/mc/readinfo. php？ year＝2010&no＝05&item＝1.

② ［美］Nobuko Miyairi：《地区性引文索引在全球科学研究的重要性》，载《国际高等教育（电子刊）》2009 年第 2 期，第 39—40 页。

③ 王颖鑫：《ESI 指标原理及计算》，载《图书情报工作》2006 年第 9 期，第 73—75 页。

效评估更符合科学研究的特性和活动规律。但是,科学研究的不确定性是极为复杂的,ESI仍然是有局限的。除了科学引文索引的一些弊端它没有完全克服,也带来了一些新的问题。比如,它不能有效反映近期成果。

其四,是信息的可比较性问题。有比较才能有鉴别,在评估活动中,比较是信息编码的一种方式。然而宏观高等教育信息的可比较性并不强,国与国之间、地区之间由于文化、制度、社情的差异,基本的概念在内涵和外延上不统一,关键性的指标内涵不一致,给比较带来困难。"经合组织每年在《各国教育概观》(Education at a Glance)上定期公布的有关各成员国高等教育的统计数据,正被越来越多地用于比较其成员国在高等教育方面的表现。但是,与这些关键指标的计算和公布方式有关的许多问题,限制了这些数据在国际比较中的效用。《各国教育概观》中的许多数据要么不正确,要么具有误导作用。因此,我们需要重新对经合组织定期收集和公布的不少数据进行一番认真的审视,包括:入学率(enrollment rates)、完学率(persistence rates)、入学与学位获得率(attainment rates)之间的脱节、生均经费(spending per student figures)以及财政承担额(financial commitment,用于高等教育的经费占GDP的比重)等。""对经合组织在高等教育方面发布的若干关键统计数据的审视表明,在使用这些数据比较不同国家在高等教育方面付出的努力和取得的成果时,要十分小心。同时这些实例也说明我们需要开发出更好的测量方法,以便更好地对比经合组织成员国的一些关键差异。"①这种情况不仅经合组织中有,在其他范围中也有。

其五,是信息的可解释性问题。信息的判别背后是价值,价值的背后是利益。评估必定会涉及利益,从宽泛意义上讲,信息解读涉及政治。在高等教育走到社会中心的今天,无论国内国外,评估可以说就是政治。在信息处理上,有很强的政治性。一种指标可能有利于某些群体,而不利于另一些群体。围绕如何设置,就会存在利益团体的博弈。有学者曾经"奉劝行政主管和其他评估使用者,不要为了政治目的,以取得并选择性地使用信息,虽然这可能有点不切实际。评估者不应任人借用名声,或者为委托人所呈现的已遭扭曲的评估发现加以背书,尤其当其目的是为了赢得政治竞赛时、违法时,以及/或者违反公布研究发现的先前协议时"。② 现在建设世界一流大学成为政策目标,什么是一流? 有各种各样的解释。有学者就指出,"大学排名试图做到客观和科学,但事实上它们都体现着设定高等教育目标的意识形态。在一个全球化的时代,'世界一流'越来越成为'西方'的同义词。这意味着科学、研究和投入更多的经费,贫穷国家是不能在这些领域与发达国家展开竞争的。遵守'普遍标准'的压力是永远存在的,因此一所被认为在其所在领域做

① [美]Arthur M. Hauptman:《进一步探析经合组织的高等教育统计数据》,载《国际高等教育(电子刊)》2009年第2期,第58—59页。
② [美]斯塔弗尔比姆等著,苏锦丽等译:《评估模型》,北京大学出版社2007年版,第49页。

出杰出贡献的大学用世界一流大学的标准来看可能还是失败的。当各国注重高校的实力提高及多元化时,不应该从如何模仿西方大学的角度来评价这些国家的大学是否卓越,而应从他们怎样成功地利用本国丰富的传统和文化以形成各自独特个性的角度来评价其是否卓越。"①在国际教育组织中,政治的博弈经常发生。联合国教科文组织的高等教育报告,就是政治博弈的产物。"总而言之,为了满足涉及的各种利益和观点(包括以拉美国家为代表的发展需要和以美国为代表的强烈市场倾向),六个过程草案对于最后公报的完成都是需要的。对拉美国家来说,他们的态度解释了该地区政府强烈要求在公共服务(包括高等教育)提供中发挥重要作用的"左倾"浪潮。就美国来说,它在教科文组织中传统地位的变化没有反映出新政府的影响。由于世界高等教育大会公报起草过程中的这些紧张情况,结果就是最终形成了一份冗长但却支离破碎的公报。而在我们看来,公报并未向国际高等教育界传达出明确连贯的信息。然而现在就判断公报的政治意义还为时过早。我们希望这些内幕记录有利于解释 2009 年世界高等教育大会最终公报的产生和内容,尤其是那些被省略的部分。"②所以,我们在阅读一些相关报告的时候,要注意解读文字背后的信息。

正是由于宏观高等教育信息有这样一些特性,所以评估信息系统的建构更复杂,数据处理有更高的要求。在现代技术条件下,建立大型的数据中心,大规模集成相关数据,是普遍的现实选择。美国在这方面是走在前列的。在联邦教育部下属的教育科学研究所(Institute of Education Sciences),成立有国家教育数据统计中心(The National Center for Education Statistics, NCES)。它一方面通过教育行政系统收集管理性的数据,另一方面通过开展调查获取数据。在民间,美国的院校研究20 世纪 90 年代以后,特别注重研究的技术化和专业化,通过互联网和数据库的广泛使用,与专业化的研究相结合,使得院校研究实现了"试验性研究—简单数据汇报—数据集成融合化—计算机网络技术化—效率化"的过程,③并且向院校智能(institutional intelligence)化模式发展。人们清楚地意识到,单纯靠"经验"是很难确切地回答院校发展的深层次问题,"只有通过积累数据,构建完善的信息系统,利用科学先进的统计分析工具,如挖掘技术对数据进行深度探索,进而增进院校智能强度,才有可能更加科学客观地解答这些难题"。④ 政府、民间、院校多样的信息

① [美]Robert Birnbaum:《世界一流大学:排名引发的思考》,载《国际高等教育(电子刊)》2008 年(创刊号),第 5—6 页。

② [美]Alma Maldonado - Maldonado、[荷]Antoni Verger:《政治、联合国教科文组织和高等教育:一项个案研究》,载《国际高等教育(电子刊)》2010 第 1 期,第 11—12 页。

③ 常桐善:《构建院校智能体系:院校研究发展的新趋势》,载《高等教育研究》2009 年第 10 期,第 49—54 页。

④ 常桐善:《数据挖掘技术在美国院校研究中的应用》,载《复旦教育论坛》2009 年第 2 期,第 72—79 页。

系统相互补充,为美国高等教育评估提供了有力的支撑。

第四节　专家系统与评估的关联性

现代高等教育是以知识的高度分化和高度综合为发展背景的,作为学术共同体,其价值认同、状态识别以学科知识为基础,其主要活动的评估高度依赖同行专家。所谓"外行看热闹,同行看门道",用在高等教育领域十分贴切。所以,像高等教育这样的复杂系统,评估高度依靠专家系统,已经是社会共识。"在针对科学研究的绩效评估中,从其评估的实践看,定性评估方法是使用最为广泛的方法。这主要是由于科学研究,特别是基础科学研究,产出的不确定性、研究结果的专指性和科学研究结果影响的不确定性,使得对研究结果和影响的绩效评估缺乏相对明确的量化指标体系与有效量化方法。在实施绩效评估时,主要依靠专家的个人主观判断形成对研究工作绩效的定性结论。在科学研究绩效的定性评估的各种方法中,同行评议是其他定性评价方法的理论基础和原型,也是科学绩效评估的主要方法之一。"①研究工作要依靠专家来评估,教育工作同样要依靠专家来评估,只不过适用范围、程度、方式稍有不同而已。

专家系统在高等教育评估中的重要地位,使得专家系统的遴选、组成、品质成为一个不可忽略的议题。有经验的人知道,在同行专家评议方法的运用中,在什么范围内选择同行,选择多少同行,选择什么样的同行,会影响到评估的结果,甚至根本上改变结果的性质。"美国科学技术委员会研究认为,同行评议像其他依赖人的判断方法一样,受人们利益和偏好、特别是朋友关系和偏见的影响。但是这些评价结果的扭曲可以通过严格的专家选择、制定让专家进行独立个人判断的规则和使用文献计量方法与其他定量方法,来补充和矫正。"②在这当中,道德伦理因素需要引起高度重视。因为"同行评议中的'熟人关系网'也是影响绩效评议公正性的关系因素之一"。③ 为了克服可能的弊端,人们创造出了"双盲评审"、"交叉外审"、"国际同行评议"等种种办法。但是,最主要的,还是要靠专家的道德自律,因为没有一种办法可以完全避免人情关系的渗透。

当然,评估专家不只是面临人情关系的考验,也面临着各种的社会压力。专业伦理是一个更为宽泛的概念,它包括在多种情境下如何来有效地实施评估。

　　从业人员主要考虑在于,如果评估者对实施中研究的看法与其委托人及评估报告阅读者有所不同时,他们可能会面临极大的困难。通常,委托人想要实施对政治有利的研究,然而评估者却想实施问题/方法取向的

①　赵学文、龚旭:《科学研究绩效评估的理论与实践》,高等教育出版社2007年版,第54—55页。
②　赵学文、龚旭:《科学研究绩效评估的理论与实践》,高等教育出版社2007年版,第67页。
③　赵学文、龚旭:《科学研究绩效评估的理论与实践》,高等教育出版社2007年版,第67页。

研究,以允许他或她能利用其所受过训练的方法论。此外,评估报告阅读者通常希望进行价值导向的研究,以协助他们决定各种方案之间相对优点和价值;或者实施倡议评估,以使他们在有影响力的议题上有发言权。如果评估者忽视了在目的上可能的冲突,方案评估可能注定要失败。在评估的开始,评估者就必须对他们自己、委托人及其他有知情权的评估报告阅读者的研究议程有敏锐的敏感度。此外,评估者应该告诉涉入的团体在评估目的上可能的冲突,且一开始就应协商达成对评估目的及适当模式的共识。评估者也应该定期通知参与者有关评估所采用模式的逻辑、理论基础、过程及陷阱。这将增进相关利益群体的合作意愿,以及对研究发现的建设性应用。①

在我国的高等教育评估实践中,专家系统的构建受到重视。在首轮本科教学评估中,教育部建立了 2 000 多人的专家库,累计派出专家 6 000 多人次。但是,专家主要由政府教育行政部门挑选,没有客观标准,组成人员以担任高校行政职务的居多,社会各行业和用人单位的专家几乎没有。这样的专家系统在人员资质、专业水准、执业规范、社会公信力方面,都是不令人满意的。在首轮本科教学评估中,优秀率达七成,良好率达二成,这样的评估结果与人们在现实中的感知差距很大。究竟是评估标准太低,还是专家系统失灵,人们可能更多地会指向后者。

撇开制度和伦理问题不说,就专家系统本身要素而言,也有专业化问题。评估发展到现在,形成了系统的专门知识和规范,某一学科领域的专家未必是评估方面的专家,参与评估活动也必须“学习”。现在倡导评估的专业化,其中也包括专家的评估专业水平提高。在这方面,西方一些国家为我们提供了可借鉴的经验。美国学者斯塔弗尔比姆等在论述评估专业化服务时指出:“大部分场合其他许多公共服务领域的成员们,都必须遵守其专业的表现和服务标准或规范,其目的在于:确保消费者和社会免于受到不当服务措施的伤害,并作为服务提供者制定绩效评估的基础;在专业服务评估时,提供权威性的依据;有不当服务措施控诉时提供判决的依据;协助服务提供者切实提供最新、最好的服务措施;确认改进技术的需求;提供概念性架构和操作定义,以指引该服务领域的研究和发展;提供处理该服务领域各种实务议题的基本原则和共同的评议,以促进服务提供者及其成员之间的沟通和合作,以及赢取和维持大众对该服务措施的信任。”②虽然这些不专门针对评估的专家系统而言,但是也适用于专家系统。

建立评估专业标准是评估专业化发展的一个标志。在美国,20 世纪八九十年代,有关评估的专业标准相继出现,这与美国评估专业团体的出现是直接相关的。“教育评估标准联合委员会”(The Joint Committee on Standards For Educational)成

---

① [美]斯塔弗尔比姆等著,苏锦丽等译:《评估模型》,北京大学出版社 2007 年版,第 97 页。
② [美]斯塔弗尔比姆等著,苏锦丽等译:《评估模型》,北京大学出版社 2007 年版,第 525—526 页。

立于 1975 年,1981 年出版《教育方案、计划及教材的评估标准》(1994 年修订改名为《方案评估标准》),1988 年出版了教育人员评估标准,90 年代末开始从事学生评估标准的制定,它已经被美国国家标准局认可为全美唯一具有公信力的制定教育评估标准的团体。评估研究协会(Evaluation Research Society)成立于 1976 年,它着重于专业化的方案评估,其范围不只是教育,而是包括广泛的学科和服务领域,出版计有 55 项标准的《评估研究协会方案评估标准》。该协会与评估网(Evaluation Network)1986 年合并为美国评估学会(American Evaluation Association),1995 年出版了《美国评估学会方案评估原则》。

美国教育评估标准联合委员会的标准与美国评估学会的标准各有千秋,具有互补性。前者的《方案评估标准》分成四大属性:效用性(utility)、可行性(feasibility)、适切性(propriety)及精确性(accuracy)。摘要如下:[①]

效 用 性	
效用性标准旨在确保评估必须能够为特定使用者提供所需要的信息。	
U1	利益相关者的确认:确认参与评估或受评估影响的人,并叙述他们的需求。
U2	评估者的可靠性:评估者必须值得信赖并具执行评估的能力,以确保评估结果的可信度。
U3	信息的范围与选择:广泛收集和选择信息,对方案提出适当的问题,并响应委托人或其他特定利益相关者的需求和利益。
U4	价值的确认:谨慎地描述结果解释的观点、程序及理论基础,使价值判断的基础得以清晰明白。
U5	报告的清晰性:评估报告必须清楚地描述被评估的方案,包括它的背景脉络、目的、程序及评估结果,使呈现的基本信息易于为人了解。
U6	报告的及时性与传播:重要的期中结果和评估报告必须传达给预定的使用者,以供适时地使用。
U7	评估的影响:评估的规划、执行及报导方式,应能鼓励利益相关者坚持完成,以提升评估结果的使用性。
可 行 性	
可行性标准旨在确保评估必须是实际可行的、审慎的、圆融的、节约的评估。	
F1	务实的程序:评估的程序必须是实际可行的,且在收集所需信息时,应将干扰减至最小。
F2	政治上的可行:评估的计划与实施应该预先考虑不同利益团体的期望,以获得他们的合作,并预防或反馈任何团体简化评估过程、扭曲或误用评估结果等不当意图。
F3	成本效益:评估应该有效率,并提出具价值性的信息,以证明所耗费的资源是正当的。

① [美]斯塔弗尔比姆等著,苏锦丽等译:《评估模型》,北京大学出版社 2007 年版,第 517 页。

适　切　性
适切性标准旨在确保评估的实施是合法的、合伦理的,并保障所有的评估参与者和受评估结果影响者的福利。

P1	服务导向:评估的设计应能帮助组织提出参与者的各种需求,并提供有效的服务。
P2	正式的义务:正式的评估团体对评估的义务(做什么、如何做、谁去做、何时做),必须获得同意并形成书面约定,同时善尽合约上的责任或正式地重新协商。
P3	受评者的权利:评估的设计及执行必须尊重和保护受评者的权益和利益。
P4	人性的互动:在评估的过程中,评估者应尊重所有互动者的尊严和价值,并避免威胁或伤害参与者。
P5	完整和公平的评估:评估必须完整、公正地检验和记录受评方案的优、缺点,使优点得以言之有据,而问题部分也能被提出来。
P6	结果的报导:正式的评估团体应确保受评估影响者和其他具合法权利的相关人员,可以取得完整的评估发现及其相关的限制。
P7	利益的冲突:利益冲突的处理必须开诚布公,才不会危及评估的过程和结果。
P8	会计的责任:评估者对资源的分配与开支,应能反映良好的绩效责任程序,否则应谨慎使用或负起道德责任,以使支出具有绩效性和恰当性。

精　确　性
精确性标准旨在确保关于受评方案优、缺点的特征,评估能够反映出足够的、有效的信息。

A1	方案文件:清楚、精确地描述受评方案,并形成书面文件以确认该方案。
A2	情境分析:详细检视方案所在的情境,并确认可能影响方案的因素。
A3	目的与程序的描述:监控并详细叙述评估的目的和程序,使其获得确认和评估。
A4	可辨明的信息来源:详尽地描述方案评估所使用的信息来源,并评估信息的适当性。
A5	有效的信息:选用或发展信息的收集程序,然后再实施,以确保所获得的解释,对预定的用途是有效的。
A6	可靠的信息:先选用或发展信息的收集程序,然后再付诸实施,如此才能确保所获得的信息,对预定的用途是可靠的。
A7	系统化的信息:系统地检视评估的信息收集、处理与报导,并修正任何的错误。
A8	定量信息的分析:适当地、系统地分析评估的定量信息,有效地回答评估的问题。
A9	定性信息的分析:适当地、系统地分析评估的定性信息,有效地回答评估的问题。
A10	理由充分的结论:明确地充分呈现评估所获得的结论,如此利益相关者才能加以评估。
A11	公平的报导:评估的报导步骤应该避免受到个人感情或任何群体偏见的扭曲,如此评估报告才可以公正地反映出评估结果。
A12	后设评估:评估本身应该参照上述标准和其他适当的标准,进行形成性和总结性评估,使实施过程获得适当的指引;在完成之后,利益相关者也能仔细地检查其优点和缺点。

美国评估学会的《方案评估原则》,包含了五个原则和 23 条规范性叙述,摘述如下:①

"A. 系统的探究:评估者对受评对象,实施系统的、以数据为根据的探究。"这个原则有三项规范性叙述,旨在形成评估者在定性和定量研究上,必须达到最高的技术标准。同时,也要求评估者必须和委托人合作,以确保评估能应用适当的程序,以及提出清晰的、重要的问题。这个原则更进一步要求评估者,在整个评估的过程中,必须有效率地、坦白地及详细地沟通,促使评估报告阅读者可以理解,并能批判整个评估的过程、优点、缺点、限制,以及评估的潜在价值和理论性的假设,并对结果做出可辩明的解释。

"B. 能力:评估者向利益相关者,提出胜任的表现。"这个原则有三项规范性叙述,旨在要求评估者必须发展并适当地发挥他们的专业。评估者必须在学历、能力、技术及经验上符合资格要求,且有能力去执行评估计划,否则就必须婉拒从事该计划。评估者在其事业生涯中,应该要不断掌握机会以提升他们的评估能力,包括专业的发展及对他们的评估实施后设评估。

"C. 公正/诚实:评估者必须确保整个评估过程的诚实和公正。"这个原则有五项规范性叙述,旨在确保评估是合乎伦理的。在评估的协商过程中,评估者必须诚实和坦诚地面对委托人和其他使用者,包括成本、任务、方法论上的限制、结果的可能范围及数据的使用等。对于已规划的评估活动的修正,评估者必须加以记录,并适当地咨询委托人。对于可能的利益冲突,评估者也应该直率地报告及适当地说明。评估者还要严格禁止错误地说明评估的结果,并尽可能去防范,甚至纠正他人误用评估结果。

"D. 尊重他人:评估者必须尊重与他们互动的人员,包括响应者、方案参与者、委托人及其他利益相关者的安全、自尊及自我价值等。"这个原则有五项规范性叙述,旨在要求评估者对参与评估的所有团体,都应展现适当的体贴。对于评估焦点、信息收集及结果报告等,评估者必须辨认和尊重参与者的差异,例如,年龄、残缺、种族、性别、宗教及性别取向等。在评估的各个方面,必须遵守适当的伦理规范和标准,包括评估者应该极大化利益相关者的利益,且避免不必要的伤害发生;遵守已经被告知的、双方同意的政策;积极地、一致地、公平地处理匿名性和秘密性议题;以及尽一切可能去帮助利益相关者,使其从评估中获得利益。

"E. 对一般大众福利的责任,评估者应清楚地说明及考虑与一般大众福利有关的利益和价值的差异性。"这个原则有五项规范性叙述,旨在要求评估者不能短视,相反地要关心评估与社会的关联性。评估者有义

① [美]斯塔弗尔比姆等著,苏锦丽等译:《评估模型》,北京大学出版社 2007 年版,第 521—522 页。

务从专业的角度,对促进公众利益以及满足当地对于评估回馈的需求,必须予以呈现和评估。评估者应该在评估报告阅读者与较大范围的利益相关者之间,取得服务义务和平衡。评估者应该通知所有有知情权利的团体,使其参与其中,在合约的限定范围之内,为他们提供取得所需信息的途径。此外,在诠释评估结果时,评估者应该考虑所有相关的价值观,或对某些价值观为何排除在外作出解释。评估者一定要将评估报告阅读者的利益和技术能力谨记在心,并且清楚、正确地报导评估结果。

专家系统的有效构建,与评估机构的专门化也不无关系。因为评估机构的专门化是评估专业化的渠道之一,而专门化的评估机构有利于专家系统的稳定形成和科学运用。对一个专业评估机构而言,专家库的组建和运行是不可或缺的支柱。专家系统的质量,大体上决定了这一机构的品质和能级。换个角度看,有效的专家系统依靠专门评估机构的专业化平台才能得到比较好的实现。在许多发达国家,评估机构的专门化越来越普遍,这也是缘于具有独立性的第三方评估满足公共治理发展要求的结果。在美国,全国和地区性的非政府专门评估机构达16家。在日本,全国性的评估专业机构有五六家。在我国,21世纪初专业评估机构较快增加,1999年底,全国只有五家专业教育评估机构,至2002年达到15家,其中大部分以高等教育评估为主业。不过,我国已有的专业评估机构专业化程度还有待提高,有学者指出,"工作专业性不强、评估技术不太成熟、评估人员不够专业、专业权力地位不高",[1]是目前存在的主要问题。其实,专家系统构建不科学、不充足、不完善,运用不规范、不恰当、不充分,也是评估机构专业化程度不高的重要原因。

专家系统除了组织、伦理、技术方面可能产生的局限性外,实际上还存在着评估内容与方法上可能遇到的局限。由于高等教育活动有太多的不确定性,有时专家也束手无策。比如科学研究的绩效评估极为复杂,"在同行评议中存在许多灰色区域,即使是同行专家也不容易得出合理的结论,如对业绩优秀和业绩极差的两个极端,评议专家很难能够十分准确一致地得出结论,对中间水平层次的评价对象,则由于诸多因素的干扰,得出的结论也不稳定"。[2] 尤其对跨学科、综合学科的研究评估,很不容易得到合理的结论。在这样的条件下,最好的办法是综合运用多种办法,把它们与专家系统的运用紧密结合起来。这方面,钱学森的系统科学理论为我们解决问题提供了思路。

按照钱学森开放的复杂巨系统的理论,综合集成方法的运用,需要信息系统与专家系统相辅相成。钱学森在理论形成的初期就提出,"软科学的发展与三个因素紧密相关。第一个因素是信息、情报资料;第二个因素是汇聚专家意见的渠道;

① 李春梅:《我国高等教育评估中介组织专业性问题探讨》,载《大学·研究与评价》2009年第2期,第90页。

② 赵学文、龚旭:《科学研究绩效评估的理论与实践》,高等教育出版社2007年版,第67页。

第三个因素是模型。首先,按专家意见建起模型,上计算机运算,再请专家评审,根据评审意见,修改模型,优化模型。这种循环往复的过程是理论与实际相结合的过程,定性和定量相结合的过程"。[①] 后来,他又进一步阐明专家系统的构成:"它需要三个方面的专家的密切配合:(1) 多年工作经验丰富的同志;(2) 统计工作同志及统计系统;(3) 系统工程工作同志,包括电子计算技术专家(要用大型计算机)。我们的系统工程工作同志决不能代替多年工作经验丰富的同志,也决不能不要统计工作同志的大力协同。我们的工作方法是把三个方面有机地、辩证地结合统一起来。这是社会主义的大力协同,是我们的特色,具有中国社会主义特色。这也就是决策的民主化和科学化。"[②]这里尤其突出了专家经验的作用,强调了在不确定性因素较多、关系复杂的条件下用专家智慧来作判断的重要价值。"专家是智慧、知识和信息的载体,特别是专家们还掌握着丰富的经验知识以及不成文的感受。一个专家的知识和经验是局部的和片面的,但专家群体所掌握的知识和经验就比较全面了。"[③]钱学森的这些思想吸收了思维科学的新鲜营养,"他借鉴我国哲学家熊十力的观点,对综合集成法中的'人机结合'做了解释:人的心智可概括为性智和量智两部分。其中'性智'是一种从定性的、宏观的角度,对总的方面巧妙加以把握的智慧,与经验的积累、形象思维有密切的联系;'量智'是一种定量的、微观的分析、概括与推理的智慧,与严格的训练、逻辑思维有密切的联系。从信息处理的角度来考虑,'人机结合'把人的'性智'、'量智'与计算机的'高性能'信息处理相结合,实现定性的(不精确的)与定量的(精确的)处理互相补充,达到从定性到定量的认识。在解决复杂问题的过程中,能够形式化的工作尽量让计算机去完成,一些关键的、无法形式化的工作,则靠人的直接参与或间接作用,这样构成'人机结合'的系统。这种系统既体现了'心智'的关键作用,也体现了计算机的特长"。[④] 所以人们指出,"综合集成方法的实质是集专家系统、数据与信息、计算机技术三者为一体,形成以人为主体的人—机智能系统,把感性的与理性的、经验的与理论的、定性的与定量的知识,通过人—机交互作用综合集成"。[⑤]

如何在实际运用中,发挥好专家系统的功能,钱学森有一项具体的设想,叫做综合集成研讨厅。它的核心由三个部分组成:专家体系、知识体系和机器体系。框架可以用图 4-2 来表示:[⑥]

① 钱学森:《发展我国的软科学》,载《商业科技》1986 年第 10 期,第 3 页。
② 钱学森:《进行科学决策需要各方面专家的密切配合》,载《统计》1987 年第 12 期,第 3 页。
③ 许国志:《系统科学》,上海科技教育出版社 2000 年版,第 314 页。
④ 李耀东、崔霞、戴汝为:《综合集成研讨厅的理论框架、设计与实现》,载《复杂系统与复杂性科学》2004 年第 1 期,第 28 页。
⑤ 李彦斌、李涛、张文泉:《管理科学面临复杂性科学的挑战》,载《北京航空航天大学学报(社科版)》2004 年第 2 期,第 30 页。
⑥ 许国志:《系统科学》,上海科技教育出版社 2000 年版,第 317 页。

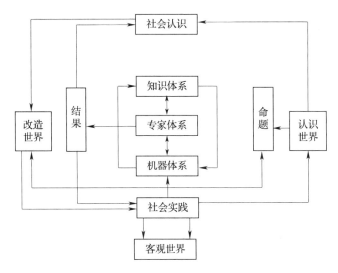

图 4 - 2 综合集成研讨厅示意图

这个厅实际"是把专家们和知识库、信息系统、各种人工智能系统、每秒几十亿次的计算机等像作战指挥厅那样组织起来,成为'人机结合'的巨型智能系统。'组织'二字代表了逻辑、理性,而专家们和'人工智能专家'系统代表了以实践经验为基础的非逻辑、非理性智能。所以这个'厅'是21世纪民主集中制的'工作厅',是辩证思维的体现"。[①]

钱学森和合作者总结提炼出的这套理论与方法,把握了知识社会发展的大趋势。"人类社会发展到今天,信息已是一切活动的基础。但有了信息未必就有了知识,有了知识未必就有了智慧。综合集成方法对信息的综合集成可以获得知识,信息和知识的综合集成可以获得智慧。从这个意义上说,综合集成方法是人机结合的知识与智慧的生产系统,是知识生产力和精神生产力。它使我们由过去完全依靠人脑进行知识生产转变为人脑与电脑相结合的知识生产方式,这是人类的一大进步,也是当前这场信息技术革命对人类社会发展影响的重要方面。"[②]这些思想和方法对宏观高等教育评估系统的科学构建极有价值。

第五节 模型选择与评估的关联性

教育评估有200余年的历史,在两个多世纪的进程中,人们从来没有停止过对评估的内容与形式的探索,也不断提出新的思想和理论,创造出新的手段与方式。

① 李耀东、崔霞、戴汝为:《综合集成研讨厅的理论框架、设计与实现》,载《复杂系统与复杂性科学》2004年第1期,第29页。

② 许国志:《系统科学》,上海科技教育出版社2000年版,第314页。

人们总是期待更适合的、更完善的评估模式。越来越丰富的评估模式顺应了不同情境、不同对象、不同目的、不同要求的种种需要,也为后来的评估提供了越来越强的可选择性。这是评估的进步,反过来又强化了评估专业化的要求。最优的选择是什么,成为评估者不得不面临的抉择。实际上可选择性越强,也就越考验评估者的智慧。这不是一个纯技术的行为,而是一种综合的价值判断,因为每一种评估的模式背后,都有其特定观念的、知识的、技术的、实践的基础。

美国学者斯塔弗尔比姆(Daniel L. Stufflebeam)等在《评估模型》(Evaluation Models:Viewpoints on Educational and Human Services Evaluation)的第二版中,指出:

> 研究替选的或可供选择的评估,对方案评估的专业化及其科学的进步与运作是非常重要的。专业化地仔细研究方案评估模式,能有助于评估者正当化那些遵循完善评估原则的,且不采信那些无法遵循完善评估原则的模式。此外,科学化的检验有助于评估研究者界定、检查及提出有关评估学科在概念上和技术上发展的议题。在操作上,替选评估方案中批判的观点,有助于评估者思索、评估及选择应用任一评估架构。这一检验同样提供评估训练的实质内容。研究替选的方案评估模式主要的价值在于如何应用,以及获得改进这些设计较佳替选模式的方面。①

他归纳了 22 种评估模式,其中包括:

(一) 两种"假评估"

模式 1: 启发公共关系研究(Public Relation–Inspired Studies)

"公共关系模式最初的意图,是使用数据以说服民众认为方案是完善且有效的。""虽然符合了满足有知情权的评估报告阅读者的标准,但却非一个正当的评估模式,因为它通常只呈现方案的优点或加以夸大,但却不提其所具有的缺点。""这种模式致使的瑕疵是只报导好消息,而抵消了它的其他优点。如果一个组织为了评估的优点和缺点,只偏差地报导下面的发现,这将很快地使想要实施和报导有效评估的评估者感到沮丧,而且不信任整个评估的实施。"

模式 2: 政治控制的研究(Politically Controlled Studies)

"政治控制的研究可以是可辩明的或不可辩明的评估模式。如果评估者及/或其委托人有以下行为,则此项政治控制的研究即被认为是非法的:(1)对有正当、合法权利查阅结果的评估报告阅读者,保留所有的评估发现。(2)取消先前完全公开评估发现的协议。(3)通过只发现部分的发现,使人对评估消息产生偏见。""因为委托人可以选择性地发表消息以创造或保持有关评估优点或价值的错误描述,如此将扭曲或误导研究发现、违背完全发表发现的先前协议,或者违反'大众有知情权'的法律。"

---

① [美]斯塔弗尔比姆等著,苏锦丽等译:《评估模型》,北京大学出版社 2007 年版,第 42 页。

除去上述两种"假评估",《评估模型》把其余20种评估模式归为三类：

（二）问题/方法取向评估模式（准评估研究）

这种模式能"（1）提出明确的问题，其回答对于评估方案的优点和价值，可能是足够的，也可能是不够的；(2)偏好使用一些研究方法"。之所以称为准评估研究，因为"有时它们恰巧能提供充分评估一项方案的优点和价值的证据……然而它们可能或不可能符合一项完善评估的要求……它们具有正当的胜任，因为它们能调查重要但范围狭小的问题。要注意的是这类研究不等同于评估"。

模式3：目标本位研究（Objectives – Based Studies）

模式4：绩效问责，特别是依结果付薪的研究（Accountability, Particularly Payment By Results Studies）

模式5：客观的测验方案（Objective Testing Programs）

模式6：结果评估作为附加价值的评价（Outcomes Evaluation as Value – Added Assessment）

模式7：绩效测验（Performance Testing）

模式8：实验研究（Experimental Studies）

模式9：管理信息系统（Management Information Systems）

模式10：成本利益分析模式（Benefit – Cost Analysis Approach）

模式11：澄清听证（Clarification Hearing）

模式12：个案研究评估（Case Study Evaluations）

模式13：批判与鉴赏（Criticism and Connoisseurship）

模式14：方案理论本位评估（Program Theory – Based Evaluation）

模式15：综合方法研究（Mixed – Methods Studies）

（三）改善/绩效问责取向评估模式

它包括"三种强调充分评估方案优点和价值的评估模式，这些模式广泛地寻求全面考虑各种问题与准则，以评估方案的价值"。"这三种模式分别强调通过服务方案决策以改进方案，对消费者提供可选择的方案和服务的评估结果，以及协助消费者获得所实施方案在专业上是完善与有效的保证。"

模式16：决策/绩效问责取向研究（Decision/Account – ability Oriented Studies）

模式17：消费者导向研究（Consumer – Oriented Studies）

模式18：认可/检定模式（Accreditation/Certification Approach）

（四）社会议题导向（倡议）模式

该模式"希望通过方案评估，使这社会有所不同"。包括四种模式，"均采取利害关系人与专家的观点，以调查、判断方案，并找出其特色。它们偏好建构主义者导向，且采用质性方法。大多数情况下，它们避开寻找正确或最佳答案的可能性，且反映后现代哲学思维，强调文化多元论、道德相对论及多元实体。这些模式提供利害关系人在获得及阐释评估发现的过程中，能民主地参与"。"这些模式可能太过于强调达成社会任务,以致无法符合完美评估的标准。"

模式 19: 委托人中心的研究或响应式评估(Client – Centered Studies or Responsive Evaluation)

模式 20: 建构主义者评估(Constructivist Evaluation)

模式 21: 民主审议评估(Deliberative Democratic Evaluation)

模式 22: 实际利用为焦点的评估(Utilization – Focused Evaluation)

斯塔弗尔比姆指出:

> 出现在 20 世纪的各种评估模式中,有九种公认是最有力的,且最有希望在 21 世纪持续地加以应用与发展。它们是:决策/绩效问责模式、消费者导向模式、认可制度模式、实际利用为焦点模式、委托人中心模式、民主审议模式、建构主义者模式、个案研究模式、成果监控/附加价值模式。除了假评估之外,其他的模式逐渐趋向平衡地追求严谨、关联及公正。很明显的,这些模式表现出强烈的倾向,那就是注重相关利益群体的参与投入,以及使用多元的方法。①

评估本质上是一种价值的判断,而价值判断是人为的,只要是人为的行为,就可能出现偏差或错误。它有可能是不恰当的,有可能是不准确甚至错误的,有可能是效用不高的甚至无效的,也有可能是有失公正的。因此,没有绝对可靠的评估,也没有绝对完善的评估。"就其他的社会角度而言,评估可能是好的或坏的,也可能介于两者之间。许多因素会造成评估的错误,例如不适当的焦点、不当的规准、偏差的结果、技术性错误、不当的结论、模糊的结果、无法确认的建议、超支的经费、对使用者的不适当说明,以及产生不良结果的推论等。如果上述的问题在评估过程中没有被发现或提出,评估者将会传达错误的结果和无效能的服务。"②所以,评估本身必须被评估,于是有所谓"后设评估"(metaevaluation),斯塔弗尔比姆把它定义为"经由记述、获取及运用关于评估的效用性、可行性、适当性及精确性等描述性信息和判断性信息的过程,据以引导评估,并公开报导其优点和缺点"。③ 我国学者通常把 metaevaluation 翻译为"元评估",有学者指出:"元评估有两个重要作用:一是正确有效地引导评估,二是明确指出评估的优劣所在。这就构成了元评估的两个方面:前者是形成性元评估(Formative meta – Evaluation),后者是总结性元评估(Summative meta – evaluation)。"④宏观高等教育评估更是个复杂的系统,影响或制约这个系统的因素更多,因此,后设评估(元评估)是不可缺少的。无论评估者还是评估的使用者,都希望评估是恰当的、有价值的。而对专业的评估者而

---

① [美]斯塔弗尔比姆等著,苏锦丽等译:《评估模型》,北京大学出版社 2007 年版,第 96 页。

② [美]斯塔弗尔比姆等著,苏锦丽等译:《评估模型》,北京大学出版社 2007 年版,第 535 页。

③ [美]斯塔弗尔比姆等著,苏锦丽等译:《评估模型》,北京大学出版社 2007 年版,第 535 页。

④ 王云峰、张庆文、曲霏、马苓:《高等教育元评估理论模式探析》,载《高教发展与评估》2008 年第 2 期,第 31 页。

言,后设评估不仅让使用者对评估建立起信用,更是使评估者提升专业水平和公信力并获得自我保护的重要途径。"身为专业人员,评估者本身需要定期地让他们的评估服务接受独立的检视。良好的后设评估能够为评估者提供一个品质保证机制,借以检视及强化评估的规划、运作、草拟报告及结果的沟通方式等。同样的,后设评估的前景和论据能协助评估者站稳自己的立场,并要求他们提出一个可辨明的评估结论。"①

后设评估对评估本身进行评估,应当说要求更高。张道民认为"元评估应比原评估站得更高,看得更远,视野更开阔。元评估活动要以元科学理论为指导,以元研究(meta – research)成果为依据,实现周密的分析和高度的综合"。② 谁来实施后设评估?可能有三种情况,一是由原评估者来实施,二是由被评估者、评估资助者或评估报告接受者实施,三是由外部专业评估者实施。由于第一种情况可信度不高,第二种情况评估者缺乏必要的理论与技术,也不妥当,相对而言,第三种情况既能够保证公正客观,又能够高效和有科学性,然而花费较高。所以,"在选择元评估实施者,要考虑各方面的因素,根据元评估的具体要求,选择最适当的元评估主体。在条件许可的情况下,采用不同背景的元评估主体,有利于收集到多种信息,使元评估更加科学、公正,有利于提高元评估的水平和质量"。③

后设评估的质量还需要技术性的保证,评估的程序合理与否就是值得考虑的。斯塔弗尔比姆认为"后设评估可分为十个步骤:(1)决定后设评估的利益相关者,并安排与之互动。(2)建立一个合格的后设评估小组。(3)界定后设评估的问题。(4)决议评估系统或特定评估的判断标准。(5)协商后设评估的契约。(6)收集和检视适当可用的信息。(7)必要时收集新信息,包括实地访谈、观察及问卷调查等。(8)分析定性和定量信息,并判断评估符合所选定评估标准的程度。(9)准备和提出必要的报告。(10)协助委托人及其他利益相关者解释及应用评估结果。"斯塔弗尔比姆非常形象地指出:"后设评估对评估领域的重要性,就如审计制度对于会计领域的重要性一样。"④

---

① [美]斯塔弗尔比姆等著,苏锦丽等译:《评估模型》,北京大学出版社 2007 年版,第 549—550 页。

② 张道民:《关于元评估》,载《东方论坛》2002 年第 5 期,第 69 页。

③ 王云峰、张庆文、曲霏、马苓:《高等教育元评估理论模式探析》,载《高教发展与评估》2008 年第 2 期,第 34 页。

④ [美]斯塔弗尔比姆等著,苏锦丽等译:《评估模型》,北京大学出版社 2007 年版,第 538—539 页。

第五章　宏观高等教育评估的实践样式

实践样式指的是人们在实践活动中所选择、建构和采取的特定的行动模式。在高等教育评价的实践活动中，根据不同的维度，可以区分出多种实践样式。例如，从大学本体维度看，可以分为教学评估和科研评估；如果从社会维度看，可以分为政府主导专业评估、工商界主导专业评估和教育界主导专业评估；如果从校本维度看，可以分为大学自我评估和外部评估；如果从历史的维度，又可以分为传统的评价（evaluation）和认证（accreditation），以及相对较新的排行榜（ranking）和基准（benchmarking），等等。事实上，宏观高等教育评估的实践样式是丰富多样的，本章择要介绍若干典型样式，其逻辑分类未必严谨，仅因关注其主要实践特性以易于观察而已。

第一节　作为竞争力要素的高等教育评估

在知识经济时代，高等教育已经成为社会发展的关键要素之一。人们在评估社会发展时，往往把高等教育发展作为重要指标。在一些重要的社会发展竞争力报告中，可以看到在一个更为广阔的宏观视野中，人们对于高等教育的评估。

有两个机构在实施全球竞争力评估方面最具权威性，一是设在日内瓦的"世界经济论坛"（World Economic Forum，WEF），一个是"瑞士洛桑国际管理开发学院"（International Institute for Management Development，IMD）。

"世界经济论坛"是一个非官方国际组织，总部设立在日内瓦。其前身是1971年由瑞士经济学家劳斯·施瓦布（Klaus Schwab）创建的"欧洲管理论坛"。1987年"欧洲管理论坛"更名为"世界经济论坛"，每年1月底至2月初在瑞士达沃斯召开年会，故也称"达沃斯论坛"。年会邀请各国政界和经济界的高层领导人、企业首脑、学者和记者，研究和探讨当今世界经济的现状和前景，促进国际经济技术的合作与交流。

洛桑国际管理发展学院成立于1990年，由1946年创立于日内瓦的国际管理学院（IMI）和1957年创立于洛桑的国际经济管理与发展学院（IMEDE）合并而成。作为一家全球顶尖的商业管理学院，不仅在从事高质量的企业经营管理培训，还进行商业分析与研究。

从20世纪80年代开始，WEF率先尝试对全球主要国家和地区的经济与国际竞争力进行评估和排序,多年来出版了一系列有关竞争力评估的报告书,其中的《世界竞争力报告》(The World Competitiveness Report)最具影响力。1987 年,IMD 加盟 WEF,1989 年,双方联合发布《世界竞争力报告》。但是,在合作过程中,由于在评估体系和方法上产生了较大分歧,两家机构最终各立门户,从 1996 年开始各自发布国际竞争力报告,即 WEF 每年 10 月发布的《全球竞争力报告》(The Global Competitiveness Report,GCR)和 IMD 的《世界竞争力年鉴》(The World Competitiveness Yearbook,WCY),后者俗称《洛桑报告》。

对国家竞争力构成要素的不同理解,使得两家机构所制定的指标体系也各不相同。WEF 从 2005 年开始引入全球竞争力指数(The Global Competitiveness Index,GCI)来衡量某一国家的竞争力。这一指数由"三大要素"、"12 项支柱"和 110 个指标组成,三大要素分别是基本需要(Basic Requirements)、效率改进(Efficiency enhancers)和创新与成熟程度(Innovation and sophistication factors),三大要素下设 12 大支柱(Pillar)(见表 5 - 1)。同时,按照各国经济发展的程度分成要素驱动、效益驱动和创新驱动三个阶段,给予不同的评估权重。

表 5 - 1　WEF 的指标体系

三大要素	12 项支柱
基本需要	1. 制度(Institutions)2. 基础设施(Infrastructure)3. 宏观经济环境(Macroeconomic environment)4. 健康和初等教育(Health and primary education)
效率改进	5. 高等教育与培训(Higher education and training)6. 商品市场效率(Goods market efficiency)7. 劳动力市场效率(Labor market efficiency)8. 金融市场发展(Financial market development)9. 技术提升措施(Technological readiness)10. 市场规模(Market size)
创新与成熟程度	11. 企业成熟度(Business sophistication)12. 创新(Innovation)

出处:The Global Competitiveness Report 2010 - 2011

IMD 采用世界竞争力指数(World Competitiveness Index,WCI)来衡量某一国家的竞争力。该指数由四大要素构成,它们分别是用于评估国民经济宏观表现的"经济绩效"(Economic performance),用于评估政府政策是否有益于提高竞争力的"政府效率"(Government efficiency),用于评估激励企业创新、盈利和承担社会责任的"企业效率"(Business efficiency),以及用于评估硬件设施、科学技术和人力资源满足企业需要程度的"基础设施"(Infrastructure)。四大要素下设 20 项次级要素和 323 项具体指标(见表 5 - 2)。

表 5-2　IMD 的指标体系

四大关键要素	20 项次级要素
经济绩效	1. 国内经济（Domestic economy）2. 国际贸易（International trade）3. 国际投资（International investment）4. 就业（Employment）5. 物价（Prices）
政府效率	6. 公共融资（Public finance）7. 财政政策（Fiscal policy）8. 制度框架（Institutional framework）9. 商业立法（Business legislation）10. 社会框架（Societal framework）
企业效率	11. 生产率（Productivity）12. 劳动力市场（Labor market）13. 融资（Finance）14. 管理实践（Management practices）15. 态度与价值（Attitudes and values）
基础设施	16. 基本设施（Basic infrastructure）17. 技术性基础设施（Technological infrastructure）18. 科学基础设施（Scientific infrastructure）19. 健康与环境（Health and environment）20. 教育（Education）

出处：The World Competitiveness Yearbook 2010

WEF 每年会通过向参评国家或地区发放问卷获得调查数据,他们称其为"执行者意见调查"(Executive Opinion Survey)。WEF 的指标中约有七成属于这类软数据,其他三成则来自各类统计资料(硬指标)。从第五支柱"高等教育与培训"中的指标类型即可清楚地看出这一特点(见表 5-3)。

表 5-3　"高等教育与培训"下设指标情况

一级指标	二级指标	指标类型
教育的数量	中等教育毛升学率	硬指标
	高等教育毛升学率	硬指标
教育的质量	教育系统的质量	软指标
	数学和科学教育的质量	软指标
	管理学院的质量和学校的网络普及率	软指标
在职培训	专业研究和培训服务的地方可利用率	软指标
	员工培训的广度	软指标

和 WEF 不同,IMD 的指标体系恰恰十分重视硬指标,有将近 2/3 的数据来源于各国政府、国际机构的统计资料。在此基础上,结合每年度的问卷调查所获得的"软数据"进行综合分析。表 5-4 列举了在 IMD 的次级要素"教育"下所设的 17 项指标中和高等教育相关的若干指标。在 IMD 看来,重视硬数据可以提高结果的可靠性。

不过,"硬指标是显性的,它只代表过去和现在,软指标是内在的东西,更具有前瞻性,个性化信息保留较多,对未来的把握远比硬指标好"。[①] 两种指标各有长处。

表 5 - 4 "教育"下设指标情况

	指标名称	解释
硬指标	高等教育成就(Higher education achievement)	25—34 岁大专以上教育程度占该年龄人口百分比
	外籍学生数(student mobility inbound)	千名国内居民中外籍大学生的数量
	出国学生数(Student mobility outbound)	千名国内居民中赴海外留学人数
	英语能力(English proficiency)	TOEFL 考试成绩
软指标	大学教育(University education)	大学教育在经济竞争中的需求度
	管理教育(Management education)	管理教育在经济竞争中的需求度
	知识传递(Knowledge transfer)	专业知识是否符合雇主需求

韩国首尔大学赵东成教授在"2010 年《城市竞争力蓝皮书》发布暨中国城市竞争力研讨会"(2010 年 4 月 26 日)上对上述两家机构的评估模式做了点评。"IMD虽然对问卷的依赖度比较低,客观性比较强,但由于没有区分原因和结果,造成指标的信赖度下降。""WEF 最大的优点在于研究的国家数量众多,有 133 个国家。国家数量众多,虽然有长处,但是短处在于,很多国家的统计资料搜集起来比较困难,不得不过分地依赖问卷。另外,他们没有很长时间连贯性的固定模型,他们每年都在变换模型。"[②]

除了国家竞争力评估外,区域和城市竞争力评估近年来也为一些研究者们所热衷。显而易见的是,无论哪种竞争力评估,无一例外地都把高等教育作为人才资源的要素。当然,竞争力评估的特点在于分解概念,找出令人信服的构成概念的各种要素来构成评估体系。但是,从竞争力评估的例子中可以看出,无论是国家竞争力还是城市竞争力的排名,都会因为各评估机构使用不同指标而得出不同的结果。

---

① 甄蓁:《中国实力究竟如何》,载《北京青年报》2000 年 9 月 18 日,http://www.people.com.cn/GB/channel7/35/20000918/237658.html.

② 赵东成:2010 年《城市竞争力蓝皮书》发布会实录,http://www.china.com.cn/zhibo/2010 - 04/26/content_19854757.htm,2010 - 11 - 20.

国际上尚无一个成熟的并被广泛接受的衡量竞争力的方法及其指标体系。这也是评估中普遍存在的问题。

高等教育虽然被视为是一种重要的竞争力因素,但是,在竞争力评估体系中,它是嵌入式的,所采用的指标大多较为宏观,并不能很好地反映一国或一地区高等教育的全貌。

第二节 对高等教育发展的整体性评估

着眼于提高国家综合实力,对高等教育发展进行整体性评估,以确定发展思路,提出政策举措,已经成为一些国家的政治实践。在英国,这一方式已经成为常态,而实际上它起于 20 世纪 60 年代。当时,西方主要发达国家高等教育大众化进程加速,唯有英国行动迟缓。1961 年 2 月,英国首相委任经济学家罗宾斯勋爵(Lionel Robbins)组成高等教育委员会,对英国高等教育的前景进行发展规划。该委员会考察了法国、联邦德国、荷兰、瑞典、瑞士、美国和苏联等国高等教育,对英国的高等教育机构进行了详细的调查和分析,于 1963 年发表了 335 页和 2 000 页附页的《罗宾斯报告》。报告对英国高等教育发展的基本评估是,虽然战后也有比较大的发展,但同其他发达国家相比是落后的,不能满足第三次工业革命对人力资源的要求,不能满足日益增长的社会对接受高等教育机会的需求,因此,必须更新高等教育发展的理念、目标和原则,为人们提供在社会生活竞争中需要的技术和才能服务,国家办学的方针首先是使那些有能力有条件有愿望接受高等教育的人获得接受高等教育的机会。《罗宾斯报告》主张将高等教育作为"经济资源和经济投资"加速发展,对 20 世纪 60 年代至 80 年代中期英国高等教育发展作了预测和规划,提出将高等教育入学率从 8% 提高到 17%。《罗宾斯报告》还提出了 178 条具体的政策建议,政府在 1963 年 10 月 24 日采纳了报告的主要结论,开始推行高等教育系统的改革。"此后三十余年间,英国高等教育从办学方针、制度设计、发展策略,到经费投入机制、管理运行机制以及大学的设置、规模、监控、评价等各个方面均发生了深刻的变革。可以认为,《罗宾斯报告》是英国高等教育从传统模式走向现代模式、从精英型走向大众型的转轨宣言书。"[1]

20 世纪末,英国政府为了制定面向 21 世纪的高等教育发展战略,成立以迪尔英爵士(Sir Dearing)为主席的英国高等教育调查委员会,全面评估《罗宾斯报告》以来高等教育政策和发展状况。这个委员会在经过 14 个月的调查之后,于 1997 年 7 月发表了长达 1 700 页的报告——《学习社会中的高等教育》(又称《迪尔英报告》),对世界高等教育发展的环境和英国高等教育的状况进行了全面的综合评估

---

[1] 刘晖:《从〈罗宾斯报告〉到〈迪尔英报告〉——英国高等教育的发展路径战略及其启示》,载《比较教育研究》2001 年第 2 期,第 24 页。

分析,进而就未来 20 年英国高等教育的发展提出了 93 项建议。报告从经济全球化、知识经济的发展的实际出发,提出了建构学习化社会,通过高等教育为国民提供终身学习社会保障的战略目标。这个报告被普遍认为是《罗宾斯报告》之后第一个全面回顾与反思英国高等教育并对未来发展作出战略构思的纲领性文件。①

除了上述纲领性的战略发展报告外,英国政府还通过不定期的政府白皮书或绿皮书的形式,评估高等教育政策的有效性,提出新的发展政策。这些文件往往都是政府通过组成一定的专门委员会实施调查后形成的。如 1966 年的《关于多科技术学院及其他学院的计划白皮书》、1972 年的《教育发展的框架白皮书》,1985 年的《90 年代高等教育的发展战略绿皮书》、1986 年的《1986—2000 年英国高等教育的发展要求报告》、1987 年的《挑战的高等教育白皮书》、1991 年的《高等教育一种新的构架白皮书》,等等。以政府白皮书、绿皮书的形式颁布,这些战略性的高等教育政策评估报告便具有了权威性和法规性,更较好地发挥指导高等教育改革实践的作用。

高等教育系统的整体性评估作为一种政策工具,在越来越多的国家得到应用。其实,不仅政府采用这种方式来评估高等教育,一些国际组织和国家内的非政府组织也在采用这种方式进行整体的高等教育发展评估。联合国教育、科学及文化组织(United Nations Educational, Scientific and Cultural Organization , UNESCO) 从1991 年起,每两年发表一次《世界教育报告》(World Education Report),2003 年起发布年度的《全球教育要览》(Global Education Digest),2002 年还开始每年发布不同主题的《全民教育全球监测报告》(Education For All Global Monitoring Report)。这些报告内容虽然是综合评估各国教育整体的发展,但必然涉及高等教育。类似的还有经济合作与发展组织(Organization for Economic Cooperation and Development, OECD)每年公布的《教育概览:经合组织教育指标》(Education at a Glance : OECD Indicators)。当然,国际组织一些专题报告与高等教育关系更为密切。如世界银行(World Bank,WBG) 1999 年发表的《发展的知识》(Knowledge for Development)、2007 年发表的《知识促进发展:指标评测与全球战略》(Building Knowledge Economy : Advanced Strategies for Development),联合国教科文组织本世纪开始的双年刊《世界科学报告》(World Science Report)、2010 年的《世界社会科学报告》(World Social Science Report)等,都可视为与高等教育紧密相关的重要评估报告。更有一些高等教育的专项报告,是在深入调查评估之后得出的,产生了重大影响。世界银行 1994 年发表的《高等教育:经验教训》(World Bank. Higher Education : The Lessons of Experience),2002 年发表的《构建知识社会:高等教育新挑战》(World Bank. Constructing Knowledge Societies : New Challenges for Tertiary Education)。特

---

① 刘晖:《从〈罗宾斯报告〉到〈迪尔英报告〉——英国高等教育的发展路径战略及其启示》,载《比较教育研究》2001 年第 2 期,第 26 页。

别值得一提的是世界银行与联合国教科文组织 2000 年共同发表的《发展中国家的高等教育:危机与出路》(Higher Education in Developing Countries:Peril and Promise),这个报告是 13 个国家的前教育部长、大学校长和教授等组成的专家组经过两年多的工作形成的,"报告主要分析了当今发展中国家高等教育面临的危机和特有的问题,并提出潜在的解决方法;同时,对发展中国家高等教育的未来进行了展望。专家组得出的结论是,高等教育是现代世界的'基础教育'。但今天,许多国家,特别是发展中国家的高等教育发展缓慢且愈加落后;没有更多和更好的高等教育,发展中国家就越来越难以从全球知识经济中获益"。①

一些国家的非政府组织,也运用报告形式对高等教育进行评估,提出政策建议。比如在美国,卡耐基教学促进基金会(The Carnegie Foundation for the Advancement Teaching,CFAT)的影响是尽人皆知的,它在 20 世纪 70 年代制定的卡耐基大学分类标准已经有过几次修订,不仅为美国所普遍接受,而且成为世界一些国家高等教育发展的参照。这实际也是一种评估,然而在这里要说的是它的高等教育评估报告,对美国高等教育的发展的促进作用是引领性的。如 1987 年发表的《美国大学教育》(College:The Undergraduate Experience in America,中文又译《美国大学教育——现状、经验、问题及对策》、《学院:美国本科生教育的经验》)。这个报告是 16 位观察员深入 29 所高等学校实地调查以及对 5 000 名大学教师 4 500 名大学本科生进行问卷调查,对高校 1 310 名学术主管人员、196 所中学的 1 187 名学生、232 个中学辅导员调查的基础上形成的,它就美国本科生教育的现状进行了全面的评估,指出美国本科教育存在八大问题,提出 14 点提高本科生教育质量的建议。这个历时三年研究的报告,对美国高等教育产生了十分积极的影响。卡耐基教学促进基金会所属的研究型大学本科生教育全国委员会(The Boyer Commission on Educating Undergraduates in the Research University,又称博耶本科教育委员会)在 1998 年发表的《重构大学本科教育:美国研究型大学的蓝图》(Reinventing Undergraduate Education:A Blueprint for America's Research Universities,简称《博耶报告》),也是一份具有深远影响的报告,它对当时美国研究型大学的基本评估是,"在美国高等教育体系中,研究型大学起着领导作用","但是,研究型大学在本科生教育上也有失败之处,而且有些方面继续失败","从总体上讲,大学并没有找到将本科生教育与它们最为推崇的研究活动结合起来的途径"。②《博耶报告》认为,研究型大学要在科研、研究生教育与本科教育关系的平衡上做出富有意义的转变,构建新的本科教育模式,并提出了改革研究型大学本科生教育的十条途径,报告吹

① 柯焦:《发展中国家的高等教育:危机和前景——联合国教科文组织和世界银行专家组报告简述》,载《人民日报海外版》2001 年 10 月 30 日第 10 版。

② 博耶研究型大学本科生教育委员会著,朱雪文译:《美国研究型大学发展蓝图》,载《全球教育展望》2001 年第 3 期,第 67—73 页。

响了美国研究型大学本科教育改革的号角。

卡耐基教学促进基金会在1967年曾成立一个全国性的组织专门研究高等教育问题，即"卡内基高等教育未来结构、功能和财政研究委员会"（Carnegie Commission to Study the Future Structure, Functions, and Financing of Higher Education），后简称"卡内基高等教育委员会"（Carnegie Commission of Higher Education），该组织由前加州大学校长克拉克·克尔（Clark Kerr）主持，所以又称"克尔委员会"（Kerr Commission）。该委员会在15年内产生了23项重要报告和专题研究，对美国大学的教育和政府关于教育的决策有重要影响。

在美国，非政府组织在教育公共管理中起着举足轻重的作用，而发表评估分析报告是这类组织较为普遍采用的实践样式。有分量的报告所产生的作用可能是报告研究者所始料未及的，如美国科学工程和公共政策委员会（Committee on Science, Engineering, and Public Palicy，简写为COSEPUP）于1995年发表的《重塑科学家与工程师的研究生教育》（Reshaping the graduate education of scientists and engineers）报告，对美国自然科学和工程类研究生教育的现状和发展环境进行了系统的评估和反思。"此后，美国高等教育界的许多领袖人物，如卡内基基金会（CFAT）现任主席李·舒尔曼（Lee Shulman）、全国研究生院理事会（CGS）主席拉皮杜斯（Jules LaPidus）、威尔逊全国奖学金基金会（WWNFF）主席威斯巴赫（Robert Weisbuch）、斯坦福大学名誉校长肯尼迪（Donald Kennedy）、美国教育理事会名誉主席阿特维尔（Robert Atwell）、美国学会联合会（ACLS）主席阿姆斯（John D'Arms），以及美国科学进步协会（AAAS）教育和人力资源部主任马尔康姆（Shirley Malcom）等，对更大范围的研究生教育提出了挑战。他们提出教育工作者的培养应该脱离传统的过于偏重学术训练的做法，改革研究生教育，使得研究生毕业后能够在学术职业之外的社会领域找到工作。这些呼声就是'重新规划PhD'研究课题得以提出并得到广泛支持和参与的大背景。"[①]

第三节　公共管理中的常规性评估

一、学校认证

认证制度起源于美国，其历史可以追溯到100年前，它是现代高等教育评估的原点。美国的各大学自发组成不同地区、不同专业的学术团体，制定标准，以维护自身的信誉。严格的认证程序、定期开展评估的做法对后世产生了重大的影响。

---

① 刘献君、张晓明、贾永堂：《发达国家杰出创新人才培养机制研究》，载《高等工程教育研究》2008年第1期，第72页。

第二次世界大战后,认证制度普及到了日本、韩国和中国等亚洲国家,只是在普及过程中并非一帆风顺。以日本为例,战后部分大学共同成立了效仿美国的"大学基准协会",该协会制定的大学基准成为当时判断大学最低水准的标准。不过,这一"特权"很快被政府收回,1956 年,日本文部省制定了自己的"大学设置基准","大学基准协会"的学术地位也因此一落千丈。

高等教育认证是一种以质量保证和改善为目的,以高等教育机构和专业(program)为对象,基于院校自我评估和同行评估的基础,由高等教育界同行实施的外部审查制度。它具有三项基本功能:

第一,质量保证。认证制度被看做是迎合学生和社会的要求,对大学和课程的质量进行保证的一种主要手段。通过认证,意味着该大学在教师、课程、学生服务和图书馆等方面达到了最低水准,也证明了大学的财务状况具有安定性。

第二,财政保证。通常,是否通过认证,是获得来自政府财力支持的必不可少的条件。以美国为例,学生为了获得联邦政府的援助金,其所属大学必须要通过认证机构的认证。而且,各州政府在拨款时,首先要审核该大学是否通过了认证。

第三,对社会的信誉保证。近年来,受到高等教育大众化的影响,学生的质量出现多样化趋势,此外,由于财政不足,更需要大学履行社会公众问责(Accountability)。

美国实施高等教育认证制度的历史已经超过了 100 年。众所周知,美国是一个典型的地方分权管理教育的国家。根据《联邦宪法》的规定,实施和管理教育事业的基本责任在于州政府,而非联邦政府。高等教育机构的设置申请权也在州政府。和其他国家相比,设置基准比较宽松,换而言之,获得大学设置的许可并不意味着该大学的水准也得到了保证。因此,需要有一定的机制来保障基本的教育水准,高等教育认证制度就是在这一背景下产生的。[①]

(一)美国认证的现状

1. 认证机构概况

美国高等教育认证主要是由八个地区性认证机构来实施的。同时,11 个全国性认证机构负责对少数特定的院校进行认证,如远程教育与培训认证委员会(Accrediting Commission of the Distance Education and Training Council,DETC)、圣经学院认证协会(Accrediting Association of Bible Colleges,AABC)等。一些特定的专业则由 61 个专业认证机构来负责,如美国国际商学院联合会(AACSB)、全美公共管理学院联合会(NASPAA)和全美教育学院认证系统(NCATE)等。

认证机构都是私立、非政府性的组织。八个地区性的机构是最主要的认证机构,承担了大部分的认证任务(见表 5 - 5)。在地区性认证机构中,规模最大的是中北部地区学校与学院协会。

① 李延成:《美国高等教育认证制度:一种高等教育管理与质量保证模式》,载《高等教育研究》1998 年第 6 期,第 94—98 页。

表 5 - 5　美国地区性认证机构一览

1	Middle States Association of Colleges and Schools(MSA),中部地区学院与学校协会
2	Northwest Association of Schools,Colleges and Universities(NWA),西北部学院与学校协会
3	North Central Association of Colleges and Schools(NCA),中北部地区学校与学院协会
4	New England Association of Schools and Colleges(NEASC – CIHE),新英格兰地区学校与学院协会,高等教育委员会
5	New England Association of Schools and Colleges(NEASC – CTCI),新英格兰地区学校与学院协会,技术与职业学院委员会
6	Southern Association of Colleges and Schools(SACS),南部地区学院与学校协会
7	Western Association of Schools and Colleges(WASC – ACCJC),西部地区学校与学院协会,社区与初级学院认证委员会
8	Western Association of Schools and Colleges(WASC – ACSCU),西部地区学校与学院协会,高级学院与大学认证委员会

上述认证机构必须获得联邦教育局(U. S. Department of Education,USDE)或者是美国高等教育认证协会(Council of Higher Education Accreditation, CHEA)的认可(Recognition)。图 5 - 1 显示了错综复杂环境中各种相关认证机构之间的关系。值得一提的是,联邦教育局的认证和美国高等教育认证协会的认证有很大的区别。前者是和交付联邦政府奖学金联系在一起的。也就是说,如果某大学没有获得联邦政教育局认可认证机构的认证的话,该大学的学生就无法获得联邦奖学金。因为,联邦政府的认证非常看重该大学是否在联邦政府的财政援助下具备了很高的水准。而 CHEA 更看重如何保证和改善高等院校及其课程的质量。获得了 CHEA 的认证也就意味着该机构或课程在高等教育界保持着传统的优势地位。①

2. 认证程序

认证程序包括五个环节。第一,由高等院校与认证机构共同制定认证标准;第二,高等院校先完成自评报告(self studies);第三,接受来校专家的评议(peer review);第四,由认证机构委员会进行评判(judgment);第五,接受再评估(periodic review)。认证活动是一种学校自愿的、非政府性活动;针对学校的认证周期为十年,针对专业的认证周期为 5 ~ 7 年;认证结果在网上以及通过正式出版物向公众公布。

---

① Eaton,J. S.. *An Overview of U. S.*.［R］Washington：Accreditation. Council for Higher Education Accreditation,2002.

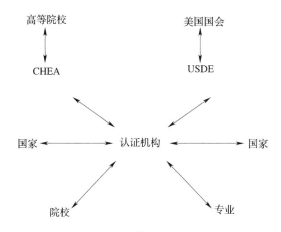

图 5-1　处在复杂环境中各种认证相关团体

资源来源：Eaton(2008)：Accreditation and Recognition in the United States

认证机构的评判结果大致分为三种：(1) 无条件通过认证；(2) 有条件通过认证；(3) 不予认证。其中的第(2)条又可以细分为四种情况：第一，通过认证，但是认证小组会带着评估中发现的问题再次考察该学校，要求学校提供相关资料；第二是延期，要求学校就认证机构所提出的一些问题提交补充报告，然后认证小组再次进行实地考察，在延期期间院校的认证资格依然有效；第三是警告，若发现学校所设科目或教学活动背离了既定的标准或政策，则会对该校发出警告，要求实施改正存在的问题或停止有关活动；第四是察看，如果学校在某些方面严重违反了有关标准和政策，或在受到警告后依然没有根据认证机构的要求进行改进，学校会被告知要在一定时期内接受察看，并定期汇报，同时还会组织特别考察。

如果没有获得认证，大学上一次认证所获得的认证资格就会被终止。该校需要重新进行一次认证，认证通过后才能获得失去的认证资格。[①]

（二）认证发展的新趋势

近年来，加强公众问责的呼声越来越高。人们对认证制度能否确保大学教育质量提出了疑问。传统的认证基准重视的是对教育的投入，教师数、设施设备、课程形态等都是审查的重点。但是，近年来，要求重新设定认证基准的呼声越来越高。[②] 而且，如果对投入制定严格的标准，有可能妨碍大学教育的多样性和创新发展。在这一背景下，重视教学成效产出的"学生学习成果评估"开始受到人们的关注。

①　李延成：《美国高等教育认证制度：一种高等教育管理与质量保证模式》，载《高等教育研究》1998 年第 6 期，第 94—98 页。

②　Volkwein,J. F.. Meeting Minimum Standards, Attaining Goals, and Improving：A Working Paper on Accreditation in American Higher Education[R]. 　University Park ：Center for the Study of Higher Education,Pennsylvania State University,2004.

"学生学习成果评估"的英文为"Student Learning Outcomes Assessment",指的是学生在接受大学教育后获得的知识(knowledge outcomes)、技能(skills outcomes)、态度和情感(attitudinal or affective outcomes)以及习得的能力(learned abilities)。[①] 它不是广义上的教学效果(instructional effectiveness),如为社会贡献的能力、社会生存的能力以及生涯学习的能力等,也不等同于在校生和毕业生的满意度。获得了良好的学习成果,能从某一侧面证明大学及其课程的有效性。因此,探讨"学生学习成果"成为各认证机构关注的热点。

1. CHEA 的观点

CHEA 的文件中使用了"证据"(evidence)这个单词,试图用它来证明学生的学习成果。它不同于传统的基于指标(indicator)的量化数据,"证据"可以是量化数据,也可以是质性资料。CHEA 认为,可以用来证明学习成果的"证据"必须具备以下三个条件:第一,对被证明事物来说是恰当的;第二,可由第三方进行验证;第三,可以代表大学及其课程的业绩。符合这三条的证据很多,根据其内容性质又可以分为直接证据(direct evidence)和间接证据(indirect evidence)。前者包括教师编制的各类试卷、布置的作业、各类资格考试、专家评估成绩等,后者包括学生成长档案、毕业生跟踪调查、雇主对毕业生的评估、毕业生自我评估等。

大学在收集和递交上述各类证据时,需要注意以下四点:(1)全面性(comprehensiveness):提供能够全面反映学生学习成果的证据;(2)多方判断(multiple judgment):需要提供多项互补的证据来反映学生的学习成果;(3)多面性(multiple dimensions):提供的证据要客观,经得起复查;(4)直接性(directness):重点收集和递交学生的学习成绩等直接证据,而不是有关学生学习成果的间接证据(毕业率、学生自我评估、学生的满意度、就职情况等)。

CHEA 同时指出,揭示真实的学习成果,从而达到改善的目的,是认证机构和大学的共同责任(mutual responsibility),双方要进行必要的分工和合作。作为认证机构,需要对如何定义、收集、解释和活用学习成果的证据做出明确的规定。作为高等教育机构,有责任对学生的学习成果做出明确的说明,并收集、整理和活用这些反映学习成果的证据。

2. 地区认证团体的观点

针对 CHEA 为学习成果设定的基本框架,各地区认证机构又分别制定了相应的规定。下文通过考察地区认证协会委员会理事会(Council of Regional Accredi-

---

① 黄海涛:《美国高等教育中的"学生学习成果评估":内涵与特征》,载《高等教育研究》2010 年第 7 期,第 97—104 页。

ting Commissions,C – RAC)2003 年公布的一份文件①来探讨地区认证团体的观点。该机构是一家对全美地区认证机构进行协调的组织。

C – RAC 的报告中指出,以前对高等教育机构的质量进行评估时,重点放在财务经营、图书馆藏书量、教师资格等固定、单纯的指标上。这些指标虽然能够反映该高等教育机构的能力(capacity),但是却不能完全揭示高等教育机构的有效性。毕竟,拥有足够的资源并不能保障学生的学习效果,需要将目光更多地投向学生的学习效果。但是,美国高等教育机构是一个多样性的系统,对每一个机构规定需要达到的学习效果是不恰当的。因此,认证机构应该避免对学习成果做出明确的界定,而是要去评估大学的使命和学习目标、课程的结构、学生的学习效果等因素之间是如何保持一种协调发展的关系的。此外,认证机构应该要求大学充分利用在自我评估报告中出现的有关学生学习的相关数据,对如何将这些数据活用到今后改善大学教育活动中去做出明确的规定。简而言之,各大学应该对是否实现了预先设定的使命和教育目的做出明确的解释。

基于上述基本思路,C – RAC 制定并公布了《地区认证与学生学习:良好实践的原则》,具体阐述了各认证机构应该如何行动,认证机构应该对高等教育机构抱有何种期待。报告中明确提示了可以作为学习成果证据的四种材料:

(1)能够提供和大学的培养目标相符合的学习成果的证据;

(2)能够提示和教学的有效性评估相关的校内过程(基于大学使命的学习目标的设定、学生正在实现这一目标的数据、这些数据被运用到了改善教学的过程中);

(3)教和学的有效的实践活动:学术挑战活动、和教师以及其他人员的交流等;

(4)大学的能力:自由的学术氛围、为了进行有效的教、学、评估的资源。

目前,中部地区学院与学校协会、中部地区学院与学校协会等机构积极投入到了制定评估学习成果基准的工作中。以中部地区学院与学校协会为例,该机构的认证标准②第 14 条为评估学生的学习(Assessment of Student Learning)。该条例规定,各高等教育机构必须对“到规定的某一时间点(比如毕业),学生是否具备符合学校培养目标的知识、技术和能力”做出说明。

教会学生学习是多数高等教育机构的基本使命,因此,对学生的学习进行评估是判断高等教育机构有效性的必要的组成部分。该机构的认证标准列举了评估学生学习的基本要素。

---

① Council of Regional Accrediting Commissions, Regional Accreditation and Student Learning: Principles for Good Practices[R], Council of Regional Accrediting Commissions, 2003.

② Middle State Commission on Higher Education. Characteristics of Excellence in Higher Education[R]. Philadelphia: MSCHE, 2009.

第一,在所有的层次(学校、学位项目、课程)均明确列出期望学生达到的学习成果,它们和高等教育机构的培养目标、学科的水平相一致。

第二,具有可证明的、有组织的、持久的评估和改善学生学习的过程。

第三,有足够和可信的证据显示学生正在取得学校和课程的关键性学习成果。

第四,有足够的证据标明学生的学习评估信息被共享和讨论,并被用于改善教和学。

第五,证明学生的学习评估信息已成为学校评估的一部分。

认证标准中同时还列举出了十条选择性的要素,如学校支持学生结果评估的举措,是否取得了学习成果的标准的透明性和合适性,评估学生学习的学校文化等。

可以预料,评估学生的学习成果将成为未来大学评估工作的重点。它将为各大学开展自我评估奠定基础。高等教育机构应该积极建立学生学习成果的评估机制,对大学考评也应该以是否改善了学习成效作为主要的绩效指标。

二、行政评估

与学校论证的社会自组织化方式不同,行政评估是政府主导、委托半官方专门机构实施的,也是较为普遍被采用的高等教育评估方式之一。在英国,这是一种较为典型的高等教育评估方式,它与大学自评、社会评估一道构成了多元的高等教育评估体系。其实,英国的行政评估也是逐步建立起来的。20世纪初,英国成立了大学拨款委员会(University Grants Committee,UGC),其职责是调查大学的经费需求,向政府提供财政拨款的咨询,这也就包含了对大学进行评估的因素在里边。1988年大学基金会(University Funding Council,UFC)取代大学拨款委员会,成为新的大学经费分配机构。大学基金会明确宣布,各个大学必须采取行动,以保证和提高其教育质量和标准,否则将削减给该大学的经费。1991年,按照高等教育新框架,多科技术学院升格为大学,大学基金会与学院基金会(Polytechnics and Colleges Funding Council,PCFC),合并为高等教育基金会(Higher Education Funding Council,HEFC)统管英国所有高等学校的质量和经费。1992年的《继续及高等教育法案》(The Further and Higher Education Act)规定,高等教育基金会要确保高等教育评估的质量,于是,在高等教育基金会下设质量评估委员会(Quality Assessment Committee,QAC),其主要职能就是,评估高等教育机构的质量,提出经费拨款的建议。同时,政府取消了督学团、全国学位授予委员会、学术审计组等多种高等教育评估和监督机构,建立了高等教育质量委员会(Higher Education Quality Committee,HEQC),以加强质量监督。这样就形成了两种评估系统,QAC从学术角度实施学科评估,HEQC实施院校质量审查。由于两种评估体系着眼点不同,标准不一,方法各异,高校难以适从,而且成本很高。1997 年,两评估体系合二为一,成立了高等教育质量保障局(The Quality Assurance Agency for Higher Education,QAA)。其主要职责是:制定高等教育的质量标准,并通过实施评估,保证高等教育的质量,为社会提供相关信息,维护公众利益,为公共政策制定提供支持。

目前,英国政府实施的高等教育评估主要有三种:

(一) 年度绩效报告

年度绩效报告实际上是延续了 20 世纪 80 年代的做法。1979 年英国保守党政府上台,首相撒切尔夫人厉行公共管理改革,一方面要求大学提高效率,一方面削减给大学的拨款。1984 年,大学校长委员会(Committee of Vice Chancellors and Principals)组成了以伯明翰大学校长亚历克斯·贾勒特(Alex Jarratt)为首的 11 人委员会,研究提高大学办学效率问题。经过一年调查研究后提交的报告(《贾勒特报告》),提出制定一套计量投入和产出的绩效指标,以开展校际比较,促进大学提高效率。《贾勒特报告》还具体设计了包括内部绩效、外部绩效、操作绩效三方面 20 项指标的体系框架。报告的基本观点得到了英国政府的肯定,但其目的性和可行性都引起了很大的争议。1985 年,大学校长委员会和大学拨款委员会成立了一个工作组,对大学绩效指标作进一步的研究。在经过了两年多的研究和征求意见后,于 1987 年正式推出了年度绩效报告《大学管理统计与绩效指标》(University Statistical Management and Performance Indicators)。当时的报告主要是在大学部门开展的,1997 年高等教育基金委员会开始接管发布年度绩效报告的工作,一直持续到 2003 年,绩效报告的应用范围也扩展到整个高等教育部门。2003 年以后,高等教育统计局(Higher Education Statistics Agency,HESA)成为这一工作的主管机构,使其得到持续的实施。年度绩效报告将高校的运行信息置于公众的视野之下,使得高校不得不认真对待学校管理的改善,同时又为政府决策和财政拨款提供了依据。

从 1987 年首次推出年度绩效报告到后来 1999 年新指标体系的(表 5—6)提出,年度绩效报告的内涵实际上已经发生了很大的变化。1987 年的 39 项绩效指标"从高校管理的角度出发,更多地关注资源投入和使用过程,而在产出方面,尤其是在科研及教学的长期影响方面还没有找到有效的测量方法,因此与产出有关的指标只设定了一项"。[①] 1988 年又增加了有关毕业与入学方面的 15 项指标,指标总数达到 54 项。这套绩效指标沿用了十年,直到 1999 年出台新的绩效指标体系。与 1988 年的指标体系相比,新指标体系主要围绕弱势群体入学、学生辍学与复学、学业成果与学习效率以及科学成果几方面展开。

---

① 阚阅:《当代英国高等教育绩效评估研究》,高等教育出版社 2010 年版,第 119 页。

表 5 – 6　英国 1999 年后实际运用中的绩效指标体系①

序号	绩效指标
T1	弱势群体入学指标(全日制青年高等教育入学情况)
T2	弱势群体入学指标(全日制成人和所有非全日制学生入学情况)
T3	入学后第一年的辍学率
T4	辍学后的复读率
T5	预期的学业成果和学习效率
T6	模块课程完成率
T7	获得残疾补助金的学生入学情况
E1	毕业生就业指标
R1	科研成果(经成本中心加权统计后的年度科研投入与产出,包括培养的博士数、获得的科研经费和合同等)

资料来源:HEFCE. *Performance Indicators in Higher Education*. http://www. hefce. ac. uk/Learning/Perf – Ind/. 2008 – 02 – 26.

年度绩效报告由英格兰高等教育基金会发布,主要通过表格的方式公布各大学所有指标的数据。虽然人们对这种方式不乏微词,担心高校屈从政府的压力而失去自主性,以及绩效指标和信息误导高校的行为,但是,政府坚持以这种方式来监督和调控高等教育。

(二) QAA 的质量评估

20 世纪 80 年代末,英国大学校长委员会设立机构实施学术审计(academic audit),对大学教学质量进行评估。后来的高等教育基金会依据《1992 年继续和高等教育法》,由所属的质量评估委员会实施过七轮大规模的教学质量评估。1997 年,英国设立高等教育质量保障局(The Quality Assurance Agency for Higher Education, QAA)后,由该机构统一实施教学质量评估。

2002 年以前,QAA 逐步将过去各类机构实施的各种教学质量评估进行了整合。2002 年之后,QAA 采用了新的评估方案,开始实施"院校审核"(Institutional Audit)。与以往的教学质量评估不同,院校审核并不直接去评估高等院校的教育质量,而是评估高校质量保障制度是否健全与落实、内部质量保证机制是否有效。它的基本理念是,高等教育质量保证的根本在于调动高等院校的内在积极性,要通过评估使之明确自身的责任,自觉而有效地实行质量保障制度规范,确保教育质量达到应有的标准。

---

① 阙阅:《当代英国高等教育绩效评估研究》,高等教育出版社 2010 年版,第 126—127 页。

院校审核主要涉及三个方面:第一,考查规范的教育质量标准、制度是否建立并得到贯彻,评估院校内部质量保障体系及其机制的有效性;第二,确认院校有关教学质量的信息是否准确、完整和可靠;第三,确认院校内部评估过程是否具有合法性。审核组通常由 4~7 人组成,审核过程大致分为三个阶段。第一阶段为审核准备,在审核开始前的半年中,要从 QAA 信息处取得受审核院校有关教育质量的各类材料和信息,会见院校代表和学生,听取他们对 QAA 提供的材料与信息的意见,指导院校准备相关材料和学生书面陈述。第二阶段为审核调查,主要包括简要调查(The Briefing Visit)和审核调查(The Audit Visit)。前者是审核小组与受审核院校就审核内容、计划进行沟通,达成共识。后者是按确定的计划进行深入的考察和调查,了解实际的状况,形成初步的判断。第三阶段为发布审核报告及其后续活动,报告正式发布前,审核小组要听取受审核院校领导对报告草稿的意见,审核报告的综述和结论面向社会公布,详细的附录则提供给院校,以有益于他们改进工作。向社会公开的评估结论分为三种:"有信心"(broadconfidenee)、"信心有限"(limitedeonfidenee)、"无信心"(noconfidence),附录对院校提出发展建议也分为三种:"必要的"建议(essential)、"参考的"的建议(advisable)和"希望的"建议(desirable)等。如果评估结论是"信心有限"或者"无信心",院校就必须提出改进意见并付诸行动,并得到 QAA 的认可,审核才算真正结束。QAA 还有一类合作办学审核(Collaborative Provision Audit),实际是院校审核的延伸,主要针对那些通过与有学位授予权大学合作来办学的机构,审核它们合作办学质量以及有学位授予权大学对其合作机构进行管理的有效性,内容与院校审核大同小异。

2003 年至 2005 年间,英国的高等教育机构都接受了一次院校审核。从 2006 年开始,院校审核每六年一轮。英格兰高等教育基金委员会提出《2009—2010 年高校发展战略规划》的绩效目标之一,便是至少 95% 的高等教育机构要获得 QAA 的 2009—2010 年度院校质量审核的信心判断(judgements of confidence)。

2006 年,QAA 发布了《2006—2011 年战略规划》,提出了五大战略主题和九大战略目标。五大主题是:"捍卫标准(safeguarding standards)、支持和提高质量(supporting and enhancing quality)、提供专家鉴定(offering expertise)、理顺规制(rationalizing regulation)和全世界范围内发展(working worldwide)"。这五大主题的要旨就是,努力实现在整个英国采用相同的评估标准,与更多的高等教育研究会紧密合作,给更多客户提供建议和咨询服务,确保工作质量和效率的机制,达到欧洲高等教育质量保证协会(ENQA)的现行标准,为英国高等教育的进一步国际化提供更加有力的支持。九大战略目标则是战略主题的具体化:"第一,在英国高等教育质量和评价方面继续得到公众的信任及支持;第二,对英国不同地区的质量标准和外部质量保证框架及时作出调整;第三,支持院校加强有关质量和标准的管理;第四,更好地理解欧洲其他地区高等院校的标准;第五,理顺'有规制重担'(regulation burden)的大学和高等院校的工作;第六,出版内容更丰富的信息资料以支持院校的发展;第七,全面加强与高等教育股东的联系;第八,出版各种不同的评估报告以满足学生、雇主和公众的需求;第九,使客户和服务领域多样化。"①

(三)科研水平评估(RAE)

科研水平评估(Research Assessment Exercise)是英国高等教育质量外部保证机制中的一个重要组成部分,由英国高等教育基金委员会(HEFC)联合所有拨款机构实施,其主要目的是为政府分配大学科研拨款提供依据。

早在1984年,英国政府就明确提出了要按照科研绩效来进行资源配置。大学拨款委员会在《20世纪90年代高等教育的发展》报告中表示:"我们的目的是在大学科研经费的分配上采取一种更具选择性的方法,以确保所投入的科研资源取得最佳的效益。"②1986年,首次实施了"科研选择性评估"(Research Selectivity Exercise)。1989年大学基金委员会(UFC)取代大学拨款委员会后开展了第二次科研选择性评估。《1992年继续和高等教育法》颁布之后,评估名称改成"科研水平评估"并一直沿用下来。1992年的评估不仅名称有变化,而且内涵上也有新意。主要是努力克服过于关注科研收入与支出、质量标准不明确、学科无区别、无上诉机制等弊病,在评估对象选择、学科差别对待、科研信息搜集、等级区分等方面都有所改进。1992年之后,RAE每4~5年进行一次,每次评估都会对评估方案进行改进。2001年以后的评估办法更加注重学科的类型和跨学科问题,增强了评估的透明度。

后来,RAE由英国政府的创新、大学与技能部(Department for Innovation, Universities and Skills, DIUS)负责,英格兰高等教育基金委员会(HEFCE)牵头,联合苏格兰高等教育基金委员会(SHEFC)、威尔士高等教育基金委员会(HEFCW)和北爱尔兰就业与学习部(DEL)共同实施。评估的目的实际上也有所变化,已经不限于为科研拨款提供依据,还被赋予了更广泛的目的,包括:"通过提供经费(包括科研基础设施)来维护和发展英国高校的科研能力;激励高校取得更高水平的科研质量;确保把有限的科研经费分配到那些具有最佳科研质量的高校和学科领域;维护国家研究型大学的国际竞争力;激励并帮助开展高质量的科研培训。"③

RAE评估的一个重要特点就是依靠同行专家评估,其主要步骤包括:

1.确定评估单元。RAE把学科分成15个领域,下设若干个小领域,这些小领域是协商的结果,目的就在于能够及时反映学科的发展与变化。2001年分成了68个小领域,这些小领域就构成评估单元(Units of Assessment)。

2.组建评估专家组。除个别例外,通常每个评估单元组成一个专家组,专家组组长在上一次RAE的专家中遴选,由HEFCE、SHEFC、HEFCW、DEL共同任命。

① 李晓娟:《英国高等教育质量保证署2006—2011年战略主题》,载《世界教育信息》2006年第8期,第9—12页。

② 阙阅:《当代英国高等教育绩效评估研究》,高等教育出版社2010年版,第133—134页。

③ 阙阅:《当代英国高等教育绩效评估研究》,高等教育出版社2010年版,第137页。

专家则由各研究协会、学术团体、专业机构及工商界提名,高等教育基金会与专家组组长协商决定。每个专家组有9~18名专家,有一半的专家组还会设立子专家组(sub-panel)来更广泛听取意见。专家组还被要求与国外同行联系,以保证评估以国际水准为参照。

3. 提交评估材料。这些材料包括教师信息、科研成果等定量和定性信息。RAE并不要求大学所有学科领域和所有的科研人员参加评估,哪些学科、哪些科研人员参加由高校自己决定。

4. 专家组评审。评估组依据高校提交的材料进行专业判断,形成对该评估单元科研活动总体质量的意见。评估的结果分等,1986年最初分为优秀、良好、一般和较差四个等级,以后不断修订和调整。2008年的评估根据科研成果质量的原创性、重要性和精确性程度分为五级,最高的第四级要求达到世界领先水平,第三级要求达到国际先进水平,第二级要求达到国际水平,第一级要求达到国内水平,最低的为"无等级",即其科研成果的质量尚未达到国内水平或科研成果不符合本评估中对科研的定义。

5. 公布评估结果。RAE评估结果向社会公开,除了公布等级情况外,通常还要公布每一个评估单元的报告。出于保密原因,评估的反馈意见会单独寄还给每一所高校。高等教育基金委员会根据评估结果分配次年的高校科研经费,获得最高等级的系科不但会得到最高额的科研拨款,还可能得到一笔额外的追加拨款。

第四节　社团性行业性评估

在宏观层面上,以行业为范围的高等教育评估活动,近几十年来趋于活跃。尤其在医学与工程领域,行业执业标准的建立与专业高等教育质量评估活动紧密联系在一起,形成了独特的样式。

一、医学教育领域

20世纪80年代以后,全世界医学院校快速增加,到90年代末,医学院校总数已经由1955年的646所增加到1 700余所。全世界医生总数也从1955年的123.6万增加到600余万。这其中有35%~40%的增量是发展中国家产生的,但它们许多院校并不具备基本的办学条件,医学教育质量堪忧。随着经济全球化的发展和专业人员国际间流动的迅速增加,客观上对医学人力的培训提出了新的需求。为了在全球范围内对医学院校的办学水平作出评估,就有必要建立一种各国普遍接受的国际标准去规范办学行为。自1998年以来,世界卫生组织(World Health Organization,WHO)和世界医学教育联合会(World Federation of Medical Education ,WFME)就致力于开发医学教育的国际标准,包括基础医学教育、毕业后医学教育和继续医学教育。

（一）本科生层面的医学教育国际标准

它包括医学教育联合会（WFME）制定的《基础医学教育国际标准》（International Standards in Basic Medical Education）和国际医学教育组织（Institute for International Medical Education，IIME）制定的《医学教育全球最低基本要求》（Global Minimum Essential Requirement）。

《基础医学教育国际标准》由九个领域共 38 项内容组成，是医学院校应当达到的最低标准，它被用于评估一般医学院校的教育质量。在它的基础上再选出 36 项形成《提高基础医学教育质量的国际准则》（WFME International Guidelines for Quality Improvement in Basic Medical Education），则用于评估优秀医学院校的教育质量。

《医学教育全球最低基本要求》主要用于对接受美国中华医学基金会（CMB）资助的医学院校使用，它从七个领域界定了医科毕业生必须具备的知识、技能和态度。

（二）毕业后医学教育标准

世界医学教育联合会（WFME）的《毕业后医学教育标准》由九个领域共 31 项组成，每项标准与本科生医学教育国际标准一样，均被分成基本标准和质量发展标准两个层次来表述，以便不同的培训机构根据自身的条件选用。

（三）继续医学教育标准

世界医学教育联合会（WFME）的《继续医学教育标准》的基本结构与《毕业后医学教育标准》基本相同，它由九个领域共 34 项标准所组成，目的是为了规范继续医学教育。①

随着标准的建立，高等医学教育认证制度也逐渐建立起来，成为高等医学教育机构和课程质量保证的基础。全世界有 70 多个国家采用了以校外评议为基础的认证制度，虽然这些认证制度形态各异，但是发挥的作用都是有益的。

WFME/WHO 对认证提出了指导性意见，确定了若干基本成分（表 5 – 7）。

表 5 – 7　合适认证的基本成分

1	当局的授权
2	独立于政府和主办者
3	透明度
4	认证前制定的一般标准和特定标准
5	外部评议的利用
6	采用自我评价和现场考察相结合的程序
7	当局的决定
8	认证报告和决定的公布

---

① 梅人朗：《医学教育国际标准的开发和使用》，载《复旦教育论坛》2003 年第 1 期，第 79—81 页。

在 WHO/WFME 战略合作伙伴关系内部,系统地描述了促进认证的框架(表5-8),其基本内容是定义 WFME 顾问人员的功能,编写 WFME 顾问人员工作手册。

表 5-8　WFME 认证促进的基本成分[①]

1	国家对 WFME 本科生医学教育全球标准的具体说明
2	协助教育机构进行自我评价
3	通过机构自评报告中的 WFME 顾问进行外部评议
4	WFME 的外部评议组对医学院进行现场考察
5	系统评述最后的评估报告
6	认证组织和认证委员会以及认证程序的构建

二、工程教育领域

随着工业化的发展,对工程技术人才的需求不断增长,工程教育作为培养工程技术人才的专门教育日益发展,高等工程教育也成为现代高等教育一个专门的领域。工业化既孵化、促进了工程教育,又受到工程教育对它的促进。工程教育质量直接关系到工业化的进程,对国家工业竞争力影响极大,所以,发达国家在早期工业化时期就注重工程教育的标准与质量,工程教育的评估活动也较为活跃,在这当中,行业组织起了重要的作用。以工业革命的诞生地英国为例,有百年历史的行业组织并不鲜见,如英国土木工程师协会(Institution of Civil Engineers,ICE)、造船工程师学会(Institution of Naval Architects,INA)、英国机械工程师学会(Institute of Mechanical Engineers,IME)、英国工程技术学会(The Institution of Engineering and Technology,IET,其前身是创立于 1871 年的英国电气工程师学会)、英国标准学会(British Standards Institution,BSI),等等。

20 世纪 60 年代以来,由于科学技术迅速发展,工程专业内容不断更新,工程教育改革也在持续推进。为了适应时代变化的要求,英国于 1981 年成立英国工程委员会(Engineering Council UK,ECUK),以协调 40 多个工程学会的活动,对合乎条件的工程学会授予许可证,让这些学会来维护和促进相关的认证标准。这个皇家特许非政府机构的使命,就是为工程师、工艺师和技术员确定并保持专业能力和职业道德的国际公认标准。ECUK 还有 210 个工业界会员,它们都是工程师的雇主单位,这样很便利各学会与工业界沟通。

ECUK 确定了英国工程专业能力标准(United Kingdom Standard for Professional Engineering Competence,UK-SPEC),并于 2004 年 5 月提出了高等教育专业鉴定

① ［丹麦］Hans Karle 著,梅人朗编译:《本科生医学教育课程的国际认证》,载《复旦教育论坛》2008 年第 2 期,第 90 页。

（The Accreditation of Higher Education Programmes）目录,其中最核心的是"工程专业鉴定产出标准"。这个标准由两类不同的学习产出组成,一类是一般性质的,适用于所有的专业,另一类是更为专门的,一般学习产出或多或少被具体化为不同的工程学习产出,两类产出互相关联。一般学习产出包括:知识和思维能力、智力能力、实践技能、一般通用技能。工程方面的专门学习产出包括:由相关工程学会确定的自然科学和数学基础以及相伴的工程学科内容、工程分析、设计、经济、社会和环境背景、工程实践。① 这个标准反映了现代工程教育质量观,以学生的学习产出（learning outcomes）为最直接的质量准则（criteria）,体现了从科学定位到顾客定位的价值转向。

在经济全球化、高等教育国际化的浪潮中,高等工程教育的评估活动也开始向国际延伸,工程学位教育和工程师资格的国际互认成为一国工程教育走向世界的必由之路。适应这种需要,一些国家的行业组织开始联合,共同展开工程教育的评估和互认。从 20 世纪 80 年代以来,已经形成了六大国际协议:《华盛顿协议》（WA,1989）、《悉尼协议》（SA,2001）、《都林林协议》（DA,2002）;《亚太工程师计划》（APEC Engineer,1999）、《工程师流动论坛协议》（Engineer MF,2001）、《工程技术员流动论坛协议》（Technologist MF,2003 ）。前三者是在学历层次上的协议,分别针对工程师、技师、工程技术员的培养计划,后三者是在专业资格互认上的协议,用于工程和技术人员流动时的资格认可,构成了国际工程教育中相对完整的互认体系。后来,为便于交流沟通协商,六大协议联合组建"国际工程联盟"（International Engineering Alliance ,IEA）,两年一次共同举办国际工程大会。②

在六大协议中,《华盛顿协议》（Washington Accord）是最具影响力的。它形成于 1989 年,当时,美国、加拿大、英国、爱尔兰、澳大利亚和新西兰六个国家的工程专业团体,经政府授权在美国华盛顿签订了高等工程教育学历互认协议。缔约方每两年召开一次大会,对协议的部分条款进行修改,同时批准和审议接纳新成员事宜。到 2009 年,《华盛顿协议》的签字国已经达到 13 个。《华盛顿协议》基本要义是构建一种在世界范围内的高等工程教育认证框架,使得各缔约方所认证的工程专业培养方案具有实质等效性,能够相互认可。按照《华盛顿协议》的要求,各缔约方要制定符合本国或本地区现实特点的认证标准和程序,在通过审查之后,对本国或本地区的本科工程专业培养方案进行认证,并实施六年一次的检查。不仅如此,各缔约方在认证中还要将协议的标准落实到每个教育机构的每一个工程学位培养方案,以保证每个毕业生具备良好的专业和个人素质,达到职业工程师的从业标准,从而构成了"世界——国家——地区——学校/院系——培养方案——学

---

① 毕家驹:《2007 年英国工程专业能力标准》,载《高教发展与评估》2007 年第 1 期,第 110—116 页。

② 孔寒冰、邱秧琼:《工程师资历框架与能力标准探索》,载《高等工程教育研究》2010 年第 6 期,第 9—19 页。

生"的关系网络,形成一个保证培养质量的封闭系统,也造就出一个职业工程师流动基础的开放环境。[①]

《华盛顿协议》有几个鲜明的特点:第一,以质量为核心。希望通过认证,使各教育机构和工程院系进一步明确工程教育专业的标准和基本要求,建立完整的质量保障体系。第二,以成果为导向。即将学生表现作为教学成果的评估依据,并以促进专业持续改进作为认证的最终目标。第三,调动"利益相关者"的积极性。在宏观层面上要求认证机构与工业界密切联系,调动全社会的积极性来支持高水平工程人才培养。在微观层面上,要求调动各种力量和资源来保证培养方案的实施。第四,连接教育与就业。各国的认证体系都制定了相关标准,要求高等工程教育肩负起向就业过渡的责任,鼓励各培养机构以最好的方式为毕业生的从业奠定学术基础。[②]

第五节 舆论性满意度评估

在商业领域中,顾客是否满意是衡量质量的重要标准。在高等教育领域,随着大众化、普及化的推进,学生就是"顾客"的观念现在也渐为人们所接受,对学生的满意度进行调查和评估,开始成为一种宏观高等教育评估的重要样式。其直接诱因是二十世纪七八十年代世界性的经济萧条,危机给迅速扩张的高等教育以极大冲击,一方面是高等教育受教育人口的大量增加,一方面是教育公共财政紧缩,于是乎教育个人投资论、"学生消费者主义"流行。既然是投资,那就得遵循市场的原则,学生购买了高等教育服务,大学就应当以学生为中心,让学生满意。所以,学生满意度调查应运而生,成为社会的一种工具,用来衡量高等教育的质量。

澳大利亚是较早开展学生满意度调查的国家之一,1989 年,澳大利亚高校毕业生就业委员会(Graduate Careers Council of Australia,GCCA)开始实施毕业生"课程学习经历问卷调查"(Course Experience Questionnaire,CEQ),以推动大学教学改善。最初调查由五项指标体系和一个提问项目构成,它包括:优质教育指标(good teaching scale)、教学目标与水准明确化指标(clear goals and standards scale)、考核合理化指标(appropriate assessment scale)、学习量合理化指标(appropriate workload scale)、一般技能考核指标(generic skills scale)以及整体满意度指标(overall satisfaction Item)。之后经过多次修改,2002 年以后,CEQ 调查中增加了学生学习支援、学习资源、学习共同体、毕业生质量和学习动机五项指标体系。[③] 这项调查后

---

① 王孙禺、雷环:《〈华盛顿协议〉影响下的各国高等工程教育》,载《中国高等教育》2007 年第 17 期,第61—63 页。

② 王孙禺、雷环:《〈华盛顿协议〉影响下的各国高等工程教育》,载《中国高等教育》2007 年第 17 期,第61—63 页。

③ 鲍威:《学生眼中的高等院校教学质量——高校学生教学评估的分析》,载《北大教育经济研究(电子季刊)》2007 年第 2 期,第 4 页。

来成为澳大利亚大学质量评估署(Australian Universities Quality Agency, AUQA)实施外部考评的一个部分。

美国是开展学生满意度调查最为活跃的国家,开展大学生满意度调查的民间机构有多家,调查的种类也具多样性。其中最有名的是诺尔－利维滋(Noel－Levitz)公司和印第安纳大学中学后教育研究中心(Center for Postsecondary Research)。前者从1994年开始的全国学生满意度调查(National Student Satisfaction Study),后者从1999年开始的全国学生参与度调查(the National Survey of Student Engagement, NSSE)。

诺尔－利维滋公司的全国学生满意度调查规模最大,2010年有1 095所高等学校的74.5万名学生接受了调查。调查充分考虑到不同类型高等教育机构的差异性,《学生满意度量表》(Student Satisfaction Inventory)设计有多种版本,以使高校能够"对号入座",找到适合的类分,避免用一种尺度来评估所有高等学校。量表由涵盖大学生院校经历的70多个项目构成,归类为13个方面,包括学术咨询效果、学术服务、校园气氛、校园生活、校园支持服务、对个体的关心、教育效果、招生和经济援助效果、注册有效性、对学生多元化的反应、安全与保卫、服务卓越性、以学生为中心。公司根据调查得到的数据来分析大学生期望实现的程度和影响学业成功的关键因素。每年的《全国大学生满意度报告》都要在《今日美国》(USA Today)以及其他高等教育出版物上公开发表。

印第安纳大学中学后教育研究中心的全国学生参与度调查(NSSE)是从2000年开始的。在该项调查实施以前,从1979年以来印第安纳大学曾长期从事大学生体验调查(College Student Experiences Questionnaire, CSEQ),在该领域积累了丰富的研究经验。[①] NSSE新的方案与CSEQ和全国学生满意度调查不同的是,把大学生参与教育活动作为衡量大学教育质量的核心要素。他们认为,"学生只有积极参与到学校的各项活动中去才能觉得更好,学生的学习就是学生参与的整个过程;衡量一所高校的教育质量的高低,主要是看其是否能促进学生更好地参与到学校的各项活动中去"。[②] NSSE指标包括五个主要维度:学业挑战度、主动合作学习的水平、生师互动的水平、教育经验的丰富度以及校园环境的支持度。NSSE最初有276所高校参加调查,到2006年参加的大学达到上千所。2006年美国高等教育未来委员会报告《领导力的考验:美国高等教育未来规划》曾给予NSSE高度赞扬,称它"能够给高等学校及其利益相关者提供关于提高学校绩效、设置问责标准和制定战略等的信息"。[③] 2008年,参加NSSE调查的美国、加拿大、澳大利亚、新加坡

---

① 鲍威:《学生眼中的高等院校教学质量——高校学生教学评估的分析》,载《北大教育经济研究(电子季刊)》2007年第2期,第4页。

② 岳小力:《基于学生参与经验问卷调查的高等教育评价新途径——美国NSSE的理论与实践》,载《复旦大学硕士研究生学位论文062046011》2009年5月,第3页。

③ 张晓鹏:《中国教育仍要进行哥白尼式的革命》,载《上海教育》2009第8期,第36页。

等国的大学有 1 300 余所。2009 年我国清华大学也尝试运用 NSSE 工具对该校本科生学习进行调查,并联络我国国内 27 所不同类型高校实施汉化版的 NSSE 调查,以作比较。

1999 年,英国一些机构也开始了大学生满意度调查,后来这类活动越来越多,调查规模也不断扩大,引起了广泛的关注。2005 年,英格兰高等教育拨款委员会(Higher Education Funding Council for England,HEFCE)委托威尔士高等教育拨款委员会(Higher Education Funding Council for Wales,HEFCW)负责组织全国范围的大学生满意度调查(National Student Survey,NSS)。调查由就业和学习部等机构提供资金支持,英国全国学生会(National Union of Students,NUS)协助,具体由 Ipsos MORI 舆情调查公司操作。调查所使用的《大学生满意度量表》由英国高等教育学会(the Higher Education Academy)与 Ipsos MORI 公司共同设计,问卷内容包括 22 个核心问题和基于各个高校实际的附加选答问题。

表 5 - 9 英国全国大学生满意度调查问卷

	完全同意	大体同意	模棱两可	大体不同意	完全不同意
课程与教学					
1. 教员讲解清晰					
2. 教员讲解使课程变得有趣					
3. 教员热心于教学					
4. 该门课程能激发学生思考					
评价与反馈					
5. 评分标准明晰					
6. 评价过程和评分是公正的					
7. 作业反馈是及时的					
8. 我收到的作业评语是详细的					
9. 作业的反馈帮我理清了我不甚明白的地方					

	完全 同意	大体 同意	模棱 两可	大体 不同意	完全 不同意
学术支持					
10. 在学习上我获得了充分的建议和支持					
11. 需要时,我可以及时联系到教员					
12. 需要做研究选择时,能得到好的建议					
组织和管理					
13. 就我而言,这样的课程计划是有效的					
14. 课程或教学上的任何变动,都会充分沟通					
15. 该门课课堂组织良好					
学习资源					
16. 图书馆的资源和服务能充分满足我的需求					
17. 需要时,我可以获得丰富的IT资源					
18. 需要时,我可以使用专门的设备、设施或教室					
个人发展					
19. 该门课程帮助我呈现自信					
20. 我的沟通能力提高了					
21. 通过该门课程,在应付不熟悉的问题时,我变得有自信了					

	完全 同意	大体 同意	模棱 两可	大体 不同意	完全 不同意
总体满意度					
22. 总体上,我对该门课 程的质量是满意的					
对于本校教学/课程的 意见及建议					
优点					
缺点					

在日本,2007 年东京大学的大学经营政策研究中心获得文部科学省科学研究费"学术创新研究"资助,开始组织实施的全国大学生调查(CRUMP 调查),其目的在于,了解大学生在大学的生活和学习状况,以有助于对大学教育进行反思,促进大学改善教育。调查内容包括六大类 31 项问题,这六大类是:课业、对大学教育的评价、毕业后的出路、日常生活、经验与家庭、思考与对所在大学的评价。东京大学大学经营政策研究中心主任金子元久教授依据大学生思想和行为与大学目标的契合度,将大学生分为高度匹配型、被动顺应型、独立型、排斥型四类,建构了理论分析模型,并以此为框架对调查数据深度分析,了解不同类型大学生在校的发展和对大学生活的满意度。当年共有 127 大学 288 学部的 48 233 名学生接受了问卷调查。两年以后,又针对这些受访学生作了跟踪调查,了解这些学生的发展变化。与美、英等国的学生调查不同的是,日本的这项全国大学生调查关注学生在大学的学习与生活体验,注重大学教育以及社会环境对他们产生的实际影响和学生学习能力的发展。特别值得注意的是,与全国大学生调查相配套,大学经营政策研究中心还实施高中生调查、大学毕业生(限在企业工作)调查、大学管理者调查、大学教师调查,从不同的视角来考察大学的教育。而且,试图联手中国、韩国的有关大学开展同类调查,以作国际比较。

北京市教工委和北京大学教育学院自 2006 年起,实施每年一度的《北京市高校学生学业发展状况调查》,调查将在京高校分为"985 工程"高校、"211 工程"高校、一般本科院校和高职高专院校四类,采用分层抽样的方式,进行问卷调查,结果通过《首都高等教育质量与学生发展状况调查报告》发布。最初这项调查只涉及本科、专科大学生,后来又扩展到研究生层次。北京大学教育学院研究者参照日本 CRUMP 调查学生分类模型,对数据进行挖掘分析,得出了引人思索的结论。①

第六节　商业化的大学排行榜

从 20 世纪 80 年代开始,排行榜(Ranking)异军突起,成为高等教育评估中的重要实践样式。进入 21 世纪后,排行榜更成为一种普遍现象。"阿舍尔和萨维诺 2006 年的研究报告显示,在 19 个排行榜中有 11 个是 2000 年后出现的"。② 当然,与此同时,围绕着排行榜的争议也从来没有中断过。

大学排行榜通常指的是根据既定的评估指标,对大学或学科进行排序。和大学自评、政府部门组织的制度化评估不同,大学排行榜大多是由传媒、出版社等民间机构主办的。毋庸置疑,大学排行榜是市场机制下产生的民间活动。日本学者将其特点归纳为三点:第一,由多家民间机构开展类似的评估,并将各自的评估结果作为商品销往市场;第二,重视消费者的需求,一方面帮助普通国民了解相关教育信息,另一方面帮助考生和家长进行择校选择;第三,多数排行榜是通过计分来排名的。③

政府、大学和学术界对排行榜保持着一定的距离,在他们看来,排行榜存在不少缺陷,如评估指标缺乏科学性,评估方法不透明,评估结果无法反映大学办学理念和人文精神等。《亚洲周刊》(Asia Week)从 1997 年开始每年发布"亚洲最好大学排行榜"(Asia's Best Universities),1999 年,东京大学和中国的部分大学宣布退出该排行榜。④ 但是,大学排行榜以其独特的视角,多元的评估方式,不断发展壮大。目前,它已经成为各国考生择校时的重要信息源,各国大学验证其学术地位时不可忽视的参考源,更是政府制定政策时的参考工具。

一、大学排行榜的现状

20 世纪 80 年代,美国《世界新闻与世界报道》(US News and World Report)推出了针对本国大学及其院系的大学排行榜,这一市场型大学评估获得了巨大的成功,很快被欧洲、亚洲以及非洲的主要国家和地区所效仿。据不完全统计,到 2007 年,世界上至少有 20 多个国家建立了国内排名体系。形形色色的地区性、世界大

---

① 鲍威:《扩招后中国高校学生的学习行为特征分析》,载《清华大学教育研究》2009 年第 1 期,第 78—87 页。
② [摩]杰米尔、[加]阿勒诺什著,汪利兵、阚阅译:《作为政策工具的大学排行榜》,载《教育研究》2010 年第 1 期,第 59—62 页。
③ [日]间渊秦尚、小林雅之、大多和直樹:《市场型大学评价》,载《高等教育研究》(日本)2002 年第 5 期,第 133—154 页。
④ 民主教育协会:《大学ランキングを問う》,载《现代の高等教育》(日本)1999 年第 3 期,第 5—67 页。

学排行榜,以及专业学院和学科排行榜层出不穷。[①]

大学排行榜可以分为三大类:对大学整体进行排名的综合排行榜、针对特定专业领域的学科排行榜和针对特定活动的特色排行榜。其中的综合排行榜又可细分为三类(见表5-10)。

表5-10 大学排行榜的类别

排行榜	评估对象	举例
综合排行榜	特定国家	U. S. News and World Report's America's Best Colleges
	特定区域	Asiaweek's Asia's Best Universities
	世界大学	THES World University Rankings
学科排行榜	专业学院	Financial Times Global MBA rankings
	特定专业	Identifying the Best: The CHE Excellence Ranking
特色排行榜	特定活动	Academic Ranking of World Universities

最初的排行榜主要针对某一国家的大学,比较知名的有加拿大《麦克林杂志》(Maclean's Magazine)和美国的《世界新闻与世界报道》发布的排行榜。它们对本国大学进行分类,仅仅对具有相同特点的院校进行排名。

近十年来大学排行榜出现国际化趋势。一类针对特定区域的大学进行排名,如上述《亚洲周刊》的"亚洲最好大学排行榜";另一类放眼全球大学,如英国泰晤士报高教副刊(Times Higher Education Supplement)的"世界大学排行"(World University Ranking),以及澳大利亚"4icu.org"网站发布的"大学网络排行"(University Web Ranking)和西班牙国家研究委员会(The Spanish National Research Council)发布的"世界大学网络排名"(Webometrics Ranking of World Universities)。后两者有一个共同点,即均是基于网络的排行榜,根据世界各国高等教育机构网站的网页查阅、使用流量等为指标,来评比各网站的受欢迎程度。

第二大类是针对特定专业领域的学科排行榜。一种是对商学院、法学院和医学院等专业学院(professional schools)进行排名,对商学院进行排名的知名机构有美国的《经济学人》(The Economist)、英国的《金融时报》(The Financial Times)、美国的《华尔街日报》(The Wall Street Journal)和美国的《商业周刊》(Business Week)。此外,学科排名也备受关注,1998年,"德国高等教育发展中心"(Center for Higher Education Development,下文简称德国CHE)与有关媒体联合发布的"Identifying the Best: The CHE Excellence Ranking",不涉及大学的综

---

① 叶赋桂:《大学评价和排名:最新的发展及其对大学的意义》,载《清华大学教育研究》2008年第1期,第56—71页。

合与整体实力,只针对学科专业进行排名。英国卫报(Guradian)、意大利共和报(la Repubblica)以及上海交通大学世界一流大学研究中心均推出了自己的学科排名。

第三大类是关注高等教育机构特定活动的特色。例如我国上海交通大学的"世界大学学术排名"(Academic Ranking of World Universities,ARWU),从教育质量、教师质量、科研成果和师均表现四个方面来对大学的学术活动进行排名。同样的例子还有《企业家》(Entrepreneur)和《普林斯顿评论》(The Princeton Review)合作推出的顶尖创业型大学排名(Top Entrepreneurial Colleges),由《普林斯顿评论》杂志推出的最佳舞会学校排名(Party School Rankings)等。

二、大学排行榜的运作

绝大多数排行榜的运作,都是通过简化高等教育机构活动,使其成为可比较、可操作的数量指标。目前,世界各地的大学排行榜基本沿用《美国新闻与世界报道》推出的加权大学排行体系,[①]排行榜的出台要经历三个基本过程:首先,设计指标,并据此收集数据;其次,确定指标的权重;最后,为收集到的数据打分并统计出总分。其中,选择数据的收集方法和调整各种评价指标的评价权重是排行榜成败的关键。

(一) 数据的收集

数据源自三种途径:第一,第三方机构公布的数据。例如,政府部门公开发表的统计数据。第二,大学自身编制的数据。第三,评估机构自身的调查数据。评估机构会对各类当事人进行访谈和调查,以求获得他们对不同大学的不同看法。三种获取数据的方式各有利弊。

来自政府以及第三方机构的数据被认为是最具权威的。但这些数据往往是从管理者的角度来收集的,并不一定适合于排行榜。过于信赖这些所谓的官方数据,会对编制指标体系产生不良影响。

最了解自己的莫过于大学自身,它们拥有获取详尽自身数据的能力。大学理应努力建设规范、标准和准确的数据库。美国的经验值得借鉴。由于众多评估机构都希望获取来自大学的数据,美国大学理事会(College Board)、彼得森公司(Peterson's)、《美国新闻与世界报道》和 Wintergreen/Orchard House 等团体、机构共同合作,开发了一套通用数据库(Common Date Set,下文简称 CDS)。CDS 包括以下十个部分:

1. 一般信息(General Information);

2. 注册和保持(Enrollment and Persistence);

3. 新生入学(First – Time,First – Year(Freshmen) Admission);

4. 转学申请(Transfer Admission);

① 方勇、李建忠:《THE – QS 世界大学排行榜评析》,载《大学研究与评价》2009 年第 6 期,第 76—81 页。

5. 专业提供和政策(Academic Offerings and Policies);

6. 学生生活(Student Life);

7. 年均消费(Annual Expenses);

8. 财政援助(Financial Aid);

9. 教师和班级规模(Instructional Faculty and Class Size);

10. 学位授予(Degrees Conferred)。

目前,CDS 已经成为仅次于"美国高等教育综合数据系统库"(IPEDS)的重要数据库,为各类评估机构提供了大量有用的统计数据。当然,同样不能过于依赖大学提供的数据,因为部分大学为了提高排名,在编制数据库时会向评估机构提供对本校有利的数据。

此外,评估机构也会通过调查独立收集数据。调查的对象大体包括两类:

1. 包括教授、高级管理人员和雇主等在内的专家。例如,《美国新闻与世界报道》向各大学校长、学院院长和招生办公室主任等发放调查表,要求他们每人对与自己学校同类的院校进行评分。有人认为来自专家的数据颇具权威,也有人认为专家观点具有一定的主观性,容易被误用。

2. 学生。近年来,各类排行榜开始重视对学生的调查。如德国 CHE 编制的大学专业排行榜,就是 20 万德国大学生和 1.5 万名教授共同做出的判断。[①]

(二)评价指标及其权重

表 5 – 11 罗列了部分具有影响力的国内外大学综合排行榜,每个排行榜都有自己的一套指标体系。在分析这些排行榜的一级指标时,我们可以发现,中国的排行榜的权重向科研成果倾斜,科研权重在整个指标体系中通常要占到 1/3 以上,科研成果的获奖数量、产出数量、被引数量等量化指标受到了众多国内排行榜的青睐。与之相比,国外排行榜的一级指标相对比较充实,毕业率、行业收入、学生满意度等代表教育成果的指标受到重视,较好体现了人才培养这一大学的核心功能。此外,在质化指标和量化指标的比例上也较为合理。

在是否采用同行评估来判断大学质量这一问题上,各类排行榜的看法不一。以"完全大学指南"、"星期日泰晤士报大学指南"(Sunday Times University Guide)、"卫报大学指南"(The Guardian University Guide)为代表的英国大学排行榜不使用同行评估。但是,同样来自英国的"QS 世界大学排名"、[②]"泰晤士报高教副刊世界大学排名"等不但引入同行评估,而且十分看重这一指标,QS 排行榜的同行评价权重占到整体的 40%。近年来,网大、中国校友会等不少国内排名机构均引入了同行评估。

① CHE University Ranking 2010[EB/OL]. http://www.daad.de/deutschland/hochschulen/hochschulrank-ing/06543.en.html? module = Show&show = info.methodology,2010 – 11 – 29.

② QS(Quacquarelli Symonds)公司成立于 1990 年,是一家从事教育服务和出国留学服务的公司。总部设在英国伦敦。2004 年,和泰晤士报高教副刊合作,每年发布世界大学排行榜。从 2005 年开始每年发布世界前500 名大学排名及五个学科领域的前 300 所大学排名。

表 5-11　部分综合大学排行榜的指标体系

国别	大学排行榜名称（时间）	一级指标构成（权重百分比）
中国	网大发布的"中国大学排行榜"（2011）	声誉（15）学术资源（20）学术成果（22）学生情况（12）教师资源（19）物资资源（12）
中国	广东管理科学院发布的"中国大学评估"（2001）	人才培养（57.09）科学研究（42.91）
中国	中国青年报、武汉大学中国科学评价研究中心、科技部中国科技信息研究所联合发布的"中国大学综合竞争力评估报告"（2004）	重点大学：办学资源（16.71）教学水平（26.16）科学研究（45.31）学校声誉（11.82） 一般大学：办学资源（25.99）教学水平（41.26）科学研究（32.75）
中国	中国校友会发布的"中国大学排行榜"（2010）	公办大学：人才培养（44.44）科学研究（48.89）学校声誉（6.67）；民办大学：办学设施（31.49）人才培养（53.68）综合声誉（14.83）
英国	英国《泰晤士报》与 QS 公司合作发布的"QS 世界大学排名"（QS World University Rankings）（2010）	同行声誉（40）雇主声誉（10）师生比（20）教师人均论文被引用次数（20）教师中外国人所占百分比（5）国际学生所占百分比（5）
英国	"英国大学信息网站"联合《独立报》发布的"完全大学指南"（Complete University Guide）（2010）	学生满意度（15）研究评估/质量（15）入学标准（10）师生比例（10）学术服务开支（10）学校设施开支（10）优等学位比例（10）毕业率（10）就业率（10）
英国	《泰晤士高教副刊》发布的"世界大学排名"（World University Rankings）（2010）	行业收入—革新（2.5）国际化—教师和学生（5）教学—学习环境（30）研究—量、收入和声誉（30）引文—研究的影响（32.5）
美国	《美国新闻与世界报道》发布的"最佳大学"（America's Best Colleges）（2011）	全国性研究型大学（National Universities）：同行声誉（22.5）新生留校率（20）教师资源（20）学生的选择（15）财政状况（10）实际毕业率（7.5）校友捐赠率（5）

大学排行榜还在不断涌现,由于指标体系的确定和权重的分配直接影响了最终结果,不同的指标体系自然会得出不同的评估结果。这就很容易理解为什么一所大学在不同排行榜上的位置有时会有所差异,甚至大相径庭。也可以这样认为,不同的排行机构对高等教育的质量有着不同的理解,排行榜反映的是排名机构对大学的关注重点和价值取向。在何种指标更为合理、何种指标更为重要这一问题上,各方很难达成一致。

但是,"一所真正一流的大学在各种指标体系下都会是一流的,其排名不会产生大的波动"。① 我们发现,在各类排行榜中,尽管评估体系不同,但是一些大学的排名始终名列前茅。例如英国的牛津和剑桥大学,美国的哈佛大学、耶鲁大学、普林斯顿大学、麻省理工大学、斯坦福大学等。它们垄断了各类排行榜的前茅。可以推测,在各类排行榜中,存在这一些关键指标,它们具有世界通用性,是使这些大学成为世界一流的关键。对追求世界一流大学的国内大学来说,应该去关注和发现这些关键指标,"重点学科"、"百篇优秀博士学位论文数"、"院士"、"国家级奖励"等中国特色的指标虽然重要,但是不具有国际可比性。

当然,我们也注意到,名列前茅的大学均来自西方英语国家的综合性大学,不得不承认,现有的各种指标体系具有明显的喜好倾向,非英语国家、非综合性的大学很难迈入世界一流大学的俱乐部。

三、大学排行榜的未来

排行榜自诞生之日起就备受社会各界的关注,至于各大学,在各榜单上也是几家欢喜几家忧。为了克服排行榜中存在的问题,改善和提高大学排行榜的质量,联合国教科文组织——欧洲高等教育研究中心和华盛顿高等教育政策研究所于2004 年共同成立了"大学排名国际专家组"(International Ranking Expert Group, IREG)。2008 年 5 月 18 至 20 日在柏林召开的 IREG 第二次会议上,讨论通过了《高等教育机构排名的柏林原则》(The Berlin Principles on Ranking of Higher Education Institutions)(表 5 - 12)。该文件以改善大学排行榜为目的,基于伦理标准和实践对策的考虑,从排名的目的、指标设计与权重分配、数据的收集与处理以及排名结果的公布这四方面提出了 16 条指南,为排行榜的未来指明了基本方向。②

同时,从实践层面看,大学排行榜也在悄悄发生一些变化,即淡化以数量为取向的大学排行榜,重视消费者实际需求。德国 CHE 大学排名的做法值得借鉴。众所周知,这一排行具有以下特点:

---

① 刘念才、程莹、刘莉:《世界大学学术排名的现状与未来》,载《清华大学教育研究》2005 年第 3 期,第8—15 页。

② CHE University Ranking,UNESCO,Institute For Higher Education Policy. *Berlin Principles on Ranking of Higher Education Institutions*[R/OL].2006 - 5 - 20[2010 - 12 - 12].

第一，为不同类型的学生设计不同的指标。将学生区分为"研究型"、"实践型"和"速成型"，在此基础上设计相应的评估指标。

第二，只对大学的学科进行排名，不涉及大学的综合与整体实力。

第三，每项指标不含权重。

第四，每一指标得出的结论不是一个绝对分，CHE 将参评大学分成高组（top group）、低组（bottom group）和中间组（middle group），位于不同组的大学之间的差异是明显的，而同一组内的大学之间则是不相上下。

第五，对各项指标不进行统计，没有总分，也就没有明确的名次，这就避免了出现某大学宣称自己是世界上最好的大学这一现象。

第六，结果在网上公布，用户可以根据自己的兴趣选取部分指标来定制适合自己的排行榜。

当然，这六项特征并不是德国 CHE 的专利。"卫报大学指南"、《麦克林杂志》等均不同程度具有上述特点。麦克林公司已经开始尝试在其网站（URL: http://tools.macleans.ca/ranking2011/selectindicators.aspx）上允许读者根据个人需求重置排行榜。

尽管这一趋势不会对现有的排行榜带来根本性的变革，但是，它的确向人们传达了排行榜发展的一种新思路，即淡化以数量取向为主的大学排行榜。较早时就有学者指出，"用一条条指标分别评估然后再加以综合，难以反映各因素间的相互约束关系，有时会偏离被评客体本身的属性"。[1] 在学科排名这一新思路下，排行榜不会单纯以总分的高低来判断一所大学是否优于另一所大学。此外，用户可以根据自身实际要求自由创建排行榜，这一将判断质量的权利交给了消费者（考生和家长等）的做法值得肯定。重视消费者的需求的另一个例子就是近年来不断增加的学生满意度问卷调查。当然，学生满意度调查不一定能反映出真实的情况。例如，A 大学的学生对质量的期待要高于B 大学的话，A 大学的学生满意度结果就会偏低。因此，也就很难简单认为 A 大学的质量要低于 B 大学。

任何一个排行榜都存在不可克服的缺陷，很难完全客观地反映出大学的全貌。但是，排行榜可以为顾客提供一些透明、有用的信息，这些往往是大学行政部分很难做到的。[2] 而且，随着大学学费的不断增加，在选择大学时参考各类排行榜的需求也会越来越高。更重要的是，大学排行榜正在扮演了一种质量保证的作用。在尊重顾客的基础上，加强国际间的合作，开发既具有可比性又符合国情的评估指标将是未来大学排行榜的立足之本。

---

①　许建钺：《高等学校教育鉴定与水平评估》，中国科学技术出版社 1992 年版，第 38 页。

②　Merisotis, J.. On the Ranking of Higher Education Institutions[J]. *Higher Education in Europe*, 2002, 27 (4): 361 - 363.

表 5 – 12　高等教育机构排名的柏林原则

分类	序号	内　容
排名的目的	1	排名应该成为对高等教育的投入、过程和产出评估的众多方法中的一种。排名可以提供有关高等教育的可比信息和对高等教育更深入的了解,但是不应该成为判断高等教育是什么和做什么的主要标准。排名是从市场的角度来看待高等教育机构,这可以作为政府、认证机构以及其他独立评估机构所从事工作的补充。
	2	排名应该明确自己的目的和目标群体。排名的设计应该和目的相一致。为特定目的或特定群体而设计的指标可能并不适合其他目的或目标群体。
	3	排名应该认识到高等教育机构的多样性并考虑到它们不同的使命和目标。例如,对研究导向型院校和面向大众化教育的普通院校的质量评估标准就截然不同。排名应该经常咨询被排名院校和相关专家的意见。
	4	排名应该清楚数据来源范围和数据背后的含义。排名结果的可靠性取决于对信息的加工和信息的来源(比如数据库、学生、教师、雇主等)。好的做法应该是将来源于不同渠道、代表不同立场的数据组合起来,从而形成一个对被排名院校的更全面的看法。
	5	排名应该考虑被排名院校所处教育体系的语言的、文化的、经济的以及历史的背景。特别是国际排名应该意识到可能产生的偏向以及结果的精确性。并不是所有的国家和教育体系在对第三级教育机构的"质量"认定上都有共同的价值取向,排名系统不应该被设计用来强制进行这种比较。
指标设计与权重分配	6	排名方法应当清楚透明。排名方法的选择应该清楚、明确。透明包括指标的计算和数据的来源。
	7	指标的选择应该基于指标的恰当性和有效性。数据的选择应该基于对质量和学术优劣的各种评估指标的认识,而不是仅仅考虑数据的可获取性。排名应当明确告知为什么包括这些指标和这些指标反映的是什么。
	8	尽可能优先评估产出而不是投入。投入数据反映的是机构现有的、全面的情况并且通常都可以获取。然而,产出评估是对特定机构或专业的声望和/或质量更为精确的评估,排名的完成者应该确保这两者的权重达到恰当的平衡。
	9	指标的权重分配(如果有的话)应该非常明确并且尽量保持稳定。权重的变化会使顾客难以明确地判断究竟是实力的变化还是排名方法的变化导致了机构或专业的位次变化。

分类	序号	内　　容
数据的收集与处理	10	排名应该有一定的道德标准并吸收好的操作方法。为确保每个排名的可靠性,数据的收集、使用和网络访问的提供应该尽可能的客观和公正。
	11	排名应尽可能地使用审核过的、可核实的数据。这样的数据有许多优势:比如机构已经接受了这些数据,这些数据在机构间是可比的、口径是一致的。
	12	使用的数据应该是按照科学的数据收集过程所获得的。从不具代表性的或有缺陷的样本(学生、教师或其他群体)中获得的数据可能不能准确地反映一所机构或专业的实际状况,这样的数据不应被用于排名。
	13	运用各种手段对排名活动本身进行质量保障。应该考虑采用评估高等教育机构的方法去评估排名本身。应该不断地根据专业意见去改进排名方法。
	14	采用体制性的措施增强排名的可靠性。这些举措可以包括设置顾问委员会甚至是监督委员会,委员会成员中最好包括一些国际专家。
排名结果的公布	15	提供有关排名制作的所有信息,使得客户能清楚地理解排名是如何得到的,并且允许客户自由选择排名结果的展示方式。这样排名的使用者可以更好地理解用于排名的指标。此外,他们有机会自行决定指标的权重分配方案。
	16	通过一定的处理消除或降低原始数据中的误差,并且通过恰当的组织和公布方法使得错误可以被校正。机构和公众应该被告知排名中曾犯过的错误。

资料来源:UNESCO – CEPES and Institute for Higher Education Policy(2006). The Berlin Principles on Ranking of Higher Education Institutions. http://www. che. de/downloads/Berlin_Principles_IREG_534. pdf . 2010 – 11 – 29.

第六章 宏观高等教育评估的国际视野

第一节 美 国

美国高等教育的评估方法主要有两种:认证和排名。认证是美国高等教育中用来评估大专院校和学科的教育质量的过程,其主要的目的是保障和提高高等教育的质量。排名主要是采用不同的排名方法对学校、学院、学科、本科或研究生教育进行评估和比较,以为社会提供各类高等教育状态和质量的信息。认证的历史比排名要长许多。

一、认证

认证在美国已经有一百多年的历史了。最初出现认证是由于人们担心高等院校是否完善,以及是否能满足服务公众的需求。认证一般是由私立的、非营利性的组织来承担,并完成质量评估的目的。至 2006 年,美国一共有 81 个认证组织,对美国 50 个州以及 95 个全国的大专院校和专业学科进行质量评估。

(一)认证组织类型

1. 区域认证组织主要是针对非营利性的高校(包括公立和私立的学校)。全美国一共有六个区域认证组织分布在美国的六个地理区域。

2. 信仰有关的认证组织主要是针对以宗教或信仰为基础的高校。全美国一共有四个认证组织来执行认证的职能。

3. 与职业有关的认证组织主要是针对职业培训的大专院校。这些院校绝大多数是以营利为目的的,并且多数都不颁发学位证书。全美国一共有七个认证组织来评估此类学校。

4. 学科或特殊认证组织主要是针对高等教育中的一门学科。这种学科认证主要由行业机构来执行这个职能。全美国一共有 62 个学科认证机构。

这些认证组织总共对 6 814 所高等院校(1 758 所公立学校、1 920 所非营利性的私立学校和 3 136 所营利性的私立学校)和 9 000 多门学科进行认证(Ewell,2008)。

(二)认证基本步骤

尽管这些认证组织在实践操作过程中有很多的多样性,但是这种认证模式已经在美国存在 50 年了,并且根据美国高等教育的发展不断进行改革。认证的实践过程包括以下六个步骤(CHEA 2006):

1. 资格审查

并不是所有的认证机构都要求审核学校或者学科的申请认证资格,但是大多数认证机构要求申请认证的学校或学科在申请的时候就要达到一些基本的要求。最基本的要求就是申请认证的学校必须是以高等教育为目的。对于区域或国家的认证的基本要求是:申请认证的学校颁发学位证书、有独立的管理组织结构、教师具有相当的资历和学历。另外,区域认证还要求高校有资格来开设公共教育的课程。申请资格的审查是在认证起步之前,审查通过后,学校或学科的认证基本程序正式开始。

2. 自我评估

认证过程开始于一个正式的自我评估。该评估是由学校或学科根据认证机构事先制定的标准或指导方案来进行自我评估,并且将评估结果写成书面的评估报告。这个自我评估的目的是让学校或学科依照认证机构建立的标准或准则,对自己的特长、不足、面对的困难和自我提高的计划进行评估。近几年,自我评估的要求不是很严格,评估机构允许学校和学科在自我评估过程中融入自己的计划和管理过程。但是,自我评估仍然保持学校或学科在各个方面、整体地自我评估的功能。有些自我评估的报告仍然是保密文件,但是越来越多的学校允许学校或学科的参与方查阅自我评估的报告。

3. 实地考察

自我评估报告和认证机构的标准都准备就绪,接着就是实地考察了,即有一个考察团到学校进行实地考察。通常考察团是由同行组成,即由相似的学校或学科的专家、教师或管理者组成。考察团由 3～20 人组成。考察团成员的数量是由申请认证的学校或学科的规模大小和结构的复杂程度来决定的。考察团一般在实地考察 3～4 天。考察团同行会实地察看学校的设施和设备,并且会与学校的教师和其他学校成员进行访谈。学校或学科通常也会在考察期间专门腾出一个考察室,并在此陈列相关的资料,例如发展计划、课程描述、学生考核、学习评估报告、管理文档和其他相关的资料。通常考察团会在临走之前与校长或院长进行一次交谈,并与他们讨论考察时发现的一些问题以及初步评估结果。现在,高科技越来越多地影响到了实地考察。许多高校或学科都将自己的信息放在网站上,因此,考察团成员会在到达实地之前多次浏览这些网站。

4. 考察团报告

实地考察结束以后,考察团会准备一份全面的考察书面报告。这份报告包括考察团对考察的学校或学科的优势、弱项和潜力等方面的发现。通常这份报告的初稿在考察时就完成了。认证组织的工作人员进一步咨询考察团成员,以澄清一些问题,并确保报告的格式符合要求。接着,这份报告的初稿会让被考察的学校或学科过目,从而保证正式的报告中不会存在任何的错误。阅读并纠正错误以后(如果有错误的话),认证组织会收到考察团的正式报告以及他们对认证结果的建议。通常在正式报告上交以后,学校或学科的代表(如校长或院长)会与认证委员会代表召开一个会议并交换意见。

5. 决定和申诉

根据自我评估报告、考察团报告以及其他资料和证据,认证委员会或认证机构作出认证决定。认证决定分为几种:(1)授予学校或学科认证,但是认证具有一定的时效;(2)取消认证;(3)警告或者有条件地批准。有些时候,学校或者学科虽然取得认证,但是认证机构要求该校提供进一步的报告,或针对某些问题对该校再进行一次实地考察,以考察这些问题是否改善。如果认证通过,那么下一次考核该学校或学科的时间就是认证机构制定的正常情况下的下一轮认证的考核周期。

6. 监督

所有的认证组织在二次认证考核期间,都有责任监督学校和学科。这种监督通常是要求授予认证的学校或学科提供年度统计报表或针对上次认证考察时的一些问题进行电话或书面汇报。如果被认证的学校或学科改变了课程、学位、教学方法或开设了一个分校,认证机构也可能会对该学校或学科进行"重大改变"考核,以确保这些变化的恰当性以及对核心教学质量的影响程度。

不同的认证机构的基本操作程序会根据自身的一些特点有所不同。但是,自我评估、同行考察和认证决定等是所有认证机构都认可的一般步骤。这些步骤在过去的半个世纪中成为美国认证的基本程序。

(三)认证的历史回顾

1. 认证初期(1850—1920)

20世纪初期是美国高等教育的重要转折点。第一次世界大战后,除了社区学院和网络教育学院,当时就已经存在了目前的美国高等教育系统中的大多数高等教育的学校类型(Cohen,1998)。但是,当时学校的规模比较小,学校的结构也没有现在的复杂。当时,高校每年只招收高中毕业生中5%的学生,而现在高校招收55%的高中毕业生。

当时,正式成立的高校不到一百家,而且都是私立的文理学院,其中有一些当时正打算庆祝建校一百年。与欧洲大学的模式不同,美国大学的模式是:规模较小,提供在校住宿,只限男生,并且建立在远离大城市的偏远郊区。大部分学校原先都是由宗教组织筹建,并且一开始都是以专门培训神职人员为目的。但是大多数学校在这个时期转型成为四年制的本科大学,主要教授文理学科,如文学、哲学、历史、修辞,以及其他培养逻辑和辩论能力的学科,而并不是培养某一专业的学生(Ewell,2008)。

这一时期,美国依照德国的学科研究的模式来建立高等院校。其中一些原先是文理学院,在19世纪90年代根据新大学的模式改革而来。另一些大学,如斯坦福大学和芝加哥大学是由这一时期的慈善家出资建立的。这些学校除了保持原来四年制的文理学院模式以外,还创建一些在自然科学和社会科学领域的研究生教育。在 1862 年《莫里尔法》(Morrill Act)颁布实施以后,另外又出现了在政府赠予地上建立的公立大学,以帮助本州推广经济和城市发展。这些大学的课程和研究非常实际,尤其是农学院和机械学院的大学本科的教育与那些文理学科为主的大学差别很大。

此时美国的高等学府还有三种类型。第一种类是 19 世纪州立的教师学院,其目的是培养大批的中小学教师,以满足大众日益增长的需求。与文理学院相似,这些学校提供在校住宿,并建立在偏远的郊区。但是教师学院的课程都具有很强的应用性和专业性,并且招收了大量的女学生。

第二种类型的高校是私立的、以营利为目的职业学院。它的出现是为了满足大城市中私立企业发展的需求。这些学员培养了企业所需要的会计、出纳、速记员和打字员。这些学院与其他高校不同的是,它的学生大多是走读生,并且女性占有很大的比例。当时,这类学院还没有被归入高等教育的一部分。这类学院在城市和经济发展中起着重要的作用,因为它们教授的课程与其他高校不一样,是其他高校不教授的课程(Imagine America Foundation,2007)。

第三种是与宗教相关的高校。这些高校主要是培养神职人员,比如牧师、神父、传教士等。这些学院最初属宗教教派所有,后来教派失去了所有权,学院开始扩大其教育的目的,成为了神学院。这些学院大多成立于美国的东北部和中西部。

在 20 世纪初,随着高校类型的多样化,许多学院实行课程和教学体系的改革,从而导致美国的高等教育变化多端并且不稳定。因此,需要有一个统一的标准、形式或结构来规范高等教育——由此出现了认证,认证成为自我管理和保证教育质量的一种新形式(Ewell,2008)。

(1) 区域认证的出现

最初的区域认证机构的形成是因为东部和中西部的精英中学的领导者们担心高等教育的学术标准。新英格兰地区的公立和私立中学的学校领导们在 1884 年聚首,讨论如何能了解并区别各个大学的教育质量,从而指导优秀毕业生继续大学学习(NEASC,1986)。新英格兰协会(New England Association)建立于 1885 年,这也是最早的区域认证机构。美国的其他地方也进行了类似的讨论,并于 1887 年成立了中州的协会(Middle States Association),1895 年又成立了中北部协会(North Central Association)和南部协会(Southern Association)。接着,西部协会(Western Association)和西北部协会(Northwest Association)也成立了。美国的六个区域认证机构诞生了,并延续至今(Ewell,2008)。

这些协会建立之初主要讨论的问题就是"什么是大学",认证最开始就是回答这个问题并公布问题的答案。这个问题的答案重视的是精英学校的同行认可(peer affirmation),而不是同行考察(peer review)。事实上,这些协会的会员一开始很少,而且增加的速度也很慢。例如,南部协会的会员一开始只有 12 名,到了 1915 年也只增加到 40 名(Miller,1998)。

区域认证组织最初是为了维持高校的教育质量标准,因为此时人们很担心这一点。区域认证组织关注的是"什么是高深学习(higher learning)",这个价值观至今仍然存在于认证机构的实践之中。

（2）行业协会

19世纪随着美国经济和社会的高速发展,许多以前被认为是非正式的行业逐渐开始成为正式的行业,并一步步得到了职业发展。因此,个人自愿地加入行业协会,成为协会的成员。最先开始行业协会的是法律界。律师协会成立的目的是为协会成员的谋得各种利益。后来,律师协会与各州的律师行业联系起来。另一个早期的行业协会是土木工程学院(Institution of Civil Engineers)。美国医疗协会(American Medical Association)于1847年建立。其他的一些早期建立的协会还有兽医协会(Veterinary Medicine),成立于1863年,骨科医学协会(Osteopathic Medicine),成立于1897年,园林建筑协会(Landscape Architecture),成立于1899年,微生物协会(Microbiology),成立于1899年,林业协会(Forestry),成立于1900年。这些行业协会的主要目的是让协会的成员得益于行业教育、行业会议、行业杂志和其他相关的行业活动。虽然,这些行业协会与职业教育相互关联,但是行业协会并没有直接参与职业教育质量的认证(Ewell,2008)。

随着美国的职业教育在各个领域的发展,它的弊病也逐渐明显。传统的美国高等教育并不重视职业教育(除了教师培训)。因此,一些职业教育中的专业学科只设立于私立学校,很少在公立学校中开设。例如,20世纪初期,全美国有150所医学院,但是其中大部分是私人医生开设的。因此,学院的资源、课程、师资等方面都有很大的差别,其培养的毕业生的专业技术也参差不齐。这个问题受到了美国医疗协会的重视,他们于1904年成立了医学教育委员会(Council on Medical Education),并对全美所有的医学院进行调查。1910年调查报告中对医学院的招生标准、师资培训的最低要求、课程的内容和实习的要求等方面提出了建议(Flexner,1910)。这些建议成为了医学教育委员会认可医学院的标准。这种做法也是美国专业学科认证的第一个例子。

（3）全国职业学校协会

美国的职业学校多为私立的高校,最早的成立于20世纪初。它们多数规模都很小,通常是衔接传统高等教育与职业需求之间的知识和技能的差距。这些学校一般无法与公立大学和非营利性的私立大学竞争。一方面,这些学校的教育质量参差不齐;另一方面,由政府资助的公立学校在资金方面更有竞争力。全国职业高校协会附属于私立大学和学校认证委员会(Accrediting Council for Independent Colleges and Schools)。该认证委员会的主要任务是保证认证的学校保持高学术水平并且满足经济发展的需求(Petrello,1988)。

2. 发挥作用(1920—1950)

在1920年至1950年的30年间,美国的高等教育的招生人数缓慢却稳定地增长。在此期间,高校的数量和类型几乎没有发生变化。私立的文理学院仍然在高等教育占有重要的地位,同时公立大学的本科教育也发展很快。此时,出现了一些新兴的学科(如工程),专业领域的研究生教育和行业组织也都有很大程度的发展。联邦和州政府仍然置身事外,允许高等教育实行自愿地自我管理的方法。

(1)区域认证的扩大和分化

最初,区域认证机构中的成员都是精英大学。但随着"什么是大学"的答案的范围扩大,认证机构中的成员学校的数目也扩大了。一些小规模的学校、黑人传统学校等也加入区域认证组织。区域的边界也开始变化,如中北部协会(North Central Association)一开始只包括十个州,后来扩大到了 19 个州。

中北部协会(North Central Association)是第一个区别对待不同类型学校的区域认证机构。1918 年,它制定了不同的认证方法来区别对待两年制和四年制的高校。但在当时并不是所有的认证机构都采纳这种做法。例如,南部协会(Southern Association)保持对所有的大学的"高深学习"(higher learning)的要求一致(Miller,1998)。在另一些区域,认证组织出现了分化——为了区别对待不同类型的学校,每个类型的学校分别成立了认证委员会。例如,中部州协会(Middle States Association)和中北部协会(North Central Association)成立了中等学校和高等学校的认证组织。新英格兰协会(New England Association)分得更细,单独成立了一个为两年制高校认证的机构。由此可见,分化认证组织和认证标准的做法使得认证组织能够在不改变基本认证方法的情况下,将认证扩大到新类型的学校(Ewell,2008)。

区域认证组织在这个时期建立起了公众权威,并且帮助高校建立起了学术声誉,即获得认证的学校的教育质量是稳定且有保障的。此时,认证机构采用的是以数字为标准的模式。认证机构对于不同类型的高校采用不同的认证过程。

(2)新的方法

20 世纪 20 年代,认证机构要求高等院校提供学校组织结构和学科的所有信息,认证的标准仅限于数字。例如,认证标准就是要求学校提供教学大楼的总数和能容纳的学生总数,图书馆的藏书数量,教师的人数和年度预算。认证标准制定的目的是确保高等院校有足够的资源或者有稳定的资源的来源,以确保学校能提供有质量的教育。值得注意的是,当时的标准是聚焦学校,而非学生或教学。

这种认证的方法受到了各个方面的批评。首先,它太过于关注各种数据,这些数据虽然容易测量,但是它缺乏真正的意义。第二,它不能根据各种类别的大专院校的特点来给出不同的标准。第三,它过于注重学校的投入和资源,而不是注重这些投入或资源的有效的产出。一些评论家指出,很多高等院校虽然不能满足这些认证的标准,但是却提供给学生高质量的教育,它们应该获得认证。因此,人们逐渐认为这些数字标准已经失去真正的意义。

20 世纪 30 年代,这些数字标准被废除。在中北部认证委员会(North Central Accrediting Commission)的带领下,新的认证方法出现了。这种方法主要考虑学校各个方面的活动,并且关注学校的自身使命(mission)。例如,一个规模小的宗教学校的使命和一个综合性的州立大学的使命差异很大。因此,认证应该考虑到这些巨大的差异。

为了真正实践这个新的认证方法,中北部认证委员会(North Central Accrediting Commission)修改了认证的程序。评估认证学校递交的信息时,必须考虑该学校的使命。取消了原来那种用统一的数字标准来衡量所有学校的方法。认证"标准(standards)"被改为"准则(criteria)",以此来体现这个变化。采用这种考虑使命的方法以后,即使学校在某个方面存在不足,它也可以用其他方面的优势来弥补。

在 20 世纪 30 和 40 年代,中北部认证委员会(North Central Accrediting Commission)采用这种学校使命考虑的方法来认证学校,其他的区域认证机构也在这期间进行类似的改革。虽然认证机构仍然采用一些数字信息,但是这些数字已经没有以前重要了。教育质量、学校组织的优势、特色的教学和学校的使命都成了认证的重点(El – Khawas,2001)。

这种新的认证方法的核心是根据学校的服务对象和教育使命来进行判断(Davis,1945)。根据这个核心,认证的准则变得相当普及,即只涉及广泛的功能而不是具体的细节。例如,对于图书馆藏书的数量和种类的标准,从具体的数量改成了"能够满足学校的教学需要",把具体的认证标准的清单改成了对学校整体质量的审核。这个新方法的主要目的是对高校的教育质量作出整体的判断。这个新方法的缺点是它严重依赖同行考察团的判断,并要求对学校进行深入的实地考察。

这个改革是认证系统的一项里程碑式的重大变革,并且把区域认证区别于学科认证。前者的主要目的是提高学校的教育质量,而后者主要是保证专业学科的教育质量。

(3)检验职业学校

随着全国商业和经济的发展,20 世纪 20 年代成为美国职业学校发展的黄金时期。到 1937 年,全国职业学校认证协会的会员增加到了 300 名(Petrello,1988)。一开始,职业学校的校长们想要与区域认证组织建立合作关系,主要是想借助于区域认证组织的公众权威,并且采用他们的认证方法。但是,这个想法最终没能实现。因此,全国职业学校只能自己从头做起。

1927 年全国职业学校认证协会的年会上提出,从认证机构的实践中着手建立自己的认证体系(Imagine America Foundation,2007)。1930 年该协会制定了一系列的认证标准。这些标准与区域认证组织的认证标准十分相似。认证的内容包括:教师的资格、课程的内容、设备的贮备和毕业的要求。该认证协会对所有的新成员都采用这些标准。如果学校的所有人更换、学校领导权威受到挑战或资金出现困难等问题的话，协会将对其进行重新认证。当时认证的形式不太正式，只有一个或两个人对学校进行不超过一天的实地考察。后来随着经济大萧条的到来，这个非正式的认证方法逐渐消失。直到第二次世界大战结束以后，随着经济呈现新的发展，新的认证方法才出现。但是以数字为基础的认证方法获得了私立大学和学校认证委员会（Accrediting Council for Independent College and schools）的采用（Ewell，2008）。

后来，许多职业机构更加注重以技能为基础的标准来进行认证。以技能为基础的标准致力于恰当、有效地运用知识，技能和态度。这种认证的方法注重于正式教育和工作技能之间的关系——将相关知识恰当地、有效地应用于实践的能力。采用这种方法的评估机构通常要求学校或学科能够展现学校或学科的输出，而不是输入。例如培养学生成为拥有职业技能的行家，而不是学生上课的小时数或实践时间的长短。例如，建筑学科的认证标准就是以技能为基础的标准。建筑学国家委员会规定评估标准必须是以成就为指导的标准。这种方法决定每所建筑学院能保证毕业生在学完基本学科后掌握专业的知识。标准由能力的四个部分组成：基础知识、设计、交流和实践。每个能力的部分还可分为 54 个不同的方面。接着，医学和法学的认证标准也进行了改革。（El - Khawas，2001）

（4）学科认证机构

随着高等教育在这一时期的蓬勃发展，职业教育也出现了新的领域，从而增加了对新学科认证的需求。很多新的认证机构成立于这个时期。图书馆科学认证机构成立于 1924，同年音乐认证机构也成立了；语言和听力认证机构成立于1925 年，物理治疗认证机构成立于 1928 年，工程学和药学认证机构成立于 1932年，光学认证机构成立于 1934 年，建筑学认证机构成立于 1940 年，艺术和设计认证机构成立于 1944 年，新闻学认证机构成立于 1945 年，教师培训认证机构成立于1954 年。有些认证机构包括了几门学科，例如，工程和技术认证机构（Accreditation Board for Engineering and Technology）包括了 28 门相关的专业学科（Ewell，2008）。

这个时期出现了大量的学科认证组织，并且获得了学校的关注。根据美国教育委员会 1940 年的研究，许多学校的校长认为学科认证开始成为学校的负担（Orlans，1975）。因此，这项研究认为，学校与认证机构之间应该实现合作，即于 1949年建立全国认证委员会（National Commission for Accreditation）。

总之，这个时期的认证逐渐成为美国高等教育的主流。高等教育本身在这段时期发展缓慢，并且基本不受政府的干预。因此，认证实践和认证组织能够在不受外部干扰的情况下，根据实际情况而不断改革。在这个时期，一些变化对认证的未来发展起着重要的作用。其中最主要的就是区分了"使命为中心"与"最低标准"的认证方法，另一个重要的变化就是化解了学科认证成为学校负担的矛盾。

3．黄金时期和准法规时代(1950—1985)

美国授学位的高校的在校学生人数从 1950 年的 230 万增加到了 1985 年的
1 300万(NCES,2006)。绝大多数的增长是由于公立学校招生人数的急剧增加。
1950 年时,公立高校和私立高校的在校学生人数几乎一样,但是到了 1990 年公立
高校的在校学生人数是私立高校的三倍。一方面公立高校的规模大幅扩大,另一
方面新成立的公立高校的数量也急剧增加。从 1950 年到 1985 年授学位的高校的
数量从 1 851 所增加到了 3 146 所。公立的社区学校的数量在这 35 年中增加了三
倍。一方面原因是,很多教师培训的学校转变成了地区的综合性高校,因此这些学
校的在校学生人数也成倍地增长;另一个原因是,很多兼职的成人学生进入大学,
成为授予学士学位的职业领域的学生(Ewell,2008)。

认证在这个阶段发生了很大的变化。首先,20 世纪 50 年代认证机构制定了
认证的三个基本步骤——自我评估、同行的实地考察,以及认证委员会作出授予或
取消认证的决定。这三个步骤一直沿用至今,并且这个认证程序每隔几年就要重
复一次。这一时期成为认证的"黄金时期",主要是因为认证组织在这一时期成为
合法的、并受到尊重的机构(Bloand,2001)。另一方面,认证机构得到了联邦政府
的支持。1965 年在高等教育法案(Higher Education Act)的推动下,联邦政府增加
了对高等教育的投入。该法案要求联邦政府必须审核高校获得资助的资格,因而,
认证机构被授权审核高校的资格。于是从 1965 年起认证机构进入了"准法规时
代"(Orlans,1975)。

(1) 灵活的系统

区域认证机构尽量对所有的学校都采用一样的评估标准和方法,但同时也尊
重各个类型学校的差异性。虽然人们知道学校间的差异很大,但是差异在哪里、差
异有多大等问题都有待解决,这些差异该怎样对待也是重要的问题。一般说来,高
等教育评估机制主要是针对综合性大学的,因为综合性大学是高等教育系统的主
要组成机构,并且是最高学历的颁发地和学科建设地。由于非综合性大学(如:技
术学院、职业学校、专科学校等)是近期才发展起来的,综合性大学通常要求各学
科以科研为主,而非综合性大学却主要以培训和职业教育为主。因此,区域认证机
构需要区别对待综合性大学和非综合性大学的认证方法。

区域认证机构采用了各种方法。一些认证机构建立了几种下属机构来分别评
估不同类型的学校。例如,西部协会(Western Association of Schools and Colleges)
建立的两个认证委员会。一个委员会专门认证社区和职业院校,而另一个委员会
专门认证综合性大学(颁发学士及更高学位的大学)。这两个认证委员会分别建
立了适合各自认证学校的标准和方法。这些标准和方法在很多方面很相似,但在
一些方面却完全不同。

这阶段的认证系统存在一定的灵活性。例如,认证机构会同时审核该学校的
优势和弱点,并且可以根据具体的情况酌情考虑。当学校在某些方面处于弱势,其

在准备认证材料时可将优势和弱点平衡一下,即强调学校的优势以减弱其弱点的负面影响力。认证机构尊重学校的差异,可根据学校性质的不同而调整认证标准。例如,一所音乐学校的认证标准肯定有异于一所工程学校。因此,认证机构在评估的时候会考虑学校的使命是否明确地列出,学校的使命是否完成,是否有资源证明未来该学校能继续完成其使命。有的认证机构即使对所有学校都采用同样的标准,也会在允许的情况下,根据学校的性质进行小幅的调整。例如,评估小组成员是从类似的学校中选取。一个新建立的小型学校的考察小组成员不会出现综合性大学的成员。同样,一个有声望的综合性大学的评估小组成员也应由相似类型的学校成员组成。因此,每个学校的认证过程考虑到学校的规模和资源这种在 70 年代就开始提倡的方法,至今仍然在区域认证机构中被广泛使用(El – Khawas,2001)。

(2)审核法规

至 1950 年认证组织就建立了各项标准或准则来考核学校或学科的教育质量,但是认证组织并没有定期采用这些标准或准则。事实上,许多学校在最初获得区域认证机构的认证以后,就再也没有进行过第二次认证。除了定期审核一些统计的数据以外,大多数学科认证机构也是如此。但是,在这个时期,许多高校的基本特性发生了变化,因此,如果认证组织还想继续在学术界存在的话,这种的状况必须改变。

中北部协会(North Central Association)首先开始对这一现状作出改革。1953年,该协会首先深入地研究认证的准则和过程,并进行了一些基本的改革(Geiger,1970)。第一项改革是限制了学校认证状态的年限。学校必须每隔十年重新进行一次认证。第二项改革是加强教育使命的认证方法。建立七个普遍的准则来对学校进行认证审核。为了能真正实施这些改革方案,中北部协会(North Central Association)对新招募的和原有的认证人员进行了充分的培训。然后,在 1964 年学校的自我评估成为了认证过程中正式的要求,尽管在这之前许多学校已经执行这一步骤。紧接着,其他的区域认证机构也进行了类似的改革,认证机构起到了促进学校进步和质量保证的双重作用。

同时,学科认证组织也受到区域认证组织的影响,开始采取类似的改革。学科认证机构也要求学科在规定的年限内进行再次认证。这个年限一般比区域认证组织规定的十年要短。另外,学科认证组织还规定,在认证过程中要实行实地考察的程序。其次,学科认证也采取以教育使命为中心的方法。这样,认证人员可以根据学校的大环境进行调整,并考虑到不同学校之间的差别。但是,此时许多学科认证机构仍然采用以数字为主的标准,并要求申请认证的学科报告及学生的专业资格证书考试成绩。另一方面,学科认证机构对于学科内容以及学生专业课程的学分数都有要求,对教师的资历也有严格的要求。

在此期间,全国职业相关的认证组织和全国宗教相关的认证组织也发生了重大的变化。由于一些学校合并或更名,全国职业学校开始担心其教育质量。因此,私立职业学校认证委员会(Accrediting Council of Independent Career Schools)首先建立了认证委员会和认证审核程序(Petrello,1988)。1957 年根据对认证成员的调查结果,整个的认证标准发生了改变。与其他认证组织一样,该组织也规定了认证的有效年限。每隔六年,职业学校需要进行再一次的认证。1970 年,该认证机构再一次进行改革。所有的申请认证的学校都必须报告一些共同方面的统计数据,如毕业人数以及就业情况。全国宗教认证组织也毫无例外地进行了改革。如1979 年成立了基督教大学和学校的跨国协会(Transnational Association of Christian Colleges and Schools),该协会对宗教相关的高校进行认证。与区域认证相似,该协会的认证重视的是基础领域,并强调教育使命和宗教教学的功能(Ewell,2008)。

（3）新的联邦作用

1965 年在高等教育法案(Higher Education Act)通过以后,美国的认证发生了巨大的变化。联邦政府向学生发放助学金是由高校来具体操作的,因此,联邦政府需要采用一种方法来审核学校发放助学金的资格,并且需要保证获得助学金的学生确实得到有价值的教育。一方面,由于认证组织不断改进标准,并且重新规定了认证的周期和过程,认证机构成为了理想的选择。另一方面,联邦政府已经采用认证的标准来审核招收退伍军人的学校的资格。这些退伍军人都是获得退伍军人安置法案(Veterans Readjustment Act)资助的。因此,高等教育法案通过以后,联邦政府就顺理成章地再次让认证机构来认定学校的资格。

但是,联邦政府认为如果要委托认证组织来执行这些事务的话,联邦政府需要再进一步地考核这些组织,以确保他们完全有能力完成这些事务。1968 年一个正式的联邦考核程序建立了,即认证机构必须达到规定的标准才能获得认证学校的资格。这个考核程序首先由医疗、教育和福利部的工作人员来执行。考核的结果有一定的时效,时效过了之后,认证组织必须重新申请资格考核。所有的区域认证机构在第一轮考核中全部通过。接着,越来越多的其他的认证机构也通过了考核。

总之,1985 年高等教育和认证机构都完成了转型。高等教育达到了前所未有的发展,即学校的数量、在校的人数和财政预算等方面空前的增长。同时学校的中心已经从传统的文理学院的教育转向了职业或专业的教育。认证建立起了基本程序——自我评估、审核标准、同行实地考察和认证决定,这个程序至今受到广泛的认同。同时,认证组织开始与联邦政府合作。

4. 进入绩效责任时期(1985—至今)

1985 年至今是美国高等教育的重要时期,尽管在校学生人数增长的速度低于60 年代和 70 年代,但是仍然保持持续增长的势头,而且非传统的学生数量也持续增长。但更重要的变化是高校获得公众的认可,并且成为国家经济竞争中的重要环节。

随着信息技术的提高,远程教育迅速崛起,并且导致了图书馆、教师、教室等作用的转化。认证机构越来越难以原先对传统学校的准则来认证这个新的教育模式。公众对大学的教育质量开始产生顾虑,并呼吁高等教育采取绩效责任制,从而保证教育的质量。

(1) 学生学习成果

20世纪80年代中期的美国高等教育的认证主要采取收集系统的证据来证明学生的学习成果。课程改革的报告呼吁高校应注意收集并使用学生学习成绩的数据来提高教学。全国州长协会(National Governors Association)在1986年的报告中指出,许多州开始要求公立的高校必须对学生的学习成果进行评估。有些州要求学生参加统一的考试,但大多数州要求高校明确地陈述预期的学习成果、收集学习成绩的数据,并公布学习成绩的评估报告(Ewell,2005)。1990年几乎所有的州都明令高校必须对学生的学习成绩进行评估(Ewell,Finney & Lenth,1990)。到1993年,90%的学校已经开始建立评估学生学习成绩的程序,但大多数都还处于起步阶段(El – Khawas,1995)。

区域认证机构很快就参与到这项改革的进程中。南部协会(Southern Association)首先采用"学习绩效"的标准,即要求学校建立学习目标和评估方法,并收集学生学习成绩的数据。中北部协会(North Central Association)在90年代也开始要求所有的学校必须递交一份详细的学习评估计划,这份计划包括学校制定的学习目标,以及公共学科和专业学科的评估过程。然后,学校还要制订执行计划。到90年代中期,所有的区域认证机构都制定了类似的标准。这也符合美国教育部提出的评估学生学习质量的要求。与此同时,区域认证机构也尽力帮助学校达到这个新的标准。比如,认证机构定期开展评估讲习班和研讨会,或者在网上公布一些值得借鉴的评估方法等。

与区域认证机构类似,学科评估机构也很快考虑制定评估学生学习成果的标准。例如,工程学的认证机构详细地列出每个专业的学生在毕业时应掌握的专业知识和技能。再如,商学院协会(Association of Collegiate Business Schools and Programs)直接在认证内容中增加一项——学习评估(Blood,1987)。另外,专业资格证书考试也是评估学生学习成绩的一种重要的评估方法。教师教育的认证机构还要求报告学生参加教师资格证书考试的通过率,以及直接能证明学生学习成果的证据。其他各个学科的认证机构也纷纷增加学习评估的标准。到2003年,59个学科认证机构中的50个机构已经建立了与学习成果评估相关的标准(CHEA,2003)。

职业认证机构与学科认证机构类似,也要求评估学生的学习成果。比如,私立大学和学校的认证委员会(Accrediting Council for Independent Colleges and Schools)要求学校提供每年的毕业率和就业率,并且对学生学习表现提出了最低的要求。如果学校不能达到这个要求,那么该学校就有可能被取消认证。有的认证机构还要求学校公布学生参加专业资格考试的成绩。职业技术学校认证委员会（Accrediting Commission of Career Schools and Colleges of Technology）与继续教育和培训认证委员会（Accrediting Council for Continuing Education and Training）也提出了相似的要求（Ewell,2008）。

（2）高等教育法案的修正案

1992 年高等教育法案的修正案对于认证的未来产生了重要的作用。修正案的制定者们认为，认证机构并不能有效地审核学校发放助学金的资格,因为认证机构不能或者不愿意吊销不合格的学校的认证。因此,修正案制定者考虑取消认证机构审核学校资格的权力,由联邦或州政府取而代之。尽管最终认证机构仍然获得了保留该权利,但是许多前所未有的新标准必须出台。修正案提出了对学校资格评估的十项具体要求,包括授予课程、教师资格和毕业生的就业率等（Bloland,2001）。对于认证机构来说,这意味着它们丧失了如何认证学校的决定权,并且成为了政府部门的工具。新建立的国家学校质量和完善的顾问委员会（National Advisory Committee on Institutional Quality and Integrity）根据制定的标准对认证机构进行考核。这些标准包括:学生保留率、毕业率、就业率、专业资格考试成绩,以及毕业后的薪水（Ewell,2008）。

（3）教育部长的委任

2005 年到 2007 年认证机构作为教育质量保证的作用出现了重要的转折。一系列要求提高高等教育绩效责任的报告出炉。报告中呼吁高等学府必须提供更多关于学生学了什么的信息（BHEF,2005）。一份关于国家高等教育绩效责任委员会（National Commission of Higher Education Accountability）的报告对州政府、认证机构、学校和联邦政府执行方法提出了具体的建议。

美国的教育部长斯佩林斯（Margaret Spelling）于 2005 年夏天委任了美国未来高等教育委员会（Secretary's Commission on the Future of Higher Education）。这个委员会由政策制定者、商界和市政领导、著名的教育协会的领导和高等教育界的领导组成。这个委员会的成员用了一年时间,会晤了十几个高等教育支持者和评论家,听取他们的意见。委员会的最终报告指出了一些高等教育的重要问题,尤其是认证。报告认为认证无法有效地提供可靠的学校质量的信息,因为它过于注重学校的投入,而忽略了学生的学习成果。而且,认证阻碍了学校的创新性（USDE,2006）。

这份被称为"斯佩林斯委员会"（The Spellings Commission）的报告于 2006 年年底出炉了。教育部立刻开始执行其对认证的建议。首先,它采用争论的方法来要求认证机构制定学生学习成果的标准。其次,它指示国家学校质量和完善的顾问委员会（National Advisory Committee on Institutional Quality and Integrity）更严格地要求认证机构来审核学生的学习成果。这些建议的执行很大程度地改变了认证组织在教育质量过程中的作用。这个绩效责任时期对认证和高等教育本身来说是一项历史性的挑战(Ewell,2008)。

（四）认证和政府

当认证刚开始的时候,政府几乎不参与美国高等教育的行为。在19世纪末的时候高等学府大多是私立的小学校。州立的公立大学是从19世纪中期开始建立,而且一开始数量和经费都很少,所以政府几乎不参与管理。

直到20世纪50年代,联邦政府才开始参与到高等教育中。莫里尔法(Morrill Act)和退伍军人安置法案(GI Bill)使得联邦政府开始真正影响到高等教育。政府对高等教育投入大量的资金,但是几乎不能获得高校绩效责任的保证(Trow,1996)。政府对大学生的资助引起了公众的注意,因此公众希望高校能够提供质量的保证。但是当时的政府完全没有做好这个准备。

进入21世纪以后,政府对高等教育的影响越来越大,尤其在教育质量的管理方面。认证是联邦和州政府控制高等教育机构质量和绩效的方法之一。政府与认证紧密的关系来自于两方面。第一,认证受美国政府授权对教育质量进行评估,而这个评估功能在其他的国家是由政府部门来完成的。在具体操作上,认证机构丧失了对评估标准设置的独立性。第二,事实上认证机构已经逐渐向多元化的方向改革,即除了认证原先的价值和目标以外,它开始服务于政府(Ewell,2008)。

1. 认证与联邦政府

由于美国的每个州独立资助和管理公立高校,并且许多高校都是私立的,美国的联邦政府对教育质量管理主要是起间接的作用。联邦政府主要关心的是高校对于联邦政府投入的助学金的管理是否恰当,以及受助的学生是否获得高质量的教育。更具体的是,在高校毕业以后,接受联邦政府助学金的学生是否能够在就业市场上体现高等教育的价值,并能归还贷款。高等教育法案(Higher Education Act)制定后,联邦政府指定认证组织执行这项事务。另外,教育部也会定期采用一些标准来审查这些认证组织,以确保这些组织确实在替联邦政府审核学校的教育质量。

2. 认证与州政府

州政府在高等教育的质量管理中有三个重要的作用。第一,州政府是公立高校的"拥有者和执行官",它们对州内的公立高校提供直接的运行资金,并且监督学校的运行。因此,州政府非常关心自己的投入是否有回报,尤其是在州政府的财政预算越来越紧张的今天。第二,州政府关心高校的教育质量也是保护消费者的行为,因为本州居民是高等教育的主要消费者。因此,州政府关心的是学生是否能够获得教育的价值,即毕业生是否满意所受的教育,并能找到物有所值的工作。第三,州政府应保护公众的利益。高质量的教育能够通过高质量的毕业生来推动经济的发展,能够随着本州或社区的需要来更新知识。以上三个作用使州政府与认证产生了紧密的联系(Ewell,2008)。

（五）认证实践和核心价值

认证核心价值包括:自我管理、使命为中心的审查、自我评估、同行考察。事实上,认证的实践赋予这些价值的真实性。认证是美国学校独特的学术设计。在提高高等教育实践的同时,认证还保证适当的学术标准和价值。因此,我们很容易发现学术界的一些重要的价值能够在认证的实践中找到并得到证实。从1950年到1965年的认证的黄金时期,认证的价值和实践紧密地联系在一起。但是随着政府越来越多地介入,认证的实践和核心价值逐渐分离。在新的环境下,保持认证的核心价值越来越重要,因此,认证实践需要不断改进,才能将认证的实践和核心价值保持紧密的联系(Ewell,2008)。

(六)认证的优点和挑战

大多数认证组织已经存在并运行了半个多世纪了,在这期间,尽管大环境和认证的功能发生了变化,但认证仍然在某些方面做得很好。这些方面包括:将认证作为教育质量的符号,为自我提高提供了机会,学校之间互相学习,替代政府对高等教育的管理。

认证的优点长期以来在各方的参与者中得到广泛的认可。但是,作为保证教育质量的机构,认证面对一些重要的挑战。认证目前面对的重要挑战有:不够公开认证的信息、过于严格地采用以标准为基础的评估方法、效率低下且成为学校的负担、缺少公众的理解。认证组织难以应对其中的一些挑战,因为认证组织的功能范围无法应对这些挑战所要求的功能。另一些挑战存在于分散的组织设计,即质量保障是一个无政府的系统(Ewell,2008)。

在大多数学术观察者看来,认证的优点和挑战平衡的结果是积极的。高等教育的领导们认为,尽管认证的过程很烦琐,但是值得这么做。"毫无疑问认证是有价值的……问题是它是否够成本效益。"(CHEA,2006)与此相反的是,认证机构认为认证对学校来说是有成本效益的,但是他们不确定认证对学校或学科是否有积极的价值。评论家们更注重认证的挑战,他们指出,认证必须要面对这些挑战,才能在未来十年中仍然拥有公共的可信度。公众也认为高校的绩效责任很重要,应该要加强(Ewell,2008)。

总的说来,根据大环境的变化,美国的高等教育认证在不停地改革,从而实现保证和提高高等教育质量的目的。作为高等教育质量评估的主要方法之一,认证并非一个完善的评估体系,它存在不少优点,但是也有不少地方需要改进。

二、排名

高校教学质量排名主要是满足消费者的需求,即学生和家长希望获得高等学府的信息,从而在择校的过程中获得更多的指导。高等教育学家韦伯斯特(Webster)对"教学质量排名"的定义是:根据一些准则,采用一系列反映学术质量的测量方法,将高校或科系根据测量的结果来进行数字的排序(Webster,1986)。

排名的体系分为三种:第一种是对科系进行排名,如教育系、社会学系等。第二种是对大学或学院的整体排名。第三种是针对研究生教育和本科生教育分别进行排名。一般说来,本科阶段的教育和学校的整体排名有一定的关联,研究生阶段的教育与科系的排名联系更紧密一些(Myers & Robe,2009)。

与排名的内容相比,排名的方法更重要。目前,排名机构主要采用两种排名的方法,即成果评估(outcome - based assessment)和声誉调查(reputational survey)。另外,一些客观的数据作为辅助的方法,如财政来源、新生的考试成绩、毕业率等。这种成果的评估主要考虑的是高等教育的"价值增值"。它将毕业生的成果来决定高校的质量,并且依赖一些其他的参考资料(如"美国名人录"(Who's Who in America))。声誉调查的排名主要是根据同行评估者回答学校或科系的调查问卷的结果来排名。这两种方法都能对科系、高校、本科教育和研究生教育进行排名。从实践上来说,成果评估的方法主要被广泛地运用于1910年至1959年,而声誉调查的方法从1958年开始盛行至今(Webster,1986)。

(一) 早期的成果评估排名

第一份美国高校排名出现在1900年。麦克林(Alick Maclean)出版了第一份学术研究《优秀人物在哪里》(Where We Get Our Best Men)。尽管他在书中对这些优秀人物的其他特征也进行了研究(如国籍、出生地、家庭背景等),但是在书中他还列举了一份大学的排名,即根据在这些大学就读过的优秀人物的数量进行排名。1904年,埃利斯(Havelock Ellis)采用同样的方法,根据优秀人物的数量来对他们就读过的大学进行排名(Webster,1986)。

尽管这两位作者依据优秀人物的数量来对学校的质量进行评估,但是他们都没有将排名作为评估大学质量的方法。早期的美国大学排名都是采用类似的方法和数据。根据本科生的来源、博士生的来源和优秀人物的数量,来对美国高校的质量进行评估(Webster,1986)。

第一份真正的大学排名是凯特尔(James McKeen Cattell)在1906年发表的一本书——《美国科学家传记》(American Man of Science:A Biographical Dictionary)。书中包括4 000名著名科学家的传记,记录了他们毕业的高校、获得的荣誉,以及工作的单位。1910年,凯特尔重新统计排名的数据,这些数据包括这4 000名科学家毕业的高校,以及他们工作的学校,并且根据这些科学家们的贡献对这些数据加权。然后,凯特尔将这些学校排序,这就是第一份美国大学的质量排名。卡特尔意识到自己在评估高校的质量,并认为学生在择校时会对这个排名感兴趣(Cattell,1910)。之后,凯特尔不断地修改这份排名,成果排名的方法就是基于凯特尔的这种方法发展而来,并一直沿用到1960年(Myers & Robe,2009)。

印第安纳大学的维设(Stephen Visher)从凯特尔1920年的科学家名单中选出最年轻的327名,将毕业于同一所大学的科学家的总数,除以该校的在校学生总数,然后,根据此比例来排出全美国最优秀的17所大学。维设的排名方法第一次将在校学生数带入了排名中,维设认为高校培养出科学家的比例反映了该高校的教育价值(Visher,1928)。

昆可(Kunkel)和普林提斯(Prentice)认为评估高校最可靠的方法是评估高校的"产品质量"。因此,他们对高校质量的评估依据是高校本科毕业生进入美国名人录(Who's Who in America)的数量(Kunkel & Prentice,1951)。从1930年到1951年,昆可和普林提斯用这种方法对高校进行了多次的排名。

1910年,美国联邦政府对高校进行了一次排名,这也是唯一的一次。美国大学联盟(American Association of Universities)请教育部的高等教育专家柏博克(Kendric Charles Babcock)来评估大学的本科教育质量,其结果将有助于高等教育的研究生院对申请者的学术背景有所了解。美国大学联盟请教育部来评估的原因是:教育部与大学相互独立,它对大学的评估更容易被大众接受。柏博克并没有对大学进行排名,而是将大学分组。他将344所高校分成四组,与之前的排名一样,它采用的也是成果排名的方法。与凯特尔不同的是,柏博克根据大学毕业生在研究生院的表现,来评估本科教育的质量。他与学校的校长、学院的院长和研究生院委员会访谈,并研究了几千名研究生的学习记录,最终根据访谈和研究的综合结果将大学分类(Babcock,1975)。当这份研究结果公布的时候,许多被分在低质量小组的高校校长要求停止出版这份排名。当时的教育部主任试图平息这场风波。他承认柏博克的这份排名是不完善的,因为他只研究了进入研究生院进修的本科毕业生的学习表现,而忽略了许多没有进入研究生院学习的毕业生的成果。因为这个事件,联邦政府从此以后再也没有对高校进行排名(Myers & Robe,2009)。

(二)声誉调查排名的出现和崛起

自1959年起,声誉调查成为高校质量排名的主要方法。这种方法一直沿用至当今的《美国新闻和世界报告》(U. S. News and World Report)。事实上,这种方法早在1924年就被俄亥俄州迈阿密大学(Miami University)的化学教授采用。休夫斯教授(Raymond Hughes)受邀于中北部学校和大学联盟(North Central Association of Schools and Colleges)对研究生院的质量进行评估。他采用的是同事们的观点而不是当时盛行的成果排名的方法(Webster,1992a)。

休夫斯教授设计了两份问卷,并发给了他在迈阿密大学的同事们。问卷针对的是19个人文学科和一个专业学科。第一份问卷是请他的同事们列出各自的学科领域中的40~60名美国大学教授的名字。第二份问卷是请他的同事们对各自的学科领域中的36所大学打分,分值为1~5分。休夫斯教授以50%的回收率收到了反馈,他对数据经过加权处理后,根据得分来对这20门学科排名,即这些学科教育质量的评估结果。休夫斯教授并没有进一步采用学科排名结果来对学校进行排名。1934年,在休夫斯教授担任美国教育协会(American Council on Education)会长的期间,他对研究生教育质量再次进行排名,进一步完善了排名的方法,并扩大了问卷调查的对象。该排名的结果是将一系列优秀学科的名字以字母排序的方法排列,而不是根据学科得分的高低来进行数字排序(Webster,1992a)。

声誉调查的方法在 25 年之后才再次被采用。宾夕法尼亚大学的凯尼斯顿（Keniston）教授于 1959 年对 25 所高校进行评估。选取这 25 所大学的标准是：是美国大学联盟（Association of American Universities）的成员，授予博士学位，分布于美国各个地理区域，并且是综合性的大学。根据宾夕法尼亚大学的学科设置来选择排名的学科，因此工程类学科没有入选。凯尼斯顿将评估的学科分成四类：人文科学、社会科学、生物科学和物理科学。凯尼斯顿的学科质量的评估完全依赖这些大学的系主任的观点。凯尼斯顿请这些系主任（评估者）从这 25 所大学中，选出他们各自学科中学术最强的 15 个学校，并进行排名。问卷的回收率是 80%。另外，凯尼斯顿还将学科的评估排名转化为大学的排名。这是第一次用声誉调查的方法对大学进行排名（Webster，1992a）。

从 1959 年到 1966 年，声誉调查的方法被广泛地采用于大学学术质量排名，但是这些排名都没有吸引公众的注意力。声誉调查的方法真正受到重视是从 1966 年开始。卡特（Allan Cartter）在 1966 年发表了一份研究生教育质量评估报告，并对 29 个学科进行了排名。卡特从三个方面改进了声誉调查的方法。第一，除了系主任，他将资深教授和年轻教授也纳入了评估者的名单。这样的做法能够取得更加多样的评估观点和评分的数据。第二，卡特评估的高校总数为 106 所，远远超过了以往的高校数量。最后，这份评估报告采用了两种评估标准（而不是以前的一种），即研究生师资的质量和研究生课程的质量。

评估者对每个科系打分（1～5 分）。卡特根据科系的得分对科系贴上标签："出色"（>4～5 分）、"优秀"（>3～4 分）、"良好"（>2.5～3 分）和"中等"（>2～2.5 分）。另外，卡特还研究了这些排名高的学科的地理分布、排名与教授的工资的相关性、教授的科研成果和师资质量的相关性。尽管卡特没有根据学科的得分来对高校进行排名，但是在排名公布以后，其他人用卡特的排名对大学进行排名。（Webster，1992a）。

卡特的排名不仅是当时最全面的方法，也是最受欢迎的排名。这份排名获得的关注比以前的排名要多，并且大多数的反馈是正面的。另外，除了获得高等教育界的认同，《时代》（Time）和《科学》（Science）等杂志也发刊登了这份排名，并且出售了大约 2.6 万份（Webster，1992a）。在商业上的成功以及正面的反馈都说明声誉调查排名已经超越了成果排名成为了主要的排名方法。

1970 年，鲁斯（Kenneth Roose）和埃德生（Charles Andersen）采用了卡特的排名方法。鲁斯和埃德生的排名对象包括了 36 个学科、130 个高校和 6 100 名评估者的回复。由于把打分从两位小数改成了一位小数，他们的研究生学科排名出现了很多并列的情况。他们只公布了排名的结果，并没有公布原始的分数。另外，他们没有给学科贴上任何的标签。他们公布了两份排名：一份是根据师资质量的学科排名，并且有数字排序。另一份是根据绩效将学科排名，并没有数字排序（Webster，1992a）。与卡特一样，鲁斯和埃德生的排名仅仅是针对学科，他们没有对大学进行排名。但是《新闻周》(Newsweek)和《高等教育杂志》(Journal of Higher Education)则用鲁斯和埃德生的排名结果,对大学进行了排名并发布了大学排名的结果(Webster,1992a)。

1982 年,国家科学院(National Academy of Sciences)和国家研究协会(National Research Council)联合公布了美国研究型博士学科的评估报告。这个报告评估了2 699 门学科和 228 所高校,是当时最全面的学科质量评估报告。但是,这个评估报告非常复杂。每个评估标准都将学科及其大学按照字母顺序排列,并将其评估的综合分数列在学科的后面。因此,16 个标准就产生了 16 份排名,人们很难了解一个学科的排名。这份排名也没有对高校进行排名(Webster,1992a)。另外,这份排名同时包括了声誉调查和非声誉调查的方法。16 个评估标准中只有四个采用声誉调查的方法,其他的标准包括学生人数、毕业生特性、图书馆规模、研究经费和科研成果等方面。但是,杂志和报刊报道声誉调查的方法比其他方法要多(Webster,1992a)。

1995 年,国家研究协会根据 1982 年的排名方法,对博士学科又进行了一次排名,这次排名有 41 门学科和 274 所大学。这次排名结果的报告方法有所提高,这次公布的结果按照排名的顺序(尽管排名没有列出数字)。这次的排名采用了 20项标准,包括三项用声誉调查方法、八项教师研究的方面、两项博士学生的方面和七项博士毕业生的方面。其中,声誉调查方法还是受到更多的重视和报道(Webster & Skinner,1996)。

(三) 本科教育的排名

1959 年声誉调查排名开始兴起时,专门针对学校和学科的本科教育的排名还很少。虽然成果排名的研究中有一些是针对本科教育的,但是大多数的声誉调查排名都是针对研究生教育的。在 20 世纪 50 年代末至 80 年代初,出现了一些针对本科教育的声誉调查排名。

1957 年曼利(Chesly Manly)发表了第一份用声誉调查方法的本科教育排名,但是没有受到公众的关注。根据本科教育质量,曼利列出了最好的十所综合性大学、男女同校的学院、男子学院和女子学院。同时,也对最好的法学院和工程学院的研究生教育进行了排名。另外,曼利还采用声誉调查的方法对整个学校进行排名,而不是只对学科进行排名(Webster,1992a)。

同一时期,另一个对本科教育和研究生教育进行排名的人叫格曼(Jack Gourman)。他自 1955 年开始进行问卷调查,到 1967 年才公布结果,根据十个方面的平均分数来对学校进行排名。许多研究者(尤其是经济学家)应用这个排名的结果来研究高校质量和其他因素(如毕业生的收入和学生的择校等)之间的关系(Bogue & Hall,2003)。

接着,在 1981 年所罗门(Lewis Solmon)和奥斯汀(Alexander Astin)公布了对加利福尼亚、伊利诺伊、北卡罗来纳和纽约四个州七个领域(生物、商科、化学、经济、英语、历史和社会学）排名的结果。评估者根据六项准则来打分：本科教育整体的质量、为进入研究生教育的准备、为就业的准备、教师对教学的投入、教师的学术成就、学科的创新性。所罗门和奥斯汀发现，评估者对本科教育质量的观点，与教师的学术成就以及教师对本科教学的投入紧密相关。由于教师的学术成就与研究生教育质量存在相关性，导致了最好的本科学科的排名与鲁斯和埃德生的研究生教育排名几乎一致。为了避免这一现象，所罗门和奥斯汀决定去除鲁斯和埃德生排名高的高校，然后将剩余的学校排名。第一份排名是根据上面提到的六项准则对学科的排名，第二份排名是根据前十名学科的数量来排名高校（Webster，1992a）。

（四）排名的转折点

采用声誉调查方法的本科质量排名的转折点是1983年的《美国新闻和世界报道》（*U. S. News and World Report*）公布的排名。尽管最早采用声誉调查方法的本科质量排名的是卡特，但是排名被高中生用来择校的还是《美国新闻》（*U. S. News*）出版的"美国最佳大学"（America's Best Colleges）。

学术排名一开始只受到大学教授和管理者的关注，并且只是研究者发表在一些学术杂志或书刊上的文章。大学排名自刊登在流通广泛的杂志（如《美国新闻》（*U. S. News*））上后，开始获得公众的关注，并产生了前所未有的影响（Webster，1992b）。

《美国新闻》刊登的最早的三次大学排名完全是基于声誉调查的方法。首先，按照卡内基的高等学校分类法，各种高校被分成不同的组。然后，高校的校长列出提供优质本科教育的高校名单。1983年，《美国新闻》向1308名校长发出了调查问卷，收到了大约50%的回复。两年以后，《美国新闻》还是采用了这样的排名方法，但是这次校长收到的是与自己学校分在同组的高校的名单，校长需要从中挑选出五所最好的学校。1987年，《美国新闻》进行了第三次的调查，这次，校长从名单中选出最好的十所高校。这次的回复率上升到了60%，但是，这种调查问卷的方法受到了很多的批评，尤其是那些没有回复的校长提出，校长只能够对自己学校的教育质量进行评估，没有资格对其他学校的质量进行评估（Webster，1992a）。

1988年，《美国新闻》对调查方法进行了改革。改革主要有两个方面。第一，除了调查校长，问卷还发给了院长和其他的学术成员。这样，就能够获得更全面的质量评估。第二，声誉调查的结果只占排名成分的25%，其余的75%是学校的客观数据或成绩（如招生标准、教师学术成果、教育资源和毕业率等）（Bogue & Hall，2003）。另外，自1988年起《美国新闻》每年出版一本大学指导的书，书名是《美国最佳大学》。这本书里还包括更多关于排名高校的其他信息（Webster，1992b）。

在过去的20多年里，《美国新闻》的本科学校的排名方法进行了多次改革。1995年，《美国新闻》要求调查问卷的打分者考虑本科教学的质量。另外，为解决排名方法中高校成果的比重不够的问题，毕业率在排名中的比重上升（Morse，

1995）。1996 年高校成果的比重再次加重。《美国新闻》增加了"增值"的标准，即用学校招生的数据（如新生入学考试成绩）来预测高校的毕业率，然后将真正的毕业率和预测的毕业率进行比较。如果真正的毕业率比预测的毕业率高，那么排名就会提高（Bogue & Hall，2003）。

1999 年，《美国新闻》开始采用标准数据来计算排名，这样更能够反映在排名构成中的高校之间的差异。2000 年，排名的计算方法又增加了研究生和本科生的比例，因为一些高校将很多的研究经费投入到研究生教育而不是本科生教育。依据卡内基的分类法来分类高校的方法也引起了一些问题。例如，卡内基高等学校分类法自 2000 年以来，进行了两次改革。由于分类法的改变，一些学校突然进入另一类高校的排名，尽管他们并没有任何的重大变化（Myers & Robe，2009）。

一些评论家认为由于《美国新闻》不停地改变排名的方法，引起学校排名变化的是排名准则比重的改变而不是学校质量的变化。但是另一些评论家认为，《美国新闻》不停地改革是为了不断地提高自己的方法。韦伯斯特认为，《美国新闻》对本科学校的排名是"到目前为止最好的排名"（Webster，1992b）。同时，他也提出一些高校针对排名的方法，调整一些非质量的数据，以达到提高在《美国新闻》上的排名的目的（Webster，1992b）。

除了《美国新闻》以外，还有两个规模较小但是也具有一定影响力的排名——《财经杂志》（*Money Magazine*）和《普林斯顿评论》（*Princeton Review*）。1990 年，《财经杂志》出版了第一份排名，叫做《美国最佳大学性价比》（*American's Best College Buys*）。这份排名并非质量的排名，而是价值的排名，即支出学费所获得的教育质量——在基于一些因素之上，完成大学应该支付的费用。这些因素包括新生的考试成绩、新生的高中排名、师资来源和质量、图书馆资源、毕业率和保留率、毕业生的学术和职业成果。然后，根据计算出来的大学学费与实际的学费进行比较，实际的学费越低于计算的学费，那么排名就越高。一个有趣的发现是，在《财经杂志》上排名高的学校在学术质量、学费和隶属机构等方面都存在很大的差异（Bogue & Hall，2003）。

《普林斯顿评论》出版的《最佳 368 所大学》（*The Best 368 Colleges*）是对书中排名的 368 所各种类型的大学的学生进行问卷调查的排名结果。2008 年出版的书中包括了 61 份排名，这些排名是基于八个方面的调查。这八个方面包括：学术活动、政治活动、学生人口结构、校园生活质量、聚会活动、课外活动、学校的类型和社交生活。调查问卷有 81 个问题，学生根据各自学校的情况来回答。这些学生几乎都是自愿参加这个调查的。95% 的问卷都是学生在网上注册以后在网上完成的。由于这个排名的刊物含有著名的普林斯大学的名称，因此受到很多媒体的关注，并且影响到高中生的择校（Myers & Robe，2009）。

（五）专业学院和研究生排名

出版社不仅仅出版大学本科的教育排名。《美国新闻》出版了大学本科教育的学校排名以后,又在 1987 年首次出版了专业学院的排名。这个排名主要包括医学院、法学院、工程学院和商学院的研究生学科。这个排名完全是基于院长在调查问卷上的打分(Solorzano 等,1987)。与本科教育的排名类似,研究生和专业学院的排名方法逐渐从单纯的声誉调查转变成调查与客观数据相结合的方法。近年,排名又增加了教育学院。每个学院的排名方法都不一样,但是所有的方法都采取对同行和雇主进行声誉调查的方法,以及招生条件的数据(如录取率、本科学分基点和入学考试成绩等)。另外,排名还考虑教师资源、就业率和研究成果。排名的研究生学科领域也增加到了 17 个,分布于自然科学、图书馆学、社会学、人文学、保健学、公共学和美术学。

与在本科教育排名的地位一样,《美国新闻》似乎是唯一一个对研究生教育和专业学院排名有影响力并流通广泛的杂志。尽管一些个人和行业组织(如法律学教授赖特(Brian Leiter)的法学院排名)也对专业或研究生教育进行排名,但是其影响力远不及《美国新闻》。国家研究协会(National Research Council)的研究生教育排名是一份最全面的排名,并且受到学术界广泛的关注,但是它的排名没有周期性(在 1982、1995 和 2010 年各公布过三次排名),因此其影响力受到了限制。

仅有一个领域《美国新闻》的排名不是占统治地位,那就是商学院。许多主流杂志都对商学院或工商管理学位进行排名,如《商业周刊》(*Business Week*)、《福布斯》(*Forbes*)、《华尔街时报》(*Wall Street Journal*)。另外,《经济学家》(*Economist*)和《金融时报》(*Financial Times*)还对工商管理学位进行国际排名。尽管每份排名采用的方法都不完全一样,但是所有的排名都考虑毕业生的薪水或者毕业后的职业发展。研究发现以上的这些排名具有相当高的相关性(Myers & Robe,2009)。

许多教学质量排名的评论家认为,排名在过去的 20 多年里获得了大众消费者的巨大关注。在 1983 年以前学术质量排名主要受到高等教育界的关注。到 20 世纪后期,排名开始受到广大媒体和出版社的关注。但是,真正开始受到前所未有的关注是《美国新闻》开始每年出版并发行大学教育质量的排名。《美国新闻》的排名易懂,因此获得了百万读者的关注。正因为如此,《美国新闻》的排名成为了公众接受的教学质量的评估权威。当今的大学排名在很大程度上影响学生的择校、学校的招生程序和学费的价格制定。学校质量排名受到越来越多的公众关注,既帮助学生选择高校,又评估高校的整体质量。

认证和排名有共同点也有相异之处。认证的结果是等级式的——合格(授予认证)和不合格(取消或不授予认证)。排名的结果是次序式的——将学校获得的评估分数从高到低排列次序。高校参与到认证和排名过程的程度不一:认证时,学校首要先对自己进行评估,并作出报告;排名时,高校提供排名所需的数据,并不需对数据进行分析。认证的目的是保证教育质量,而排名是比较高校的学术质量。无论是认证还是排名,都是美国高等教育的质量评估方法。

第二节 日　本

在高等教育领域中,和评估相关的日语词汇有"高等教育评价"和"大学评价",后者的使用频率更高。所谓的"大学评价",指的是"根据一定的目的,基于一定的水准,对大学这一社会制度或者个别高等教育机构的组织和机能所具有的价值(或效果)科学地进行判断的过程"(喜多村,1989)。为和本书其他章节保持统一,本节使用"高等教育评估"这一表达方式。

高等教育评估主体通常包括政府、高校和社会三部分。在日本,政府指的是以文部科学省及地方公共团体为代表的行政部门,高校指的是由大学、短期大学和高等专门学校组成的高等教育机构,社会中介组织的情况略显复杂,它既包括大学基准协会(Japan University Accreditation Association,JUAA)、大学评估和学位授予机构(the National Institution for Academic Degrees and University Evaluation,NIAD-UE)等非营利的教育评估中介机构,也包括各类大学联盟,还包括具有营利色彩的各类媒体和出版社。表6-1概括了三类主体承担的各类评估活动。

表6-1　从评估主体看日本高等教育评估

评估主体	评估类型
政府	通过制定政策来调控评估活动
	审批高等教育机构的设置
	国立大学法人评估
	组织审批各类竞争性专项资金
高校	自我检查和评估(自我评估)
中介组织	认证评估
	排行榜

一、不断强化的政府评估活动

(一) 审批高等教育机构设置

依法治教是日本教育的一大特色。明治维新后,政府一直十分重视包括高等教育在内的法制建设,先后颁布了《专门学校令》(1903年)、《大学令》(1918年)等,对设置大学的标准和条件做出了明确的规定。二战后,在审批大学设置时,依据的是民间团体"大学基准协会"制定的《大学基准》。为了加强政府的权限,1956年,当时的文部省自己开发了一套评估标准,取名为《大学设置基准》(文部省省令第28号)。这两个"基准"在内容上有众多相似之处,特别是教师数、学生数、校舍面积、本科毕业所需学分等定量指标。但是两个基准的定位是不同的。根据文部省和大学基准协会之间达成的协议，《大学设置基准》是成为一所大学应具备的基准，即文部省实施认可(chartering)时依据的标准。而《大学基准》则是作为一所合格大学应具备的基准，即大学基准协会对会员实施认证(accreditation)时依据的标准。因此，《大学设置基准》都是一些操作性强、单一的数量指标，而《大学基准》中则包含一些定性规定：强调在重视大学多样性的前提下开展认证活动，大学的入学名额必须尊重教授会的决定等。

在制定《大学设置基准》之后，文部省又先后制定并颁布了《高等专门学校设置基准》(1961 年)、《大学院设置基准》(1974 年)、《短期大学设置基准》(1975 年)。这一系列设置基准的颁布，标志着日本高等教育评估体系的初步形成，其特点是政府主导的严格的事前审查机制。"在相当长时期内，日本政府对大学，特别是私立大学拥有很大的控制权，设立新大学自不待言，在学部、学科的新设或变更时，也均须按照文部科学省制定的《大学设置基准》接受审查。"①

但是，这一机制很快就迎来了挑战。20 世纪 60 至 70 年代中期是日本经济的高度增长期，高等教育也迎来了"大扩张期"(金子，2007)。由于政府放宽了对私立大学招生名额及新设私立大学的限制，私立大学快速发展起来。在私立大学的新设和扩大、学科和学部的新增过程中，不可避免地出现了有意放宽审批标准的现象。同时，也有许多大学递交的新学部、新学科和新课程设置申请没有得到批准，文部省给出的理由有两点，一是新学科脱离传统学科，二是评议委员会中没有该学科的专家。越来越多的人开始抨击这一缺乏灵活性的审批制度。

进入 90 年代，这一现象终于得到改善。大学审议会②在一份报告书中提出，大学应该在富有个性的教育目标引导下，编制灵活的课程体系和学分制度等。受这一改革新思路影响，1991 年，文部省对《大学设置基准》进行了大幅度的修改，旧版《大学设置基准》，不仅对学校基本财产、校园与校舍面积、校园设施、教师人数、招生指标、图书馆藏书册数等有严格的规定，而且对学部学科、教育课程和授予学位的名称都提出了明确的要求。修改后的《大学设置基准》规定，政府不再干涉申请方大学提出的设置新学部、新学科的要求，不再硬性规定生均校舍面积、运动场面积等定量指标。这一被称为战后最大级别的教育改革在当时受到了各方高度评价，日本的国、公、私立大学数量也从 1990 年的 507 所增加到了 2010 年的 778 所。③ 不过，对高等教育机构的设置审批制度依然存在，目前是由文部科学省下设

---

① 天野郁夫著，陈武元译：《日本的大学评估》，载《教育发展研究》2006 年第 11A 期，第 60 页。

② 成立于 1987 年 9 月，作为文部省的一个咨询机构，专门研究高等教育问题，拥有向文部科学大臣的建议权。在 2001 年的机构改革中被撤销，其职能由文部科学省中央教育审议会大学分会所继承。

③ 日本文部科学省：学校基本調査 – 平成 22 年度（速报）结果の概要，http://www.mext.go.jp/b_menu/toukei/chousa01/kihon/kekka/k_detail/1296403.htm,2010 – 11 – 29.

的"大学设置和学校法人审议会(大学设置分科会)"来具体操作。而且,耐人寻味的是,近年来,从高等教育质量保证的观点出发,要求强化大学设置审批制度的呼声再次出现。①

(二)通过制定政策来调控评估

通过制定相关法令来调控高等教育评估活动是日本政府部门的重要职能之一。从20世纪90年代后,正是由于文部科学省出台了一系列法规政策,日本高等教育评估体系才得以最终成型。在这一过程中,下列三项政策的出台功不可没。

1. 1991年的大学设置基准大纲化

如前所述,新版《大学设置基准》不但大幅度放宽了审批大学设置的条件,更为高等教育评估体系的形成作出了贡献。该基准明确规定,开展自我评估活动是大学需要努力实现的义务。1999年,更规定自我评估是大学必须实施的义务。

2. 1998年的大学审议会报告

20世纪90年代大学审议会提出了大量改革建议,最具有影响力的是1998年题为《21世纪的大学图景和今后的改革措施》(日文:「21世紀の大学像と今後の改革方策について」)的报告书。该报告书指出,21世纪是构造新知识的时代,各大学应该互相切磋,共同推动个性化的发展。为了达到这两个目标,需要通过第三者评估来促进个性的形成。报告建议,在继续充实自我评估的基础上,实施由中介机构主持的相对客观的第三者评估。这一观点为今后的高等教育评估制度奠定了理论基础,该报告也可以称得上是目前日本各种评估制度的原点。

3. 2004年的《学校教育法》修订

修订后的《学校教育法》明确提出了要实施自我评估,并且将评估结果公布于众。新《学校教育法》还规定,定期接受认证评估机构、第三者评估机构的评估是所有高等教育机构(国公私立大学、短期大学、高等专门学校)的义务。换而言之,政府不再直接对个别大学实施评估。但是,各大学必须通过自评活动,公开本校的教学科研状况,同时,必须接受被文部科学大臣认可的认证评估机构的认证(学校教育法第109条)。文部科学省每年在其官方网站上公开题为"大学教学内容等的改革状况"(日文:大学における教育内容などの改革状況)的调查报告,以此推动高等教育评估的发展。

(三)国立大学法人评估

日本国立大学法人化改革是多种因素促成的结果。对政府来说,随着全球化的进展,急需从"封闭型"向"开放型"转变,构建以"市场和竞争"为主导的新秩序,国立大学作为以政府为中心的"封闭型"系统的典型,成为了改革的对象。而

---

① 日本文部科学省:大学設置基準を厳格化へ質の保証目的,http://www.47news.jp/CN/200811/CN2008112601000766.html,2010 − 11 − 29.

对大学来说,也开始逐渐认识到从"法规和政府"中解放出来,获得作为组织的自律性,加强在财政上的自立性,以便在激烈的国际竞争中获得一席之地(天野,2006)。同时,越来越多的人意识到,大学有义务向纳税者(国民)进行绩效说明。在上述背景下,从明治时期 130 年间一直处在政府庇护下的日本国立大学,于2004 年 4 月一夜之间成为"国立大学法人"。

文部科学省不再是国立大学的设置者。文部科学省下设的"国立大学法人评估委员会",每年对各大学的业务实绩进行一次评估,同时,每六年对国立大学制定的中期目标和计划的实绩进行评估,评估结果将影响对大学的财政拨款额度(国立大学法人法第 9 条、第 30 条、第 31 条)。国立高等专门学校也同样需要接受文部省下设的"独立行政法人评估委员会"的评估;法人化后的公立大学则需要接受地方公共团体下设的地方独立行政法人评估委员会的评估(独立行政法人通则法第 12 条、第 32 条、第 34 条;地方独立行政法人法第 11 条、第 28 条、第 30条)。

对国立大学法人来说,除了要接受国立大学法人评估之外,还必须接受法定的每七年一次的来自第三方评估机构的认证评估。无论是前者还是后者,都是通过公开评估结果接受社会的监督,以此改善教学科研活动。只是国立大学法人评估的结果是和日后政府财政拨款挂钩的,认证评估的结果是不和政府财政拨款挂钩,如何整合这两种评估的功能和实施方法,减轻过度评估给大学带来的负担,将是今后较长时期内困扰日本高等教育界的课题。

(四) 专项资金竞争性分配

从 2002 年开始,文部科学省拨出专项性资金,以项目(Program)申请的方式,通过优胜劣汰来分配科研经费。文部科学省对此类项目评估做出了如下说明:"为了进一步促进大学教学改革,基于针对国立、公立和私立大学的竞争原理,从各大学正在开展的教学项目中选拔部分优秀项目,对其进行重点财政资助,以进一步激发高等教育的活力。"①项目评审遵循的是竞争原理,在有关项目的选拔过程中需要接受来自专家的严格评估。对一个平等意识浓厚的国家来说,这一竞争性评估引起大学不小的震动。

项目评估的内容较多,大致可以分为三大类:充实教学和形成高质量教学科研基地、推进高等教育国际化、确保医学人才和强化大学附属医院的功能。表 6 – 2列举了正在实施的 2010 年度最新项目内容。此外,还有一些曾经开展过的知名度较高的项目,例如 COE(Center of Excellence)项目、教育 GP 项目(Program for Promoting High – Quality University Education)、特色 GP 项目(Support Program for Distinctive University Education)等。这些项目具有两个共同特点:

---

① 日本文部科学省:国公私立大学を通じた大学教育改革の支援,http://www. mext. go. jp/a_menu/koutou/kaikaku/index. htm,2010 – 11 – 29.

表 6 - 2 "国公私立大学教育改革支援"项目概况

项目分类		个别事例
充实教学和形成高质量教科研基地	推进大学教学质量和学生援助的项目	1. 大学教育推进项目(2010 年度预算额 45 亿日元:本科教学改革) 2. 学生支援推进项目(2010 年度预算额 47 亿日元:通过配备就职咨询人员等措施加强就业指导)
	形成国际卓越的教学研究基地和强化研究生教育	1. 全球 COE 项目(2010 年度预算额 265 亿日元:通过加强国内外大学、机构的合作,以及培养年轻研究者等措施,来支持建设世界一流教学科研基地) 2. 有组织地推进研究生教育改革项目(2010 年度预算额 22 亿日元:强化研究生院的人才培养功能,支持建立有组织有系统的研究生教育体制)
	通过产学合作推进专门人才的培养	1. 高端 IT 专家培育项目(2010 年度预算额 3 亿日元:支持建设培育世界一流 IT 专家的教学基地) 2. 通过产学合作培养实践型人才事业(2010 年度预算额 4 亿日元:以培养实践型人才为目标,支持大学建立产学合作型的教学项目)
	促进大学间的合作和资源共享	充实大学教育的战略性大学合作支援项目(2010 年度预算额 48 亿日元:通过活用联盟大学的教育资源,充实教学和为地方培养人才)
推进高等教育国际化		1. 全球 30 项目(2010 年度预算额 30 亿日元:充实研究生援助机制) 2. 通过中日韩大学交流推进高端职业人才培育(2010 年度预算额 5 亿日元:在促进亚洲地域合作的具有发展前景的学科中招收留学生)
确保医学人才和强化大学附属医院的功能		癌症专家培育计划(2010 年度预算额 20 亿日元:支持大学培养治疗癌症的人才)

注:根据日本文部科学省官方网站资料整理

首先,项目内容直接反映了政府的政策动向。为了响应日本政府提出的行政改革方针,时任文部科学大臣的远山敦子(2001 年 4 月至 2003 年 9 月)提出了"远山计划",旨在通过国立大学法人化改革,削减大学财政,通过营造竞争环境重点扶持若干项目。此外,在"科技立国"的背景下,文部科学省对大学提出了个性化发展的要求,陆续推出的 COE 项目、特色 GP 项目等就是这一政策取向的产物。

其次,财政支持力度大。和其他评估不同,日本政府对这类专项的支持力度很大。2006 年用于"国公私立大学教育改革支援"的预算总额总计投入了 529 亿日元,其中有 382 亿元用于 21 世纪 COE 项目(约六成)。① 这样一种资助力度,对目前处在少子化②时代,面临财政困境的大学和教师来说,的确是一笔让人心动的财源。

人们对这一种专项资金竞争性分配方式存在不少疑虑。首先是选拔是否公正。以教改项目"特色 GP"为例,在教学评估标准和评估方法尚未完善的情况下,如何选拔项目成为一个令人头痛的问题。人们质疑是否应该以"成果主义"为标准来进行选拔,如何处理好改革的"特色"和"普遍价值"之间的关系(寺崎,2003)。其次是如何避免激烈竞争造成的不良影响。为了能够申请到大项目,大学之间各显神通,竞争之激烈在一定程度上影响到了大学间的合作关系。

从上文可以看出,在高等教育评估体系形成的初期,事前评估机制受到青睐,政府制定《大学设置基准》,并依据该基准对大学进行严格的审查。从 90 年代开始,政府似乎放松了对大学的控制,表现在放宽事前审查的标准,鼓励大学展开自我评估,推动第三者机构参与高等教育的质量保证。但实质上,新的评估体系的实质是政府通过资源分配实现对大学的遥控操作,表现在第三者评估机构必须获得文部科学大臣的认可,竞争性的专项资金的比重日益增加,大学的自主办学权受到了威胁。

二、发挥核心作用的高校自我评估

在 20 世纪 80 年代,人们开始意识到以大学为主体的自我评估(注:日文为"自我检查和评估")的重要性。大学基准协会、临时教育审议会、日本私立大学联盟等团体就此展开了热烈的讨论。"临时教育审议会正式要求各大学在教学研究和对社会贡献度方面必须不断地进行自我评估"。③ 1991 年修订的《大学设置基准》第二条第一项明确指出:"为实现本大学的目的及其社会使命,提升教育研究水平,大学应该针对教育研究活动等状况,努力进行自我评估。"第一条第二项又进一步指出,要为此设定"合适的项目",建立"合适的体制"。

1998 年修订的《大学设置基准》规定,大学自我评估的结果必须接受大学外部人士的评估,并且公开评估结果。这之后,日本各大学纷纷组建自我评估机构,开始接受外部人士的评估。如前所述,自我评估又从"努力义务"上升为"义务",并且被明确写入到了新修订的《学校教育法》中:"为提升大学的教育研究水平,该大

---

① 日本文部科学省:国公私立大学を通じた大学教育改革の支援,http://home. hiroshima – u. ac. jp/er/Etc_DH. html,2010 – 11 – 29.

② 少子化:生育率下降,造成幼年人口逐渐减少的现象。

③ 王红、李志宏:《日本大学评估制度及对我们的启示》,载《中国高等教育》2006 第 10 期,第 63 页。

学应该针对教育、研究、组织运营和设施设备等状况，实施自我评估，并公开结果。"

许多第一次接触到自我评估概念的大学对新制度持有诸多不解和怀疑："自我评估究竟是什么"，"有没有可以效仿的范例"，"评估结果会不会被利用，和自己的出勤、科研成果考核等联系在一起"，等等。但是，这一制度很快普及开来。"从1992 年开始，实施自我评估的大学数量显著增加，到 1997 年末，83.7% 的大学至少实行了一次自我评估。"①目前，几乎百分之百的国、公、私立大学都在定期开展自我评估，并在自己的官方网站上公开自评报告书。

对于日本高等教育评估中偏重自我评估这一现象，有学者做了如下分析：日本的高等教育系统具有两重性，是由国立大学和私立大学构成的。西欧的中央集权型评估体系对国立大学来说虽然比较有效，但是，对占日本高等学校多数的私立大学来说并不受欢迎。另一方面，虽然大学基准协会引入了美国式认证型评估制度，但由于接受认证后的奖惩机制不明确，大学基准协会的加盟会员数一直很低迷。于是，自我评估成为所有大学最乐意的一种选择（米泽，2000）。

可以预料，以自评为核心的大学主导型评估将会进一步得以完善，但是大学自我评估目前也面临着一些挑战。

第一，有必要加深对大学自我评估之意义和功效的认识。首先，高等教育评估最主要的目的是改善现状，提高教学、科研和社会服务的质量，从这一意义上讲，十分有必要开展定期的大学自我评估活动，并将评估结果活用到实践中去。其次，为了保持学术自由这一大学的传统理念，有必要推动大学自我评估制度。如果建立了一个完善的自评体系，并且得到社会的认同，从某种意义上讲就可以减少外部对大学自治的干涉和介入。在发挥大学个性的前提下，开展自律的自评活动，才能促使高等教育评估走向正轨。

第二，有必要将自我评估和外部评估有机结合起来。大学越来越需要具备能够随时应对来自不同主体评估的能力。众所周知，迎评是一项耗时、耗力和耗财的工作，很容易患上"评估疲劳综合征"。为了提高效率，大学有必要重新考虑自我评估体系中的指标体系。建立一种以核心指标为主导的自我评估体制。这些核心指标包括两方面：(1)保留对本校来说必不可少的项目；(2)对各类认证评估机构的评估项目进行再分析，抽取一些共通，而且对本校改革具有意义的指标。

第三，有必要对实施体制进行调整。通常各大学均设有"自我评估委员会"，规模较大的大学还在学部(学院)层次设立类似组织。近年来，越来越多的大学设置了以改善和支援大学教学为目的的"大学教育中心"，实施学生评教、教学评估等各种活动。此外，为了更好地应对各类评估，推动评估基础建设，部分大学还设立

---

① ［日］有本章等：《大学の評価システムに関する全国調査》，広島大学大学教育研究センター編集，1998.3。

了评估信息分析室(名古屋大学)、大学评估信息室(九州大学)等。这些大学开展的活动具有相似之处:(1)支援评估活动;(2)管理数据;(3)分析数据;(4)编制面向本校的评估报告书。但是,也有学者指出,机构的设立要防止走过场,应该做到:(1)配置能够对整个评估活动具有远见的领导者;(2)规模不求大,配置精兵强将,集中精力支持评估;(3)培养评估专家;(4)配备相关行政人员(关口正司,2004)。

第四,有必要加强评估学生学习成果的指标体系建设。大学自我评估的指标体系是由众多项目构成的,其中的核心是教学评估。在进行教学评估时,有必要制定评估学生学习成果(知识和技能、价值观、态度等)的评估指标。即,大学根据各自的办学理念和培养目标,预先设定期待学生达到的学习成果,同时,通过编制合适的课程、采用适当的教学方法和教学组织,以及配置相关设施设备来帮助学生达到设定的目标。在如何开发评估学生学习成果上,日本部分大学已经开始了实践。除了对个人的学习成果进行评估之外,今后还有必要以专业、课程、学院为单位来评估其学习成果,包括和学习成果相关的教育课程、教学方法和设施设备的援助体制的评估。无论是研究型大学还是非研究型大学,提供多种多样的特色教育是大学的根本任务,特别是对那些规模小、知名度不高的教学型大学来说,寻找最适合自己的突破口是生存的关键。

三、被寄予厚望的中介组织评估活动

从广义上看,政府、高校之外的主体实施的评估活动均可被视为是中介组织实施的评估。在日本,首屈一指的私塾机构"河合塾"、著名新闻机构"朝日新闻社"以及《钻石周刊》等每年都在发布各类大学排行榜,包括入学考试难易度排行榜、学生满意度排行榜、热衷教育的大学排行榜等。下文主要关注那些专业从事高等教育评估的中介组织。

(一)中介组织评估活动的概况

成立于1947年7月的大学基准协会,是日本历史上第一个民间高等教育评估团体。它是在当时隶属美国占领当局的"民间情报教育局"指导下设立的美式认证(Accreditation)机构。协会组织有关专家对自愿加盟的会员校进行资格审查,之后又进行会员校之间的相互评估,希望以此来自发维持会员学校的质量。但是,有学者指出,"这种美式的、大学自觉的相互评估与维持并提高质量的系统,在日本并没有充分发挥作用"。①

进入21世纪后,这一现状开始发生根本变化。2000年,大学审议会提出要通过评估和认定来提高大学教师的教学质量。同年,日本"大学评估与学位授予机构"成立,开始对所有国立大学进行第三者评估。"大学评估与学位授予机构"的

---

① [日]天野郁夫著,陈武元译:《日本的大学评估》,载《教育发展研究》2006年第11A期,第60页。

前身是于 1991 年成立的"学位授予机构",2000 年,经改组更名为现机构。受英国高等教育评估模式的影响,该机构下设大学评估委员会、评估事业部和评估研究部。

成立之初,该机构主要对国立大学的教养教育进行评估,接着,又将评估范围扩展到法学和教师教育等方面。由于结果不但在报纸公开,而且会对文部科学省的预算拨款产生影响,因此受到各大学的极大关注。从 2004 年起,评估对象进一步拓展到理学、医学、工学、人文学、经济学、农学和综合科学等学科领域。

根据 2002 年修订的新《学校教育法》规定,从 2004 年 4 月开始,在全国范围内引入第三者评估制度。首先,文部科学大臣对符合标准(参见表 6-3)的评估机构进行认定。其次,通过认定的评估机构每七年实施一次"第三者评估"(学校教育法施行令第 40 条;学校教育法第 109 条)。最后,全国所有的国、公、私立大学必须接受至少一家评估机构的评估。

表 6-3 认定评估机构的标准

序号	标准内容
1	评估标准及评估方法能够确保认证评估活动的顺利实施
2	相关的体制能够确保认证评估的公正和准确
3	在公布认证评估结果之前能够为大学进行申诉提供途径
4	具备法人资格,拥有能够准确、顺利开展认证评估的必要的财政基础
5	被取消认证机构资格后满两年的法人机构
6	不妨碍其他认证评估公正、准确地实施

资料来源:http://www.mext.go.jp/b_menu/shingi/chukyo/chukyo0/gijiroku/030303e.htm,2010-11-29.

目前,获得文部科学大臣的认可的中介评估组织有财团法人大学基准协会、大学评估和学位授予机构、财团法人日本律师联合会法务研究财团、短期大学基准协会、财团法人日本高等教育评估机构、国际会计教育协会、日本助产评估机构等。2004 年,大学基准协会率先开始了认证评估活动。

此外,评估机构实施的认证评估分为"机构评估"(Institutional Certified Evaluation and Accreditation)和"专业领域类别评估"(Certified Evaluation and Accreditation for Professional Graduate Schools)两部分。前者为以大学为单位的认证评估,后者为以专业学院为单位的认证评估。目前实施的主要是机构评估,以及针对法科大学院的专业领域类别评估。

(二)三所认证评估机构

目前,获得文部科学大臣认可,可以对大学进行评估的认证评估机构有三所,它们分别是"大学基准协会"、"日本高等教育评估机构"和"大学评估和学位授予机构"。以下对这三所组织认定评估的特征、内容和评估标准做一介绍。

1. 概况

（1）大学基准协会（财团法人）

如前所述，JUAA 是大学自发组成的自律组织。在长期的运营过程中积累了一定的经验，因此，在新时代再度领跑，成为新的评估制度下最早获得文部科学大臣认可的"认证评估机构"。学校获得认证之后继续采用会员制，把原先的"入会标准"和"相互评估"这两项统一为"认证评估"。会员校除缴纳会费以外，在接受评估时，还要支付评估费用（表 6-4）。接受评估的大学数，2004 年为 34 所，2009年上升到 57 所，是三大认证机构中最多的。评估分三个档次，即"合格（含指导与建议）"、"保留"和"不合格"，近年来没有出现过"不合格"的学校，但是每年都会有 1—5 所大学的评估结论为"保留"。

表 6-4　日本各认证评估机构收取的评估费用

评估机构	会员的评估费（日元）	非会员的评估费
大学基准协会	一大学 200 万；一学院 35 万；一研究生院 35 万。合计 = 大学 + 学院数 + 研究生院数	正会员费用的 5 倍
日本高等教育评估机构	一大学 200 万；一学院 50 万；一研究科 25 万。合计 = 大学 + 学院数 + 研究生院数	正会员的评估费 + 会费① × 7 年
大学评估和学位授予机构	基本费用 200 万；一学院 30 万；一研究科 20 万。	

（2）大学评估与学位授予机构（独立行政法人）

该机构当初是文部科学省的一个下属部门，2004 年成为独立行政法人。2000年建立之初，仅以国立大学为对象开展评估活动，但随着认证评估制度的建立，NIAD-UE 成为以所有大学为对象的评估机构。NIAD-UE 没有实行会员制，只要支付所规定的费用，不论国、公、私立，都可以接受评估。评估分两个档次，即"满足评估标准"和"未满足评估标准"。即使是满足评估标准的大学，只要有"需要改善的地方"，也会向社会公开。作为准国立的评估机构，NIAD-UE 在人力、物力、资金方面具有得天独厚的优势，2005 年仅对四所大学实施了评估，而到 2009年大学数已经上升到 37 所（评估结果全部为"满足评估标准"）。可以预料，NIAD-UE 将在未来日本高等教育评估制度建设上发挥主导作用。

（3）日本高等教育评估机构（财团法人）

该机构是于 2004 年由最大的私立大学团体"私立大学协会"创设的，评估对象也以私立大学为主。私立大学协会的会员校有 306 所（截至 2010 年），以第二

---

① 一所学院 25 万日元，两所学院 35 万日元，三所学院以上的大学一年 45 万日元。

次世界大战后设立的大学为主,约占私立大学总数的 2/3。JIHEE 虽然也采用会员制,但只要支付一定额度的会费,任何大学都可以成为其会员,与大学基准协会不同的是,不需要在入会时接受入会评估。同时,只要支付评估费用,任何国、公、私立大学,即使没有会员身份,也可以接受评估。虽然成立时间最短,但是由于运营机制灵活,近年来发展迅速。2005 年仅对四所大学实施了评估,但是 2009 年这一数字达到了 71 所。评估分三个档次,即"认定(含参考意见、需要改善的地方)"、"保留"和"不认定",其中"保留"是指"对虽然未给予认定但被认为有希望在短时间内改善的大学给予保留"。从 2006 年起,每年均有大学被评为"保留",但是还没有出现过被评为"不认定"的大学。

2. 认可评估的特点

三所认可评估机构实施的评估活动,具有以下若干共同特点。

第一,基于评估标准上的评估。认可评估机构事先制定评估标准,在评估过程中考察大学的教学和科研活动是否符合评估标准。

第二,以教学活动为中心的综合评估。

第三,尊重大学个性的评估。这里所谓的个性,主要指的是各大学的办学精神、大学的基本理念和不同大学不同的使命和目的。"大学评估和学位授予机构"在每一条评估标准后均附上了"基本观点",以帮助大学来更好地理解这一标准的内涵。同时又规定,大学可以根据自己的观点来诠释每一条标准。

第四,以专家评估为中心的评估。评估专家是以大学教职员为中心构成的。各个委员会也会吸收校外人士加入,以求保证评估的客观性和公正性。

第五,重视大学自我评估的评估。评估大学的基本判断材料是各大学编制的《自评报告书》。为此,各认证评估机构均公开编制了自我评估报告书撰写指南,帮助各大学撰写自评报告书。

第六,重视互相沟通的评估。通过在各大学召开说明会,以及设立投诉渠道,加强大学和评估机构之间的关系。

第七,致力构建透明性、信赖度高的评估体系。通过建立投诉机制、公开评估结果,以及听取来自社会和大学的意见,随时改进评估体系。

第八,重视改善的评估。大学评估的周期原则上为七年,但是,大学基准协会规定,在公开评估结果三年后,要求各大学递交改善报告书,对评估中所指出的问题的改善情况进行汇报。大学基准协会对该报告书进行评估,提出进一步的意见。

3. 评估项目

笔者对三家认证评估机构公开的评估项目做了一个对比(见表 6 - 5),可以看出,三家认可评估机构制定的评估项目,既有相似之处,又颇具个性。共同之处在于,重视各大学自身提出的理念和目的,使得各大学能够在发挥个性的基础上开展灵活多样的活动,避免大学评估陷入一个固定的模式。从下表可以看出,不同的评估机构也在努力突出自己的特色。

表 6 - 5　三家主要认证评估机构评估项目之比较

JUAA	JIHEE	NIAD
理念、目的	办学精神、基本理念及使命、目的	目的
教学研究组织	教学研究组织	教学研究体制
教学内容、方法、成果	教育课程	教学内容方法
管理运营、财务	管理运营	管理运营
—	财务	财务
招生	学生	招生
学生支援		学生支援
社会合作、社会贡献	社会合作	教育服务的状况(自选项)
教育研究等环境	教学研究环境	研究活动的状况(自选项)
		设施设备
教师、教师组织	教师	教师和教师支援者
	行政职员	
内部质量保障	—	—
—	社会责任	—
—	特别事项	—
—	—	教学成果
—	—	改善系统

　　大学基准协会(JUAA)不设量的指标,除了上述项目之外,还下设"本科课程项目"和"硕士、博士课程项目"。规定这三个标准是作为正会员必须遵守的标准。为了判断是否符合这三个项目的规定,它开发了检查和评估的项目。每个项目下均列出了详细的注意事项。大学可以依据这一检查和评估项目进行自我评估。这一检查和评估项目是由 A 群、B 群和 C 群构成的。A 群罗列了作为大学必须具备的条件;B 群罗列了作为大学应该具备的条件;C 群则罗列了可以供大学选择采用的一些条件。从 A 群到 C 群共包含了 350 个项目。这一详尽的评估体系,对那些没有能力独自开发自我评估项目的大学实施自评起到了一定的促进作用。

　　与其他评估机构的评估项目不同,日本高等教育评估机构(JIHEE)单设了"行政职员"和"社会责任",目的在于突出这两项的重要性。考虑到各大学的个性,除了 11条项目之外,又单独设立了一条特别事项,为大学总结本校的特色改革提供了机会。

　　大学评估和学位授予机构(NIAD)的评估是以大学正规课程中的教学活动为中心来制定评估项目的。虽然也对研究、社会服务进行评估(研究活动的状况、除去正规课程学生以外的教育服务的状况），但是这两项只是选择性项目。大学可以根据自身的实际情况来决定是否接受这两项的评估。为了帮助大学更好地理解项目的内涵。在每一条项目下都列有"基本观点"，标明了大学评估和学位授予机构对该项目的理解。同时，也允许大学根据自己的观点来诠释每一条项目。

4. 评估的实施体制和方法

大学基准协会的核心机构是"大学评估委员会"，下设三个组织："全校评估分会"、"专业评估分会"、"大学评估分会"。这些机构的成员来自正会员学校。除此之外，还设有"大学评估计划起草委员会"，负责制定评估的基本方针。"异议申诉审查会"，接受大学对评估审查过程和结果的异议。

评估的过程如下：

（1）申请大学，根据大学基准协会制定的"主要检查和评估项目"，完成自我评估报告书；以及统计大学组织及其活动的《大学基础数据》。

（2）大学评估委员会对上述两份材料进行书面审查。

（3）实施实地考察。

（4）根据书面审查和实地考察，完成评估结果（草案），反馈给大学听取意见。

（5）听取来自被评估大学的意见。

（6）确定最终评估结果，在通知大学的同时，在公开出版物或是网络上向社会公布。

日本高等教育评估机构的评估实施体制是由来自国立、公立和私立大学的校内人士以及外部社会人士共15人组成"大学评估判定委员会"，下设若干评估小组（根据受评学校规模而定，通常为五人一组）。评估的过程如下：

（1）受评大学根据评估机构制定的《自评报告书制作指南》，实施自评，提出自评报告书。

（2）判定委员会根据自评报告书以及独自收集的该大学资料和数据进行判断。

（3）实施实地调查。

（4）根据以上调查结果，撰写调查报告书（草案），反馈给大学。

（5）大学在收到调查报告书（草案）后，可以提出异议。若无异议，由判定委员会撰写最终的评估结果报告书，再度通知大学，接受大学的质疑。若有异议，再度进行审议。此外，专门设立"意见投诉审议会"，对来自"保留"和"不认定"大学的质疑进行审议，并将审议结果递交判定委员会，由其做出最终判定。

除了向大学通报评估结果之外，还将结果报告给文部科学大臣。在刊物和自己的网络上向全社会公开。同时，要求大学和评估机构的网站建立相关链接，使每一位浏览该大学的人都能阅读到自评报告书。

5. 评估结果的公开方式

大学基准协会的评估结果是由"评估结果（通过或不通过，以及认定期限）"、

"总评"和"对大学的建议"三部分组成的。总评又包括"全校为实现理念、目的、教育目标而付出的努力"、"自我评估的体制"、"发扬长处和改善问题点之举措"。

对大学的建议则包括希望继续发扬光大的"特别值得一提的长处"、"劝告"和"建议"。建议的目的均是希望改善和推动大学改革。收到"劝告"意味着该大学没有符合作为大学基准协会正会员最低标准,需要尽早采取措施进行改善,并在三年后向大学基准协会递交改善报告书。

对那些达到了作为正会员基本条件的学校,大学基准协会也提出了进一步改善的"建议"。校方对这些建议的回应需写入三年后递交的改善报告中。当然,和"劝告"不同,学校有权决定是否回应这些建议。

日本高等教育评估机构的评估结果是由"评估结果(认定、保留、不认定)"、"总评"和"对大学的建议"三部分组成的。在总评中,会给出对每一基准的评估:判定、判定的理由(优点、参考意见、改进之处),以此对大学的整体情况做一综述。在对大学的特色活动进行记叙的同时,也会提出存在的问题,为今后改善提供帮助。所有的内容均向社会公布,为其他大学提供参考。

如果某大学被评为"保留"的话,可以要求对那些未通过评估的个别项目进行再评估。而且,即便获得"认定",如果被发现有虚报或隐瞒事实的情况,判定委员会和理事会有权取消大学的"认定"资格。

(三) 存在的问题

根据众多学者的研究成果(例如:早田,2003 年;合田,2004 年;舘,2005 年),可以将中介组织认证评估存在的问题归纳为以下几点。

第一,认证评估的目的含糊不清。新修订的《学校教育法》中没有对认证评估的目的做出明确规定,特别是没有对大学评估体系中的设置审查和认证评估的关系进行阐述。如前所述,高等教育评估的政策导向,已经从以严格的设置审查为特点的"事前规制",向验证改革成果的"事后检查"转变。但是,目前各认证评估机构,是根据自身制定的大学评估标准来实施评估,并没有去核实当年通过设置审查的大学是否依然满足大学设置基准。因此,事前由政府实施的设置审查和事后由认证机构实施的认可评估存在脱节现象。通过设置认可后的大学究竟是如何在提高自身教育教学水平呢? 今后有必要重新界定认证评估的目的,从这一角度去定位认证评估。

第二,根据现行法令,认证评估包括"机构认证"(Institutional Accreditation)和针对专门专业研究生院的"专业领域类别认证"。但是,和美国相比,"专业领域类别评估"的力量还比较薄弱。今后,在扩大专业领域范围的同时,有必要将评估的对象从现在的专业研究生院扩大到普通研究生院的硕士课程和博士课程,甚至是学士课程和短期大学的课程等。同时,在实施认证评估的过程中,如何整合"机构评估"和"专业领域类别评估"也是未来重要的课题。

第三,大学评估项目和评估方法的标准化探索。目前的认证评估制度,是由多家认证评估机构同时展开的,虽然体现了多样化的特色,但是,有必要探索制定通用性的共同标准,特别是多个认证评估机构在对同一对象进行认证评估时,至少应该在基本评估项目上实现统一;否则,极有可能出现不同的评估结果,从而损害认证评估机构在国内外的信誉。

在制定标准化的大学评估项目和评估方法上,有必要和非认证评估机构的第三方组织开展合作。例如,日本技术者教育认定机构(JABEE)是一家和技术类协会合作,对技术类教育课程进行审查和认定的非政府机构,该机构加入了互相认证学士层次的技术者教育课程的华盛顿协约。而且,也有必要探索如何和 INQAAHE 等国际质量保证机构合作,共同开发具有国际通用性的相互认证体系。

四、日本高等教育评估的未来

在回顾了日本高等教育评估的历史和现状的基础上(表6-6),下文对日本高等教育评估的未来做一些探讨。

表6-6　日本高等教育评估政策形成大事记

年份	政策	说明
1991 年	自我评估的努力义务化	—
1999 年	自我评估的义务化	—
	外部评估努力目标化	—
2000 年	试行第三者评估	以学部和研究生院为单位进行评估
2002 年	21 世纪 COE 项目启动	竞争性外部资金分配体制启动
2004 年	引入认证评估(学校教育法)	从机构评估向重视内部质量保证机制转换,教学评估为中心
	国立大学法人化启动	确立高校的 PDCA 机制
2008 年	国立大学法人中期目标期间完成情况评估	

第一,日本的高等教育评估历史并不长。众所周知,英国高等教育评估源自中世纪国王的"特权授予"制度,美国的认证制定发源于 20 世纪前半叶,而日本则不同,最早成立的大学基准协会迄今为止也只有 50 年左右的历史。起步晚、发展快是日本高等教育评估的特点。目前,多种多样的评估活动的存在,势必带来不少问题。

第二,从整体上看,中央机构和官员的参与度极高。新的认证制度,究竟能在多大程度上保证大学自律、自主地进行判断,尚是未知数。

第三,尽管大学基准协会的相互评估设计得非常周到,尽管学位授予机构会举行实地考察和座谈会,但是,在这些方面投入的时间和精力还不够充分。目前,也看不到有专门的组织对评估机构制定的标准的合适性进行验证。

可以说,日本的高等教育机构正处在一个错综复杂的评估环境中:各大学在通过了大学设置审查后,自主、自律地开展针对大学教学和科研的自我评估,并向社会公开评估结果,同时,接受第三者中介认证评估机构的定期评估。此外,作为国立大学,还需要接受政府主持的国立大学法人评估。为了在竞争的环境中占有一席之地,各大学还要全力去申请各类竞争性项目经费。最后,为了保持学校的形象,争取更多的学生入学,大学还需要打起精神去应对来自媒体、私塾等民间机构对大学的各类排行榜。第二次世界大战后,尤其是 20 世纪 90 年代以来,“评估文化”已经渗透到高等教育的方方面面。伴随着高等教育评估制度的不断变革,日本高等教育评估系统似乎变得越来越复杂,让人有一种不安定感。

在这样一种错综复杂的评估环境中,落实大学的自我评估机制,构建大学主导型的评估体制将是日本高等教育评估体系发展的未来。当然,要发展大学主导型的评估体制,仅靠大学的努力是不够的。作为第三者评估机构的大学基准协会和大学评估和学位授予机构等认证评估机构,需要和大学合作,共同改善大学教育。日本的高等教育评估也处在不断探索的阶段,但是,越来越多的学者已经认识到,关键还在于构建和切实推进符合本校特点的自我评估机制。

第三节　英国　澳大利亚　印度

一、英国

20 世纪 70 年代和 80 年代,英国的高等教育系统发展迅速,但是缺少规划。英国的高等教育从一个只有几所精英大学的小系统转变成一个拥有众多高校的大系统,这个转变引起了高等教育与社会之间关系的变化。在精英大学的小系统中,学科标准和教育质量是毋庸置疑的,大学教育的增加值显而易见。而如今,拥有众多高校的大系统,必须向公众展示高校的学科标准和教育质量,并且必须满足公众的期待和需求。[1] 国家高等教育调查委员会(National Committee of Inquiry into Higher Education)认为一个平衡发展的高等教育系统应该有更多的学生、规划者、高校的信息,有足够的经费来提高绩效,尤其是提高教学质量、学术标准和信息需求等方面的绩效。这些方面也是高等教育评估的内容。[2]

英国高等教育评估包括本科的教学、研究生的研究项目、教师培训和学科认证

① Castelluccio,C. & Masotti,L.. Quality assurance in United Kingdom higher education[M]// In C. Orsingher (Ed),*Assessing quality in European higher education institutions*. Physica – Verlag,2006.

② Anderson,D.,Johnson,R. & Milligan,B.. *Quality assurance and accreditation in Australian higher education: An assessment of Australian and international practice*[R/OL]. Canberra:Department of Education,Training and Youth Affairs,2009[2010 – 12 – 17] http://www. dest. gov. au/archive/highered/eippubs/eip00_1/fullcopy00_1. pdf.

等。英国在 1988 年制定教育改革法后,只有国务大臣、皇家章程(Royal Charters)或国会法(Act of Parliament)授权的高校才能颁发学位和资格证书。一些特殊专业的资格证书还需要政府的授权。但是大多数非学位的证书不需要任何的授权。皇家章程是指由女皇根据政府决策委员会的建议来制定的章程。建立于 1992 年之前的大学都根据皇家章程来运行。政府决策委员会是专门授予高校学位授予权和大学头衔的政府机构。①

英国由四个地理区域组成:英格兰、苏格兰、威尔士和北爱尔兰。英国的政府将教育的责任下放到各个区域的政府部门。整个英国高等教育是一个大而复杂的系统,包括 169 所高校(表 6 - 7)。这些高校的在校学生人数从 500 到 15 万不等。大多数大学教授多种学科,但也有一些专门学院只教授单一或少数的学科,如艺术学院或音乐学院等。

表 6 - 7　英国综合性高校和其他高等教育院校在各个地理区域的数量

区域	综合性高校的数量	其他高等教育院校的数量
英格兰	94	37
苏格兰	14	7
威尔士	9	4
北爱尔兰	2	2
总数	119	50

英国的高等学校都是自主管理的,它们不受政府的管束,其自治度相当高。所有的高校都有自己的独立的法律身份。一些高校有皇家章程(Royal Charters),另一些是高等教育公司,其中一些是通过国会法(Act of Parliament)建立的。②

1992 年,英国建立了高等教育经费委员会(Higher Education Funding Councils),该委员会规定经费的分配是根据评估的结果来决定。该委员会还规定评估的报告必须公开,评估报告中指出的重大弱点必须由高校自己采取措施来改进,并且改进过程受到经费委员会的监督。③

在 20 世纪 90 年代,政府和高校在如何确保教育质量的问题上出现了争论。高校主张学校自主管理,采用形成性的评估方法,评估结果应为叙述的形式,评估

---

① Quality Assurance Agency for Higher Education (QAAHE). *Quality assurance in UK higher education:A guide for international readers*[R/OL]. Gloucester:QAAHE,2005,[2010 - 12 - 17] http://www.qaa.ac.uk/international/studentguide/english_readers.pdf.

② Quality Assurance Agency for Higher Education (QAAHE). *Quality assurance in UK higher education:A guide for international readers*[R/OL]. Gloucester:QAAHE,2005,[2010 - 12 - 17] http://www.qaa.ac.uk/international/studentguide/english_readers.pdf

③ Alderman,G.. *Audit,assessment and academic autonomy*[Z]. Inaugural Lecture,University of Middlesex,1995.

过程应该根据学校的特点来操作。而政府则认为质量保证是社会的公共责任,采用总结性的评估方法,评估结果应为数字的报告,评估应采用标准为基础的方法来决定高校的学生是否符合毕业的标准。①

英国的大学想控制质量评估的过程,并且不希望高等教育经费委员会成为评估的主体。因此,高等教育经费委员会委托高等教育质量评估机构(Quality Assurance Agency)来执行其监督的职能。英国建立高等教育质量评估机构的目的是减少评估机构的数量,但是后来发现,虽然评估机构的数量减少了,但是评估活动的数量并没有减少。

成立于1997年的英国质量评估机构是一个教育质量和标准的外部评估机构。高等教育质量评估机构是一个独立的机构,它是评估英国高等教育的外部的、独立于英国政府的评估机构,其成员中有很多高校代表。英国高等学校主要负责管理学术标准和教育质量。质量评估机构主要评估高校的责任绩效,同时它也鼓励高校通过以下四个方面来参与到提高高等教育质量的管理过程中②:

- 在高校中进行外部审核或审查;
- 在学术基础结构中清晰学科的标准及描述;
- 向政府部门提供学位授予权和大学头衔的建议;
- 提供学术标准和质量的建议。

高等教育质量评估机构除了执行高等教育经费委员会的监督职能,同时还行使高等教育质量委员会(Higher Education Quality Council)的评估职能。除此之外,这个质量评估机构还对一些职业机构进行评估的活动,主要是审核职业机构是否能帮助学生参加实践工作从而提高实践的能力。

1. 学位授予权和大学头衔

在英格兰和威尔士,授予学士学位或研究生学位的高校可以申请大学头衔。在苏格兰和北爱尔兰,只有授予研究生学位的高校才可以申请大学头衔。英国的公立高等教育学校能够获得学位授予权。在英格兰和威尔士,私立大学也可以申请学位授予权,但是这个权力有六年的有效期。如果要延续学位授予权,就必须通过高等教育质量评估机构进行的评估,并获得合格的评估结果。

所有的大学和一些高等教育学院颁发自己的学位。那些没有授予学位权利的学院可以通过与有学位授予权的高校或国家认证机构的许可或协议来授予学位。

① Anderson, D. , Johnson, R. & Milligan, B. . *Quality assurance and accreditation in Australian higher education: An assessment of Australian and international practice*[R/OL]. Canberra: Department of Education, Training and Youth Affairs, 2009[2010 – 12 – 17] http://www. dest. gov. au/archive/highered/eippubs/eip00_1/fullcopy00_1.pdf.

② Quality Assurance Agency for Higher Education (QAAHE). *Quality assurance in UK higher education: A guide for international readers*[R/OL]. Gloucester: QAAHE, 2005, [2010 – 12 – 17] http://www. qaa. ac. uk/international/studentguide/english_readers. pdf.

那些没有授予学位权利的学院必须满足授予学位的高校的学术标准和教育质量。只有有学位授予权的高校可以向政府的决策委员会（Privy Council）申请，并获得"大学学院"（university college）或"大学"（university）的头衔。该头衔是根据政府制定的学生的数量来决定的。"大学学院"是指公立的、独立的、自主的高等教育机构，并能够授予自己的学位。"大学"是独立的自主的高等教育机构，由皇家章程、国会法或政府决策委员会的授权来设置课程并颁发学位。质量评估机构向相关的政府部门提供关于高校申请学位授予权和/或大学头衔的指导①。

2. 高等教育学府的权力和责任

英国的所有大学都是自主管理的学校，大多数高校都是由政府通过高等教育经费委员会来资助的。在英格兰、苏格兰和威尔士都有独立的经费委员会。

目前，每所大学都对自己教授的学科的标准和质量负责。每所大学建立自己内部的评估程序来保证和提高学术标准和教育质量。具体考虑两个方面②：（1）学生的评估；（2）学科设计、批准、监督和评估的程序。大多数高校定期对学科进行监督和评估，主要评估学科的绩效以及学生的学习成果。学科评估通常由开设该学科的科系来进行，通常在学年末进行。评估的过程包括外部评估报告、教师和学生的反馈或者学科的认证机构的报告。评估的结果能够决定课程或学生的评估程序是否需要调整，以确保教育的质量。

定期的学校评估周期通常为五年，并且有校外专家参与。评估是为了确保学科的教育目标仍然有效，并且学生达到这些目标。高校还采用不同的方法来定期评估学生服务部门。每所高校选择外部的评估者，这些评估者直接向校长汇报评估结果。这些评估者是独立的学术专家，来自其他的高校或来自相关的专业领域。他们对其评估学科的以下几个方面进行判断，并提出中立的建议③：

- 学科执行学术标准的状况；
- 高校的资格和学科的框架；
- 学科的学术标准与英国的其他高校的类似学科进行比较；
- 学校的评估、考试和学位颁发的程序。

另外，在评估的过程中，高校还必须向评估者提供一些学校的基本情况。自2004 年起，所有的英格兰大学必须提供：学校背景、学生招生和就业状况、学术质

---

① Quality Assurance Agency for Higher Education（QAAHE）. *Quality assurance in UK higher education：A guide for international readers*［R/OL］. Gloucester：QAAHE,2005,［2010 – 12 – 17］http://www.qaa.ac.uk/international/studentguide/english_readers.pdf.

② Castelluccio,C. & Masotti,L. . Quality assurance in United Kingdom higher education［M］// In C. Orsingher（Ed）,*Assessing quality in European higher education institutions*.Physica – Verlag,2006.

③ Castelluccio,C. & Masotti,L. . Quality assurance in United Kingdom higher education［M］// In C. Orsingher（Ed）,*Assessing quality in European higher education institutions*.Physica – Verlag,2006.

量和标准的评估程序。

3. 质量评估机构

要讨论质量评估机构就要先讨论学术标准和教育质量。学术标准是指学生在获得某个学位时,必须掌握一定的学术成果。这个学术标准在全英国相似的学位必须一致。① 教学质量是指高校使学生能有效地获得学习的机会,并帮助他们获得学位。也就是说,学校恰当、有效地提供教学和学习机会,并提供足够的学生支持。②

高等教育质量评估机构的目标是促进高等教育质量和学术标准的不断提高,并提供有用的高等教育信息来满足学生、雇主和高等教育投资者的需求。高等教育质量评估机构评估高校和学科层面的教育质量,并且公开评估报告。另外,该评估机构还支持一系列提高教育质量的活动,并向政府提出关于政府向高校提供拨款的建议。

高等教育质量评估机构还提出一些提高教育质量和学术标准的提议,以及执行这些提议的计划。这些提议包括:(1) 建立一个学位资格和学分的框架;(2) 建立一个学科标准;(3) 扩大外评估者的作用;(4) 建立一个评估的实践标准。

高等教育质量评估机构的使命是提高公众对高等教育质量的信心,向公众证实高等教育质量是有保证的且质量不断提高。质量评估机构通过以下的做法来实现这个使命。③

(1) 与高等教育学校合作,促进和支持教育质量和标准的不断提高;

(2) 向学生、雇主和其他社会各界提供清晰和准确的关于高等教育质量和标准的信息;

(3) 与高等教育学校合作,制定和管理学位资格的框架;

(4) 对高校授予的学位进行审核,并指导建立学术标准,并提供相关信息;

(5) 公布评估实践的标准并提供评估的优秀案例;

(6) 在学校和学科层次各运行一个评估机制。

英国高等教育质量评估的目的是保证高等教育系统的教育质量、提高教育质量和教师的职业能力、提高教学的重要性,并且重新建立高等教育机构之间的合作

---

① Quality Assurance Agency for Higher Education (QAAHE). *Quality assurance in UK higher education: A guide for international readers*[R/OL]. Gloucester: QAAHE, 2005, [2010 - 12 - 17] http://www.qaa.ac.uk/international/studentguide/english_readers.pdf.

② Castelluccio, C. & Masotti, L.. Quality assurance in United Kingdom higher education[M]// In C. Orsingher (Ed), *Assessing quality in European higher education institutions*. Physica - Verlag, 2006.

③ Anderson, D. Johnson, R. & Milligan, B.. *Quality assurance and accreditation in Australian higher education: An assessment of Australian and international practice*[R/OL]. Canberra: Department of Education, Training and Youth Affairs, 2009[2010 - 12 - 17] http://www.dest.gov.au/archive/highered/eippubs/eip0 0_1/fullcopy00_1.pdf.

和共同责任。以下是高等教育质量保证机构的四项主要活动①：

（1）审核学校内部教育质量管理的过程，以确保教育质量符合高校的使命。

（2）每隔五年评估学科的教学质量是否符合学科的教学目标。教学评估分为六个方面，每一方面的评分为四分制。

（3）建立每个学科的毕业标准，并向雇主提供每个学科毕业生的信息。

（4）监督国家学位资格框架。

质量评估机构通过其评估实践的参考值，来帮助界定清晰、明确的评估标准。为了实现这个目的，质量评估机构、高等教育机构和其他参与者共同创建并实行以下的措施：高等教育学位资格框架、学科基准、学科描述、学科档案、保证高等教育学科质量和标准的操作规范。②

高等教育学位资格框架主要是了解高等教育学位的资格。学位资格就是指某个学位的获得者的特性。学位包括学士学位、硕士学位和博士学位。学位资格框架确定了学位应该包含的资格水准，并且向公众保证学位的质量（即同一类型的学位的获得者所掌握的学术水平是相似的）。

学科基准是指人们对学科所期待的学术标准。它指出了获得该学科学位的学生必须了解该学科的特性、知识和技能。另外，它还指出获得学士荣誉学位所要求掌握的知识和经受的挑战，并以此来支持高等教育机构和学科的设计。

学科描述包括每所高校提供的学科的信息。它界定了学生必须掌握知识、技能和其他范围，以及学生能够获准毕业的要求。在这些说明中，高校还界定了教学的方法、评估和求职的机会。并对学科与学位资格框架之间的关系进行了说明。

学生的学科档案是用来帮助并使得学生的学习成果更清晰、更有价值。这些档案包括了每个学生学习状况和成绩的正式纪录，并且包括个人发展的规划。这也帮助学生去思考他们自己的学习成果，以及教育和职业发展的规划。

保证高等教育学科质量和标准的操作规范用来指导学术标准和质量管理。这个操作规范有十个部分，而且每个部分都包括了高校应该遵循的规则。

质量评估机构还进行其他的活动，它向政府部门建议学位授予权力的分配、大学头衔或高等教育机构的委任，它还对授权确认机构（Authorized Validating Agencies）颁发证书，以承认高等教育课程，并对优秀学生颁发证书。为此，质量评估机构还制定了承认方案和战略计划。另外，英国的高等教育质量评估机构还参与国

① Anderson, D. , Johnson, R. & Milligan, B. . *Quality assurance and accreditation in Australian higher education*: *An assessment of Australian and international practice* [R/OL]. Canberra: Department of Education, Training and Youth Affairs, 2009 [2010 - 12 - 17] http://www. dest. gov. au/archive/highered/eippubs/eip0 0_1/fullcopy00 _1. pdf.

② Castelluccio, C. & Masotti, L. . Quality assurance in United Kingdom higher education [M] // In C. Orsingher (Ed), *Assessing quality in European higher education institutions*. Physica - Verlag, 2006.

际质量评估活动。英国的质量评估机构是国际高等教育质量评估机构的会员和欧洲质量保证机构的会员。①

4. 高校教育质量评估

自 1991 年起,英国高校教育质量评估就已经开始。每个高等教育机构负责确保达到恰当的学术标准,并且授予高质量的教育。一开始,高校教育质量评估是由高等教育质量委员会负责,后来由高等教育质量评估委员会来接管。目前,高校质量评估的主要目的是审核高校能否有效地肩负保证学术标准和教育质量的责任。高校教育质量评估的假设是,高校建立一个恰当的教育质量评估政策和评估程序,并且能够提供评估结果的证明。高等教育质量评估委员会就是要审核学校是否满足这个假设,学校采用的评估方法是否充分可靠。

从 1991 年到 1997 年,学术审查机构(高等教育质量委员会的前身)进行了第一轮的学术质量评估。这轮学术质量评估包括了所有的高校,目的是了解高校在多大程度上能应用正确的、有效的标准和质量管理的程序。② 学术评估是一个质量评估的过程,主要针对的是大学或学院采用评估学术标准和质量的程序。它评估大学或学院如何达到自己制定的标准,并对这些标准进行评估。学术审查机构的目的是向公众提供高校学术标准的信息,并向学生提供教学质量的信息。③

在第一轮学术质量审查完成以后,学科评估的方法在全英国进行了全新的改革。1997 年成立了英国高等教育质量评估机构,这个机构为英国高等教育提供了一个整体的质量评估服务。从 1998 年到 2002 年高等教育评估机构进行了第二轮的学术质量审查(被称作继续审查),是由高等教育质量评估机构来进行的。继续审查针对的是质量管理策略、学术标准、学习设施和交流渠道。2003 年,英国政府公布了一份白皮书《高等教育的未来》。该白皮书中的一些提案对英国高等教育评估政策产生了重要的影响(例如,制定大学头衔和承认方案)。质量评估机构认为与政府部门的合作是极其重要的,这样能够保证所有的改革都能被理解,并且能够充分地执行其质量评估的程序。④

英国高等教育质量管理机构评估每一所大学的学术标准和教育质量。从1991 年到 2002 年间,质量评估机构一共评估了 220 所高校,并公布了 172 份报告。

---

① Castelluccio,C. & Masotti,L.. Quality assurance in United Kingdom higher education[M]// In C. Orsingher (Ed),*Assessing quality in European higher education institutions*. Physica – Verlag,2006.

② Castelluccio,C. & Masotti,L.. Quality assurance in United Kingdom higher education[M]// In C. Orsingher (Ed),*Assessing quality in European higher education institutions*. Physica – Verlag,2006.

③ Quality Assurance Agency for Higher Education (QAAHE). *Quality assurance in UK higher education: A guide for international readers*[R/OL]. Gloucester:QAAHE,2005,[2010 – 12 – 17] http://www.qaa. ac. uk/international/studentguide/english_readers. pdf.

④ Castelluccio,C. & Masotti,L.. Quality assurance in United Kingdom higher education[M]// In C. Orsingher (Ed),*Assessing quality in European higher education institutions*. Physica – Verlag,2006.

高等教育质量评估机构的目的不仅仅是对过去的教育质量进行评估,还应该帮助高校保证未来教育的质量。除此之外,质量评估机构还支持高校进行改进教育质量的活动,评估主要是提供独立的分析来帮助高校了解自己的教育质量。高校教育质量评估主要关注的是四个方面:提高教育质量的策略、学习的基础设施、学术标准和交流渠道。

高校教育质量评估的结果是一份分析以上四个评估方面的报告。高校应先准备一份自我评估报告和其他的支持材料(如年度规划报告、学术标准手册、本科和研究生的章程、互联网上的资料以及教学质量评估报告等)。外部审核小组先开一个简单的会议,商讨学校递交的自我评估报告和其他的材料,然后,外部审核小组安排实地考察。另外,如果需要的话,该小组还会要求学校提供一些其他的材料(如会议记录)。

外部审核小组的实地考察期为3—5天。除了仔细阅读学校提供的材料以外,小组成员还会与教师和学生进行面谈。通常,考察结束以后,审核小组需要提交一份15—20页的报告。报告阐述以下几个部分:审核的背景、高校的质量管理策略、学位和学科的学术标准、学习的基础设施和学校内外的交流。

(1)审核的背景主要是阐述前一次的审核以及近期的学校发展或组织的变化。

(2)高校质量管理策略是指教育质量的规划和评估、管理决策的过程、中央管理的作用和独立性、监督和评估学科质量的安排、教学和科研的质量评估策略、教育质量的提高和优秀教育实践的传播。

(3)学位和学科的学术标准是指学术标准的定义、外部审核者的作用、监督标准的方法和本科与研究生学位的标准。

(4)学习的基础设施包括教师的招募、培训、评估和晋升的程序,以及教师对学生的支持、指导和学术服务等方面。

(5)学校内部和外部的交流阐述的是学校内外的交流方式,包括将优秀教育实践的例子与校内外的交流方法。

高等教育质量评估机构制定了一个新的质量评估模式,高校和经费委员会也正在考虑这个新模式。高等教育质量评估机构认为高校教育质量评估应该更加灵活、更加注重学科层次的评估。除了仔细阅读自我评估报告以外,评估机构可能会再进行一些调查,然后撰写评估报告。如果评估机构发现高校不能保证教育的质量,那么该高校就需要提供一份恢复教育质量的计划和实施报告。高等教育经费理事会也应该得到通报。

质量评估机构虽然是一个全国级别的机构,但是在不同的地理区域,评估系统存在差异。在英格兰和北爱尔兰,高校的评估是通过学校审查来完成的。另外,只有在2005年前的英国,高校的评估也可以通过发展约定或学科层面的学术评估来完成。学校审查主要是保证高校提供的高等教育、学位和资格证书的质量,并且符合恰当的学术标准。此外,还确保高校没有滥用授予学位的法律权力,发展约定允许高校审查自己的科系层面的内部评估的程序。学科层面的学术评估主要是考察学科层面的学术的标准和学生学习经历的质量。学科层面的学术评估方法后来在英格兰的高等教育的学科广泛采用(表6-8)。[①]

在苏格兰,以提高为主的高校评估是苏格兰高等教育质量和标准的新的管理方法的主要组成部分。以提高为主的高校评估是由质量评估机构建立的,它与苏格兰大学、苏格兰学生组织和苏格兰高等教育经费委员会一致。以提高为主的高校评估是分析每所高校提高学生学习经历的方法。

在威尔士,高校评估的目的是审查高等教育机构是否提供公众接受的教育质量,并能遵循恰当的学术标准。同时,它还确保高校没有滥用其授予学位的法律权力。

在英国,质量评估机构还监督英国与海外高等教育机构和组织的合作,如果学位是英国大学授予的话。[②]

表6-8　英国各个区域的高校质量评估(QAAHE,2005)

区域	评估内容与目的
英格兰和北爱尔兰	评估学校内部的质量评估体系,并审查科系的具体操作方法,以确保学科的质量。评估周期为六年。
苏格兰	评估每所高校的政策和实践,以此来提高学生学习经历的质量。评估周期为四年。
威尔士	评估学校内部的质量评估体系,并审查这些实践如何通过具体的途径来实现。评估周期为六年。
英格兰、北爱尔兰、威尔士(合作监督)	评估高校的绩效、学术标准和学科质量的管理(主要是针对合作的高校,包括英国国内大学的合作,以及英国与国际大学的合作)。

资料来源:Quality Assurance Agency for Higher Education (QAAHE). *Quality assurance in UK higher education: A guide for international readers*[R]. Gloucester: QAAHE,2005.

5. 学科的评估

在高等教育质量评估机构成立之前,英国高等教育经费委员会主要负责高校内部学科的评估。评估的主要目的是由一个独立机构向高校提供学科质量的反馈信息,并且向公众提供有用的信息(图6-1)。

英国的教学质量评估(Teaching Quality Assessment)最先出现于1993年,它由

①　Castelluccio,C. & Masotti,L.. Quality assurance in United Kingdom higher education[M]// In C. Orsingher (Ed),*Assessing quality in European higher education institutions*. Physica - Verlag,2006.

②　Castelluccio,C. & Masotti,L.. Quality assurance in United Kingdom higher education[M]// In C. Orsingher (Ed),*Assessing quality in European higher education institutions*. Physica - Verlag,2006.

每个高等教育经费委员会独立进行。英格兰高等教育经费委员会进行了第一次学科评估。它对高校在 1993 年到 2001 年开设的所有学科进行评估,包括艺术、传媒与设计、教育、健康和人文学科。评估主要是针对学科的学术标准和教育质量。

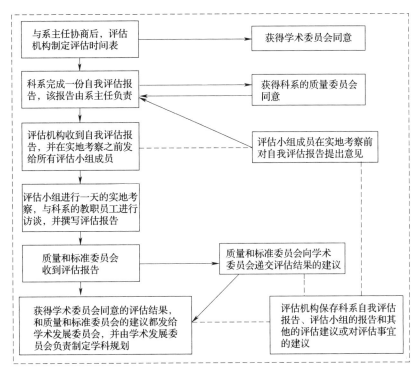

图 6 - 1　英国学科教育质量评估流程图

资料来源:Castelluccio,C. & Masotti,L. . Quality assurance in United Kingdom higher education[M]// In C. Orsingher(Ed),*Assessing quality in European higher education institutions*,Physica - Verlag,2006:41.

如果一所大学或学院要审批一个新的学科的话,需要经过严格的评估程序。评估程序包括审查学术的基础建设和质量评估机构的评估。另外,行业协会和专业认证委员会也会参与到评估程序中。这样,才能保证学生能够在掌握书本知识的同时,也符合实际工作中专业技术的要求。[①]

学科教育质量评估的过程有两个阶段:学科的自我评估和外部同行的审查。自 1992 年以来,评估的过程已经发生了一些重要的变化。一开始,评估的结果分为三个等级:优秀、满意、不满意,而且,并不是所有的学科评估过程都有实地考察的环节。但是自 1995 年 4 月起,所有的学科评估都包括实地考察这个环节。高等教育质量评估机构聘请和培训学术界和专业界的专家来进行评估。考察团在实地

---

① Quality Assurance Agency for Higher Education(QAAHE). *Quality assurance in UK higher education:A guide for international readers*[R/OL]. Gloucester:QAAHE,2005,[2010 - 12 - 17] http://www.qaa. ac. uk/international/studentguide/english_readers. pdf.

考察的时候一般是以该学科所在的高校自己的教育目标作为评估的起点,来评估学科的六个主要方面:(1) 课程设计、内容和安排;(2) 教学和评估;(3) 学生进步程度和学习成绩;(4) 对学生支持和指导;(5) 学习资源;(6) 质量评估和提高。每一个方面的评估结果是一个四分制的分数,然后将所有方面的分数加起来获得一个评估总分。

如果任何一个方面仅获得一分,这就意味着该学科不能通过考察,在未来的12 个月内,需要进行第二次考察。在 1997 年至 1998 年间有两个案例没能通过考察。如果六个方面中有一个方面获得两分,那么这就是该学科的弱项,学科需要在此方面进行改进。如果有两个以上方面获得两分,那么这门学科的质量存在严重的问题,该学科所在的高校必须制定改进计划,并且由高等教育质量评估机构来监督执行改进的状况。

高等教育质量评估机构在考察完学科以后要完成一份评估报告,并将报告公布于互联网。虽然,评估机构没有把同一个学校的所有学科的分数整合起来,但是媒体将高校的学科分数制成表格并公布于众。对所有高校的学科都评估以后,高等教育质量评估机构公布学科总体报告,并对学科的标准和质量进行评论。

高等教育质量评估机构对学科的评估过程引起众多争议,并得到许多负面的评价。批评者们认为准备评估所需要的材料很多,评估的支出很大,用数字打分的评估方法也过于简单。新成立的大学也指出,目前的评估过程只考虑传统的大学,没有考虑评估新成立大学的新的教育目的。尽管如此,几乎没有人反对将外部和独立的评估机构作为高等教育评估的主体。

由于受到高等学校的负面评价和压力,学科评估的改革方案提上了日程。此项改革方案还涉及高校教育质量评估的改革。这个改革方案获得了经费委员会的同意,并于 2000 年开始实行。改革后,新建立的国家学位资格框架与高等教育质量评估紧密相连。新的学科评估方法减少了高校的负担,将学科分成 42 个类别来评估,评估循环周期为六年。

新的学科评估的主要内容是教学和标准。外部评估小组一般先审查学科自我评估的材料和评估报告,然后与学生面谈。此外,评估小组也有可能察看学生的作业。以下几个问题是评估教学的例子。

- 是否有学生学习成果的报告;
- 教学评估过程是否恰当;
- 教学是否反映了国家学位资格框架的水平;
- 课程的内容和设计是否有效;
- 课程内容对于不同阶段和层次的教学是否恰当;
- 评估学生成绩的方法是否恰当。

评估学科标准主要包括审查这些标准是否符合国家学位资格的框架,学校是否公布相关的学科基准和学科说明。接着,评估小组完成文字(不是数字)的评估报告(如"标准不能充分地促进学科的教育成果"或"标准能够促进学科的教育成果,但是不够充分"等)。高等教育质量评估机构指出,学科的教学和标准的评估应是学校质量评估的一部分。①

学科评估在英国的各个区域有所不同。在英格兰和北爱尔兰(表6-9),1993年到1995年间的教学质量评估主要是分析学生的学历经验和成果。每一门学科的评估结果为"优秀"、"满意"或"不满意"。1995年到2001年间的大学学科评估包括六个方面:课程设计、内容和组织,教学和评估,学生的进步和学习成绩,对学生的支持和指导,学习资源,质量保证和提高。每个方面的评分为1—4分,评估报告公开,然后根据每个方面的评分来计算出一个评估总分。②

在苏格兰(表6-10),从1993年到1998年间的学科评估并没有采用英格兰的打分评估法,而是对高校的六个方面(课程设计、内容和组织,教学和评估,学生的进步和学习成绩,对学生的支持和指导,学习资源,质量保证和提高)来进行描述性的评估。

在威尔士(表6-11),从1993年到1998年采用了一种独立的评估机构来评估高等教育的质量。1992年成立的威尔士高等教育经费委员会负责评估威尔士高等教育的质量。它的评估系统类似于英格兰的评估系统,但是有两点重要区别:(1)威尔士允许提名评估小组成员,而英格兰不允许;(2)威尔士的学科评估结果是文字,而不是英格兰的数字。

表6-9 英格兰和北爱尔兰的高等教育评估

年份	评估方法	评估对象	评估者
1993—1995	教学质量评估	高校中抽样的学科	英格兰高等教育经费委员会
1995—2001	学科评估	1993—1995年没有抽中的学科	英格兰高等教育经费委员会/质量评估机构
2003	基础学位	高校中抽样的学科	质量评估机构

表6-10 苏格兰的高等教育评估

年份	评估方法	评估对象	评估者
1993—1998	教学质量评估	所有学科	苏格兰高等教育经费委员会
2000—2002	学科评估	高校中抽样的学科	质量评估机构

① Anderson,D.,Johnson,R. & Milligan,B. *Quality assurance and accreditation in Australian higher education: An assessment of Australian and international practice*[R/OL]. Canberra: Department of Education, Training and Youth Affairs,2009[2010-12-17] http://www.dest.gov.au/archive/highered/eippubs/eip00_1/fullcopy00_1.pdf.

② Castelluccio,C. & Masotti,L. Quality assurance in United Kingdom higher education[M]// In C. Orsingher(Ed)*Assessing quality in European higher education institutions*. Physica-Verlag,2006.

表 6 - 11　威尔士的高等教育评估

年份	评估方法	评估对象	评估者
1993—1998	教学质量评估	所有学科	威尔士高等教育经费委员会

6. 总结

英国有着一个独立的高等教育质量评估体系。高等教育质量评估机构中有众多的大学代表参与,并代表着经费委员会来执行评估的职能。虽然,评估过程复杂而且耗费大,但是很有效。尽管学术界对评估方法有各种各样的批评,但是各界又一致认为,高等教育评估应由一个独立的机构来评估学校和学科的教育质量。

英国的高等教育评估非常重视教学,评估促进了教学质量的保持和提高,促进了教师培训的进步,促进了教学法的提高和学生学习成果的进步。评估还促进了高校参与学科的评估过程,并促进了学科明确教育的目标。校外评估小组审查得到了广泛的认同,但是评估的方法仍然需要改进。高校和学科的评估报告将学校和学科的信息(包括自我描述的信息和评估结果的信息)公布于众,从而促进了公众对于高校和学科的了解。尽管英国没有学位的最低标准,但是高等教育质量评估机构成为了保证学位标准的"看家狗"。随着特许高校和高校在海外授课的增多,人们一致认为需要通过监督这些高校的教育质量来维护英国高等教育的声誉,英国高等教育质量评估机构的作用即在于此。

二、澳大利亚

澳大利亚的高等教育评估体系有几项弱点。一是,高校教育质量评估的程序完全是由学校自己决定的。二是,除了一部分州政府审查的内容以外,没有外部审查机制。人们无法知道 A 学校的教育质量是否符合公众的标准,A 学校的教育质量也无法与 B 学校的质量进行比较。三是,在国际市场上澳大利亚的学位处于无管理状态,从而导致其学位缺少公信度。四是,澳大利亚的高等教育质量无法与其他竞争国(如英国、加拿大、美国、新西兰)的教育质量进行比较。[①]

澳大利亚高等教育评估环境中的压力是如何坚持评估标准。政府机构明确指出资金有限,因此要求高校扩大资金的来源。师生比例下降、图书馆的资源和科研设备的经费越来越紧张。高校教师的需求越来越大,师资招聘的标准越来越低。澳大利亚的高校严重依赖外国留学生的学费,招收的学生越来越多样化,因此他们的知识背景的差异也越来越大,学习经历和掌握的技能也不一样。这种情况导致

　　① Anderson,D.,Johnson,R. & Milligan,B.. *Quality assurance and accreditation in Australian higher education: An assessment of Australian and international practice* [R/OL]. Canberra: Department of Education,Training and Youth Affairs,2009 [2010 - 12 - 17] http://www. dest. gov. au/archive/highered/eippubs/eip00_1/fullcopy00_1. pdf.

教师特别宽容地给予考试成绩并稀释课程标准。

尽管,澳大利亚的每所大学都公布了教育质量评估计划来保证高等教育的质量,但是这还远远不够,有必要建立一个独立的机构来评估澳大利亚的高等教育。在过去的几年中,澳大利亚成功地建起了新的高等教育评估体系。该评估体系已经深入高等学校内部,并促进评估文化改革。高校目前制定的高等教育质量评估和质量提高的计划中包括了学校的发展目标、发展策略,以及评估目标和方法。

在澳大利亚,几乎所有的高校都制定了一个正式的周期循环的评估体系。这个体系还包括外部评估者对学科的发展和组织的结构进行评估,并通过定期的调查来获得外部的反馈信息。一些高校还参与了澳大利亚或者国际高等教育网络,并与其他院校进行比较,从而保证其高等教育的质量。以下是一些其他的保证高等教育质量的途径。[1]

- 行业机构和行业协会认证专业教育(如医学、法学、会计学、工程学、护理学和建筑学);
- 大学教职员工发展委员会鼓励创新和优质教学,并且由高等教育创新计划提供资助;
- 高等教育机构报告本校的特长和成果时,提供了一些教育质量的信息(如资金来源、开支内容、科研经费、学生的性别和年龄、录取标准、海外学生人数、学习模式、课程设置、师资分配、毕业生的满意度和毕业生的就业情况等)。

(一) 高等教育系统的评估

1. 高等教育质量评估委员会

1993 年,澳大利亚政府成立了高等教育质量评估委员会,委员会的主席是昆士兰大学的副校长威尔森(Brian Wilson)教授。这个委员会运行了三年,到 1995 年关闭。这个评估委员会要求,每所大学每年需提交自我评估报告,然后委员会组成访问团,访问这些高校并研讨学校递交的评估报告。这个委员会评估每所大学的学科质量,尤其重视的是教学成果。这个委员会在这三年中的重点就是评估教学、科研和社区服务三个方面。

到 1995 年,高等教育质量评估委员会审阅了三轮的高校评估报告,并访问了三次这些学校,然后高等教育质量评估委员会解散了。解散的原因并不是评估委员会的评估工作失败,而是这个评估的程序太复杂。评估委员会鼓励高校评估自己的教育质量,但是高校每次准备评估报告和实地访问消耗高校大量的时间和人力。除此之外,高校对于威尔森教授的这套质量评估程序有不同的看法。一些高

① Anderson,D.,Johnson,R. & Milligan,B.. *Quality assurance and accreditation in Australian higher education:An assessment of Australian and international practice*[R/OL]. Canberra:Department of Education,Training and Youth Affairs,2009[2010 − 12 − 17] http://www. dest. gov. au/archive/highered/eippubs/eip00_1/fullcopy00_1. pdf.

校认为这个评估程序缺乏有效性和可重复性,另一些则认为这个评估程序有着积极的效果。没有高校认为这个评估程序能够保证学位课程和学术的标准,也就是说,威尔森教授的评估程序并不能够保证教育质量符合标准。[1]

2. 澳大利亚副校长委员会

十多年前,澳大利亚副校长委员会(Australian Vice - Chancellors' Committee)创建了一系列的评估活动。这些评估专门针对历史、经济、心理和物理学科本科的荣誉课程。评估报告公布之后,一些评论者认为这种评估荣誉课程的做法不可能对所有的课程都进行评估,另一些评论者认为荣誉课程是培养未来的大学教师的重要途径,因此评估的结果会影响本科的教学标准。

该副校长委员会的评估是由一个校外的专门小组来执行,该小组成员都来自同类学校。评估的程序包括对科系进行实地考察,与学科的核心教师和学生进行访谈,检验课程设置和考试样本。接着,评估小组完成一份评估报告,并与被评估的科系交换意见。评估报告修改后公开发表。

尽管当时并没有正式的评估体系,一些评估报告指出,明确地给予科系评估的标准是一种非常成功的做法。随着这种评估做法逐渐享有知名度,一些感兴趣的机构打算控制这个评估程序,这样,这个评估体系将获得独立和客观的声誉。这个建立独立评估机构的想法得到了高等教育界的很多支持。

3. 学科评估

20 世纪 80 年代,教育培训和青年教育部开展了一系列的高校学科质量评估活动,对工程、自然学科和数学教育、会计、法学、计算机和农业科学进行了评估,并且公布了评估报告。医学教育的评估是由医疗保健部来完成的。评估报告中提出相当多的证据来支持学科改革或提高的建议。但是,在很多情况下,这些建议没有执行的原因是经费不足。几年以后,这些评估报告的影响力成为了评估的主题。[2]

(二)澳大利亚的资格框架

随着以能力为本的教育和培训在澳大利亚的普遍存在,有必要建立一个统一的标准和资格体系,即澳大利亚资格框架。自 1995 年起,这个框架提供了一个全面的、全国统一的、灵活的框架来评估所有的高等教育和培训的资格(Australian Qualifications Framework,1998)。这个框架包括了根据教育一般特性来界定的学

① Anderson,D.,Johnson,R. & Milligan,B.. *Quality assurance and accreditation in Australian higher education：An assessment of Australian and international practice*[R/OL]. Canberra：Department of Education,Training and Youth Affairs,2009[2010 - 12 - 17] http：//www. dest. gov. au/archive/highered/eippubs/eip00_1/fullcopy00_1. pdf.

② Anderson,D.,Johnson,R. & Milligan,B.. *Quality assurance and accreditation in Australian higher education：An assessment of Australian and international practice*[R/OL]. Canberra：Department of Education,Training and Youth Affairs,2009[2010 - 12 - 17] http：//www. dest. gov. au/archive/highered/eippubs/eip00_1/fullcopy00_1. pdf.

位资格的主要标准,这些特性主要为学习成果。澳大利亚资格框架的功能之一就是促进澳大利亚的学位获得全国和国际的认可。该资格的范围包括从中等教育最后两年到各个层次的高等教育(包括中等教育后的职业教育和培训),甚至是博士学位。下面是学士学位的一个例子。①

1. 目的

协助雇主、行业协会、课程设计者、认证机构和广大公众(包括学生、家长和教育与培训机构)来了解学士学位的资格。

2. 环境

替代其他的指导条款来指导学士学位的资格。

3. 学习成果

(1) 自主权

课程的目标和要求由大学来制定,需满足同行考察和相关行业机构和雇主的要求。高校可以成立课程咨询委员来协助课程的内容和质量评估。委员会成员包括各个参与方,如雇主、社区代表、教师和从业者。

(2) 特性

学士学位学习成果的特性包括:

- 掌握系统和连贯的知识、原则和概念,以及相关的解决问题的技能;
- 培养学术技能和态度,能够理解和分析从其他来源获得的新信息、概念和证明;
- 树立检查、合并、扩展和应用获得知识和技能的能力。

达到该资格的课程一般是有着众多文献的主要学科。课程的内容应该引导学生进行深层次的学习,并逐渐进入更高层次的研究生学习。

4. 评估责任

评估责任主要是颁发该学位的高校。

(三) 总结

澳大利亚的高等教育机构都进行自我评估,高校每年都向教育培训和青年教育部递交教育质量评估报告。报告包括教育质量自我评估的结果,以及未来的提高教育质量的计划。该计划包括高校的教育目的、达到该目的的策略,以及达到教育目的进程的标准。高校公开这个计划,以协助高等教育质量评估机构的监督。几乎所有的高校都对教师、学院或科系进行评估。在评估的过程中,高校尤其重视学位标准和毕业生的成绩。评估机构尤其关心的是高校质量评估的结果以及进一

---

① Anderson,D.,Johnson,R. & Milligan,B.. *Quality assurance and accreditation in Australian higher educa-tion*:*An assessment of Australian and international practice*[R/OL]. Canberra:Department of Education,Training and Youth Affairs,2009[2010 - 12 - 17] http://www. dest. gov. au/archive/highered/eippubs/eip00_1/fullcopy0 0_1. pdf.

步的行动。

三、印度

在印度的高等教育领域,评估教育质量的实践近期才出现。从 20 世纪 30 年代至 80 年代,印度的高等教育在这 50 年中取得了空前的发展。这种快速发展导致原先建立的评估机制落后于教育发展的需要。有批评家指出,国家批准的高等学府的数量迅速增长,但是这些高校只有花哨的学科和不够标准的设施,教学质量也参差不齐。为了解决教育质量下降的问题,国家教育政策部(National Policy on Education)于 1986 年成立了一个独立的国家质量评估机构。相应地,1994 年 9 月,大学基金委员会(University Grants Commission)也建立了国家评估和认证理事会(National Assessment and Accreditation Council)作为一个自主的评估机构。①

1. 评估机制的建立

尽管印度教育质量评估才开展了十几年,但是这被认为是对印度 150 多年的高等教育体系中的质量保证的根本性改革。在改革中不断调整评估机制,最终这个机制获得公众的认可。印度国家质量评估的目的是:带领全国的高校将教育质量提到最高,同时尽可能地减少评估标准的数目。因此,印度的评估机制在很多方面都具有独特性。

印度评估机制的独特性还体现在另一个方面:高等教育缺少资源,高校体系庞大且复杂。印度拥有世界上第三大的高等教育体系——322 所综合性大学和 16 000 多所本专科学院,教育着 900 多万的全日制高校学生。因此,要建立一个全国统一的评估体系,并且确保评估过程能确切地执行,这是一项艰巨的任务。

1994 年 9 月建立的国家评估和认证理事会(National Assessment and Accreditation Council)花了 3—4 年的时间制定各项政策、原则和方法。该理事会对各国的质量评估和认证的操作步骤进行了详细的研究。研究发现大多数国家的评估体系都有以下的共同特点:自我评估和同行评估。因此,国家评估和认证理事会决定也采用自我评估和同行评估的方法。然后再进行评估结果报告,正好组成了评估三步曲的模式。该模式也被许多其他国家采用。国家评估和认证理事会还对以下的事务进行了详细的陈述:

- 国家评估和认证理事会不是直接的评估主体;
- 评估是完全自愿的;
- 评估的主要目的是提高教育质量(而非其他国家所考虑的绩效责任);

---

① Stella, A. . *Quality assurance mechanisms in higher education in the Asia – Pacific* [R]. Desk study overview Paris Higher Education Division of UNESCO, 2004.

- 评估的结果与政府的资助无直接关联；
- 评估的单位是学校；
- 评估的报告和学校的等级都公布于众；
- 评估的结果五年有效。

以上的解释对评估机构的出现提供了可行性。因此,许多评估机构在这之后出现并开始实施评估。[①]

2. 量化的评估标准

评估机构在不同层度上依赖量化的方法。评估机构要求学校在自我评估的时候提供数据,来证明其达到一些量化的标准。另外,评估机构还要求同行评估这些数据是否符合量化的标准。评估机构的最终评估报告也是基于量化数据来测量学校是否符合评估标准。例如,印度技术教育委员会(All India Council of Technical Education)就是采用这种量化的标准来进行评估。[②]

印度国家评估委员会的评估方法是要求同行评估者对每一项评估参数打分。国家评估委员会事先对每一项评估参数限制最高可能的分数,印度国家评估委员会一共制定了八项标准,每项标准又再细分为一些参数,并且对这些参数进行加权。每个参数依据非学位证书、本科学位、本科以上学位来加权(表6-12)。

表6-12　印度高等教育的量化评估举例

参数	非学位证书	本科学位	本科以上学位
组织和管理	(最高30分)	(最高80分)	(最高50分)
A. 计划和监督			
B. 招募程序和成果			
C. 升职政策和程序			
D. 领导班子			
E. 激励机制			
F. 工作透明度			
G. 权力下放和教师参与			
H. 管理委员会的组成			

注:以上的评估分数须加权。

资料来源:National Board of Accreditation (NBA). Criteria and weightages [R]. NBA,[2011 - 3 - 29] www. nba - aicte. ernet. in/parameter. doc.

---

① Stella,A.. *Quality assurance mechanisms in higher education in the Asia - Pacific*[R]. Desk study overview Paris Higher Education Division of UNESCO,2004.

② El - Khawas,E.. *Accreditation in the United States:Origins,developments and future prospects*[R]. Paris: IIEP - UNESCO,2001.

3．量化的评估结果报告

印度的国家评估和认证理事会（National Assessment and Accreditation Council（NAAC））将评估者的打分进一步用来计算学校的得分，并把得分转换成百分比。学校的百分比得分决定了学校的等级。等级共分为九级（C，C＋，C＋＋，B，B＋，B＋＋，A，A＋，A＋＋）。如果某个学校的百分比分数低于55，那么这所学校就不能获得教育认证（表6－13）。

表6－13　印度高等教育量化评估的等级

等级	百分比分数	等级	百分比分数
C	55—60	B＋＋	80—85
C＋	60—65	A	85—90
C＋＋	65—70	A＋	90—95
B	70—75	A＋＋	95—100
B＋	75—80		

印度的评估系统以量化的标准来建立评估的可信度，因为这样的评估方法能够保证评估结果的客观性。但是，一些评估专家们质疑这些量化的评估方法和评估客观性之间的关联性。因为，数据只有在一些假设存在的时候才能使用在评估中——必须确定百分比分数50和60之间的区别等同于75和85之间的区别，那么量化的标准才有意义。但是，在现实中这一假设不可能存在。另一方面，这些数字看上去很客观，但实际上它掩盖了打分者的主观性。

依赖量化的评估方法引起了印度各界的广泛争论。例如，赞同方认为这种方法有助于评估机构对各个学校和学科都采用一致的方法，从而降低了各个评估小组之间的差异性；另一方面，这种评估方法也确保了评估过程的透明度。然而，反对方认为，这种评估方法很可能鼓励学校只注重那些对学校有利的量化标准，而忽略了真正的教育质量。另外，反对方也质疑这些评估机构采用的这些量化标准之间的相关性、准确性和有效性。评估机构原先是采用量化标准来协助评估者作出有效的评估结果的方法，但是当评估机构完全依赖数据的时候，评估的实践与评估的目的就产生了矛盾。两者的矛盾程度取决于同行评估时候对数据的依赖程度。[1] 因此，评估机构既要采用量化的标准，又不能完全依赖这些数据。

---

① Martin，M. & Stella，A.. *External quality assurance in higher education：Making choices*[R]. UNESCO：International Institute for Educational Planning，2007.

第四节 德 国

一、德国高等教育宏观评估概览

遵循 1949 年颁布的《基本法》(相当于宪法)第 91 条精神,文化与教育为各个联邦州自主的事务,联邦政府无权干涉。鉴于德国的联邦制对于教育权限的严格定义,在全国层面的高等教育举措难以实现。为了协调各个联邦州的高等教育政策,第二次世界大战后的德国在盟军占领区(即通常所说的西德)先后成立各联邦州文教部部长联席会议(KMK,1948 年)、高校校长联席会议(HRK,1949 年)、国家科学咨议委员会(WR,1957 年)以及联邦与联邦州教育规划和科研资助联合工作组(BLK,1970 年)。然而,作为"冷战"桥头堡,愈演愈烈的东西两大意识形态阵营的对峙迫使德国重新调整科研和人才培养的政策,于是,德国联邦政府 1970 年设置联邦教育与科学部,协同各州政府共同承担高校基建和科研之职责。在 1976 年,第一部适用于德国各个联邦州的纲领性法律《高校总纲法》(相当于高等教育法)出台,就高校的组织和管理、入学和教学改革、人员结构和高校成员管理参与权等问题作出统一规定。

1990 年西德与东德统一,结束了 45 年国家分裂的历史。为了适应新历史条件下的国家运行,德国开始酝酿联邦制改革,但阻力重重。各个联邦州州长借改革之机,有意削弱联邦政府的权限,以至于直到 2003 年 10 月,联邦议会和联邦参议院才共同组成 32 人的"联邦制现代化改革委员会"。正是由于在高等教育问题上的利益博弈,联邦制改革于 2004 年 12 月搁浅,也由此形成一场旷日持久的拉锯战。2006 年 7 月 7 日,德国通过了"联邦制改革方案",对《基本法》141 项条款中 25 项有关联邦政府与州政府的权限问题重新加以规范,其核心内容包括教育事业、州议会的立法权、管理权和财政分配权,以及欧盟事务、国家安全等共 40 余处。由于此项改革涉及德国国家政体的方方面面,因此被政界称为"所有改革之母"。"联邦制改革方案"取消联邦政府今后对扩建和新建高等院校及其附属医院的财政参与;将《基本法》第 91b 条中教育规划限制为参与教育评估;新增第 143c 条有关 2013 年前联邦政府对各个联邦州的教育财政补贴,从而确定资助"精英大学"建设的合法性;把高校教师工资和待遇专项权下放给州政府,以便推行教授工资与业绩挂钩。针对即将到来的高校入学潮以及由此造成的部分专业供需比例失调,此次修宪赋予联邦政府对毕业文凭以及限制性专业的名额之掌控权,从而保证学科发展均衡和入学机会均等以及新生录取程序的透明化和合理化。

诚然,联邦制改革的初衷是为了化解联邦参议院时时上演的地方政府扯皮现象,而如今,改革的最终结果却拆除所有合作平台,批评者视联邦制改革方案为联邦政府与地方政府合作的禁令。尽管此次修宪不是《高校总纲法》使命终结的必要条件,然而,联邦教育与科研部于 2008 年 6 月 30 日正式实施的《关于废除"高校总纲法"的法令》草案更加固化德国高等教育领域诸侯割据。

诸侯割据固化的一个主要体现便是联邦政府失去对高等教育规划的权限,只能以评估的方式间接起到高等教育规划与调控之功效,其主要途径有"卓越计划"(Initiative for Excellence)和学士点硕士点认证。

2004 年 1 月 8 日,德国执政党社会民主党(SPD)在一次内部会议上提出"精英大学"理念,主张德国建立"类似哈佛那样的精英大学"。2004 年 1 月 26 日,在柏林召开的题为"德国,明天的她"(Deutschland. Das von morgen)的会议上,德国联邦教育和科研部(BMBF)部长布尔曼(Edelgard Bulmahn)宣布德国政府实施"卓越计划"(全称是"联邦政府与各联邦州政府促进高校学术与科研卓越计划")。这次会议的主题是全面改革德国科研体系。也就在这个会议上,她推出"拔尖!德国寻觅她的顶尖大学"(Brain up! Deutschland sucht seine Spitzenuniversitaeten)项目。2005 年 6 月 23 日,联邦总理与 16 个联邦州州长就此达成共识。德国政府并非有意新建一所精英大学,而是在原有的高校中选拔一批顶尖大学。该计划由三部分组成:大学一流科研发展方案(Future Concepts for Top – Class Research at Universities)、博士生培养基地(Research Schools)和卓越学科集群(Excellence Clusters)。评审的标准是"学术精华、现代经营和学生管理以及国际化与校外科研机构的合作"。"精英大学"必须具备下列条件:至少拥有一份具有说服力的发展纲要、一个培养学术接班人的平台和一个在国际上享有盛誉的学术前沿问题研究中心,即对应计划的三大组成部分。第一二期"卓越计划"(2006—2012 年)投入 19 亿欧元,分别有九个大学一流科研发展方案,39 个博士生培养基地和 37 个卓越跨学科集群入围,大学一流科研发展方案获得批准的学校通常被誉为"精英大学"。第三期(2012—2017 年)遴选于 2010 年春天启动,到截止日(2010 年 9 月 1 日),共有 65 所高校的 227 项申请递交。2011 年 3 月 2 日,32 所高校的 25 个博士生培养基地方案、27 个卓越跨学科集群方案和七个大学一流科研发展方案通过预审,9 月 1 日前递交完整的申请书,明年宣布结果。获胜者共同分配 27.2 亿欧元,其中 31 所学校争逐"精英大学"桂冠。

"卓越计划"的评审按照国际惯例和国际标准,由德国科研基金会(DFG)和国家科学咨议委员会组成的联合评审委员会根据同行评议作出决定。德国科研基金会召集 14 位学者组成专业委员会,负责评审博士生培养基地和卓越学科集群;国家科学咨议委员会召集 12 位学者组成战略委员会,负责大学一流科研发展方案的评审,其中一半成员来自国家科学咨议委员会学术委员会,另一半必须为非国家科学咨议委员会学术委员会成员,由国家科学咨议委员会主席与六位成员共同商议决定。专业委员会与战略委员会共同组成联合评审委员会,来自国外的学者占3/5左右,主席由德国科研基金会或国家科学咨议委员会负责人来担任。

只有在高校提交的草案获得预审通过之后,并提交申请书,同行评议才展开,评议专家主要来自国外著名高校和研究机构。这些专家拟定候选名单交由联合评审委员会,联合评审委员会确定候选名单,并最终呈交审批委员会。政府官员只在最后审批阶段介入,审批委员会由联合评审委员会26位成员(每人1.5票)、联邦政府相关部委的领导(共16票)和16个联邦州代表(每州1票)。

《博洛尼亚宣言》(Bologna Declaration)的核心内容之一,是设置一个以英美学位制度为蓝本的学士和硕士双级学位体制(Bachelor/Master Study Structure)以及一个欧洲学分转换体系(European Credit Transfer System)。在联邦德国的最大亮点无疑对原有的本硕一体化的学位体制(Diplom/Magister)进行转换。尽管新学制在实质上与英美模式存在巨大差异,①不过,这场学制转换还是被视作"18世纪末德国现代大学建立以来最为深刻的一场变革"。②

博洛尼亚进程促使学士点硕士点大规模诞生,由此呼唤对学士点硕士点设置的认证。1998年7月,高校校长联席会议建议学位点认证,各联邦州文教部部长联席会议于当年12月决定引入认证程序,次年3月确立结构性规范,某些联邦州甚至在其高教法中明确要求学位点认证,以此作为州政府审批的前提条件。1999年7月7日国家认证委员会(Akkreditierungsrat)在波恩宣告成立,其全称为"德国学位点认证基金会"。在法律的授权下,通过学位点认证来协调高校教学质量保障体系。委员会的组成如下:四位来自高校的代表,四位来自各联邦州相关行政主管部门的代表,两位企业代表,两位工会代表,两位学生代表,两位国外高校代表和一位来自联邦州负责劳工权利的相关行政主管部门的代表,此外还有一位认证机构代表,但没有表决权。

鉴于德国高等教育认证体系受联邦制的制约,国家认证委员会仅负责认证各地的高等教育认证机构,这些机构进而认证各高校的学位点或整所高校的质量保障体系。认证机构需要认证时,国家认证委员会召集一个评审小组,通常由五人组成,来自学术界、行业和学生,其中一位必须是国家认证委员会成员,两位必须来自国外。获得认证书的认证机构在一段时期后必须重新接受认证,以便确保其认证质量。

至2011年3月26日,共有以下十个认证机构获得国家认证委员会的认证:

认证、颁证与质量保障所(ACQUIN);

① Mitchell G. Ash. Bachelor of What, Master of Whom? The Humboldt myth and transformations of higher education in Germany and the United States [J]. European Journal of Education. 2006, (41).

② Erhard Stölting. Der Austausch einer regulativen Leitidee. Bachelor – und Masterstudiengänge als Momente einer europäischen Homogenisierung und Beschränkung [J]. Die Hochschule. 2005, (1).

康复教育学、护理、健康与社会工作学位点认证所（AHPGS）；

教会大学学位点质量保障与认证所（AKAST）；

奥地利质量保障所（AQA）；

学位点认证与质量保障所（AQAS）；

工程科学、信息学、自然科学和数学学位点认证所（ASIIN）；

巴符州评估所（evalag）；

国际商业管理认证基金会（FIBAA）；

瑞士认证与质量保障组织（OAQ）；

汉诺威评估与认证中心（ZEvA）。

认证机构展开的认证分为两种，一种是学位点认证，另一种是质量保障体系认证，即某高校的质量保障体系一旦获得认证书，该校所有学位点在六年中当然也通过认证。整个认证程序按照国家认证委员会制定的结构性规范有序展开。

学位点认证采用同行评议。认证机构就某校某学位点的认证申请召集一个评审小组，由相关学科的教师、学生和行业人士组成。评估包括一次现场评估，认证机构根据评审小组的建议决定是否颁发认证书。

质量保障体系认证也是通过同行评议。认证机构就某高校的质量保障体系的认证申请先展开预审，判断是否符合认证条件，确认之后再召集一个评审小组，由三位在高校管理和高校内部质量保障方面有经验的人士、一位在高校自治和认证方面有经验的学生代表和一位行业代表组成，这五人中间，必须分别有一位精通高校领导、高校教学管理和高校质量保障，也必须有一位来自国外。评估包括两次现场评估，一次项目抽样和一次特征抽样。认证机构根据评审小组的建议以及高校自我评估最终决定是否颁发认证书。

除了"卓越计划"和学士点硕士点认证，高等教育宏观评估在德国的形式还有以绩效为导向的高等教育拨款，即各联邦州政府通过一系列绩效指标对下属各高校分配国家财政。此外，德国各高校陆续设置质量保障与发展中心，或者所在地域的若干所高校共同组建高等教育评估机构，如德国西南地区高等教育评估联盟（Hochschulevaluierungsverbundes Süd – West）。这个联盟成立于 2003 年，包括德国西南地区六所综合性大学、十所应用技术大学和一所行政学院，秘书处设在美因兹大学质量保障与发展中心（Zentrums für Qualitätssicherung und – entwicklung an der Universität Mainz），主要任务是提升高校教师专业能力、颁发教学奖、调查课堂教学质量与毕业生就业情况。

以上列举的若干德国高等教育宏观评估模式具有一个共性，即政府主导型。这既是纳税人对由纳税人供养的高等教育的问责，也是高校发展的内在性诉求，其所凸显的是高校的公共责任。随着世界贸易组织的《服务贸易总协定》（General Agreement on Trade in Services）中把教育产业化和市场化，高校还需彰显其服务意识,由此呼唤高等教育宏观评估的崭新模式,即大学排名。大学排名可视作为一种以服务消费者为导向的社会化评估。

20世纪90年代开始,德国逐渐出现针对高等教育的排名。秉承着威廉·冯·洪堡的"教学与科研相结合"的理念,高等教育排行榜既有专注教学的,也有服务于科研的。德国现存的高等教育排名主要有以下几种(表6-14,以德文命名的第一字母为序):

表6-14　德国高等教育排名

主办方	对象	范围	备注
高等教育发展中心(Centre for Higher Education Development)	企业经济学、机械制造/程序技术、电子与信息技术、信息学、经济信息学、经济工程学、建筑工程学的约550个本科专业	德国	高等教育发展中心/人力资源管理工作小组就业能力分级(CHE-dapm-EmployabilityRating),一个人力资源管理企业的行会,2011年改名为Queb
高等教育发展中心(Centre for Higher Education Development)	自然科学、数学、国民经济学、政治学、心理学,仅限于硕士点与博士点	全欧洲60所大学	高等教育发展中心卓越排名(CHE-Excellence-Ranking),结果公布于《时代周刊》(Die Zeit)网站,部分结果发表于《时代周刊》(Die Zeit)
高等教育发展中心(Centre for Higher Education Development)	16个专业	德国	高等教育发展中心科研排名(CHE-Research-Ranking)
高等教育发展中心(Centre for Higher Education Development)	34个专业	德国、奥地利(个别)、瑞士(个别)、荷兰(个别)	高等教育发展中心大学排名(CHE-University-Ranking),以《时代周刊·大学学习指南》(Die Zeit Study Guide)形式公布
德意志科研基金会(German Research Foundation)	纵向科研资助	德国	"科研资助排名"(DFG-Research-Funding-Ranking)

主办方	对象	范围	备注
《法兰克福汇报·高校指南》(*F. A. Z. – Hochschulanzeiger*)	私立商学院	德国、奥地利、瑞士	
《焦点周刊》杂志(*Das Focus*)	20 个专业	德国	
《商报》(*Handelsblatt*)	企业经济学、国民经济学	德国、奥地利、瑞士	科研排名
洪堡基金会(Alexander von Humboldt Foundation)	高校国际化	德国	"洪堡排名"(Humboldt – Ranking)
《事业成功》杂志(*Karriere*)	经济学、法学、自然科学、信息学、机械制造、电子技术	德国	遴选相关专业的最佳高校,由所有行业的人事负责人作出评价
信息社会与技术行业妇女胜任力研究中心(Kompetenzzentrum Frauen in Informationsgesell schaft und Technologie)	自然与工程科学	德国	大学新生的女性比率
学术与科研行业妇女胜任力研究中心(Kompetenzzentrum Frauen in Wissenschaft und Forschung)		德国	性别平等
"吾师"虚拟社区(MeinProf)	教学质量	德国	大学排名,由大学生作出评价
《明镜周刊》杂志(*Der Spiegel*)		德国	大学排名
"大学学习索引"虚拟社区(StudiVZ)		德国	大学排名(30 所),由虚拟社区用户作出评价

主办方	对象	范围	备注
《大学》杂志(*Unicum*)		德国	"大学检验"(uni-check),由虚拟社区用户作出评价
《经济周刊》杂志(*Wirtschaftswoche*)	经济学、法学、经济工程学、机械制造、电子技术、信息学、经济信息学、自然科学	德国	大学排名,由大型企业人事负责人作出评价
国家科学委员会(*Wissenschaftsrat*)	化学、社会学、电子与信息技术学	德国	科研排名(尚在试验阶段)

无论从规模还是从国际影响力来说,高等教育发展中心(CHE)在德国高等教育排行榜中鹤立鸡群。

多伦多的教育政策研究院(Educational Policy Institute)在对全球 19 个大学排名考察之后认为①,CHE 大学排名"至少"可以称得上"出色"。在其他大学排名常常遭遇疑虑重重的指标时,CHE 大学排名促使高校积极加盟,从而达到"院校层面上一个数量质量的高度"。此外,欧洲大学联合会(European University Association)于 2005 年也宣称②:"CHE 大学排名使用的高校评价系统或许是高等教育领域现存的最佳模型。"

二、高等教育发展中心/CHE

高等教育发展中心(Centre for Higher Education Development/CHE)以两种法人形式存在,一个是公益性的有限责任公司(non – profit making limited company),由贝塔斯曼基金会(Bertelsmann Foundation)和德国高校校长联席会议促进会(Foundation to Promote the German Rectors' Conference)1994 发起成立;另一个是设立于 2001 年的咨询有限责任公司(CHE Consult GmbH),为高校和有关政府部门提供战略发展与效能提升的专业咨询,同时也承担有关高等教育方方面面的委托课题、项目评估与培训。两家公司驻地均为居特斯洛(Gütersloh),即贝塔斯曼股份公司总部驻地。

CHE 年度预算为 300 万欧元,一半由贝塔斯曼基金会来承担。CHE 公益性有

---

① Alex Usher；Massimo Savino. *A World of Difference：A global survey of university league tables* [EB/OL]. http：//www. educationalpolicy. org 2006.

② Jan – Martin Wiarda Auf der Suche nach der Traum – Uni [N]. Die ZEIT. Nr. 19 vom 4. Mai 2006.

限责任公司现有员工 23 名,CHE 咨询有限责任公司也有 23 名员工,所不同的是员工能够以不同形式入股。

CHE 把自己定义为"德国与欧洲高等教育的改革作坊"。所涉及的领域,遵循该公司董事长、中心首届主任米勒－伯林(Detlef Müller－Böling)的"摆脱束缚的高校"理念①分为七个部分,即自治、学术性、营利性、特色化、竞争、国际化、虚拟化。

CHE 的声誉来自于高等教育排行榜,即上述的高等教育发展中心/人力资源管理工作小组就业能力分级(CHE－dapm－Employability Rating)、高等教育发展中心卓越排名(CHE－Excellence－Ranking)②、高等教育发展中心科研排名(CHE－Research－Ranking)③和高等教育发展中心大学排名(CHE－University－Ranking)④。就影响力,则首推 CHE 大学排行榜。以下述评 CHE 卓越排名、CHE 科研排名和 CHE 大学排名,并以 CHE 大学排名为重点。

三、CHE 卓越排名

(一)CHE 卓越排名的概览

CHE 卓越排名旨在为硕士生与博士生选择适合自己的学校提供指南。同时,CHE 卓越排名也有意凸显欧洲高校的科研实力与国际化取向,并为高校优化办学明晰方向。CHE 卓越排名于 2007 年启动,首次评估的是自然科学(生物学、化学、物理学)与数学,2009 年的第二次评估聚焦于国民经济学、政治学和心理学,2010年重新评估自然科学与数学。

CHE 卓越排名至今展开的三届评估共涉及欧洲 19 个国家的 4 500 余个研究团队。这 19 个国家分别是(以国家英文名为序):奥地利、比利时、捷克、丹麦、爱沙尼亚、芬兰、法国、德国、匈牙利、爱尔兰、意大利、挪威、波兰、葡萄牙、西班牙、瑞典、瑞士、荷兰和英国。除了挪威和瑞士,均为欧盟成员国。

2009 年与 2010 年,在生物学、化学、物理学、数学、国民经济学、政治学和心理学七个学科,开设硕士与博士课程(master's or doctoral programme)的全欧洲 181所高校的 452 个院系列入 CHE 卓越排名的"卓越组"(Excellence Group)。其中包括德国 34 所高校的 79 个院系(表 6－15)。

---

① Detlef Müller－Böling. Die entfesselte Hochschule [M]. Gütersloh:Bertelsmann Stiftung,2000.

② Berghoff,Sonja;Brandenburg,Uwe;Carr－Boulay,Diane J;Hachmeister,Cort－Denis;Leichsenring,Hannah;Ziegel,Frank. *Identifying the Best*:*The CHE ExcellenceRanking 2010* [R]. Gütersloh:CHE,2010.

③ Berghoff,Sonja;Federkeil,Gero;Giebisch,Petra;Hachmeister,Cort－Denis;Hennings,Mareike;Roessler,Isabel;Ziegele,Frank. Das CHE－Forschungsranking deutscher Universitäten 2009 [R]. Gütersloh:CHE,2009.

④ Berghoff,Sonja;Federkeil,Gero;Giebisch,Petra;Hachmeister,Cort－Denis;Hennings,Mareike;Roessler,Isabel;Ziegele,Frank. Das HochschulRanking 2009 Vorgehensweise und Indikatoren [R]. Gütersloh:CHE,2009.

表 6 – 15　CHE 卓越排名一览

国家	高校总数	院系总数	生物学	化学	经济学	数学	物理学	政治学	心理学
英国	40	120	21	13	23	9	11	21	22
德国	34	79	15	12	7	11	16	8	10
荷兰	12	41	7	7	7	3	6	2	9
法国	18	35	8	7	5	6	6		3
意大利	13	29	2	5	4	4	8	3	3
西班牙	13	29	1	8	7	5	5	1	2
瑞典	10	28	6	5	3	3	5	2	4
瑞士	8	22	7	2	3	2	4	3	1
比利时	6	16	2		4	2	2	2	3
丹麦	3	12	3	2	1	2	2	2	
奥地利	6	10	1	1	1	5	2		
芬兰	2	7	1	1	1	1	1	1	1
波兰	4	6		4			1	1	
捷克	2	5			2	1		2	
爱尔兰	3	4	1		2			1	
匈牙利	3	4			1	1	1	1	
挪威	2	3	1			1		1	
爱沙尼亚	1	1						1	
葡萄牙	1	1							1

入围"卓越组"的前提条件是,必须在科研成果数量和引用率这两个指标中个获取一颗星(star),或者在八个指标中共获得三颗星。

(二) CHE 卓越排名的指标体系

CHE 卓越排名共采用八个指标:

(1) 量性指标(The "size" indicator)——科研成果数量;

(2) 接受性指标(The "reception" indicator)——引用率;

(3) 灯塔性指标(The "lighthouse" indicator)——杰出学者(诺贝尔奖、菲尔兹奖 Fields Medaillen)或其他学科的高引用率作者(Highly cited authors);

(4) 欧洲维度指标(The "European dimension" indicator)——玛丽·居里项目(Marie – Curie – Project);

(5) 欧洲流动性指标(The "European mobility dimension" indicator)——学生

的流动性;

(6) 欧洲流动性与教学指标(The "European mobility and teaching dimension" indicator)——教师的流动性;

(7) 伊拉斯莫斯国际硕士生(Erasmus – Mundus – Master);

(8) 欧洲科研委员会资助(European Research Council – Grant,仅限于自然科学)或者高引用率的著作(仅限于政治学、心理学与国民经济学)。

除了上述客观性数据,CHE 卓越排名还包括大量相关信息,如所涉专业的院系规模、特色、重点课题、研究团队/研究方向、录取条件、住宿情况。在读的硕士生与博士生也对学科作出主观评价。

以服务硕士生与博士生为宗旨,《时代周刊》网站上推出个性化的 CHE 卓越排名。通过点击学科,首先罗列所有进入"卓越组"的高校,以高校字母排序。高校名字后面有四项信息,即所属国家、八个指标中所获取星的颗粒数、在读学生的主观评价得分、院系调查得分。后两个信息仅具有参考意义,并不影响排名。进一步可选择三所高校进行单项指标的比较。另一条途径是选择国别(以德国为例),随后罗列出该国哪些高校的哪些学科入围"卓越组"。此外,CHE 卓越排名还可以提供非排名性质的信息,比如,可以搜寻某个具体学科的某个具体研究方向在欧洲存在哪些研究团队。

(三) CHE 卓越排名的意义

1. 重评估轻排名

CHE 卓越排名其实与想象中的排行榜相去甚远,与其说是排名,不如说是评优,且在每个学科中评优,更为关键的是优秀者远非一名。这样的评估完全符合其宗旨,即为硕士生和博士生选择院校提供参考信息,同时为相关院系指明改进的方向。可以说,CHE 卓越排名真正的价值恰恰体现在那些非排名性质的信息,如所涉专业的院系规模、特色、重点课题、研究团队/研究方向、录取条件、住宿情况。

2. 大国应该是高教和科研的强国

由于 CHE 卓越排名是全欧洲的高等教育评估,更确切地说,是欧盟的高等教育评估。欧盟 27 个成员国中 17 个参与此项评估,而且,这 17 个国家是欧盟的核心成员国,完全可以代表整个欧盟乃至于全欧洲。国家的创新力取决于基础研究的贡献。CHE 卓越排名尽管仅限于七个学科,但其中四个自然科学与数学学科涉及的是典型的基础研究。从 CHE 卓越排名中不难发现,那些综合实力强盛的国家,如德国、法国、英国、意大利,同时也是高等教育和学术研究的强国。但也有例外,如荷兰。无论从人口数量、国土面积还是从经济总量来看,荷兰难以充当大国的角色,却是一个高等教育与学术研究强国,CHE 卓越排名中傲居第三,超过法国、意大利、西班牙。同时,CHE 卓越排名显示,德国的高等教育与学术研究竞争力与国家综合实力不相匹配,只得屈居于综合实力远落后于它的英国。其中的缘由有待分析,是高等教育的德国模式,即洪堡模式日渐式微,还是英语的强势遏制了德国高等教育的国际化发展。

3. 彰显国际化办学

CHE 卓越排名所指的卓越性并非仅限于学术性,更在于高等教育办学的国际性。其指标体系中有一半是倡导欧洲维度,即玛丽·居里项目、学生流动性、教师流动性、伊拉斯莫斯国际硕士生。这是欧洲科学研究一体化(里斯本进程)与欧洲高等教育一体化(博洛尼亚进程)的充分体现。CHE 卓越排名可以把那些隐藏着的国际化办学的问题展现在世人面前,以便为高校与院系明确改进方向。图 6 - 2 显示,欧洲高校的教师与硕士生的国际化程度欠佳,博士生的国际化程度显然优于教师与硕士生,尤其是经济学。当然,针对高等教育办学国际化,目前世界上尚无一套权威性评估工具。其实,在 CHE 卓越排名启动前夕,2006 年年初,CHE 联合德国四所高校的国际交流与合作机构,共同研发德国高等教育国际性与国际化测评指标。这四所高校分别是慕尼黑大学(Ludwig - Maximilians - University of Munich)、柏林理工大学(TU Berlin)、奥登堡/东弗里斯兰/威廉港应用技术大学(Oldenburg/Ostfriesland/Wilhelmshaven University of Applied Sciences)和天主教艾希施泰特 - 英戈尔施塔特大学(Catholic University of Eichstätt - Ingolstadt),分别代表大型国立综合型大学、大型国立理工类大学、应用技术类高校和小型私立高校,以体现普遍性。① CHE 高等教育国际性与国际化测评指标体系分为整体情况(Overall Aspects)、学术研究(Academic Research)和教学(Teaching and Studies)三大板块,

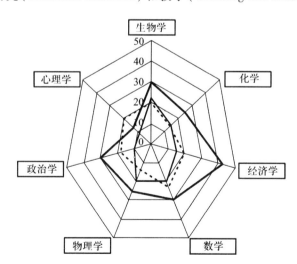

图 6 - 2　CHE 卓越排名的国际化取向

　① Uwe Brandenburg and Gero Federkeil. *How to measure the internationality and internationalization of higher education institutions indicator and key figures* [R]. Gütersloh：CHE,2007.

分别划定 69 项、45 项、72 项指标,共 186 项指标。CHE 认为,"国际化"(interna-tionalisation)描述的是一种组织发展的过程,即该组织从某一时间点 X 的国际性状态发展到另一时间点 X + N 的国际性状态,所以,该指标体系以一个完整的学术周期(5—10 年)为序,通过输入性指标(input indicators)和输出性指标(output indicators)来构架。186 项指标中 162 项与科研和教学投入(输入)有关,24 项涉及产出(输出)。这仅为一次方法论上的尝试,部分经验已纳入 CHE 卓越排名以及 2011 年的 CHE 大学排名。但可以肯定的是,CHE 不会单为高等教育国际化展开排名,这是毫无意义的,因为办学国际化最终还是为了高校发展。

四、CHE 科研排名

(一) CHE 科研排名学科与指标体系

CHE 科研排名旨在提高德国国内大学科研实力的透明度,由此形成各学科的高端组(分指标,但不排名),以及各学科的科研强势大学。排名的指标是科研经费、博士生、科研成果、引用率、专利注册,这些指标均建立在客观数据的基础上,且均为三年数据。既统计总量,也计算平均值,比如每位教授获得科研经费的均值,以便凸显科研效能。总量排名中,高端组占总量的 50%,而低端组仅为 10%。此外,还有主观评价,即通过教授问卷获得某高校在某学科领域中的学术声誉。但在排列高端组时,主观评价被排除在外。

目前,CHE 科研排名涉及自然、人文、社会科学的 17 个学科,每三年分批更新一次。2009 年更新的学科是自然科学、数学、医学、牙医学和药学。

学科及评估时所采用的客观指标如下(表 6 - 16,其中企业经济学与国民经济学的科研成果分为两个指标,即国内发表的与国外发表的):

表 6 - 16 CHE 科研排名的学科与指标体系

学科	年份	科研经费	科研成果	引用率	博士生	专利
英美文学	2007	✓	✓		✓	
生物学	2009	✓	✓	✓	✓	✓
企业经济学	2008	✓	✓			
化学	2009	✓	✓	✓	✓	✓
电子与信息技术学	2007	✓	✓		✓	✓
教育科学	2007	✓	✓		✓	
史学	2007	✓	✓		✓	
信息学	2009	✓			✓	
机械制造	2007	✓			✓	✓

学科	年份	科研经费	科研成果	引用率	博士生	专利
数学	2009	✓	✓		✓	
医学	2009	✓	✓	✓	✓	✓
药学	2009	✓	✓	✓	✓	✓
物理学	2009	✓	✓	✓	✓	✓
心理学	2007	✓	✓	✓	✓	
社会学	2008	✓	✓		✓	
国民经济学	2008	✓	✓		✓	
牙医学	2009	✓	✓	✓	✓	

（二）CHE 科研强势大学

2009 年的 CHE 科研排名中,51 所大学至少有一个专业进入高端组,34 所大学没有任何一个学科入围,尽管其中七所有十几个学科参与评估。该年,海德堡大学、慕尼黑大学和慕尼黑理工大学进入高端组的学科数量最多,即意味着,这三所大学的科研实力最强,即最出众的科研强势大学。

科研强势大学指的是,该校在半数以上指标中进入高端组（分专业）。而且,排名既形成数量上的科研强势大学（以科研产出的总量来计算）,也推出效能上的科研强势大学（以每位教授科研产出的均值来计算）。以教育科学 2007 年的评估为例（表 6 - 17）：

表 6 - 17　CHE 科研强势大学（教育科学）

高校（以校名字母为序）	进入高端组的指标数量	与上一届排名（2004年）的对照	指标（绝对值）			指标（相对值）			同行声誉
			科研经费	科研成果	博士生	科研经费	科研成果	博士生	
柏林自由大学	4	保持	✓		✓	✓		✓	✓
柏林洪堡大学	4	保持	✓	✓		✓	✓		✓
比勒费尔德大学	4	保持	✓	✓	✓	✓			✓
多特蒙德理工大学	4	保持	✓	✓		✓	✓		

高校（以校名字母为序）	进入高端组的指标数量	与上一届排名(2004年)的对照	指标（绝对值）			指标（相对值）			同行声誉
			科研经费	科研成果	博士生	科研经费	科研成果	博士生	
德累斯顿理工大学	3	保持	✓	✓		✓			
杜伊斯堡-埃森大学	3	保持	✓		✓	✓			
法兰克福大学	3	保持		✓	✓		✓		
汉堡大学	4	保持	✓	✓	✓		✓		
希尔德斯海姆大学	3	首次进入			✓		✓	✓	
慕尼黑大学	4	保持		✓	✓	✓		✓	✓
奥尔登堡大学	5	首次进入	✓	✓	✓	✓		✓	
蒂宾根大学	4	保持			✓	✓	✓	✓	

2007年,共有49所大学的教育科学学科参与排名。指标共六项,即科研经费、科研成果和博士生的绝对值与相对值。

科研经费:绝对值取三年(2003—2005年)总量的年均值,相对值取三年总量的人均值(所有科研人员)。

科研成果:绝对值取三年(2002—2004年)总量的年均值,相对值取三年总量的人均值(所有科研人员)。科研成果的权重按成果的篇幅以及作者的排序来计分。

博士生:绝对值取三年(2003夏季学期—2005/6冬季学期)总量的年均值,相对值取三年总量的人均值(仅限教授)。

同行声誉:只有被25%填写问卷的同行所认可的高校才能进入高端组。

同行对该校该专业声誉的评议不列入评估指标,仅供参考。柏林自由大学、柏林洪堡大学、比勒费尔德大学和慕尼黑大学的教育科学学科在同行中享有最高声誉。进入高端组的指标数量最多的高校是奥尔登堡大学,共五项,且首次进入科研强势大学之列。

（三）CHE 科研排名的意义

1. 学科建设存在规模效应

CHE 科研排名显示,学科在同行中的声誉与评估指标的绝对值相关,与科研成果的相对值以及与博士生相对值没有关联。显然,绝对值取决于该校相关院系的规模,人多自然声音大。

2. 科研经费的获取存在地域性

同样在同行中享有崇高声誉的柏林自由大学与慕尼黑大学,前者科研经费绝对充裕,但科研成果的总量并不凸显,而后者科研经费尽管有限,但科研成果的总量相当可观。可见,在争取科研经费方面,坐落在首都的柏林自由大学比偏处一隅的慕尼黑占尽地利。

3. CHE 科研排名对学术国际合作具有参考价值

中国高校的教育学科与德国交流与合作,如何选择伙伴,CHE 科研排名便可提供参考。比如,全国高等教育学研究会(中国高等教育学会高等教育学专业委员会)2006 年与德国高校教学研究会共同发起两年一届的"中德高等教育论坛"(2009 年,德国高等教育研究会加入),首届于 2007 年由多特蒙德理工大学承办,第三届于 2011 年由汉堡大学承办。这两所高校的教育科学学科在德国处于何种地位?2007 年的 CHE 科研排名显示,两校均两次(2004 年和 2007 年)列入科研强势大学。科研经费的绝对值,多特蒙德理工大学和汉堡大学分别位于第五与第四;相对值,多特蒙德理工大学排列第三。科研成果总量,多特蒙德理工大学和汉堡大学分别位于第四与第二;相对值分别为第四与第一。博士生总量,汉堡大学位居榜首。此外,可以把 2007 年 CHE 科研排名的 12 所科研强势大学分成三个梯队,即四所在同行中享有崇高声誉的大学为第一梯队,四所仅三个指标进入高端组的为第三梯队,那么,余下的四所便组成第二梯队,多特蒙德理工大学和汉堡大学即列入科研强势大学的第二梯队。

4. 没有二级学科的评估可谓缺憾

任何一所高校的一个学科的发展不可能齐头并进,而是有所侧重,更在某几个方面有所建树。比如,承办首届"中德高等教育论坛"的多特蒙德理工大学,其教育学科首推教育管理(教育评价/校长培训,是上海师范大学现代校长研修中心/中德教育研究与协作中心的合作伙伴)与高等教育。如果 CHE 科研排名考虑二级学科,那么,多特蒙德理工大学的教育管理(教育评价/校长培训)与高等教育可执牛耳。而汉堡大学既是德国高校教学研究会也是德国高等教育研究会的诞生地(并在汉堡注册),德国第一所高校教师专业发展的研究机构——汉堡大学高等学校教学研究跨学科研究中心,也最早于 1971 年创立于汉堡大学。

五、CHE 大学排名指标体系

自 1998 年起,CHE 推出每年一度的大学排名,通过主流媒体发布,即媒体承担排行榜的公布与营销。最初与商品检验基金会(Stiftung Warentest)合作,排行榜发表在该基金会的刊物《商品检验》(*Warentest*)上,1999 年开始携手《明镜周刊》(*Stern*),2005 年起,《时代周刊·大学学习指南》(*Die Zeit Study Guide*)成为合作伙伴。每年 5 月初公开发行,教师可以免费获得《时代周刊·大学学习指南》以及涉及专业选择的辅助材料《高中毕业考,然后呢……》,学生以班级的订购可获得半价的优惠。

通过尽可能囊括学生在选择学校时所要考虑的各个要素,CHE 大学排名在指标体系的设计上独具匠心。在广泛征求高校、评估专家、大学毕业生与在校学生等群体的意见的基础上,CHE 从多维的排名(multidimensional ranking)即九个一级指标 35 个二级指标出发来设计一个旨在为高中毕业生选择学校与专业提供决策参考的指南。其排名指标体系显示如下(以 2009 年报告为例[①]),其中的客观数据既有高校与下属二级学院的调查信息,也来自于各类权威数据(表 6 - 18):

表 6 - 18　CHE 大学排名指标体系

一级指标 \ 二级指标	客观数据	主观评价		
		教授	在读学生	毕业生
学生 (Student Body)	学生总数,女学生比率,新生数量,入学条件,录取比率			
学生学业成就 (Student Outcomes)	学业中期成绩,学业结束成绩,毕业实际所需学期数,毕业生人数,规定的毕业所需学期数,在规定时间毕业的学生数量,毕业档案			
国际化 (International Orientation)	专业相关的外语课程,入学的外语基础,学业规定的海外经验,学业规定的海外实习,国际学生比率,每学年来访的海外客座教授数量,每学年在海外院校担任客座教授的本校教授数量,与本校有经常性学生互换项目的海外院校		对留学生与出国学习的本校生的指导与经济支持	

①　Uwe Brandenburg and Gero Federkeil. *How to measure the internationality and internationalization of higher education institutions indicator and key figures* [R]. Gütersloh:CHE,2007.

一级指标＼二级指标	客观数据	主观评价		
		教授	在读学生	毕业生
科研 （Research）	每位科研人员的科研经费，每十位科研人员的专利数量，加盟各类科研联盟，研究生院；每位科研人员的学术成果，国际学术成果数据库收录数量，引用率，指导博士生数量，指导教授资格候选人（Habilitation）数量，学院拥有的其他重点学科、博士点，学院拥有的其他重点项目和社会服务重点项目	同行评议中的学术声誉		
教与学 （Teaching & Learning）	师生比率，兼职教师授课数量，专业学习所需学分总数，专业学习的课程结构，课程的学科交叉性，每位学生获得指导的数量，指导的特色，每门课的学生数量		有意参加有偿毕业考试辅导的学生比率，教师的指导，学生的科研参与度，实习指导，在线学习（E - Learning），校外考察活动，专业学习的课程选择量，学生互学互助，研究方法的培养，学生社团组织，校内课外辅导，理论与实践的结合度，海外学习经历，本科与硕士课程的衔接	教师的指导，专业学习的课程结构，专业学习的课程选择量
基础设施 （Infrastructure）	教学与实验设备，每见习单元学生数，见习期间每百位学生所支配的设备数量，图书馆开放时间，图书馆电脑数量，图书馆图书与期刊的更新程度，语音实验室设备，设备的特色		学习环境的硬件配置，视听媒体设备，图书馆设施，信息技术设施，教学空间的硬件配置，实验室与体育设备	

一级指标＼二级指标	客观数据	主观评价		
		教授	在读学生	毕业生
就业与职业关联度（Labor Market & Vocation Reference）	来自实践第一线的教师在教学中所占比率，由来自实践界人士组成的咨议委员会，每年从上两年滞留的毕业生，职业规划辅导，职业预备的案例课程的学分制，促进职业预备的举措，实践元素在专业学业中的融入度，实习岗位交易中心的设置		专业学业的职业关联度，专业学业的实践关联度，理论与事件的契合度	专业学业的职业与实践关联度，职业生活的准备，专业基础知识的传授，成果转化能力的培养，问题解决能力的培养，工作与学子自主性的培养，团队能力的培养
师生作出的总体评价（Overall Assessment by Students and Professors）		教授的声誉	对学业的总体评价	
就学的地域条件与大学（Study Location and University）	就学所在地的人口，大学生占人口的比率，房租（学生宿舍），学生宿舍数量，注册学生总数，强势专业，学期注册费/学费，校学生咨询中心的开放时间，校图书馆开放时间，体育课程数量，建校时间		首选的交通工具，住房条件，房租（校外租房），大学体育	

上述九个一级指标构成高中毕业生与大学新生选择专业所需的决策模型。

尽管为高中毕业生与大学新生的利益与需求作了设身处地的考虑，如此细致入微的指标体系必然造成数据采集的难度，尤其是那些个人主观判断的数据。CHE 大学排名的对象是德国所有国家认可的高校所开设的专业（不包括师范院校、行政管理院校、军事院校以及远程高校的专业，但包含师范专业的学科专业），自 2008 年起，职业学院开设的那些学历与应用技术大学学历相当的专业也纳入调查范围。

根据上述指标体系，CHE 以三年为一个周期对 1/3 的专业展开重新评估。以下罗列的是近六年（2006—2011 年）间年度更新专业，三年周期一目了然。不过，有时还会增添一些新的专业，如 2009 年，体育科学首度接受 CHE 评估。

2006 年度：自然科学（数学、物理学、化学、食品化学、生物化学、地理科学、信息学），生命科学（生物学、医学、牙医学、药学、护理学）

2007 年度：工程学科类（土木工程学、建筑学、电子与信息技术学、机械制造、程序技术与化学工程学），人文学科类（史学、英美文学、德国文学、罗曼语），教育学科类（教育科学、心理学）

2008 年度：经济学科类（国民经济学、企业经济学、经济信息学、经济工程学），法学，社会科学（社会学、社会工作、政治学、新闻学、媒体科学）

2009 年度：生命科学，自然科学，体育科学

2010 年度：工程科学，人文科学，教育学科类

2011 年度：经济学科类，法学，社会科学

六、CHE 大学排名方法及其质量保障

在研究国际上十个最具影响力的大学排名之后，荷兰学者尼纳·范德克（Nina Van Dyke）2005 年指出，只有德国 CHE 大学排名以分学科来排序；以分层方式区别排名对象的有德国的 CHE 大学排名和澳大利亚的"优秀大学指导"（Good Guides）；也仅有 CHE 大学排名和"优秀大学指导"不对单个指标赋予权重来计算总评分的排名。而集上述三大特征于一身且最先采用这种方法的，唯有 CHE 大学排名。[①]

CHE 大学排名遵循着一个总原则，即不存在最好的，包括以下三大原则：

第一，不对单个指标或者高校的总体评价进行累计或加权，而是对评估结果进行分专业的描述。显然，将差别悬殊的指标合并成一个整体的综合排名毫无意义，因为作为 CHE 大学排名服务对象的高中毕业生与大学新生所最为关心的恰恰是

① Nina van Dyke. Twenty Years of University Report Cards. *Higher Education in Europe* [J]. 2005,30(2): 103 – 125.

具体的专业。只有在顾及大学与家庭的距离时,学校的权重才会被放大。① 例外的是,2011 年 CHE 大学排名首度把课程国际化这个评估指标单列排名。

第二,不对某个学院实力展开总体评价,而是关注单个指标。就是说,单个指标的评价结果可以独立存在。这既保存了单个指标的独立性,同时也提供与其他指标任意组合与匹配的无限可能性。综合评价可能会造成专业优势与劣势的中和,从而消弭了专业特色。

第三,不对专业、学院与高校进行排序,而是凸显高校的特色。这意味着,高校之间的差异不具显著性。事实上,在高等教育国家主义框架下,德国高校的差异性微乎其微。于是,在每个指标内部,排名的结果以分组的方式来呈现,弱化次序排名。根据各项评价结果,单个指标被分组归类于绿色的高端组(top group)、黄色的中间组(middle group)和红色的低端组(bottom group),三组以 1:2:1 的比率来分配,就是说,高端组与低端组分别占总数的 25%,中间组占 50%。每组内部不存在高低贵贱。由此,CHE 大学排名预先避免了其他大学排名往往因精确排序而遭遇的指责与尴尬。②

遵循上述三大原则展开的排名可以在以下四方面形成质量保障:

首先,保障数据来源渠道的多样性。数据采集之后,CHE 将这些数据反馈到各个高校和院系,以便核实与修正。而针对主观判断性数据作必要的权衡,由此放弃可疑数据并排除极端个案。排行榜除了收集有关专业、学习、教学、设备以及研究的客观数据,还包括大学生与教授对有关高校教学与科研以及学院声誉的主观评价。2011 年的 CHE 大学排名调查了德国、奥地利、瑞士、荷兰的近 300 所高校的 2 500 个学院,涉及 31 个专业(Fach,与学科挂钩)的 7 500 个专业方向(Studiengang,与课程以及学位挂钩),共有 25 万多大学生(涉及全德国近 1/9 的大学生)和 15 000 余名教授(涉及全德国近 2/5 的大学教授)接受问卷调查。

其次,保障数据的可信度。所有数据均能经得起检验,以防止数据造假与失真。

再次,保障数据与规则的透明度。排名的数据与方法均在 CHE 和《时代周刊》的网站上公开。

最后,保障数据的社会认可度。CHE 广泛征集民意,设置一系列咨询委员会,邀请政界、学术界、教育界以及学生团体就指标、问卷和其他方法问题建言献策。

七、CHE 大学排名的价值取向

所有的大学排名均具有明晰的行为动机与特定的价值取向,比如上海交通大

① Christoph Heine: Heiko Quast. Studienentscheidung im Kontext der Studienfinanzierung. HIS: Forum Hochschule 5. Hannover: HIS,2011.

② Gero Federkeil. Some Aspect of Ranking Methodology: The CHE – Ranking of German Universities [J]. *Higher Education in Europe*. 2002(4): 389 – 397.

学的"世界大学学术排名"（Academic Ranking of World University）旨在打造世界一流的研究型大学，其价值取向便是学术强校，这也充分体现在其指标体系上，就是说，赋予科研以相当大的评估权重。而 CHE 大学排名则赋予教学绝对的评估权重，所体现的价值取向是人才强校（以人才培养为中心），旨在为青年学子提供世界一流的学习平台。当然，鉴于 CHE 大学排名与媒体合作，通过扩大发行来提高盈利，它不得不秉承着消费者利益至上的原则，从而推动大学学生与家长以及社会对高等教育的期待与需求。可见，需求的多样性须符合排名价值取向的多元性。

CHE 大学排名的这种价值取向体现在服务对象的自主选择权上。鉴于学生对高等教育的期待与需求所表现出来的个性化，单纯对指标权重进行累加所得出的大学整体排名仅仅显示排名者自身的价值判断，并不能让学生掌握各自所关注的信息。于是，CHE 把选择权交由学生个体，由学生自己筛选一定数量的指标，同时，CHE 把大学排名的数据均输入网站数据库，致使数据库能够提供学生自主选择所需的一切相关信息，由此，学生个体有效地创建个性化的大学排名。可以说，CHE 大学排名事实上把高等教育质量的定义权赋予了排行榜的使用者/消费者——学生，即中学毕业生和大学新生。

这个个性化排名是通过"快速排名"（Quick Ranking）的服务方案得以实现。在 CHE 大学排名的网站上，使用者可以选择自己所需的信息来生成个性化的排行榜，并选择最适合自己的大学与专业。其操作程序如下：先选专业（以教育科学为例），再选大学类型或毕业文凭类型（以综合性高校的学士文凭为例），最后选择主要考虑指标（主要考虑指标分为就业、国际化、基础设施、高校及其所在地、科研、教学、总体评价七项，这儿以教学为例，其拥有七个二级指标，即指导、在线学习、教学评价的参与度、师生互动、课程、研究方法的培养、学生社团，图中显示为红色，每次最多可以选择十个二级指标），点击确认后便生成所示的图表。图中每一个三角代表一所大学，将鼠标移动至三角图像上，便显示学校信息（这儿鼠标指向的是比勒费尔德大学，以小圆圈的颜色表示二级指标的评估结果：绿色为高端组，黄色为中间组，蓝色为低端组，白色为因信息缺位无法排名）。同时显示的是自己所选指标是处于高端组、中间组还是低端组。离靶心越近，说明该指标处于前列，离靶心越远，则意味着排名越落伍。也可以视靶心为学校发展目标。使用者每每调整（增加、删减或变更）一项指标，殿宇的排列次序也会作出相应变化。

其他五个一级指标下的二级指标是：就业（职业关联度、实践性），国际化（对海外学习的支持度），基础设施（图书馆、信息技术设施、办公与教学空间），高校及其所在地（大学体育、高校所在地、房租），科研（科研经费、在国际上公开发表的成果、博士生培养），总体评价（科研声誉、教学声誉、总体的学习氛围）。

另一种个性化排名叫做"我的排名"（My Ranking）。首先选择大学类型或毕业文凭类型，其次选择最多五个指标（次序相当关键，最后的排名取决于这个次序），然后就每个指标决定显示高端组高校还是高端与中间组高校抑或所有高校。

八、CHE 大学排名的影响

CHE Hochschulranking 大学排名在国内国际声名鹊起,尤其是独特的价值取向、排名原则、方法、指标体系,越来越受到国际学界的关注,并产生一系列影响。

(一) CHE 大学排名对德国高等教育的影响

CHE 大学排名的服务对象主要为三大群体,即学生及家长、高校、政府。CHE大学排名尽管以服务学生为价值取向,但也兼顾了其他两者的需求。

在微观层面上,即针对学生个体,CHE 大学排名为其选择学校与专业提供个性化信息。"从 2007 年的数据来看,2/3 的大学新生曾使用 CHE 大学排名,13%的学生视 CHE 大学排名为提供准备大学生最好的参考信息。"[①]

在中观层面上,即针对院校,CHE 大学排名对各所高校的优势和劣势进行一次扫描,从而间接地推进高校的自身建设与发展。68'学运[②]之后的德国高等教育走的是一条大众化与均衡化的道路。德国联邦政府 2004 年启动的"卓越计划"(Initiative for Excellence)旨在分层德国高校,即纵向分化,使一部分大学能够进入世界一流大学排行榜的前列。这是对德国高等教育原先横向分化(培养学术型人才的综合性大学和培养应用型人才的应用技术大学)的补充。入选"卓越计划"的大学毕竟寥寥无几,这类具有精英化趋向的举措无以推动所有高校审视自身建设的强弱优劣,入选"卓越计划"也未必成为所有高校的价值取向。CHE 大学排名无疑是一种推进高校建设,优化大学内部治理的有效手段。为此,CHE 咨询有限责任公司应运而生。

在宏观层面上,CHE 大学排名填补了德国高等教育质量评估与保障的空白[③]。德国是一个典型的联邦制国家,文教事业的权限归各个联邦州所有。1976 年出台的《高校总纲法》(HRG)试图把部分教育权限交由联邦政府,尤其是高等教育权限。然而,2006 年 7 月 7 日通过的"联邦制改革"促使《高校总纲法》(HRG)于2008 年 10 月 1 日终结。这尽管只是一个纠缠几十年的"集权与分权"意识形态命

---

① Maarja Soo; David Dill. *The CHE University Ranking in Germany* [EB/OL]. http：www. unc. edu/ppaq/docs/CHE_formatted. pdf 2007.

② 68'学运是 20 世纪 60 年代遍及西方的左翼青年运动,导火线主要有越战(反战)、马丁·路德·金遇刺(反种族歧视)、切·格瓦拉之死(民族解放)、"布拉格之春"(政治民主)以及中国的文化大革命(反权威),1968 年达到高潮。德国(西德)并非起源国,也并非最为激烈,但其特殊性显示在代际冲突上,即二战后出生的一代人与其父辈的冲突,引发对二战的全民反思。68'学运在社会、文化、教育、政治等方方面面产生深远影响,比如性解放、教育大众化、绿党萌发、各类青年叛逆文化如嬉皮士文化等等。68'学运导致 20 世纪西德教育最为深刻的一场变革:文科中学(类似我国重点中学,文科中学毕业证是跨入大学是唯一敲门砖)扩招;在基础教育体系中增设完全学校,以避免过早分流;高等教育大众化(社会中下层人士的子女与女性青年的高等教育入学率上升);在高等教育体系中增设应用技术大学,以应对社会对高等教育的需求;大学内部治理由教授权威型转变为广泛参与型。

③ Gero Federkeil. The CHE University Ranking [J]. *Journal of International Higher Education*. 2010(3)：161 – 165.

题,却拓宽了联邦州自由发展的空间。德国联邦教科部部长沙宛(Annette Scha-van)指出,"《高校总纲法》的废除是高等教育领域自由与自治政策的体现"。① 自由与自治尽管展示其积极性,却无形之间阻碍了全国性举措,比如高等教育质量保障体系在全德国便难以建立。要是 CHE 大学排名能获得德国所有高校的认可,那么,它不啻为政府监控、第三方认证之外的另一种高等教育质量保障工具。

(二)CHE 大学排名对欧洲高等教育的影响

2000 年 3 月,欧盟在里斯本提出一个宏伟目标,承诺将在 2010 年成为"世界上最具竞争力和最富活力的知识型经济体",②能够提供更多更好的就业机会,加强社会凝聚力,从而实现经济的持续增长。在这个"里斯本战略"(Lisbon Strategy)的框架下,2007 年 7 月底,欧盟网站上公布了一份题为《欧洲高校行政改革的对外扩展和内在影响》(The extent and impact of higher education governance reform across Europe)的调查报告。③ 这是一项针对 1995 年至 2005 年间欧洲 32 个国家的高校行政结构的调查,受欧盟委托,荷兰特文特大学(University of Twente)的高等教育政策研究中心(CHEPS)、德国的高等教育发展中心(CHE)、比利时的欧洲大学战略经营研究中心(ESMU)以及挪威的挪威科研与教育研究所/技术、创新与经济政治研究中心(NIFU STEP)承担了此项调查。报告归纳了欧洲高等教育改革的八个方面:高校发展规划、内部治理、新的研究计划、教学质量、校内财务政策、人力资源、招生政策以及公私合作。这些改革均须建立在评估的基础上,CHE 大学排名无疑起到宏观评估之功效。

CHE 排行榜于 2004 年和 2005 年分别扩大到奥地利与瑞士。2009 年,荷兰部分大学加入(尽管该国已存在本国的高校排名)。其他一些国家的大学主要针对德籍留学生或德国在当地的侨民所开设的以德语授课的专业亦纷纷参与 CHE 大学排名,如意大利的博尔扎诺自由大学(Libera Università di Bolzano)、匈牙利布达佩斯的塞梅尔魏斯大学(Semmelweis Orvostudományi Egyetem)、匈牙利的塞格德大学(Szegedi Tudományegyetem)和罗马尼亚的巴伯斯—博雅大学(Universitatea Babeş – Bolyai)。也正因为 CHE 大学排名在欧洲高等教育的影响力,通过承担包括上述报告在内的欧盟决策咨询项目,CHE 业已成为欧洲高等教育宏观评估之重镇。

(三)CHE 大学排名对世界高等教育的影响

在经济合作与发展组织(OECD)2007 年 7 月 6 日公布的以"全球化和高等教育"为主题的"教育工作第八号文件"(Education Working Paper No. 8)中,两位执笔

---

① [德国]俞可:《基于学术自由的高校自治》,载《上海教育》2010 年第 4 期。

② http://www. bologna – berlin2003. de [EB/OL]. 2006 – 12 – 30.

③ The extent and impact of higher education governance reform across Europe [EB/OL]. http://ec. europa. eu/education/pdf/doc232_en. pdf. 2006.

者,澳大利亚墨尔本大学(University of Melbourne)的 Simon Marginson 教授和荷兰特文特大学（University of Twente）的 Marijk van der Wende 教授,批判了高校排行榜中普遍存在的指标褊狭问题,并指出,CHE 排行榜的理念与方法具有榜样作用。①

　　CHE 大学排名已获得全球性的声誉,国际学界视其为"现存大学排名中最完美的实践,处处折射排行者独具慧眼",它"最大限度地克服了传统大学排名所存有的概念性与技术性问题,符合联合国教科文组织 2006 年通过的关于大学排名研究的《柏林原则》(Berlin Principles)"。② 以 CHE 大学排行为样板,加拿大教育政策研究院设计了《大学信息导航报告》(University Reporte Card Navigator)。该排名为学生择校提供多维指标,却不对指标进行累计和赋权,学生可自主生成符合自己意愿的大学排名。此外,美国未来高等教育委员会(The Commission on the Future of Higher Edueation)试图弥补《美国新闻与世界报道》(U. S. News & World Report)排名所存在的缺陷,从而使得排名更好地为学生与家长服务。③ 也是受 CHE 大学排名的影响,上海交通大学的"世界大学学术排名"推出分专业的排行榜,同时,在50 名之后不再排序。

　　2010 年 10 月 7—8 日,来自 53 个国家的 160 余名专家聚会柏林,参加由 CHE 承办的"学术排名与卓越观象台"(IREG Observatory for Academic Ranking and Excellence)年会,主题为"学术排名:从通用性走向可靠性与关联性"(The Academic Rankings：From Popularity to Reliability and Relevance)。会议对 CHE 大学排名给予充分肯定。在 CHE 大学排名的基础上,一个由 CHE 牵头全球 120 余所高校参与的"'多维全球大学排名'(Multi – dimensional Global Ranking of Universities,简称 U – Multirank)可行性测试与方案研制"项目在欧盟资助下于两年前启动。2011 年6 月 9 日,该项目在布鲁塞尔结题,结题报告递交欧盟委员会。结论为,"多维全球大学排名"因为凸显办学特色可以消弭现有各类全球高校排名的缺陷,适用于全球。

九、CHE 大学排名的意义

　　自 CHE 大学排名出台以来,毁誉参半。在获得国际认可与声誉的同时,针对CHE 大学排名的批判此起彼伏。比如,鉴于 CHE 大学排名在方法论上的缺陷,瑞士高校校长联席会议与奥地利高校校长联席会议分别于 2007 年和 2008 年宣布,

---

　　① Simon Marginson；Marijk van der Wende. *Globalisation and Higher Education*. OECD Education Working Paper No. 8 ［R］. 2007：55 – 61.

　　② Marijk van der Wende. Ranking and Classification in Higher Education：a European Perspective ［J］. *Higher Education*. 2008(23)：49 – 71.

　　③ Kelly Field. Another Accountability Idea：A New Database That Would Customize College Rankings ［Z］. *Chronicle of Higher Education*. 2006，March 31.

不再支持下属高校参与该排行榜,个别高校仍可自愿加入。在德国,自 2007 年,也有部分高校陆陆续续退出 CHE 大学排名,比如柏林爱丽丝·萨罗蒙应用技术大学(Alice – Salomon University of Applied Sciences Berlin)、齐根大学(University of Siegen)、基尔大学(University of Kiel)数理学院。2009 年 7 月,德国史学家联合会呼吁各高校历史学科,不再参与 CHE 大学排名。

最为遭人诟病的是 CHE 的政治立场。CHE 积极参与院外游说活动,尤其涉及高校自治问题,如 2005 年 12 月 20 日提出的《CHE 对北莱茵 – 威斯特法伦州所需制定的一项高校自治法的十点要求》,①以及开征学费问题,②其自由主义倾向昭然若揭。其学术研究的中立性与公益性不断遭到质疑。CHE 只是一个"披着公益性公民社会基金会外衣的公共关系机构(PR – Agentur)"。③ CHE 隶属的贝塔斯曼基金会总是打着公共利益的旗号推广其新自由主义理念,对其所资助的学术活动过多干预,并把政府视作朽迈而把自己打造成救星,④为此,德国最大的工会组织近来已断绝与此基金会的合作。鉴于贝塔斯曼基金会直接对国家政策的介入而被称作"影子内阁"。⑤

总体上,可以对 CHE 大学排名作出下列评价:

(一)CHE 大学排名是侧重于教学的高等教育宏观评估

"对大学教育来说,尤其是本科教育,并不能通过大学的研究水平和学术声誉来推断大学教育质量的高下。"⑥CHE 大学排名不仅仅是侧重于教学的高等教育宏观评估,而且着重于本科教学。对区域性的高等教育评估机构如以上提及的德国西南地区高等教育评估联盟而言,所谓的高等教育质量评估与保障指的是教学而非科研。而且,由中国高等教育学会高等教育学专业委员会联合德国高等学校教学研究联邦工作委员会(The German Network for Academic Development/AHD,德国高校教学研究会前身)和多特蒙德大学(University of Dortmund)共同主办,特蒙德大学高等学校教学研究中心(Centre for Research and Faculty Development at University of Dortmund/HDZ)承办的首届中德高等教育论坛(1th Chinese – German Higher

① Centrum für Hochschulentwicklung. Zehn CHE – Anforderungen an ein Hochschulfreiheitsgesetz für Nordrhein – Westfalen [EB/OL]. 20. 12. 2005. www. che. de/downloads/Zehn_Anforderungen_Hochschulgesetz_NRW_422. pdf.

② Kritik an Umfrage zu Studiengebühren [N]. Süddeutsche Zeitung. 19. Dez. 2003.

③ Jens Wernicke;Torsten Bultmann. Netzwerk der Macht – Bertelsmann. Der medial – politische Komplex aus Gütersloh [A]. 2. erweiterte Auflage. Marburg:BdWi,2007.

④ Werner Biermann;Arno Klönne. Agenda Bertelsmann. Ein Konzern stiftet Politik [M]. Köln:PapyRossa,2007.

⑤ ver. di. Die Bertelsmann – Stiftung stellt den Staat als verkrustet dar und bietet sich selbst als Problemlöserin an [EB/OL]. 19. 10. 2007. http://bochum – herne. verdi. de/themen/privatisierung.

⑥ Ernest T. Pascarella;Patrick T Terenzini. Living with Myths:Undergraduate Education in America [J]. Change. 1994(1):28 – 32.

Education Forum,2007 年 6 月 11 – 15 日),开场报告的主题就是 CHE 大学排名,主讲人为 CHE 大学排名主要负责人格罗·费德凯尔(Gero Federkeil)。可见,以提升高校教学质量与高校教师专业能力为己任的德国高校教学研究会(German Associ-ation for Academic Development)视 CHE 大学排名为高校教学质量评估的一种重要手段。而且,在德国各种教育信息分类系统中,CHE 大学排名往往归于高校教学。

(二)CHE 大学排名是以学生为中心的高等教育宏观评估

CHE 大学排名明晰自己的服务对象——中学毕业生和大学生。尽管 CHE 大学排名具有显著的商业气息和盈利目的,但其旗帜鲜明地秉承着以消费者利益至上原则。这对于作为服务行业并被《服务贸易总协定》(General Agreement on Trade in Services)产业化和市场化的高等教育来说,其宏观评估以凸显的价值取向而彰显意义。菲利普·G.阿尔特巴赫在质疑大学排名的同时也认可以消费者利益为中心的大学排名。[①] 此外,正如消费者需要购买最适合自己需求的产品,而非最贵的一样,对高中毕业生和大学新生来说,他们所关心的并不是"哪所大学最好",而是迫切希望了解,哪所大学哪个专业最适合自己。

(三)CHE 大学排名是凸显高等教育特色的高等教育宏观评估

通过对全球 19 个大学排名的比较研究,多伦多的教育政策研究院(Education-al Policy Institute)副院长亚历克斯·埃舍尔(Alex Usher)指出,"除了德国的 CHE 大学排名,大学排名形式上均表现为'联赛榜',以便把各个'运动队'按分数高低排列在一张表格"。[②] "联赛榜"的特征是对指标进行累加,形成一种典型的零和博弈,并由此人为制造竞争压力。每次公布呈现几家欢喜几家愁,欢家在竭力鼓吹,愁家在漫天诅咒。在澳大利亚学者西蒙·马金森(Simon Margnson)眼中,"与其以建构一个站不住脚的排名指标来评价大学整体实力……还不如去回应各种不同需求。整体评价并不适合大学,相反,可以根据大学不同的功能、不同的学科、不同的地理位置来评价并排名"。[③] 通过抛弃指标累加与整体排名,CHE 大学排名凸显并推动了德国高等教育的特色发展。

(四)CHE 大学排名是维护高等教育多样性的高等教育宏观评估

2005 年,德国联邦政府启动"卓越计划"(Initiative for Excellence),此计划在一定程度上受上海交通大学高等教育研究所 2003 年的"世界大学学术排名"的触动,因为在那次排名中,德国只有五所大学进入世界百强,排名最好的慕尼黑大学也仅列于第 48 位。"卓越计划"第一期(2006—2010 年)投入 19 亿欧元(联邦政府出资 3/4,入选高校所在联邦州承担其余的 1/4),慕尼黑大学(LMU Munich)、慕尼

---

① 菲利普·G.阿尔特巴赫:《大学排行榜之困》,载《世界教育信息》2006 年第 6 期,第 28—29 页。

② Alex Usher; Massimo Savino. *A World of Difference*:*A global survey of university league tables* [EB/OL]. http://www. educationalpolicy. org 2006.

③ Simon Marginson; Marijk van der Wende. To Rank or to Be Ranked:The Impact of Global Rankings in Higher Education [J]. *Journal of Studies in International Education*. 2007(3/4):306 – 329.

黑科技大学(TU Munich)和卡尔斯鲁厄科技大学(TH Karlsruhe)的"大学一流科研发展方案"(Future concepts for top-class research at universities)以及18个博士生培养基地(Research Schools)、17个科研集群(Excellence Clusters)于2009年10月入围。入选2007年10月19日公布的第二轮(2007—2011年)计划的共有六所精英大学,即亚琛理工大学(RWTH Aachen)、柏林自由大学(FU Berlin)、弗赖堡大学(University of Freiburg)、哥廷根大学(University of Göttingen)、海德堡大学和康斯坦兹大学(University of Konstanz),21个博士生培养基地和20个科研集群。第三轮(2012—2017年)遴选于2010年春天启动,到截止日(9月1日),共有65所高校的227项申请递交,两年后宣布结果,获胜者共同分配272亿欧元,其中31所学校争逐"精英大学"桂冠。

"卓越计划"从启动之日便饱受争议。社会学家理查德·明希(Richard Münch)担忧出现排挤效应,即科研将聚集几所享受特殊待遇的高校,"卓越计划"使德国科研体系"置于卡特尔、垄断与寡头政治的阴影下",①从而导致德国高校体系分化为"研究型大学"和局限于标准化本科教学的"教学型高校"。②

关于如何定义精英大学,如何在遴选过程中顾及区域差别和专业均衡以及科研与教学相长,各界人士啧有烦言。的确,一所大学不可能涵盖所有学科,也不可能设置所有专业,即使该大学现有的学科与专业,其发展也不可能齐头并进。而类似于综合实力评价所呈现的大学排名的"卓越计划"显然会中和并消弭学科之间以及专业之间的差异,这一方面误导学生选择学校与专业,同时在全社会营造精英化的价值取向。而提出此方案的恰恰是一贯主张机会均等的德国社会民主党(SPD),时任执政党。或许正是因为社会民主党背离了选民的价值观,当年便由执政党转为在野党。

此外,大学排行榜往往炮制"样板"大学,其他所有高校均竞相效仿,于是形成高等教育趋同化弊端。由于德国人常常抱有"所有德国大学都不错"的幻想,CHE大学排名仅仅针对专业而非高校综合实力,哪怕在单项学科中也放弃整合性评价,而且只对专业进行分层而非确定排名,即根据学生的需求不同而将高校分为三种不同类型,每种类型都有各自优秀、中等和不足的高校。CHE大学排名使人们清楚认识到,高校的卓越性是多层次多维度多领域的,不可一概而论。尽管大学排名是导向高等教育更多的趋同化(unified)还是分层化(stratified)尚难以定论,③但至

---

① Michael Hartmann. Die Exzellenzinitiative - ein Paradigmenwechsel in der deutschen Hochschulpolitik [J]. Leviathan. 2006(4).

② Richard Münch. Globale Eliten, lokale Autoritäten. Bildung und Wissenschaft unter dem Regime von PISA, McKinsey & Co [M]. Frankfurt, 2009.

③ Massimiliano Vaira. Towards Unified and Stratified Systems of Higher Education? System Convergence and Organizational Stratified Differentiation in Europe [C]. Barbara M. Kehm; Bjorn Stens. University Rankings, Diversity and the New Landscape of Higher Education [A]. Rotterdam; Sense, 2009.

少可以断定,CHE 大学排名是维护高等教育多样性的高等教育宏观评估。

(五) CHE 大学排名是切合本国高等教育传统的高等教育宏观评估

尽管 CHE 大学排名影响力波及全球,周边国家的部分高校也纷纷加盟,且主持"多维全球大学排名"项目,但其关注的主体还是德国自身的高等教育,于是,在设计上,CHE 便从本国高等教育的传统与特征出发,形成具有德国特色的高等教育宏观评估。比如,鉴于德国高校自 20 世纪 70 年代高等教育大众化以来缺乏招生自主权,权限逐渐交由 1973 年在多特蒙德成立的"大学学习名额配置中心"(Zentralstelle für die Vergabe von Studienplätzen, ZVS),CHE 大学排名便没有高中毕业成绩作为评估指标。2004 年 1 月 30 日改革招生制度之后,各所高校获得限额招生(Numerus Clausus)专业的招生自主权,采用的是 20 – 20 – 60 原则,即 20% 名额分配为成绩最优异的学生,20% 分配给过去几年的后备(排队)名单上的学生,另外 60% 允许高校自主招收。此次改革凸显了高中毕业成绩在招生中的权重。"大学学习名额配置中心"于 2010 年改为"高校招生基金会"(Stiftung für Hochschulzulassung),仅承担医学、药学、兽医学和牙医学四个专业的招生,今后的 CHE 大学排名或许会增添高中毕业成绩这一项指标。再比如,在德国,各个专业的学生完成学业所需时间差异悬殊,哪怕是同一专业的学生,完成学业所需时间的长短完全取决于个人资质、勤勉程度、经济状况(是否需要通过勤工俭学来维持学业)、家庭环境(是否需要抚养未成年子女)、健康因素。学习期限成为专业与院校分层的关键性衡量标准。于是,CHE 大学排名在设计指标体系时便充分考虑了学习期限。当然,在高等教育国家主义框架下发展起来的德国大学没有联系校友的传统,校友信息也不列入指标。所以说,如何评价某项大学排名,切合本国高等教育传统乃至于整个文化[①]或许是一个不容忽视的基准。

第五节　国际高等教育质量保证机构

高等教育评估活动在 20 世纪 90 年代逐渐在全世界普及开来,各类评估机构的数量正在以惊人的速度增加。这些评估机构的交流也日益频繁,每每在出台新的评估方案前,会去他国取经。在这一过程中,人们逐渐意识到,需要建立一个机构来协调各国评估机构的关系,共享各国评估机构的经验,推动评估制度的不断完善。国际高等教育质量保证机构正是在这样的背景下应运而生。

此外,全球化进程的不断深入开始渗透到高等教育领域。一方面,世界各国的

---

① Leon Cremonini; Don Westerheijden; Jürgen Enders. Disseminating the Right Information to the Right Audience: Cultural Determinants in the Use (and Misuse) of Rankings [C]. Barbara M. Kehm; Bjorn Stens. University Rankings, Diversity and the New Landscape of Higher Education [A]. Rotterdam: Sense, 2009.

留学生数量不断增加;另一方面,越来越多的高等教育机构在他国开设分校、学位项目进行教学和研究活动。众所周知,传统的高等教育是置于国家、地方等政府部门的掌控之中的,但是一旦高等教育跨越了国境,尤其是对那些带有商业色彩的跨国高等教育活动来说,在运作过程中会不可避免地出现野鸡大学、文凭工厂等欺诈行为。国际高等教育质量保证机构在监控、评估这类跨国高等教育活动中将会发挥越来越重要的作用。

一、国际高等教育质量保障机构网络(The International Network for Quality Assurance Agencies,INQAAHE URL:http://www. inqaahe. org/)

1991 年,以香港学位认定审议会(Hong Kong Council for Academic Accreditation,HKCAA)为中心,国际高等教育质量保障机构网络(INQAAHE)在香港成立。当初只有八家成员,目前高等教育评估的不断发展,INQAAHE 的会员数也在不断增加。截至 2010 年 9 月,已经有超过 200 多家的各国高等教育质量保证机构、政府相关部门和大学加盟该组织。具体包括:附属机构(Affiliate)37 家,正会员(full members)150 家,准会员(Associate members)31 家,机构会员(Institution members)23 家。事务局负责日常工作,采取轮流制。目前,INQAAHE 的具体事务由荷兰的"荷语及佛兰德斯语区认可机构"(Accreditation Organization of the Netherlands & Flanders,NVAO)负责。INQAAHE 一年举行一次总会和研讨会,定期发行会报和学术刊物。

设置 INQAAHE 的目的在于"针对高等教育的质量评估、质量改善、质量维持,收集和提供现行的理论和实践,以及目前正在开发中的理论和实践"。

众所周知,以前我们只是在本国范围内谈论教育,以本国国民为对象,为本国国民提供符合国情的教育内容。但是,在经济全球化的推动下,全世界兴起了新一轮的高等教育国际化浪潮,人员和课程跨越国境的流动已经成为司空见惯的现象。事实上,各国的教育制度是存在差异的,这种差异为人员和课程的流动制造了障碍。在国际化社会中,人们希望从国际的视野来探讨教育对象、教育内容和教育场所。人们希望作为教育成果的学分、学位具有国际通用性。为了适应这一趋势,INQAAHE 正在通过不断调整和丰富其功能,以期扮演越来越多的角色。

2001 年,根据大学校长国际协会(International Association of University Presidents,IAUP)的提议,INQAAHE 开始探讨制定全球品质标签(Global Quality Label),包括制定判断质量保证机构的国际基准,为质量保证机构贴上品质标签。如果某大学能获得持有全球质量标签的认证机构的认可,该大学即可被视为具备国际一流水准。但是,由于各国高等教育制度的复杂性、质量保证体系的多样性,这一改革迄今尚未实现。

作为全球品质标签的替代措置,2005 年,INQAAHE 在新西兰惠灵顿召开的年会上通过了质量保证的范例指南(Guideline of Good Practice,简称GGP)。① GGP由十个项目组成:(1) 使命宣言;(2) 质量保证机构和高等教育机构之间的关系;(3) 决策;(4) 外部委员会;(5) 公共面(Public Face);(6) 评估手册的准备;(7) 资源;(8) 投诉制度;(9) 质量保证机构的质量保证;(10) 和其他质量保证机构的合作。指南是65个国家的评估机构共同参与、反复讨论的结果,旨在成为各国外部质量保证(EQA)机构共同遵守的准则。

如上所述,INQAAHE已经成为统领全球高等教育质量保证机构的知名国际组织。当然,规模的不断扩大也会为其带来一些负面问题。例如,在解决本国高等教育评估中存在的现实问题上,这一庞大的国际组织究竟能够发挥多大的作用;如何协调200多家不同教育制度、不同文化背景、不同机制的质量保证机构之间的关系。区域性高等教育质量保证组织在一定程度上可以弥补这一不足。

二、区域性高等教育质量保证机构

20世纪90年代后期,一些区域性高等教育质量保证机构相继成立,进入21世纪后,以欧洲为代表,区域性高等教育质量保证机构发展迅速,它们在维护本区域高等教育质量方面正在发挥越来越重要的作用。

1. 美国高等教育认证委员会(Council for Higher Education Accreditation:CHEA URL:http://www.chea.org/)

在CHEA成立之前,对美国认证机构的认可是由1975年成立的中学后教育认证委员会(Council on Postsecondary Accreditation,COPA)以及随后成立的临时组织中学后教育认证认可委员会(Commission on Recognition of Postsecondary Accreditation,CORPA)来承担的。COPA和CORPA解体后,在高校校长的建议下,1996年,全美60多个认证机构和3 000多所高校共同组成了CHEA。CHEA是一个协调和审核美国认证机构的专业团体,本部位于华盛顿,主要通过举办会议和发行小册子和会员共享评估信息,也从事一些研究项目开发。CHEA最重要的职能是对美国的认证机构进行认可(recognition),从而保证认证机构的质量。目前,CHEA是唯一从事认证机构认可的非官方组织,它拥有3 000所以上的大学、学院为会员,认可了约60所地区性、全国性和专门职业性的认证机构。

2. 欧洲高等教育质量保证协会(the European Association for Quality Assurance in Higher Education:ENQA URL:http://www.enqa.eu/)

1994年至1995年期间,在欧洲实施了一项针对高等教育的评估项目(European Pilot Project for Evaluating Quality in Higher Education),该项目总结了欧洲高等教育质量保证的共有经验。以此为契机,在欧洲理事会(European Council)的提议

---

① http://www.uned.ac.cr/paa/pdf%5CGGodINQHAE.pdf,2010-11-29.

下,2000 年,欧洲高等教育质量保证网络(The European Network for Quality Assurance in Higher Education)正式成立,2004 年更名为 ENQA。目前,ENQA 的秘书处设在芬兰首都赫尔辛基。

设立 ENQA 的目的是促进欧洲区域高等教育质量保障的合作。只有在博洛尼亚宣言上署名的国际、地区质量保证机构才有资格加盟 ENQA。ENQA 旨在构筑以博洛尼亚宣言为基础的欧洲高等教育圈(European Higher Education Area, EHEA)。截至 2010 年 9 月,拥有来自 25 个国家和地区的 46 家正会员(full member agencies)。目前,加入博洛尼亚进程的国家已经从 1999 年的 29 个增加到 46个,预计今后 ENQA 的加盟国数量将会继续上升。

ENQA 制定了欧洲高等教育区质量保证标准和准则(The Standards and Guidelines for Quality Assurance in the European Higher Education Area),2005 年 5 月 19—20 日,在挪威卑尔根(Bergen)召开的两年一度的欧洲高等教育区教育部长会议上,该标准和准则获得了各国教育部长的肯定,今后各国的质量保证体系将会遵循这一标准和准则。

3. 中东欧高等教育质量保证机构网络(Network of Central and Eastern European Quality Assurance Agencies in Higher Education:CEE Network URL:http://www.ceenetwork.hu)

CEE Network 是中欧、东欧诸国的高等教育质量保证机构于 2002 年创设的,总部设在匈牙利,成员包括来自俄罗斯、德国在内的 16 个国家 24 家质量保证机构。与欧洲其他地区相比,中东欧地区的高等教育评估活动相对比较落后。随着博洛尼亚进程的发展,预料该组织会被纳入到 ENQA 的框架中。值得注意的是,2006 年 6 月,CEE Network 和欧洲高等教育认证协会(ECA)缔结了合作协议。

4. 北欧高等教育质量保证网络(Nordic Quality Assurance Network in Higher Education:NOQA URL:http://www.noqa.net/)

NOQA 是北欧各国高等教育质量保证机构创设的,成立于 2003 年,目前成员包括来自五个国家的五个机构。该地域的高等教育质量保证活动开展得比较早。1992 年开始,北欧各国的高等教育质量保证机构每年都会举办一次会议,对如何开发质量保证体系交换意见。加盟 NOQA 的成员目前基本上也是 ENQA 的成员。

5. 欧洲高等教育认证协会(European Consortium for Accreditation in Higher Education:ECA URL:http://www.ecaconsortium.net/)

ECA 成立于 2003 年,截至 2010 年 9 月,ECA 共拥有来自 11 个国家的 16 个高等教育质量保证机构,其中,来自德国的机构就有五家。大多数区域性高等教育质量保证机构的主要活动是进行机构间的交流和信息交换,并没有开展诸如认证之类的具体评估活动,因为在没有各国政府参与的前提下推行评估活动是十分困难的。但是,ECA 却是一家专门从事认证的质量保证机构。ECA 提出的目标是:

2007 年实现会员机构间的相互认证。① 在遵循 INQAAHE 和 ENQA 的质量保证基本原则的基础上,ECA 开发了自己的标准(Code of Good Practice)。预计在未来,类似 ECA 这样的国际高等教育质量保证机构之间的相互认证活动会进一步得以普及。但是从现状看,英国、丹麦尚未加入 ECA,来自法国的 ECA 成员也仅仅是一家针对技术人员的专业认证团体,ECA 今后的路还很漫长。

6. 欧亚质量保证网络(Eurasian Quality Assurance Network:EAQAN URL:http://www.eaqan.org/index_en.html)

EAQAN 成立于 2004 年,是由独联体(Commonwealth of Independent States,CIS)和波罗的海三国(爱沙尼亚、拉脱维亚、立陶宛)的高等教育质量保证机构组成的。目前,成员来自七个国家的七个机构。该网络的成立受到了 EU 建立的欧亚经济共同体(ECC)的启发,成员国在地理和历史上有较多相似之处,具有较强的凝聚力。虽然在身份上是一个独立组织,但是今年开始加强和外界的联系。其规章上明确指出,要加强和 INQAAHE、ENQA、CNN Network 的联系,发挥该组织的最大功能。

7. 亚太质量网络(The Asia – Pacific Quality Network:APQN URL:http://www.apqn.org/)

2003 年 APQN 在香港成立。2004 年,在澳大利亚维多利亚州注册成为合法的民间 NPO 组织。同年,在澳大利亚大学质量保证署(Australian Universities Agency,AUQA)内设立秘书处开始正式运营。自 2009 年 3 月起,秘书处工作由 AUQA 转交给上海市教育评估院承担。

APQN 的宗旨是,加强区域内教育质量保障机构的功能,扩大机构间的交流与合作,共同提升亚太地区的高等教育质量。具体目标包括:促进亚太区域高等教育质量保持和改进中的范例;为该区域新建立的质量保证机构提供建议和专家意见;发展质量保证机构之间的联系,相互接受对方的决定和判断;帮助其成员确定教育机构跨国界运作的标准;促进整个区域学历资格的认可;促进学生在教育机构之间,以及成员国之间的迁移。

通常,某一区域性机构组成的基础是因为各成员国之间或多或少存在一些共性,例如,拥有共同的利益、共同的语言、共同的旧宗主国以及相近的教育制度,但是,APQN 是一个例外。除了地理位置相近,便于教师和学生的流动之外,会员国之间的共性并不明显。APQN 原则上采用联合国教科文组织对亚太地区的定义。北至俄罗斯,西至中亚的土库曼斯坦,南至新西兰,东至太平洋岛屿,拥有占世界人口半数以上的广大区域,会员中发展中国家多是 APQN 的一大特点,APQN 每年召开的各种研讨会也是比较注重这些发展中国家的区域能力建设。

---

① Heusser, Rolf (2006) "Mutual Recognition of Accreditation Decisions", www. inqaahe. org/.../ 1259589098_quality – assurance – of – transnational – education – a – providers – view. pdf,2010 – 9 – 19.

截至 2010 年 9 月，APQN 共有 72 个会员，分别来自 28 个国家和地区的高等教育质量保证机构、政府相关部门以及从事质量保证的高等教育机构。具体包括：正会员（full members）27 家，中级会员（intermediate member）13 家，准会员（Associate members）6 家，机构会员（Institution members）26 家。我国上海市教育评估院、云南省高等教育评估中心、香港学术与职业资历评审局、台湾财团法人高等教育评鉴中心基金会等都是 APQN 的正式会员。

三、国际化的专业认证机构

专业认证机构是指对某一专业进行认证，它是高等教育质量保证机构中的重要一员。专业认证的领域主要集中在医学、商学、卫生护理、法律、工程等专业上。通常，专业认证机构只对本国高等教育机构进行专业评估。但是近年来，专业认证机构开始迈出国门，它们凭借传统的声誉，制定该专业的国际标准，以此对他国的大学进行评估。在这一方面处在领先地位的是商学教育，下文介绍三家走在国际化前列的商学教育专业认证机构。

1. 美国大学商学院协会（The Association to Advance Collegiate Schools of Business，AACSB International   URL：http://www.aacsb.edu/）

AACSB International 创立于 1916 年，当时的名称是"American Assembly of Collegiate Schools of Business"。该机构仅对美国国内的 MBA 项目实施专业认证。20 世纪 90 年代以来，经济全球化的浪潮很快席卷世界，商学院也如雨后春笋在世界各国出现。部分美国大学的商学院开始尝试和海外大学联合办学。为了适应时代的发展，该机构将名称更改为现在的 AACSB International，开始对全球商务教育进行认证。

AACSB International 主要实施商业（Business）和会计（Accounting）两种认证。众所周知的 MBA 认证只是商业认证中的一个分支。AACSB International 的认证对象包括和商务教育相关的本科、硕士、博士课程，最终以学院为单位颁发认证。商务认证的规模较大，截至 2010 年 7 月，有来自全球 37 个国家的 596 所大学接受了认证，其中约有 100 多所大学是非美国大学。

目前，国内获得 AACSB International 商业认证的大学有 14 所：内地三家（清华大学、中欧国际工商学院、复旦大学），香港地区六家（香港中文大学、香港城市大学、香港浸会大学、香港理工大学、香港科技大学、香港大学），台湾地区五家（台湾辅仁大学、台湾"国立政治大学"、台湾"国立交通大学"、台湾"国立中山大学"、台湾大学）。同时获得商业和会计认证的大学有香港中文大学、香港理工大学、香港大学和清华大学。

AACSB International 的商务认证标准是在 1991 年制定的。该标准由六个模块组成：使命和目的、教师构成及教师发展、课程内容与评价、教育资源与责任、学生、知识的贡献。以"课程内容和评价"为例，认证标准规定，50% 以上的课程应该属于一般教育(general education)的范畴;作为从事商业活动的基础,学生应该学习"会计"、"行动科学"、"经济学"、"数学和统计学"等内容。此外,认证标准对硕士课程的核心内容也做出了明确的规定,学生应该学习"财务报告、财务分析、金融市场"、"处在国内、全球经济环境中的组织"、"商品和服务的制作和流通"、"组织中人的行动"等内容。

2003 年,AACSB International 对商务认证标准进行了大幅度的修改,新标准的思路和以往相比有了很大的变化。例如,在"课程管理"方面,新标准认为,"虽然课程管理必须具备系统的学习过程,但是不要求设立特定的科目。在课程的管理过程中,我们要求能为学生提供学习以下一般性知识和技能的机会"。这些知识和技能包括:"交流能力"、"伦理理解力和论证能力"、"分析技能"、"活用信息技术的能力"、"多文化、多样性的理解能力"、"反思能力"。此外,针对以传授通用管理(General Education)知识为主的本科、硕士课程,标准同样为其列出学生应该掌握的一些能力,如"组织和社会中的伦理、法的责任"、"财务的理论、分析、报告及市场"、"通过商品、服务、信息的生产和流通之统合创造价值"、"支持组织综合决策过程的统计数据分析和经验管理科学"、"对组织和经济的构造和过程,以及经营管理的角色和技术产生影响的信息技术"、"其他项目规定的和经验管理相关的知识和能力"等。在新基准中,像这样规定了培养学生何种能力的条款还有很多。可见,和旧标准相比,新标准越来越重视学习结果,即通过项目的学习,学生究竟获得了哪些具体的能力。

2. MBA 协会(The Association of MBAs URL:http://www.mbaworld.com/)

MBA 协会成立于 1967 年,总部设在英国伦敦,是一家专门对商学院 MBA,DBA 和 MBM 项目进行质量认证的机构。和 AACSB International 相同,在 20 世纪90 年代发展成一个国际性的专业认证组织。认证范围涵盖全球各大洲(西欧32%、英国 28%、拉丁美洲 16%、东欧 10%、亚洲 5%、澳大利亚和新西兰 5%、中东和非洲 2%、北美 2%)。目前,已经认证了来自全球 72 个国家和地区的 167 所商学院,其会员数已经超过了 9 000 人,遍布在全球 88 个国家和地区。

目前,国内获得该认证的商学院有六所,它们分别是上海交通大学安泰经济与管理学院、中山大学岭南学院 MBA 教育中心、中山大学管理学院、浙江大学管理学院、香港城市大学商学院、香港理工大学工商管理研究院。

MBA 协会共开发了四个质量认证标准,它们分别是:MBA 认证标准、DBA 认证标准、MBM 认证标准和远程教育认证标准。

3. 欧洲管理发展基金会(European Foundation for Management Development, EFMD URL:http:// www.efmd.org)

位于比利时首都布鲁塞尔的欧洲管理发展基金会成立于 1971 年,发展至今,已经成为了管理发展学界最大的国际组织。目前,该组织拥有超过 730 家的机构成员,会员遍布全球 82 个国家和地区,涵盖了学术界、商界、公共服务业以及咨询业等各个不同领域。有 25 家来自内地、香港和台湾地区的中国机构加入了 EFMD,其中 23 家(92%)是高等教育机构。

EFMD 创办了两套和高等教育相关联的质量认证体系。一是欧洲质量发展体系(European Quality Improvement System,EQUIS),①二是 EFMD 项目认证系统(EFMD Program Accreditation System,EPAS)。②

EQUIS 创办于 1997 年,其基本目标在于提高全球管理教育的水平。EQUIS 认证重点既不是放在某一特定的高等管理教育项目,也不只是局限在 MBA 项目上,它针对的是该商学院(Business School)从本科教育到博士生教育的各类教育项目。目前,有来自 35 个国家和地区的 127 所商学院院校通过了该体系的认证。EQUIS 是一种整体评估,不仅对商学院的课程做出评价,还对商学院的研究、网络学习、管理者培训和社区服务等进行评估。当然,评估的重点放在管理教育上。EQUIS 认证的另一个特色是重视项目的国际化程度。除了要求商学院提供证明其拥有高水平教学标准的有力证据以外,还要求提供能证明该项目具有高度国际化的数据,例如,从全球雇佣教职员的数量、学生在国外接受教育的情况以及是否和国外大学建有联盟关系等。

EQUIS③ 分为十大认证模块,它们分别是"环境、发展战略和使命"、"项目质量"、"学生工作"、"师资质量"、"科研发展"、"高级培训"、"社区贡献"、"学校资源和管理"、"国际化"、"企业合作"。在每一个模块下列有具体的标准或准则。

截至 2010 年,已有 128 所商学院获得了 EQUIS 认证。目前,国内获得该认证的十家商学院情况如下:内地五家(中欧国际工商学院、北京大学光华管理学院、清华大学经济管理学院、复旦大学管理学院、上海交通大学安泰经济与管理学院)、香港地区四家(香港科大商学院、香港城市大学商学院、香港大学经济及工商管理学院、香港理工大学工商管理学院)、台湾地区一家(台湾"国立政治大学商学院")。尽管 EQUIS 是欧洲人设计的,但是与其认可标准一样,EQUIS 自身也越来越国际化。在被认可的 128 所商学院中,众多来自非欧洲地区,注重灵活性和尊重差异性成为该认证模式的特点之一。

为了完善 EQUIS,2005 年 EFMD 开发了 EPAS 认证体系,针对的是那些提供国际学位的商务管理项目。EPAS 也属于全方位的项目认证,其认证模块包括五大块:(1)处在国家和国际环境中的学院;(2)项目设计;(3)项目传送和操作;(4)项目成果;(5)质量保证过程。EPAS 认证特别看重在该领域取得的学术声

---

① http://www.efmd.org/index.php? option = com_content&view = article&id = 167&Itemid = 180,2010 - 11 - 30.

② http://www.efmd.org/index.php? option = com_content&view = article&id = 472&Itemid = 192,2010 - 11 - 30.

③ http://fph.vse.cz/wp - content/uploads/EQUISStandardsandCriteria.pdf,2010 - 11 - 30.

誉、实践水准和国际化程度。截至 2010 年 5 月 19 日,已有 34 所商学院超过 40 个项目获得了 EPAS 认证。和 EQUIS 相比,EPAS 认证目前依然是以欧洲诸国为主的,国内部分商学院正在积极准备申请该项国际认证。

从上文中我们可以明显感受到国际高等教育质量保证机构在监督、维护、改善全球高等教育质量上扮演着举足轻重的角色。它们的主要作用可以归纳如下:

(1) 制定具有国际通用性的高等教育质量标准;

(2) 发现、总结和推广高等教育质量保证的范例(Good Practice);

(3) 推动高等教育质量保证机构的建立和完善,并为其提供专业指导;

(4) 强化各国高等教育质量保证机构之间的关系;

(5) 促进国际、地域学历学位资格的相互认可;

(6) 促进国内外高等教育机构间的学生流动,完善学分互认互换制;

(7) 制定评估标准并开展实质性的认证评估。

中国正在加强和国际高等教育质量保证机构的合作,在 INQAAHE 、APQN 的会员名单中均有中国机构的身影(表 6 - 19)。国内的质量保证机构不但参与、承担国际组织的会议,2009 年上海教育评估院更是成为了 APQN 的秘书处挂靠单位。当然,也应该客观地认识到,国际机构制定的质量保证原则以及评估标准和本国政府以及大学自身制定的质量保证原则和标准是不同的,其作用也是有限的。在高等教育全球化、市场化的发展过程中,国家和国家、国家和大学、大学和大学、大学和第三方质量保证机构、国家和第三方质量保证机构之间容易产生错综复杂的矛盾,作为跨越国界的组织,国际高等教育质量保证机构应该在协调上述各国政府、大学、第三方组织之间的关系上发挥更大的作用。

表 6 - 19　中国加入国际高等教育质量保证机构基本情况

		INQAAHE	APQN
1	教育部学位与研究生教育发展中心	正会员	
2	教育部高等教育教学评估中心	正会员	
3	江苏省教育评估院	正会员	
4	上海教育评估院	正会员	正会员
5	香港大学教育资助委员会	正会员	正会员
6	台湾财团法人高等教育评鉴中心基金会	正会员	正会员
7	广东教育发展研究与评估中心	正会员	
8	中国高等教育学会教育评估分会	准会员	
9	哈尔滨医科大学医学教育研究所	准会员	
10	上海市教育委员会	准会员	

		INQAAHE	APQN
11	云南省高等教育评估中心		正会员
12	香港学术与职业资历评审局		正会员
13	香港联校素质检讨委员会		中级会员
14	香港教育学院		机构会员
15	香港高等院校持续教育联盟		准会员
16	澳门科技大学		机构会员

第七章　我国宏观高等教育评估的发展

现代意义上的高等学校教育评估在我国得以逐步实施是 1985 年以后的事。[①]
自 1985 年《中共中央关于教育体制改革的决定》首次提出"对高等学校的办学水平进行评估"以来,伴随着中国的体制改革开放和高等教育的快速发展,高等教育评估已走过了二十余年的历程。本章我们将在回顾我国宏观高等教育评价的发展历程的基础上,分析当前高等教育评估发展的形态、面临的发展困境及其成因,最后尝试站在历史发展和现实需求的阶梯上,瞻望我国高等教育评估未来发展的趋势。

第一节　发　展　历　程

在我国,政府和社会在宏观层面对高等教育的评估经历了并且继续经历着在政策的规范和指导下,由高等教育评估实践的旺盛需求和持续发展带动评估理论不断创新的发展进程。基于这一基本判断,我们将分别从政策演进、实践发展和理论探索三个维度梳理我国宏观高等教育评估的发展历程,这种厘清不仅可以帮助我们更加清晰、全面地发现与呈现历史进程,更可以帮助我们在系统层面发现三者发展进程的适应性和契合度。

一、政策演进

我国宏观高等教育评估制度的确立与教育体制改革同步(表 7 - 1)。为改革开放时期的教育改革奠定基础的重要文件——《中共中央关于教育体制改革的决定》在提出"扩大高等学校办学自主权"的同时,指出"国家及其教育管理部门要加强对高等教育的宏观指导和管理。教育管理部门还要组织教育界、知识界和用人部门定期对高等学校的办学水平进行评估,对成绩卓著的学校给予荣誉和物质上的重点支持,办得不好的学校要整顿以至停办"。可见,在我国,作为一种制度的高等教育评估,从一开始便被定位为高校办学自主权和政府的宏观管理之间的一种制衡机制。

1990 年原国家教委颁布《普通高等学校教育评估暂行规定》(以下简称《规定》),在第一条明确了制定《规定》的目的,即"为了建设有中国特色的社会主义高

---

①　王冀生:《高等学校教育评估在中国的发展》,载《高教发展与评估》2005 年第 4 期。

等学校,加强国家对普通高等教育的宏观管理,指导普通高等学校的教育评估工作,特制定本规定"。在第三条提出普通高等学校教育评估的基本任务,"是根据一定的教育目标和标准,通过系统地搜集学校教育的主要信息,准确地了解实际情况,进行科学分析,对学校办学水平和教育质量作出评价,为学校改进工作、开展教育改革和教育管理部门改善宏观管理提供依据"。在评价的实施主体方面,规定"普通高等学校教育评估是国家对高等学校实行监督的重要形式,由各级人民政府及其教育行政部门组织实施。在学校自我评估的基础上,以组织党政有关部门和教育界、知识界以及用人部门进行的社会评估为重点,在政策上体现区别对待、奖优罚劣的原则,鼓励学术机构、社会团体参加教育评估"。在评估的形式方面,将合格评估(鉴定)、办学水平评估和选优评估确定为三种基本形式,并分别阐述了政府评估的三种基本形式和学校内部评估的内涵、目的、实施方法和参照标准等。此外,《规定》还确立了评估机构的权利关系和职能,以及评估的程序。《规定》作为迄今为止指导我国高等教育评估的行政法规,首次确立了我国高等教育评估的基本制度,为现行的高等教育评估制度奠定了制度框架。《规定》明确将评估作为加强国家宏观管理的重要手段,其功能在于为开展教育改革和教育管理部门改善宏观管理提供依据。规定还首次完整地提出了学校自我评估、社会评估和政府评估的概念和三者之间的关系,为评估主体和评估形式的多元化奠定了制度基础。

1993 年《中国教育改革和发展纲要》(以下简称《纲要》)是在党的十四大提出建设有中国特色社会主义理论,确立建立社会主义市场经济体制为经济体制改革目标的背景下由中共中央、国务院颁布的指导教育体制改革的纲领性文件。与建立有中国特色社会主义教育体系相适应,《纲要》提出"政府要转变职能,由对学校的直接行政管理,转变为运用立法、拨款、规划、信息服务、政策指导和必要的行政手段,进行宏观管理。要重视和加强决策研究工作,建立有教育和社会各界专家参加的咨询、审议、评估等机构"。为全面提高教育质量,《纲要》要求"建立各级各类教育的质量标准和评估指标体系。各地教育部门要把检查评估学校教育质量作为一项经常性的任务。对职业技术教育和高等教育,要采取领导、专家和社会用人部门相结合的办法,通过多种形式进行质量评估和检查。各类学校都要重视了解用人单位对毕业生质量的评估"。《纲要》还提出"通过试点,改进硕士学位授予点和博士(生)导师的审查办法,同时加强质量监督和评估制度"。

1995 年颁布的《中华人民共和国教育法》,将"国家实行教育督导制度和学校及其他教育机构教育评估制度"作为我国的教育基本制度之一,确立了教育评估制度在国家教育管理体制中的基础地位。

1998 年颁布的《中华人民共和国高等教育法》规定"高等学校的办学水平、教育质量,接受教育行政部门的监督和由其组织的评估",再次明确了高等学校有接受政府教育行政部门评估的义务。

《2003—2007年教育振兴行动计划》提出实行"高等学校教学质量与教学改革工程",完善高等学校教学质量评估与保障机制被提上议事日程,具体措施包括:健全高等学校教学质量保障体系,建立高等学校教学质量评估和咨询机构,实行以五年为一周期的全国高等学校教学质量评估制度。规范和改进学科专业教学质量评估,逐步建立与人才资格认证和职业准入制度挂钩的专业评估制度。加强高等学校教学质量评估信息系统建设,形成评估指标体系,建立教学状态数据统计、分析和定期发布制度。

《国家中长期教育改革与发展规划纲要(2010—2020年)》(以下简称《规划纲要》)作为指导我国未来十年教育发展的纲领性文件,在提高人才培养质量、完善现代大学制度、改革管理体制、提升高等教育质量项目等方面均涉及高等教育质量评估的制度和实践方式的完善。《规划纲要》在第七章"高等教育"部分,将提高人才培养质量作为高等教育的首要发展任务,提出"全面实施'高等学校本科教学质量与教学改革工程',严格教学管理,健全教学质量保障体系,改进高校教学评估"。这确立了高等教育教学质量保障体系建设和高校教学评估在人才培养质量提升进程中的基础作用,与此同时也对进一步健全和改进高等教育教学质量评估的制度和方法提出了要求。在第十三章"建设现代学校制度"中,提出"推进专业评价,鼓励专门机构和社会中介机构对高等学校学科、专业、课程等水平和质量进行评估,建立科学、规范的评估制度,探索与国际高水平教育评价机构合作,形成中国特色学校评价模式,建立高等学校质量年度报告发布制度"。《规划纲要》将提高高等教育评估的专业化水平,形成中国特色学校评价模式作为了完善中国特色现代大学制度的重要保障。在第十五章"管理体制改革"部分,为健全统筹有力、权责明确的教育管理体制,提出"以转变政府职能和简政放权为重点,深化教育管理体制改革,提高公共教育服务水平。明确各级政府责任,规范学校办学行为,促进管办评分离,形成政事分开、权责明确、统筹协调、规范有序的教育管理体制"。作为实现政府教育管理职能向公共服务转变,"建立和完善国家教育基本标准,整合国家教育质量监测评估机构及资源,完善监测评估体系,定期发布监测评估报告,加强教育监督检查,完善教育问责机制"成为"提高政府决策的科学性和管理的有效性"的重要措施。这是"管办评分离"在国家政策中的首次出现,它作为一种制度安排成为实现公共服务型政府转型的重要机制。在第二十一章"重大项目和改革试点"中,"提高高等教育质量"成为未来十年国家教育改革和发展的十项重大项目之一,"继续实施'985工程'和优势学科创新平台建设,继续实施'211工程'和启动特色重点学科项目;继续实施'高等学校本科教学质量与教学改革工程'"成为高等教育质量提升的重要支柱,这些工程的实施对高等教育评估的制度和实施方法的创新提出了挑战。作为统领我国教育发展的纲领性文件《规划纲要》确立了高等教育评估在提高教育教学质量方面的保障作用和促进政府和高校治理关系变革方面的杠杆作用,在未来高等教育发展,乃至国家教育体制改革的背景下,宏观高等教育评估被赋予了新的内涵和发展需要。

表 7 – 1　我国高等教育评估的政策进程(1985—2010)

政 策 法 规	内　　容	作　　用
《中共中央关于教育体制改革的决定》(1985 年)	• 定期对高等学校的办学水平进行评估	评估成为政府宏观管理的重要手段
《普通高等学校教育评估暂行规定》(1990 年)	• 主要目的:不断提高办学水平和教育质量,更好地为社会主义建设服务 • 基本任务:为学校改进工作、开展教育改革和教育管理部门改善宏观管理提供依据 • 基本标准:能否培养适应社会主义建设实际需要的社会主义建设者和接班人 • 基本形式:合格评估、办学水平评估和选优评估 • 评级机构的职责 • 评估程序	确立了我国高等教育评估的基本制度框架
《中国教育改革和发展纲要》(1993 年)	• 建立有专家参加的评估机构 • 建立教育的质量标准和评估指标体系 • 检查评估学校教育质量作为经常性任务 • 通过多种形式进行质量评估和检查 • 各类学校都要重视了解用人单位对毕业生质量的评估 • 改进硕士学位授予点和博士生导师的审查办法,加强质量监督和评估制度	教育质量检查和评估成为常规性任务,以适应经济、社会发展的需求
《教育法》(1995 年)	• 国家实行教育督导制度和学校及其他教育机构教育评估制度	教育评估制度成为教育基本制度之一
《高等教育法》(1998 年)	• 高等学校的办学水平、教育质量,接受教育行政部门的监督和由其组织的评估	高等教育机构有接受国家评估的义务

政 策 法 规	内　　　　容	作　　用
《2003—2007年教育振兴行动计划》（2004年）	• 建立高等学校教学质量评估和咨询机构 • 实行以五年为一周期的全国高等学校教学质量评估制度 • 逐步建立与人才资格认证和职业准入制度挂钩的专业评估制度 • 加强高校教学质量评估信息系统建设 • 建立教学状态数据统计、分析和定期发布制度	周期性高等学校教学质量评估制度建立
《规划纲要》（2010年）	• 健全教学质量保障体系，改进高校教学评估 • 推进专业评价，形成中国特色学校评价模式 • 管办评分离 • 提高高等教育质量重大项目的绩效问责和质量评估	提高质量，完善中国特色现代大学制度的重要支柱

通过系统梳理改革开放以来我国高等教育评估的政策进程，我们的发现：

第一，我国的高等教育评估发展的动因在于实现政府对高校的宏观管理。我国的高等教育评估从起点上便与教育体制改革的进程紧密地联系在一起，成为在政府简政放权、高校办学自主权扩大的情况下，保持政府对高等教育质量进行宏观管理的一种重要的政策工具。在政府职能向公共服务转变、高校不得不更加积极地回应社会问责的时代，高等教育评估作为保持高校办学自主权和政府质量管理之间张力的制度安排，其作用不仅得以延续，而且得到了进一步的强化。

第二，高等教育评估的政策发展滞后于社会和高等教育实践发展的需求。我国高等教育评估的基本制度框架由1990年颁布的《普通高等学校教育评估暂行规定》确立，过去的二十年中国的经济和社会经历了世界上最为快速的发展，高等教育实现了从精英教育到大众化教育阶段的跨越，高等教育评估的现实基础发生了显著的变化。与此同时，以知识的生产、传播和创新为基础的经济增长方式转变，信息技术的发展，以及全球性的公共部门管理改革，逐渐改变着人们对高等教育质量的期望和问责的方式，政府、社会和高等教育机构的治理关系，甚至更新了高等教育评估的技术，高等教育评估的社会需求和实现技术发生了深刻的变革。然而，我国高等教育评估的基本制度框架并未对高等教育评估的现实基础、社会需求和实现技术的改变做出适时的回应。

第三，高等教育评估的制度化程度难以为高等教育评估实践的发展提供系统性政策支持。随着高等教育评估在人才培养质量提升、中国特色现代大学制度建设进程中的政策杠杆作用的进一步发掘，在政府宏观管理的背景下，高等教育评估的对象、内容、功能和实践样式等均呈现多元化发展的趋势，实践层面的发展早已超越了制度层面的规范。尽管在 2010 年发布的《规划纲要》中，高等教育评估在提高质量和改革管理体制等部分多次述及，但都是作为一种政策工具在发挥作用。高等教育评估作为一种政策工具，其作用的有效实现需要依靠系统层面制度设计的支撑。在制度层面系统回答高等教育评估在高校自主管理和政府宏观管理之间平衡杠杆机制如何形成，高校自我评估、社会评估和政府评估的职能边界和协调机制如何建立，如何推进高等教育评估的专业发展等问题，不仅可以提高高等教育评估实践的合法性、合程序性和可靠性，更能够在制度上保障高等教育评估功能的有效实现。

二、实践发展

以恢复高考为开端的我国高等教育系统的重建，唤醒了对宏观高等教育评估的实践需求。1981 年开始，国务院学位委员会先后两次组织专家对全国的高等教育机构进行评议。1983 年提出对重点高校进行评估的决议，一些地方或行业的高等教育管理部门开始了专业和院校的评估试点，上海市原高教局以机械制造工艺及设备专业为试点组织了同行评估。卫生部以统一考试方式对全国 30 所医学院进行了教学质量评估。这些在高等教育评估前制度化阶段展开的试点评估，开创了宏观高等教育评估实践的先河。

1985 年《中共中央关于教育体制改革的决定》提出"教育管理部门还要组织教育界、知识界和用人部门定期对高等学校的办学水平进行评估"，成为高等教育评估实践制度化的开端。同年 11 月，国家教委颁布了《关于开展高等工程教育评估和试点工作的通知》，从 1985 年至 1989 年委托北京市、上海市、机械电子部、煤炭部等单位首先进行试点，对 80 多所高等工业学校展开了以专业和课程评估为重点的高等工程教育评估。国务院学位办公室在《学位条例》的指导下，委托学科评议组组织了硕士、博士学位授予质量的评估和检查。截至 1988 年 7 月，国务院学位委员会先后对 20 个学科、专业的博士、硕士学位的质量进行了评估。1987 年原国家教委根据《关于做好评选高等学校重点学科申报工作的通知》，在已有的博士点中遴选重点学科，1988 年至 1989 年间，107 所高校的 416 个学科点获得了重点学科称号。此外，1989 年 1 月至 1990 年 1 月，原国家教委组织了全国首次普通高等学校优秀教学成果的评审奖励工作，并将其确定为每四年一次的常规性评审活动。据 1990 年不完全统计，"七五"期间，评估活动至少涉及八个部委、六个省市的教委和近 500 所普通高校。① 这一时期，高等教育评估实践呈现出政府主导、多方位

---

① 吴钢：《现代教育评价基础》，学林出版社 2002 年版，第 48 页。

试点的特征。

《普通高等学校教育评估暂行规定》为高等教育评估确立了基本制度框架,促进了高等教育评估实践的规范化、全方位发展。在高等院校的制度化评估方面,1994年,启动了针对新建院校的合格评估。1996年,对本科教育历史较长、基础较好、工作水平较高的学校进行选优评估。1999年开始研制随机性办学水平评估方案,并于1999年对介于上述两类之间的高校展开实测。2002年教育部将在合格评估、选优评估和随机水平评估三类方案合而为一,制定了《普通高等学校本科教学水平评估方案》。2003年11月《教育部办公厅关于对全国592所普通高等学校进行本科教学工作水平评估的通知》决定建立五年为一周期的全国高等学校本科教学质量评估制度,五年内分期分批对592所高等学校进行本科教学水平评估。首轮本科教育评估的原则为"以评促建、以评促改、以评促管、评建结合、重在建设"。2003年至2008年,2001年前取得本科学历授权资格的589所高校参加了评估。本科教学评估是中国开展规模最广、历时时间最长、促进作用最大、影响最为深刻的一次周期性高等教育质量保障行动。① 2004年上半年开始了高职高专院校评估,评估由教育部统一制定评估标准,由各省级教育行政部门负责组织实施。评估最初为水平评估,2008年后改为合格评估以避免学校对评估结果的过度追求,更好地促进学校改革。教育部每年抽查部分省市的评估工作,以确保评估质量。2007年,教育部启动了独立学院评估试点工作,这一评估项目旨在规范独立学院的办学行为,保证独立学院的人才培养质量。

在评估机构的发展方面,1992年年底,原国家教育委员会成立全国高等学校设置评议委员会,作为咨询机构,受国家教委委托,组织力量对省、自治区、直辖市以及中央各部门申报的普通高等学校和成人高等学校进行评估。1994年7月,受国务院学位委员会和原国家教委的委托,经中国兵器工业总公司批准,"高等学校与科研院所学位与研究生教育评估所"在北京理工大学成立。该机构作为事业性质的非营利性机构展开学位与研究生教育评估及有关咨询服务。随着政府宏观管理职能的强化,评估成为国家和地方教育行政部门的重要职能,高等教育管理的各部门相继建立了负责专项评估的职能机构,教育部高等教育司设立高等教育评估处(教育部高等教育评估办公室)负责,推动高等教育质量宏观调控体系和评估制度的建立和完善,统筹组织高等学校国家级教育教学成果的奖励。发展规划司负责拟定高等学校设置标准并进行设置评估,社会科学司负责开展高校人文社会科学重点研究基地评估,科学技术司负责高等学校重点实验室、工程研究中心、重点科研基地的评估,学位管理与研究生教育司负责学位授权审核、全国优秀博士论文评选、中外合作办学评估、学位点定期评估、国家重点学科评选和学科排名。自1996年起,省、自治区、直辖市一级的教育评估机构逐渐建立,上海市高等教育评

---

① 吴启迪:《教育质量保障体系与运行机制》,载《教育发展研究》2009年第3期。

估事务所(1996年,2000年改组为上海市教育评估院),江苏省教育评估院(1997年),辽宁省教育评估事务所(1999年),广东省教育厅发展研究与评估中心(2000年),云南高等教育评估事务所(2000年),这些机构属于教育行政部门下属的事业性机构,其主要职能在于接受省(直辖市)级教育行政部门的委托,组织专业性教育评估、专业人员培训以及开展教育评估相关研究。2004年8月,为在全国层面组织实施本科教学评估,教育部设立高等教育教学评估中心,作为教育部直属的行政性事业单位,其主要任务是负责组织实施高等学校本专科教育的评估工作。

在社会评估发展方面,我国高等教育的社会评估主要以大学排行榜的单一形式存在。据不完全统计,我国先后约有15个单位发表过近40个大学排行榜。[1] 1993年广东管理科学研究院武书连研究员领衔的项目组发布了第一个中国大学排行榜——《中国大学评价——1991研究与发展》。网大公司自1999年起发布"中国大学排行榜",2010年起改为"中国大学百强榜",网大的高等教育机构排名计划延伸到民办高校和独立学院。中国校友会于2003年发布了第一个由网络评选产生的排行榜,目前中国校友会的大学排行分别从杰出校友、校友捐赠、科学贡献和声誉排行方面进行了细分排名。武汉大学中国科学评价研究中心从2004年开始每年发布"大学竞争力管理与评价报告"系列排行,包括"中国高校人文社会科学研究竞争力评价报告"、"中国高校科技创新竞争力评价报告"、"中国重点高校综合竞争力评价报告"、"中国一般高校综合竞争力评价报告"四个排行榜。上海交通大学世界一流大学研究中心,2003年开始在网上发布"世界大学学术排名"。上述中国和世界大学排行榜多数由社会机构研制,尽管社会各界对大学排行的方法论和指标合理性的质疑不断,但大学排行在将大学教育质量外显化,吸引社会各界关注高等教育质量方面起到了积极的作用。

我国高等教育评估实践的发展呈现出以下特点:首先,评估业已成为政府对高等教育进行宏观管理的重要手段。在政府职能转变为宏观管理的背景下,评估成为政府和社会监控和保障高等教育质量的重要制度安排。评估一方面可以通过评估结果的公开让政府和社会了解高等教育的质量和效益,提高高等教育系统的可问责性;另一方面,评估的广泛应用也因为它被视为一种具有质量改进功能的政策工具。因此,可以预期评估在高等教育系统的未来发展道路中将得到更加广泛且深入的应用。这一观点可以从国际高等教育改革与高等教育评估发展之间的关系中获得佐证。

其次,中国特色的高等教育评估实践尚处于探索阶段。自20世纪80年代最早的高等教育评估实践至今,我国的高等教育评估从推进方式到评估模式,再到实践所依据的规则都处于"摸着石头过河"的状态,尚未形成经得起实践检验、符合我国国情和高等教育发展实际的评估实践模型。

---

① 陈红喜:《我国高校排名综述》,载《经济师》2009年第12期。

最后,政府的行政性评估占主导,社会评估发育不完全。宏观高等教育评估制度是国家教育管理制度的一部分。目前我国的高等教育管理体制仍然因袭着多年来形成的"强政府,弱社会"的模式。尽管政府职能转变的改革一直在持续进行,但由于政府掌握着教育资源配置的主导权,因此享有了对高等教育机构评估的法定权力,抑制了社会评估生长发育的空间。社会评估欠发展导致多元化评估体系难以形成,这不仅减缓了教育评估的专业化发展进程,更难以满足多元利益相关者日益高涨的对高等教育质量问责的需求。

三、理论探索

我国高等教育评估的理论探索是在解决中国高等教育评估实践问题和学习国际高等教育评估理论的互动中行进的。十一届三中全会后,教育改革实践的展开迫切需要系统收集有关改革成效的信息,并对教育改革和发展的状况进行有效监督,加之学界恢复教育评价研究的渴求,推动了教育评价理论问题的研究。

教育评价的理论研究首先以引介中国大陆以外具有代表性的理论研究成果开端。从 20 世纪 80 年代初开始,我国的许多教育期刊陆续译介了我国台湾地区及国外有关教育评价的文章及专著,如李聪明的《教育评价的理论与方法》(台湾幼狮书局 1972 年版),加拿大梅森的《教育与评价》等。1983 年,加拿大维多利亚大学首次派专家来华东师范大学作"教育评价"的专题学术报告。同年 9 月,教育部邀请"国际教育成就评价协会"(简称 IEA)时任主席胡森及世界银行高级专员、教育评价专家海德曼等人来我国讲学。他们作了《当前世界教育发展的趋势与评价》等报告,全面介绍了世界教育的动向、发展趋势以及国际教育评价研究与实践活动的动态。这一年我国还宣布参加 IEA,并于 1984 年 1 月正式签署了入会文件。与此同时,教育部指定在中央教育科学研究所建立"中国国际教育成就评价中心",并参加第二次 IEA 科学研究(简称 SISS)活动,开展了大规模的现状调查评价。[①] 1986 年 11 月,原国家教委组团考察了美国和加拿大的高教评估,出版了《美国、加拿大高等教育评估》四个分册,较系统地介绍了北美高等教育评价的实践发展。布卢姆的《教育评价》(华东师范大学出版社,1987 年)、梶田叡一的《教育评价》(吉林教育出版社,1988 年)等经典著作先后翻译出版。陈玉琨、赵永年主编的《教育学文集·教育评价》较全面地收集编译了西方教育评价学的代表性文献。经典文献的引进和国际知名教育评价学者的讲学,大大缩短了中国教育评价的理论摸索和积累的时间,为我国教育评价的理论和实践在国际视野和学术前沿的基础上得以发展提供了可能。

高等教育评价学术会议和学术团体的发展,推动了理论研究在全国范围的发

① 陈玉琨、李如海:《我国教育评价发展的世纪回顾与未来展望》,载《华东师范大学学报(教育科学版)》2000 年第 1 期。

展。1985 年 6 月，即《中共中央关于教育体制改革的决定》发布一个月后，全国第一次高等教育评估研讨会——"全国高等工程教育评估专题讨论会"在黑龙江镜泊湖召开。会议经讨论决定通过开展以高等工程本科教育评估为重点的研究和试点实践活动，将教育评估的普遍规律与我国国情结合起来，探索建立中国特色高等学校教育评估体系和制度，提高高等学校的办学水平、教育质量和改进政府对高等教育工作的宏观管理。[①] 1986 年 6 月，在北京召开的"评估高等学校工作状态理论与方法学术讨论会"，提出了一些日后影响我国高等教育评估实践的重要概念，如合格评估与选优评估、指标体系的简化、自评的作用、评估的心理状态等。1987 年 8 月，由北京大学和美国"与中国教育交流服务中心"（Educational Services Exchange with China）联合举办的"中美教育评估研讨会"，开创了高等教育评估国际合作研讨的先河。1991 年 6 月"中国教育评价研究协作组"成立，其主要任务在于整体规划和协调中国高等教育评估研究工作，集中力量攻克重大课题。1994 年中国高等教育学会高等教育评估研究会成立（后更名为中国高等教育学会教育评估分会），研究会作为全国性学术团体承担围绕中国高等教育评估的理论和实践问题展开研究，提供专业咨询服务和组织国内外学术交流的职责。同年，全国学位与研究生教育学会成立，该学会下设评估委员会负责组织两年一届的"全国学位与研究生教育评估学术会议"。随着专业性教育评估机构的创办和发展，2001 年"首届全国高等教育评估机构协作会议"召开，该会议推进了教育评估机构合作网络的形成。在近年高等教育质量保障国际化的进程中，上海市教育评估院等教育评估机构成为了国际高等教育质量保障联合体（INQAAHE）和亚太地区教育质量保障联合体（APQN）的理事单位。参与国际高等教育评估组织，扩大与国际专业评估组织的交流与合作，无疑将进一步推进我国高等教育评估理论和实践的专业化、现代化和国际化发展。

高等教育评估的基础理论研究为应用研究和评估实践的科学发展奠定了对话基础。在科研课题方面，1987 年原国家教育委员会首次将高等教育评估的课题——"具有中国特色的高等教育评估制度的研究与实践"列入"七五"重点研究项目，正是在这项课题的先后两次研讨会上，与会代表讨论了建立中国高等教育评估制度的总体构想，并就"高等教育评估暂行规定"草案展开了深入的研讨。这一项目的开展成为以理论研究成果推动高等教育评估实践发展的范例。这一时期一些教育评估的基础理论专著先后出版，如《教育评估的理论与技术》（陈玉琨，广东高等教育出版社，1987 年），《高等教育评价概论》（陈谟开，吉林教育出版社，1988 年），《中国高等教育评价论》（陈玉琨，广东高等教育出版社，1993 年），《教育评价学》（陈玉琨，人民教育出版社，1999 年）等，这些研究成果奠定了我国高等教育评价的理论基础，在帮助高等教育评估理论界和实践界在共同的话语平台上展开讨

---

① 王冀生：《高等学校教育评估在中国的发展》，载《高教发展与评估》2005 年第 4 期。

论方面起到了基础作用。

专业期刊的创办和发展为高等教育评估理论探讨和实践反思提供了平台。1989 年上海市高等教育研究所创办的《中国高等教育评估》是我国最早的高等教育评估专业刊物,1994 年中国高等教育学会高等教育评估研究会成立后,教育评估研究会、上海市高等教育研究所和国家教委高等教育研究中心致力于通过合作共同办好此刊。近十年内创办的期刊有 2003 年创刊的《评价与管理》(中国科学评价研究中心、中国科学学与科技政策研究会主办),2005 年创刊的《高教发展与评估》(武汉理工大学和中国交通教育研究会高教分会主办)。尽管这三份刊物中只有《高教发展与评估》进入了 CSSCI 来源期刊,但这些期刊为自高等教育评估制度化以来的实践反思和理论研究提供了一个公共平台。此外,随着评估的话语逐渐走向高等教育研究的中心,特别是本科教育评估实践的广泛而深入展开,许多教育类,甚至社会科学类期刊都为高等教育评估的研究开辟了专栏,推动了高等教育评估的理论研究持续走向深入。

回顾 20 世纪 80 年代以来我国高等教育评估理论探索的历程,我们认为具有以下特征:第一,高等教育评估研究已经从高等教育研究乃至教育研究的边缘走向了中心;第二,国际视野与本土问题相结合的研究路径有效助推了我国高等教育研究现代化进程;第三,中国特色高等教育评估理论的探索在因应评估实践发展的需求中前行;第四,理论探索的早期呈现基础研究与应用研究并进的特点,近年应用研究发展迅速,理论创新相对滞后。

第二节　现状分析

中国的宏观高等教育评估发展至今已走过近三十年的历程,从初创试点到全面开展,在政策、理论和实践的互动中实现了持续高速的发展。在高等教育评估作为一种宏观管理的制度安排逐渐从边缘走向中心之时,理性检视宏观高等教育评估发展的现实状态、发展困境及其成因,将有助于我国高等教育评估制度的可持续发展。

一、发展现状

(一) 评估成为宏观管理的重要手段,但有效的运行机制尚未建立

我国制度化高等教育评估初创的动因源自解决"政府有关部门对学校主要是对高等学校统得过死,使学校缺乏应有的活力;而政府应该加以管理的事情,又没有很好地管起来"[①]的问题。《中共中央关于教育体制改革的决定》将这一问题作

---

① 中国共产党中央委员会:《中共中央关于教育体制改革的决定》(1985 - 5 - 27),http://www.moe. edu.cn/publicfiles/business/htmlfiles/moe/moe_177/200407/2482.html,2011 - 3 - 17。

为建立与社会主义现代化建设、经济体制改革相适应的教育体制进程中面临的首要问题提出。《决定》同时提出，"要从根本上改变这种状况，必须从教育体制入手，有系统地进行改革。改革管理体制，在加强宏观管理的同时，坚决实行简政放权，扩大学校的办学自主权……使高等学校的潜力和活力得到充分的发挥"。正是在破解这一体制性障碍时，首次提出了"定期对高等学校的办学水平进行评估"的动议，自此开启了中国高等教育评估的制度化进程。因此，可以说我国的高等教育评估从起点上便是保持高校自主发展和政府宏观管理之间张力的重要制度安排。这与西方国家几乎在同一时期开始的公共管理改革所倡导的"评估型政府"具有相似的政策意图。公共管理改革呼唤政府改变管理公共部门的范式：更多地授权予公共服务的生产者，而不是直接参与生产过程；更积极地从顾客的需要出发，而不是从科层体制的需要出发；更关注公共部门的绩效产出，而不是他们的投入，并建立起其与拨款之间的联系；更好地扮演参与协作者的角色，而不再是发号施令者；更有效地发挥市场在资源配置方面的力量进行变革，以规避政府失灵的风险。在高等教育领域，接受评估——无论是来自政府的，还是来自社会的——成为高等教育机构获得自治权的必要代价，实施评估成为放权背景下，政府和社会促使高等教育机构改进和提升质量的为数不多的制度安排之一。绩效拨款、问责等安排都需要以评估为基础才能得以实现。可见，无论是从我国建立与经济和社会发展体制相适应的现代大学制度的需要出发，还是从全球性公共部门管理改革的实践经验看，将评估作为实现宏观管理的重要制度安排已经成为一种共同的选择。

我国高等教育评估经历了近三十年的发展，无论在政策发展方面，还是实践效果方面，评估都已成为高校自主发展和政府宏观管理之间的制衡安排。从政策发展的线索看，自 1985 年《中共中央关于教育体制改革的决定》至 2010 年《规划纲要》，每一部对中国高等教育发展起到规范和促进作用的重要政策法规都无一例外述及评估，并始终坚持了评估在实现政府宏观管理过程中的价值。随着高等教育评估政策实践的发展，政策文本中与评估的宏观管理功能有效发挥相关的支持性安排逐渐丰富，如加强评估质量信息系统的建设、管办评分离、评估信息定期发布等。政策发展趋势显示，评估作为高校自主发展和政府宏观管理之间政策工具的作用正得到进一步强化。

从实践发展的线索看，与以往相比，政府各级教育行政管理部门更加善于运用评估开展行政管理，减少了对高等教育机构的直接干预和过程管控，高等教育机构的自主权不断扩大。以教育部设置的全国性评估为例，开展新建院校的合格评估，考察其办学条件和办学质量是否达到基本要求；进行本科院校的选优评估，以鼓励竞争、重点支持；随机抽取普通高等院校开展办学水平综合评估，以检查学校的办学指导思想、学校建设状况以及教学、科研和社会服务的水平和质量；2003 年开始的本科教学评估在"以评促建、以评促改、以评促管"的指导思想下，全面检视了具有本科学历授权资格的高等学校的办学思想、师资队伍、教学条件、专业建设与教学改革、教学管理和教学效果等状况。上述评估项目的实施在保证地方财政和高等院校的办学投入、引导高校重视待评领域的建设、激发高校的质量意识方面起到了重要作用，解决了在全国层面控制和保障高等教育机构办学条件和办学质量基准的难题。此外，国家和地方的教育行政机关的职能部门定期开展重点学科评选、学位点审核和评估、优秀教学成果和科研成果的评选、学位论文的盲审等评估工作。可见，高等教育领域的各项评估已经成为对高等教育机构自主发展的质量和成效进行宏观层面监督的重要实践方式。

反思作为实现宏观管理重要制度安排的评估之作用机理，我们发现尽管无论是在政策层面抑或是在实践层面，评估都已经实然地成为了高校自主发展和政府宏观管理之间的制衡杠杆，但系统性的高等教育评估运行机制尚未形成，运行效率和效益有待提高。评估在本质上是针对教育机构和教育方案进行的，在客观描述事物的现状和属性的基础上，根据评价者的需要对客观事物作出评判的活动。[①] 评估并非天然的宏观管理工具，评估的宏观管理功能需要通过一定的利益机制以评估目的、评估标准、信息等要素为基础加以建构。换言之，如果没有驱动被评估者参与评估项目并努力取得良好评估结果的诱因，评估标准与评估者的意愿缺乏一致性，信息在评估者和被评估者之间无法准确传递和对称交流，评估的宏观管理和社会问责功能将难以有效实现，甚至可能出现负面效应。

尽管我国高等教育评估的宏观管理职能正在逐步健全和完善，"管办评分离"有助于具有专业性的评估机构从价值中立的视角做出评价，使政府更加专注于公共服务的提供，"加强高校教学质量评估信息系统建设"可以借助数字化平台对高校教学质量信息进行常规采集和监控，降低信息收集的成本，"建立教学状态数据统计、分析和定期发布制度"将为高等教育的利益相关者提供透明、公开的质量信息，提高高等教育系统的可问责性。然而，到目前为止，评估信息系统、教学状态定期发布制度、发展专业评估机构等安排的开发与应用仍处于零散状态，各安排之间的关联机制以及它们如何在实现宏观管理功能的这一目标下协同工作的运行机制至今未能建立。这导致我国高等教育评估实践的诸多问题，外部评价未能激发高等教育机构建立起内部自我质量保障制度，评估结果没能在激励高等院校的质量责任方面发挥有效作用，行政性的质量监督尚未真正带动高等教育服务生产者的质量改进行为，相对封闭的评价信息系统难以唤起社会监督和问责的力量，从而无法使高等教育机构形成为多元利益相关者服务的质量意识。

国内外高等教育评估实践的经验和教训告诉我们，若期望评估成为保持高校自主发展和政府宏观管理之间张力，且能有效促进质量提升的制度安排，更具系统性的高等教育评估运行机制需要被建立起来，即从目标到结果的一系列政策工具

---

① 陈玉琨：《教育评价学》，人民教育出版社 1999 年版，第 7—26 页。

需要被健全,政策工具之间的关联机制需要被完善,且它们必须指向共同的政策目标——质量的改进与提升。

(二)高等教育评估制度初步形成,但中国特色评估制度的构建有待加速

经过多年发展,我国高等教育评估政策法规逐步健全,评估体系渐趋完善,评估专业化程度有所提高。我国高等教育评估政策法规逐步健全主要表现在两方面:首先,高等教育评估制度的法源基础基本奠定。20世纪90年代伊始,在我国教育体制改革开始之时《普通高等学校教育评估暂行规定》从评估的性质、目的、主要任务、实施主体和基本形式等方面确立了高等教育评估的基本制度框架。《教育法》作为我国的教育基本法,明确了教育评估制度是我国教育基本制度之一。《2003—2007教育振兴行动计划》提出建立周期性高等学校教学质量评估制度。《规划纲要》提出"推进专业评价,形成中国特色学校评价模式"。这为我国高等教育评估制度的发展提供了法律依据,同时开拓了政策发展的空间。其次,各项评估均依政策法规进行。随着高等教育体系和制度的完善,评估的依据和标准逐步确立,《关于审定学位授予单位的原则和办法》(1981年)、《普通高等学校设置暂行条例》(1986年)、《研究生院设置暂行规定》(1995年)、《专业学位设置审批暂行办法》(1996年)、《中外合作办学条例》(2003年)、《普通高等学校基本办学条件指标(试行)》(2004年,此《指标》取代了1996年发布的《核定普通高等学校招生规模办学条件标准》和《"红"、"黄"牌高等学校办学条件标准》,以更好地适应当前普通高等学校发展的需要)、《民办高等学校办学管理若干规定》(2007年)、《高等学校本科教育质量与教学改革工程项目管理暂行办法》(2007年)、《独立学院设置与管理办法》(2008年)、《高等职业院校人才培养工作评估方案》(2008年)、《中外合作办学评估方案(试行)》(2009年),这些规章和文件的出台为高等教育机构的办学条件和质量基准的评估提供了实施依据,使评估建立在规范的标准和程序之上。

评估体系渐趋完善,评估专业化程度有所提高。高等教育评估执行机构的层级结构和职能分工逐渐清晰,使评估实践得以有序展开。中央政府专事高等教育评估的机构有教育部高等教育教学评估中心和教育部学位与研究生教育发展中心,分别负责组织实施高等学校本专科教育的评估和研究生教育评估,两者在性质上均属教育部直属的行政性事业单位,具有独立法人资格。在2004年教育部高等教育教学评估中心成立之前,上海、江苏、辽宁、广东、云南已经建立了隶属于省、直辖市教育行政部门的事业性评估机构。2004年后,山东、江西、海南、天津、重庆等省、直辖市也相继建立了高等教育评估机构。此外,教育部下属多个司都有就某专门项目进行评估的职能。教育部高等教育司设有高等教育评估处负责组织高等学校国家级教育教学成果的奖励。发展规划司负责审核和评价高等学校设置标准。社会科学司对人文社会科学重点研究基地进行评估和验收。科学技术司负责高等学校重点实验室、工程研究中心、重点科研基地的评估。人事司承担优秀教师评选和奖励、高层次创新人才的遴选工作。师范教育司负责高等师范教育的评估和教师资格标准的制定。思想政治工作司负责高等学校学生和教师的思想政治工作、辅导员队伍建设、高等学校网络文化建设等工作的检查、评估和奖励。高校学生司监测大学生就业情况和检查高校大学生就业指导工作。直属高校工作司负责规范并监督直属高校办学行为,指导直属高校制定发展战略规划。与此相应,地方教育行政部门的对应机构也具有在地方层面展开专项评估的职能。在评估队伍的专业化建设方面,教育部和省、直辖市教育行政部门直属的事业性教育评估机构的建立,是高等教育评估队伍向专业化迈进的重要一步。这些机构接受教育行政部门委托专门从事高等教育评估事务的组织、研究和咨询,组织学科专家、教育评估专家和高等院校管理专家展开各项评估活动,发布评估领域的研究课题。尽管这些机构仍隶属于教育行政部门,不是社会中介性评价机构,但与以往行政部门自上而下的监督和检查有着很大区别,评估人员的专业素养有所提高,评估程序更加公开、公正,评估目的中资源分配和奖惩功能减弱,改进和咨询功能相对增强。

我国的高等教育评估制度已初步形成,形成了"政府主导、学校自评、专家与师生共同参与"[①]的制度格局。然而,我国高等教育评估制度发展的现状距离中国特色的高等教育评估制度的建成尚有相当大的距离。首先,以政府主导的行政性教育评估为主要形式,难以与公共服务型政府建设的要求相适应,仍在相当程度上束缚着高等学校自主发展的潜力和活力。其次,高等教育评估政策法规的建设已滞后于评估实践的发展,难以跟上高等教育大众化、信息化、国际化发展的步伐。再次,社会评估和问责发展迟滞,难以与当今中国社会利益主体诉求分化和多元化的趋势相适应,也难以与高等教育机构作为公共服务提供者应当承担的质量责任相匹配。最后,评估方案和标准的规划和设计难以实现将高等教育发展重心转向"提高质量"的目标。

二、发展困境

面对构建中国特色的高等教育评估制度这一历史任务,我们迫切需要清晰认识我国高等教育评估面临的问题,并从体制层面破解当前的发展困境。

(一)面临问题

1. 利益相关者参与评估缺乏制度保障

随着市场发育的完善,市场主体的多元化必然导致主体利益实现形式和表达机制的转换,这一转换机制的直接方式是参与对学校运行效益的评估上,这种主动参与的愿望与动力是市场主体投资与回报价值对策要求的体现。[②] 然而,由于长期以来高等教育资源特别是优质资源的稀缺,加之计划经济体制下形

---

① 吴启迪:《中国高等教育评估体系的构建与完善》,载《教育发展研究》2009 年第 3 期。
② 康宁:《中国经济转型中高等教育资源配置的制度创新》,教育科学出版社 2005 年版,第230 页。

成的至今仍占主导的高等教育投入的政府财政体制,抑制了多元利益相关者表达诉求的权益。在市场经济的环境下,学生、家长、用人单位等直接或间接消费高等教育机构所提供的服务的利益相关者已经部分或全部分担了高等教育的成本,却仍然少了解和问责其投资回报效益的制度化途径。在我国现有的高等教育评估制度设计中,政府主导的自上而下的与资源分配紧密联系的评估,使高校忽视,甚至无视其他利益相关者的诉求和参与评估的意愿。学生和家长在高等学校评估制度中常常"被"缺席,封闭的、信息非公开的评估程序屏蔽了他们自发参与问责的空间。多元利益相关者不能在体制内参与评估,不仅难以保障他们作为消费者的知情权,也不利于高等教育机构的持续发展。在多元利益表达与博弈过程中形成的多维质量观,可以帮助高等教育服务提供者提高适应社会需求的敏感性,维持市场竞争中的优势地位,更可以给予整个高等教育系统以多元和稳定。

2. 高等教育机构质量责任机制尚未形成

高等学校是教育产品的生产者,教育质量首先是高等教育机构在教学、科研和社会服务的过程中生产出来的,而不是外部监控的结果。在一个市场经济在资源配置中起基础作用的社会系统中,教育质量成为高等教育机构赢得资源的最重要的筹码。在当前政府主导的高等教育评价制度中,教育质量标准来自外部的政府管理的需要,教育质量控制是五年一次的周期性行为,多数学校的内部质量保障只是在接受评估时的临时行为,并没有形成持续性、制度化的内部质量保障机制。由于高等教育评估制度设计的缺陷,政府外部评估与高校内部评估之间的关系发生错位,外部评估尚没有通过一定的利益机制与内部评估形成互为补充的质量保障制度架构,学校的质量意识更多地外在于政府评估的指标中,学校的质量责任更多地源于顺利通过政府的检查,或在评估中取得好成绩。然而,这并不足以保证高等教育机构生产出满足社会需要的质优价廉的教育产品。有效的、可持续的高等教育评估制度,必然需要以学校自我评估为基础。

3. 社会评估机构发展空间不足

从在联邦的、联合的或市场的环境中发展起来的高教系统,可能很广泛地发展缓冲型的学术权威影响,而由国家控制的高教系统则较少缓冲机构。[①] 中国社会经过了漫长的发展和演变,形成了"强政府,弱社会"的社会格局和文化传统。我国高等教育评估制度反映并延续了这种格局和传统,主要表现在社会评估和中介性社会评估机构发展欠充分。尽管近年来社会评估有所发展,但其存在形式单一地表现为大学排行榜,社会机构投身大学排行的热情和动力又主要来源于经济利益。从国外高等教育评估中社会机构评估的发展现状和作用看,社会评估所呈现

---

① [美]伯顿·R.克拉克:《高等教育系统——学术组织的跨国研究》,杭州大学出版社1994年版,第158页。

出的价值多元、形式多样、专业性强等特征,成为政府评估和高校自我评估的有益补充。评估作为一种价值判断的社会活动,评估所采取的价值标准决定了其判断的结果。社会评估从社会公众的利益出发或受不同利益相关者委托展开评估,可以提供更多元的关于高等教育质量的观点。国际上,社会评估的形式除了大学排行外,还有行业协会的专业项目评估和执业资格证书制度,以及专业性社会机构开展的顾客满意度调查和测试等。多样的社会评估形式可以激励高等教育机构为现在的或潜在的顾客服务。专业性强是社会评估机构的重要特征,也是社会评估机构取得委托方和社会公众信任从而得以生存和发展的关键。我国的社会评估机构发展不充分存在着制度性的障碍。首先,政府在高等教育资源配置中占据主导地位,社会评估机构的评估结果难以获得权威性。高等教育机构更看重与政府评估相联系的办学资源,而社会评估机构一方面缺乏法定权威的授权,另一方面专业性不足导致社会评估的专业权威难以树立。其次,目前的高等教育评估制度设计中,没有为社会评估机构的发展提供制度保障。在强政府、弱社会的制度格局中,我国社会评估机构的发展亟待政策层面的培育和规范。

4. 评估方案设计难以实现提高质量的目的

评估方案是评价目的实现的介质,评价目的需要通过评价方案的设计和实施加以实现。当前我国高等教育发展的主要任务已经从规模扩张转变为质量提升,与此相应,高等教育评估的指导方针确定为"以评促建、以评促改、以评促管、评建结合、重在建设"。然而,当回溯高等教育评估的实践时,我们发现评估方案设计的目的性有待加强。评估方案设计存在的问题主要表现在两个方面:第一,评估功能重监督轻改进。教育行政部门的评估仍然主要以工作检查的方式出现,评价结果以判定等级为主,评估程序缺少对话、建议和追踪的环节,这种典型的终结性评估无法激发高等教育机构改进教育质量的自觉。在斯塔弗尔比姆(L. D. Stufflebeam)看来,评价最重要的意图不是证明(prove),而是改进(improve)。评价是为决策提供有用信息的过程。[①] 评价设计的先天不足既无法为高等教育机构的质量改进行动提供咨询建议,也无法为政府高等教育政策的制定提供全面、充分的信息。第二,评估标准重数量轻质量。评估标准具有导向功能,依据此标准得出的评价结果常与被评估者的利益获得具有高利害关系,评价标准在相当程度上引导着高等教育机构办学方向和质量观的形成。《2005:中国教育发展报告》引用一则调查显示,在高等教育领域最突出的问题排序中,质量滑坡排在第一位。《规划纲要》将"全面提高高等教育质量"作为未来我国高等教育发展的首要任务。然而,考察现有的高等教育评估指标体系,重硬件轻软件、重投入轻效益、重定量数据的采集轻定性信息的收集倾向显著,这样的评价标准难以将高等学校的工作重点转移到教育质量提高这一目标上来。评估方案效度的提高有待通过教育评估研究的

---

① 转引自陈玉琨:《教育评价学》,人民教育出版社 1999 年版,第 16 页。

深入和高等教育评估专业化程度的提升加以实现。

5. 评估信息系统建设滞后

教育评估是在全面收集评价对象信息的基础上进行价值判断的活动。完全、对称的信息是高等教育评估有效开展的必要条件。我国高等教育评估信息系统建设的滞后不仅表现在评估信息数据库硬件建设的滞后,还表现在信息公开制度的不健全。在信息技术高速发展的今天,信息的数字化和网络化已经可以为高等教育评估信息的全面收集、公开发布提供充分的技术支持。由于评估信息系统硬件建设滞后,迄今为止,高等教育教学评估的信息主要通过评估指标体系和专家现场观察进行收集,这种信息收集方式的缺陷在于信息采集数量有限、难以收集常态数据和信息收集成本高。建立教育评估信息系统可以通过数据库结构的科学设计、高等教育机构教育教学信息的常规录入和网络化信息终端建设,克服以往的评估指标体系只能收集少量信息的弊端,还可以获得及时更新的教育教学常态数据,大大降低信息收集的成本。评估信息的公开、透明可以使信息为多方利益相关者服务,改变高等教育质量信息不对称的状况。公开、透明的质量信息是社会多元利益相关者展开问责、基于自身利益改善选择的重要资源。信息经济学认为,信息不对称和不完全会导致市场交易双方的利益失衡,从而降低市场配置资源的效率,影响社会公平和公正的实现。评估信息的充分占有可以帮助包括政府、受教育者、用人单位等在内的利益相关者改善决策。公开评估信息可以成为促进被评估者进行自我质量改进的工具。英国的教育标准办公室就是通过公开评估信息改变了学校不重视其评估结果的局面。

（二）归因分析

分析当前我国高等教育评估面临的现实挑战,其成因可以归结为政府职能转变步伐迟缓、评估政策法规不健全、评估专业化进程缓慢三方面的原因。

1. 政府职能转变步伐迟缓

随着社会主义市场经济制度的建立,经济和社会的发展形态出现转变,政府在资源配置中的垄断地位已经打破,市场成为资源配置的主导机制。这种转变要求政府从过去事无巨细地管理着经济和社会发展的角色中走出来,履行"经济调节、市场监管、社会管理和公共服务"[①]的职能。在社会公共领域,则提出建设公共服务型政府。在教育管理领域,自 1985 年《中共中央关于教育体制改革的决定》提出政府要"加强宏观管理,坚决实行简政放权"至今,政府职能转变的改革已走过了二十多年的历程,尽管政府减少了对高等教育机构的直接管理和过程干预,更多运用评估工具对高等学校进行宏观管理,但目前由政府主导以行政性评估为主要形式的高等教育评估制度仍然羁绊着具有中国特色的现代大学制度的构建进程。

---

① 　中国共产党中央委员会:《中华人民共和国国民经济和社会发展第十二个五年规划纲要》,http://news.xinhuanet.com/politics/2011 - 03/16/c_121193916.htm,2011 - 06 - 10。

首先,政府评估涉及内容众多,耗散了高等学校的办学精力。各个层级的教育行政部门针对不同工作而设计的评估项目层出不穷,涉及学校安全、辅导员队伍建设、学位论文、重点学科、人才队伍建设、学校设置等高等学校工作的各个方面,且由于政府是教育资源的分配者,政府评估与高校发展有着高利害关系,高校对每一项评估都不敢怠慢,需要消耗大量的人力、物力和财力,分散了办学资源和注意力。

　　其次,政府主导的评估形成了高等教育机构对政府负责的观念,却遮蔽了其他利益相关者的诉求。高等教育机构——无论是公立还是私立——作为公共服务的提供者,其所提供的教育服务质量需要满足不同利益相关者的需要,并接受利益相关者的问责。政府作为公众的代理人其对高等教育机构质量的评估可以从宏观层面进行质量监控,然而,随市场经济发展而来的利益分化,使得学生、用人单位的质量需求与高等教育机构供给之间的矛盾日益凸显。

　　最后,政府评估的强势地位,压抑了社会评估优势的发挥。社会评估具有价值多元、形式多样、专业性强的优势。在现行的高等教育评估制度中,政府的评估行为和评价结果享有法定权威,使得社会评估难以获得权威性,使其缺乏生存和发展的必要基础。社会评估先天发育不良,难以形成与政府评估优势互补的良性发展机制。

2. 评估政策法规不健全

　　我国高等教育评估的政策法规建设与中国教育体制改革同步,经过不懈的发展,高等教育评估制度的法源基础基本奠定,各项评估均在政策法规的指导下展开。我国高等教育评估的基本制度框架是由 1990 年颁布的《普通高等学校教育评估暂行规定》所确定的,20 世纪 90 年代至今是有史以来中国高等教育发展最为迅速的时期,高等教育从精英阶段快速地跨入了大众化阶段,高等教育发展的主题从规模扩张转为质量提升,因此,高等教育评估的内容和重点也需要随之变革。此外,近年评估方法和技术的发展和精进,也需要通过政策法规的途径对我国高等教育评估实践的创新加以引导。当前我国教育评估政策法规建设存在着政策法规的发展滞后于高等教育发展现实需求和评估政策法规体系结构不完善的问题。

　　首先,评估政策法规滞后,无法适应高等教育发展的现实需求。《普通高等学校教育评估暂行规定》颁布之时,我国高等教育发展的首要目标是"建成科类齐全、层次、比例合理的体系,总规模达到与我国经济实力相当的水平"①。在高等教育发展尚处于"体系完善、规模扩大"阶段时,评估从硬件建设、资源投入、数量规模方面进行评估是具有合理性的。而今天,我国高等教育发展的时代背景和发展主题都发生了深刻的变革。大众化、信息化和国际化成为高等教育发展的时代背景。高等教育大众化时代,受教育群体的背景、年龄以及对高等教育

---

① 　中国共产党中央委员会:《中共中央关于教育体制改革的决定》(1985 – 5 – 27), http://www.moe.edu.cn/publicfiles/business/htmlfiles/moe/moe_177/200407/2482.html,2011 – 03 – 17。

需求的多元化重新界定了不同于精英教育阶段的教育质量的内涵。高等教育的信息化不仅改变了教学媒介,也改变了大学中人们互动的形态。高等教育的国际化改变了大学招生、教学、科研的边界,不仅在地理层面,更在制度层面。提高质量成为高等教育发展的核心任务,也是从高等教育大国转变为高等教育强国的关键。在新的历史条件和发展目标下,我国高等教育评估政策法规的发展已远落后于高等教育改革与发展的步伐。如何通过政策和制度的设计,将行政监督式的评估转型为自我质量改进式评估,将注重投入和规模的评估转型为注重效益和质量的评估,将封闭的评估系统转变为开放的、信息化、国际化的评估系统,已经成为我国高等教育评估政策法规建设的重要课题。

其次,评估政策法规体系有待完善和更新。目前,我国高等教育评估中各个评估项目都能做到有法可依或有政策可依。然而,这些作为评估依据的政策法规存在着类别繁多、缺乏整体规划的现象。导致这一现象产生的原因是多方面的。其一,受评估职能部门化的影响,每出现新的评估需要便制定一个新的评估方案;其二,一些不能适应高等教育发展评估实践的政策法规,未能及时更新或废止;其三,缺乏在高等教育系统层面对评估政策法规的合理规划和专业论证。

3. 评估专业化进程缓慢

评估是一项以事实信息收集为基础的价值判断活动,具有非常强的专业性。又由于高等教育所具有的学习效益的内隐性、投资回报的时滞性等特征,使得高等教育质量的测量和评价的难度显著提高。盖瑞·亨利的研究显示,质量低劣的评估不仅难以令人信服,更将危害公众计划和政策的改进。[①] 哈佛思德特和阿尔金指出,错误的评估可能增加误用的风险。[②]

在我国高等教育评估实践中出现的问题,如多元利益相关者的质量需求未在评估中得到体现,重数量轻质量,评估的改进功能不足等,都与评估方案设计和实施的缺陷有关。评估方案设计和实施的缺陷主要包括:评价方案设计中缺少元评价程序,评估方案的效度缺乏检验;评估价值标准单一,忽视委托人利益需求或多元利益需求的评估;评价标准的指标化倾向严重,缺少定性信息收集和分析方法的规范、恰当运用;评估过程以自上而下的检查为主,缺少评估者与被评估者之间的对话,以终结性评价为主,缺少跟踪改进环节的设计。上述问题的出现,其症结在于高等教育评估的专业化程度不高。

高等教育评估专业化程度较低主要体现在评估理论研究难以满足评估实践发展的需要和评估队伍的专业能力有待加强。从评估理论的发展看,综述我国高等教育评估研究的发展,在评估研究的早期,基础研究占主导,高等教育评估领域被

---

① Henry, G. T.. Influential Evaluations [J]. *American Journal of Evaluation*, 2003, (24):515 – 524.

② Hofstetter, C. & Alkin, M. C.. Evaluation Use Revisited [A]. Kelllaghan, T. & Stufflebeam, D. L.. International Handbook of Educational Evaluation [C]. Dordrecht, the Netherlands: Kluwer, 2003, 197 – 222.

引率较高的基础研究成果主要是在 2000 年之前发表的,适应或超前于当今我国高等教育发展实际的原创性基础研究成果鲜见。随高等教育评估实践的发展,评估研究走向了高等教育研究舞台的中心,这一时期应用研究开始占据主导,其中特别以对评估实践的评论为主,大多缺少规范的研究方法和研究设计。高等教育评估研究中,基础研究的停滞使得前沿评估理论和方法的发展难以为评估实践者所知,而因应用研究缺少以实证为基础的可靠结论,也难以为改进实践提供依据。高等教育评估研究的发展状况限制了评估实践的专业化发展。从评估队伍的专业化发展看,行政性监督式评估和专业性改进式评估对评估人员的要求有着巨大差异。面对我国高等教育评估逐渐走向关注质量、促进改进、侧重人才培养的要求,评估队伍中专业人员的比例需要进一步提高,评估人员的专业培训制度需要进一步完善。

第三节　未来展望

回溯历史和审视现实是为了更好地把握未来。本节我们将以历史与现实为基础,尝试在国际视野与本土问题、理论与实践的结合点上探寻中国宏观高等教育评估的未来发展趋势。

一、评估目标从规模扩张转向质量提升

21 世纪将是更加注重质量的世纪, 由数量向质量的转移, 标志着一个时代的结束和另一个时代的开始。重视质量是一个时代的命题,谁轻视质量将为此付出沉重的代价。[①] 这是世界高等教育大会在世纪之交发出的警示。我国的高等教育在经历了一个快速扩张的时期后已经跨入了大众化阶段,结构调整和规模扩张的任务基本完成,提高质量成为高等教育发展的核心任务。评估作为高等教育宏观管理的制度安排,在高等教育从规模扩张到质量提升的进程中可以起到引导转型的作用。然而,当前我国高等教育评估实践中存在着重数量轻质量、重监督轻改进的倾向。由于评估所具有的导向功能,这种倾向不仅无法引导高等教育机构重视质量,还会引起负面效应。

评估目标从注重规模扩张到注重质量提升的转移,需要依靠评估方法的创新和评估功能的改进。在评估方法方面,走出将评估方法简单化为指标体系的误区,采用质性和量化方法相结合的多元评估方法。指标是把评价对象的某一属性加以具体化和可测化的一种替代物。[②] 指标体系倾向于采集可测量的硬性数据。硬性

---

① 转引自刘献君:《高等教育质量:本科教学评估的落脚点——对我国本科教学评估的几点思考》,载《高等教育研究》2006 年第 9 期。

② 陈玉琨:《中国高等教育评价论》,广东高等教育出版社 1999 年版,第 171 页。

数据的优势在于可以被精确测量并且可以在不同被评估者之间进行比较。然而,作为评价对象的教育质量在被操作化和数据化的过程中往往已经失去了本质特征。正如古贝和林肯所指出的那样,硬性数据被看做科学变量的"操作化",但最后,它们自己也成了"变量"。① 在评估功能方面,走出评判和监督的误区,推动高等学校的质量改进。通过对高等教育机构的发展需求进行诊断,为高等教育机构提供具有咨询性的专业建议,并追踪其改进成效,将有效提高评估的改进功能,从而助推我国高等教育质量的全面提升。

二、政府评估与社会评估协同发展

高等教育的质量是一个多维度的概念,它体现在高等教育的所有功能和活动中:教学和学术项目,研究和学问,工作人员,学生,建筑,设施,仪器,为社区提供的服务以及学术环境。② 任何单维的、从单个利益相关者视角出发对高等教育质量的评价都会狭窄化高等教育的质量。

政府作为公共利益的代理人组织和实施的评估活动,可以从全局利益出发对高等教育机构做出评价,而且在集权体制下政府评估的权威性和威慑力更能触动高等学校做出改变。然而,单一的政府评估存在着诸多风险。首先,政府评估会压抑其他利益相关者质量需求的表达。政府只是高等教育众多利益相关者中的一个,其评估所依据的价值标准与其他利益相关者有着不同。由于评估客体是经由某套标准而加以评价的,势必造成许多利益相关者的利益可能被评估置于危险之中。③ 其次,政府过多地承担评估职责会造成政府机构臃肿、评估专业性不足的问题。尽管评估被广泛地认为是政府在放松管制后用以考量公共部门是否提供了期望中的优质服务的重要手段之一,但在实施中,许多国家的政府选择将评估项目委托给专业的社会评估机构。

社会评估的发展将成为我国高等教育评估体系的有益补充。一方面,社会评估是多元利益相关者参与高等教育质量管理的重要途径。利益相关者应该是制度化评价程序的一个组成部分④,已经成为国际高等教育质量评价的一个共识。由不同社会群体或社会组织发起的评估,可以通过价值多元、形式多样的评估,将利

---

① [美]埃贡·G.古贝、伊冯娜·S.林肯著,秦霖等译:《第四代评估》,中国人民大学出版社 2008 年版,第 13 页。

② UNESCO. *World Declaration on Higher Education for the 21th Century: Vision and Action* [R]. Paris: UNESCO, 1998 - 10 - 9. [2011 - 5 - 6]. http://www.unesco.org/education/educprog/wche/ declaration_eng. htm#world declaration.

③ [美]埃贡·G.古贝、伊冯娜·S.林肯著,秦霖等译:《第四代评估》,中国人民大学出版社 2008 年版,第 25 页。

④ UNESCO. *World Declaration on Higher Education for the 21th Century: Vision and Action* [R]. Paris: UNESCO, 1998 - 10 - 9. [2011 - 5 - 6]. http://www.unesco.org/education/educprog/wche/ declaration_eng. htm#world declaration.

益相关者的质量诉求与高等教育机构的质量改进联系在一起,推动高等教育机构从多个维度提高质量。另一方面,社会评估机构的发展是社会评估发展的组织基础,也是高等教育评估专业化的重要途径。社会利益的表达往往因为缺乏组织而破产,行业协会、消费者联盟、大众媒体、社区组织建立的社会评估机构可以从多个维度对高等学校的某项服务或整体质量进行调查和排名。社会评估机构的生存和发展之本在于专业性,社会评估机构可以从不同委托人的利益出发展开专业性评估。越来越多的政府从评估者转变为评估事务的委托人,将评估这种专业性活动交由社会中介性评估机构进行。

三、高校内部评估与外部评估的合作与对话

迄今为止,在我国高等教育评估主要以政府组织的外部评估的形式存在。外部评估的合理性在于政府、公众、受教育者和用人单位等需要知道或证明高等学校是否担负起了应尽的责任,同时希望借此激励高等教育机构更加努力地改进质量。然而,即使是设计良好并得到完美实施的外部评估,如果不能与高等教育机构内部的质量责任机制相联系,仍旧无法实现其初衷。

高等教育机构质量提升的关键在于内部利益相关者的持续努力。如何激发高等学校的内部自我评估行为成为高等教育制度建设面临的重要课题。从国际经验看,当高等学校自主权不断扩大,并被期望通过自主承担更大的责任时,内部自我评价常常成为学校自我发展和取得外部信任的重要手段。内部自我评价最突出的功能在于为学校改进决策程序和决策有效性提供依据。

提升高等教育质量是内部和外部利益相关者的一种共享的责任。若期望外部评价和内部评价在提升质量方面共同发挥作用,在两者之间建立合作的关系和对话的机制异常重要。外部评价具有激发内部评价、拓宽内部评价的领域和使内部评价合法化的作用。内部评价可以通过提高对校本问题的敏感性来深化外部评价的认识,改进对外部评价结果的解释,改善外部评价结果的利用。[①] 内部评价与外部评价的合作可以在相当程度上提升彼此的有效性。内部评价和外部评价之间对话机制的建立,则需要改变外部评估者的评判者角色,在以责任共担、利益分享为基础的平等、信任的关系中,进行建设性的交流。

四、通过国际化与本土化实现评估创新

在我们生活的这个时代,质量早已不再仅仅是高等学校内部的私有物,质量的衡量仅从一个地区、国家的维度也已经无法满足需要。国家竞争力和知识、人才的国际间流动,使得高等教育的质量成为一个跨越国境的话语,也正是在国际化的过程中,人们深刻认识了本土特征和本土化的价值。正如世界高等教育大会宣言所

---

① 顾志跃:《转型中的教育评价》,上海科技教育出版社 2005 年版,第 4—6 页。

呼吁,高等教育的质量应该通过国际维度被表征:知识交换,合作网络的互动,教师和学生的流动性,以及国际研究项目,与此同时,考虑本国文化价值和环境。①

国际化和本土化在对高等教育系统及其质量的发展提出要求的同时,也可以成为促进评估理论和实践的发展与创新的途径。国际化可以帮助我们从全球视野审视我国高等教育的质量,了解国际高等教育评估理念与实践的前沿问题与新近发展。本土化是在国际视野下识别我国高等教育发展和高等教育评估的独特性的基础上,发现本土问题,并通过创新做出与本土文化和制度相适应的求解的过程。加强有关高等教育质量和质量评估话题的国际交流和对话,将对加速我国高等教育质量评估理论与实践的发展步伐有所帮助。在高等教育机构的自我评估和外部评估项目中,邀请独立的国际专家参与,可为质量提升提供更广阔视野下的咨询建议。建立与国际接轨的具有国家间可比性的高等教育质量标准,以获得我国高等教育质量优势和弱势的信息,为高等教育政策的改进提供依据。在以国际化助推高等教育评估发展的同时,本土化注定成为并行不悖的另一股力量。在国际交流日益增多的今天,对在本土文化和价值中产生的独特问题的研究已经成为国际论坛上的重要议题,因为只有通过深入的国际理解和对话才有可能将国际化推向更深的文化层面。在建立国际可比的高等教育质量标准时,联合国教科文组织提示道,注意力应该放在独特的院校、国家和区域背景上,以保持多元化和避免整齐划一。② 在国际化和本土化的交互进程中,创新我国高等教育评估理论与实践将成为建立中国特色的高等教育评估制度的必由之路。

---

① UNESCO. *World Declaration on Higher Education for the 21th Century: Vision and Action* [R]. Paris: UNESCO, 1998 - 10 - 9. [2011 - 5 - 6]. http://www.unesco.org/education/educprog/wche/declaration_eng.htm#world declaration.

② UNESCO. *World Declaration on Higher Education for the 21th Century: Vision and Action* [R]. Paris: UNESCO, 1998 - 10 - 9. [2011 - 5 - 6]. http://www.unesco.org/education/educprog/wche/declaration_eng.htm#world declaration.

第八章 余 论

宏观高等教育评估的知识建构目前远远没有达到理论化的程度,在理论化的过程中,需要不断对实践进行审视,也需要不断对过程本身进行思考。只有在不停的反思之中,我们才有可能逐步接近真理的认识。

第一节 宏观高等教育评估的哲学观照

宏观高等教育评估之所以必要和可能,有两个基本的前提。第一,高等教育高度利益化。高等教育与国家发展密切相关,与社会发展密切相关,与老百姓生活密切相关。也就是说,高等教育的发展与否成为公共事件,受到社会公众的广泛关注。在这个角度上看,宏观高等教育评估只有在高等教育大众化、普及化的社会才会出现。事实上,无论哪个国家,在精英化高等教育阶段,宏观高等教育的评估活动都没有出现过。因为在那个历史阶段,宏观高等教育评估不具备必要性。第二,法治基础上的公共问责制度。在一个社会中,如果政府权力凌驾于一切之上,可以不受约束地肆意而为,并不用对政策行为真正承担政治责任或道义责任,那么,宏观高等教育评估是没有实际意义的。"无论评估制度和机制构建得如何完善,在一个非责任化政府体系之中,都无法得到真正的实现和有效落实,充其量只是一种政治摆设或行政道具而已。"[1]这并不是危言耸听,在现实世界中,我们只要仔细观察一下,就能够找到评估成为一场政治游戏的例子。在这两个前提的基础上,我们才能够理解作为一种社会存在的宏观高等教育评估,才能理性地去认识宏观高等教育评估的合法性及其本质。

评估作为一种认识活动,是以价值为目的的。"它所要揭示的不是世界是什么,而是世界对于人意味着什么。"[2]宏观高等教育评估是评估主体按照一定的社会尺度并使用一定的评估技术方法,对特定时期高等教育产品提供的数量、质量、效率、公平性、满意度等方面所作的一种估价。宏观高等教育评估是非常有用的管理工具,科学合理的评估可以不断促进高等教育产品的社会供给水平和质量的提高,以满足日益增长的社会需求。然而,宏观高等教育评估本质上不过是检验高等教育系统运行是否有效、高等教育公共政策和措施是否得当的一种手段,但它并不

---

[1] 贠杰、杨诚虎:《公共政策评估:理论与方法》,中国社会科学出版社 2006 年版,第 13 页。

[2] 冯平:《评价论》,东方出版社 1995 年版,第 30 页。

是唯一的手段,而是整个宏观高等教育控制系统的有机组成部分。想期待通过单纯的评估活动来有效改善高等教育系统运行绩效,那是十分"幼稚"和"可笑"的。尤其需要强调的是,评估的本身不是目的。在管理主义极为流行的今天,评估有时会令人奇怪地成为一种时尚的工具,似乎唯有评估才能实现有效的管理,唯有采用绩效评估才是科学的管理。时下被人们批评的高等教育管理的"数字化",某种程度或许就是这样一种追逐"时尚"的结果。在那样一种状态下,目的本身可能被忽略了。

评估既然以价值为目的,那么,它所确立的尺度必定是某种理念的具体体现。宏观高等教育评估所蕴涵的理念,决定了它的基本准则和标准。事实上,不同的国家、不同的主体在高等教育的理念上是存在差异的,这种差异必然在宏观高等教育评估的目的、内容、标准、形式、方法乃至技术等各方面表现出来。美国最为崇尚自由、竞争的理念,高等教育的体系极具多样性,教育行政管理的权力主要在州一级,宏观管理的机制主要是市场化的,因此非政府组织的认证、媒体等社会机构的排行榜等成为美国宏观高等教育评估的主要形式。在美国人的观念中,高等教育是人的基本权利的重要体现,所以,美国的高等教育评估极为重视学生的入学机会、学生的服务等方面标准。比较而言,英国人更讲求等级、有序,宏观高等教育体系结构相对简单,公立高校占绝对多数,政府教育行政部门以直接或间接的手段实施控制,系统运行的市场化程度非常有限。所以,英国的宏观高等教育评估是主要由政府委托专门机构来进行的,非政府组织的评估或商业化的排行榜虽然也有,但远没有美国影响那么大。而公共经费的使用情况、教学质量的情况,则往往是英国高等教育评估的重要内容。在我国,宏观高等教育评估有鲜明的"社会主义特色"。《普通高等学校教育评估暂行规定》第二条明确指出:"普通高等学校教育评估的主要目的,是增强高等学校主动适应社会需要的能力,发挥社会对学校教育的监督作用,自觉坚持高等教育的社会主义方向,不断提高办学水平和教育质量,更好地为社会主义建设服务。"这里边有两个核心要素,一是满足社会需要,二是坚持社会主义方向,社会价值取向的特点十分明显。我国目前的高等教育体系结构经过改革开放后30多年的改造,开放性增强了,结构也开始多元,但高度行政控制的特征并没有从根本上改变。我国宏观高等教育评估是政府教育行政部门组织的评估,评估的内容、标准偏重于资源投入与结果产出,有深厚的行政视角。

价值是主体和客体之间合目的性合规律性的统一,而价值尺度则是内在价值与外在价值的统一。冯用军认为:

> 对于高等教育价值的评估,包括从哲学视角上的审视,既要做到从外在的尺度或标准(个群、社会、文化等)评估高等教育的价值(主体见之于客体的评估)。也要做到"跳离三界外,不在五行中"对高等教育价值的内在价值的评估(客体见之于主体的评估),即关联评估与中立评估的统一,外在价值评估与内在价值评估的统一,第三方价值评估与第一方价值

评估的统一。

高等教育之所以有这样那样的价值区分,根本在于高等教育的多样化和多元化,包括功能、价值和核心内涵的多样、多元化。正是考虑到多样多元的问题,才使得从哲学视角来评估高等教育的价值成为必要和必然。所谓必要,是因为我们在进行评估时,首要考虑的是将高等教育看作一个独立的价值主体,从高等教育发展的内隐性需要出发来衡量和审视其对应或映射的价值客体,从而把握其核心内涵和功能是否符合或部分地符合高等教育作为独立价值主体的需要。这是一种独立于客体需要的主体评估,即最大限度地剔除了个群、社会和文化等与高等教育关联甚密的客体的价值影响,而以最大之精力来衡量和评估高等教育自身的发展和价值需要。所谓必然,则是指哲学视角的高等教育价值评估的立足点也必须从其自身发展规律出发,从其最本质的活动及相关要素出发来进行评估,当然,这些活动和相关要素是外界见之于高等教育这个价值主体的,通过评估这些现实的和外在的高等教育活动,对其进行反思和批判性评估,从而促进高等教育的发展。①

事实上,在宏观高等教育评估实践中,人们往往过度地强调高等教育的外在价值,而忽视其内在价值的要求,即漠视了作为知识共同体自身的规律性要求。高等教育的社会工具价值时常被不恰当地强调,这是危险的,因为高等教育一旦失去了内在价值的坚持,高等教育自身就可能产生异化。正是看到了这种现实环境的压迫,有学者疾呼:"现今工具主义和实用主义成为改变大学的两股力量","市场力量已经迫使大学进入一处目的性很强的新工具主义","大学必须找到出路,想办法超越实用主义和工具主义。由于实用主义和工具主义是当今社会最强势的两种运动,大学应确保自己在文化转型和经济转型的方向上发挥重要作用。"②

在价值问题上,宏观高等教育评估还存在一个价值事实与价值判断的关系问题。所谓价值事实,即客体对主体事实上具有的价值。所谓价值判断,即主体认识到的客体对主体所具有的价值。价值事实是由客体的本质所决定的,而价值判断是由主体的认识能力和信息传递的充分度所决定的。价值事实是价值判断的客观基础,价值判断是对价值事实的反映。价值判断是否正确地反映价值事实,会影响到价值事实效用的能否实现。拿高等教育评估来说,现实存在的高等教育社会活动是价值事实,它包括人、物、环境和其交互作用。而对高等教育社会活动的现实状态、结果或可能后果的意识,则是价值判断。

高等教育评价实际上也是以价值事实为主要认识对象的一种实践性认识活动。然而,价值事实在高等教育评价中的地位和作用一直以来不

---

① 冯用军:《高等教育评估的哲学视角》,载《中国高等教育评估》2005 年第 2 期,第 21—25 页。

② [英]杰勒德·德兰迪著,黄建如译:《知识社会中的大学》,北京大学出版社 2010 年版,第 182 页。

是被忽略了,就是被所谓的"价值判断"的幻象所模糊和遮蔽。无论是将教育评价看做是考察教育组织或活动达到目标的能力活动,还是将教育评价看做是考察教育活动参与者所取得的实际成效的活动,甚至是将教育评价的本质特征看做是"价值判断"的理论观点,都忽略了探究价值事实对于高等教育评价的意义和价值。①

具体表现在,"见物不见人"或者"见人不见物",前者"将高等教育价值关系中处于客体地位的东西作为评价的重点,认为只要客体、某一事物本身未变,它的价值就是一定的";后者"在评价过程中要么只是关注高等教育价值关系中主体的需要和情感,要么只是表达评价者的情感,完全凭着评价者的意志、愿望和自我感受行事,而对任何客观事实漠然视之"。② 当然,在高等教育评估实践中,不管是价值事实还是价值判断,都是十分复杂的,宏观高等教育评估就更为复杂,准确把握两者的关系,需要高度的理性和认识能力,以及充分的信息传递。

从认识论和方法论的角度看,在宏观高等教育评估中,价值判断与价值中立似乎也构成一对矛盾。所谓"价值中立",是指科学研究不以个人的价值观或他人的价值观为判别标准,而是依据客观事实、材料本身去作判断。价值中立的观点源自实证主义思潮,它强调科学应当是客观的,与"价值无涉",凡是能够被经验证实的就是科学的,否则就是非科学。逻辑实证主义按照这个标准,把自然科学与社会科学区别开来,前者被认为是科学的,而后者被认为是非科学的。自然科学的知识是不是真的能够与价值无涉?按照后实证主义的观点,价值中立不过是神话,任何知识不可能不受到个人价值判断的影响,不可能不受到所处时代和社会的文化与意识形态影响。社会科学研究是不是就不能算作科学?按照马克斯·韦伯的观点,"社会科学中的问题是根据被讨论的现象的价值关联而选择出来的",但是,"的确,在我们的科学中,个人的价值判断会对尚未被明确承认的科学观点发生影响,这些价值判断引起了长期的混乱甚至在决定事实之间简单的偶然联系的时候,它们也会根据后果增大还是减少实现某些个人理想的机会,即获得某物之可能性,而对科学论点作出各式各样的解释"。③ 他一方面肯定社会科学研究与价值关联,一方面又强调研究要价值中立,岂不是矛盾?其实他所说的价值中立与实证主义的价值中立有所不同,而是指研究者要尊重客观事实,要遵循学术研究的规范,这样才能避免研究被个人价值的主观随意性所支使。反观现实中的各种评估活动,人们往往刻意强调客观,主张不偏不倚,一切以可验证的数据为依据,把评估当做一种自然科学的研究活动,企图以此提高评估的信度和效度,落入了实证主义的思

---

① 周廷勇、李庆丰:《高等教育评价的价值问题探究》,载《国家教育行政学院学报》2011 年第 2 期,第42 页。

② 周廷勇、李庆丰:《高等教育评价的价值问题探究》,载《国家教育行政学院学报》2011 年第 2 期,第42 页。

③ 马克思·韦伯:《社会科学方法论》,中国人民大学出版社 1992 年版,第20 页。

想窠臼。实际上,在宏观高等教育评估中,指标的选择、标准的确立、对象的观测、数据的采择、实地的查考等,无不与价值关联;即使那些标榜完全信赖客观数据的排行榜,用什么数据,按什么权重,都没有客观的标准,完全是依据主观价值判断来设定的。然而,我们并不否认价值中立的意义。尊重客观对象的多样性,考虑多元主体的不同诉求,采取多样的方法去观察、认识和判别,每种方法都按其适切性要求去规范,这才是宏观高等教育评估中所应有的"价值中立"。

宏观高等教育系统的复杂性,决定了宏观高等教育评估的复杂性。对这种复杂性之认识,可以说还没有达到一个非常科学的程度,这就是到目前为止还没有一种得到普遍认可的评估标准,也还没有一种得到广泛推广的评估模式的缘由之一。正所谓"没有一个完美的方案能够建立国际标准,以解决不同教育系统所面临的问题"。① 对宏观高等教育评估的复杂性需要有足够的认识,才能保证在实践中不至于简单化、机械化地推行评估。然而如何来认识宏观高等教育评估的复杂性,钱学森先生推动创立开放的复杂巨系统理论,为我们树立了典范。他在大量的系统工程实践经验积累的基础上,经过反复思考、讨论,提炼出有关的概念,再把它带入更广泛的领域或系统中比对、思考,寻找其规律性,使认识发生质的飞跃,概括出成体系的理论和方法。从认识论的角度说,他遵循了实践、认识、再实践、再认识这样一个唯物主义的认识路线,同时,又充分发挥了主观能动,创造性地进行了理论建构,并在实践中检验并完善。钱学森开放的复杂巨系统的理论不仅为认识宏观高等教育评估提供了理论武器,也为科学地建构宏观高等教育评估体系提供了方法论。定性与定量相结合的综合集成方法,相信是克服宏观高等教育评估复杂性困难最有效的方法。当然,钱氏理论并不能直接提供宏观高等教育评估的方案,但我们只要遵循科学的认识论和方法论,不断去探索,就会离掌握规律越来越近。蔡映辉认为,我国的高等教育质量评估正在不断发展、不断成熟的过程中,"从战略设计看,高等教育质量评估政策经历了由一般到具体的发展过程;从本质上看,经历了从工具性价值到目的性价值转变的过程;从功能上看,经历了从基准控制的导向功能和奖优罚劣的调节功能向提高质量的管理功能转变的过程。我国高等教育质量评估主体有待多样化,目的性价值有待加强,质量内涵有待进一步明确,对评估结果的反馈和应用有待进一步加强"。② 这种发展和成熟,就是不断实践、不断认识的结果。

第二节　宏观高等教育评估的文化审视

只要有人类社会实践,就会有评估活动。因为评估是社会实践不可缺少的要

---

① ［美］Jean Avnet Morse:《美国区域性认证机构从事国际认证的经验教训》,载《国际高等教育(电子刊)》2008 年第 4 期,第 28 页。

② 蔡映辉:《我国高等教育质量评估政策的哲学思考》,载《江苏高教》2009 年第 1 期,第 39 页。

素,人们只有用某种尺度对行为或结果进行测度,才能知晓自己实践的合目的程度,从而作出行动的决断。社会实践是一个文化的过程,不同社群、不同民族有不同的社会实践方式,也就具有了不同的文化特质。从评估来看,其文化的内涵性也是极为丰富的。

评估首先需要观察客观对象,而观察事物的方式,就有着十分鲜明的文化差异。人们通常认为,东方人观察和思维是综合性的,西方人观察和思维是分析性的;东方人重意会,西方人重实证;东方人讲模糊,西方人讲精确;东方人讲辩证,西方人讲逻辑等。这些说法虽不免笼统,但的确能够说明很多文化现象。最能让我们体会这种文化差异的莫过于中医与西医。中医观察病人望、闻、问、切,是具象的、整体的。西医观察病人注重找到病变的部位,是解剖学的、深入细部的。中医讲究辩证施治,注重治本。西医讲究分析病理,循理而治。中医西医各有所长,也各有所短,并不存在孰优孰劣的问题。钱学森说:"我并不是个中医,但我认为传统医学是个珍宝,因为它是几千年实践经验的总结,分量很重。更重要的是:中医理论包含了许多系统论的思想,而这是西医的严重缺点。"①这种态度才是比较公允的。所以,在讨论宏观高等教育评估时,需要看到不同文化的正向效应和负向效应,有比较与鉴别,扬长避短,才会有健康的评估文化建构,而不是一味地照搬国外的做法,唯西方马首是瞻。当然,站在反思的立场上,我们确应从文化的视角对我国的宏观高等教育评估进行审视,以努力消除文化的消极因素。比如,我们的评估标准往往是粗线条的,不注重指标体系的内在逻辑性,缺乏精细的、科学的数据基础,好作抽象性的结论。这不仅与东方人观察与思维的特点相关,也与我国传统文化中轻客观、轻理性、轻技术的特点有关。

宏观高等教育评估受文化传统的制约性是多方面的,刘子真认为:

> 英国以"贵族精神"为基础的"绅士文化传统"追求"绅士风度",强调培养"绅士"型人才,在思维方式上偏向"调和主义"。随着高等教育从社会边缘走向社会中心,政府对高等教育的质量日益关注。在"绅士风度"与"调和主义"的共同作用下,英国高等教育评估制度作为"温和"的中介手段缓和了"政府控制"与"高校自治"的拉锯战。美国有着自由、自主和法制文化传统,其核心是实用主义,其最重要的特征是个人主义,追求个人自由与发展,强调个人奋斗和自我实现,因而美国高等教育管理体制的特点是分权与自治。在高等教育评估中的突出表现是多样的民间评估与评估组织机构。因此,美国高等教育评估制度形成的深层原因是"个人主义"文化。日本"摄取性"文化传统对其高等教育评估制度的影响是深远的。日本对于外来文化不抱抵触情绪和偏见,承认其优越性,有

---

① 钱学森:《钱学森同志谈中医学的科学水平及其发展》,载《山东中医学院学报》1986 年第 10 期,第 2 页。

选择地引进及移植,逐渐形成了一套比较适合国情的高等教育评估制度,并深深地打上了美国的烙印。所以说,文化传统的差异是各国高等教育评估制度各异的核心要素,也是各国建立高等教育评估制度的逻辑起点。①

宏观高等教育评估可以说是一种舶来品,它是建立在西方管理主义绩效原理之上的。当把它借鉴到中国来的时候,我们应该考虑人们的文化认知模式是否与西方的文化认知模式相同。有学者认为,"面子"思想是对绩效评估有较为明显的影响因素。"中国人一般都会避免由于一个公开的、正式的绩效评估而导致的正面冲突以及丢掉面子的可能性。因此,绩效评估在中国实施时就不像西方那样地正式和公开,而相对更加隐蔽,在公布评估结果时也只是公布较好的结果,对于较差或不合格的评估结果,往往为了顾及面子而不予公开。""对于中国人来说,绩效评估带有对被评估者的道德品质判断的强烈色彩。"②为了在评估中保住面子,一些高校采取各种手段,甚至造假,以达到"保良冲优"的目的。有的教育行政部门为了保全自己的面子,或者为了顾及下属学校的面子,采取特别的举措来模糊结果、掩饰问题。而有的评估专家在"顾人面子"思想的影响下,也会得过且过,做老好人。评估本来是为了促进质量提高,但在现实中,有些学校为了面子,为了获得好的等次,不是从根本上去改进工作,而是按照指标体系对号入座,把"达标"作为最高的目的。他们极力揣摩专家的心理,大做表面文章,不惜打乱学校的正常教学秩序。这种"面子评估文化"、"功利评估文化"不仅对于提高教育质量有害而无益,而且腐蚀人的思想。真正的"高校质量文化是在遵循教育教学规律的前提下,以培养人才为目的而自觉形成的一种质量文化,是办学经验的积淀和升华,所以,它能唤醒高校人内心的期待和成就感,是一种以从容淡定的方式形成的从容的'质量文化'"。③

其实,真正构成对我国宏观高等教育评估极大影响的,是"官本位"文化。从社会心理来说,似乎只有政府组织的评估,才是权威的;只有政府机构或者其附属机构实施的评估,才是合法的。从目标追求来说,往往是为了达到驾驭、控制的目的,为了分出三六九等,少有自主性评估,少有发展性、形成性的评估。从标准的建立来说,唯政府部门意志、唯长官意志的现象普遍存在,缺乏法治的严肃性和科学的规范性。从评估实施来说,自上而下的强力推行、行政的运作方式、盛大的仪式化的过程,无不透出"官本位"的气息。这种文化渗透在宏观高等教育评估的方方面面,大大消解了宏观高等教育评估的实际效用。

---

① 刘子真:《高校教学评估的文化逻辑》,载《辽宁教育研究》2008 年第 11 期,第 37 页。

② 戴冬冬:《中国文化对绩效评估的影响分析》,载《东北大学学报(社科版)》2004 年第 5 期,第 346 页。

③ 汤悦林:《我国高校教育教学评估的文化历程》,载《高教发展与评估》2010 年第 3 期,第 18 页。

"潜规则"大行其道,也可以说是"官本位"文化的一个变种。所谓"潜规则",说穿了,就是为了某种利益,利益主体之间形成的一种交易和约束方式,它是为了获得不正当利益而采取的特殊交易手段,目的就在于规避正式规则可能造成的利益损耗。"潜规则"在宏观高等教育评估中亦不鲜见,比如,专家组成员的遴选和安排,教育评估机构通常会考虑安排有"兄弟"学校的人员,受评学校也会通过各种途径找关系,设法让评估机构作这样的安排。这样做的结果就是,这次你评我,下次可能就轮到我评你,于是乎谁也不会太较真,你好、我好、大家都好。评估专家即使没有"兄弟"关系,有的人也会很聪明地奉行"中庸"之道。因为大家都明白,常在"江湖"上走,谁说得准哪天要求人呢。至于超规格接待、刻意逢迎、精心公关之类的现象,更是见怪不怪了。有的大学不按"潜规则"办事,反倒成了另类。"潜规则"的评估文化必然导致高等教育评估制度失灵,导致高等教育评估结果失信,这是我们所必须面对的现实挑战。

　　要维护宏观高等教育评估的正当性,人就不得不同这类"潜规则"作坚决的斗争。因为评估本身也是一个文化的过程,负面的评估文化会强化人们行为的消极性,反过来又会进一步扩张这种负面的评估文化,使人们的思想和行动陷于泥沼。杨启亮认为:

　　　　评估或评价,不过是一种文化工具、文化手段,它通过对某种文化现象的价值判断与评定,达到促进与发展文化的目的,这是它的主导的或终极意义上的功能,其次才是如选拔、淘汰一类的附属功能。如果文化与评估的关系本末倒置,变成不是为促进与发展文化而评估,反而是为满足评估而发展文化,这就可以称为评估的文化。而评估以及其先验的权威由此张扬开来,它自身甚至就演绎成一种裁决其他文化的霸权文化!其他文化岂有不折服的道理?我们的教育与它的评估之间的关系,就正在发生着这样的颠倒。在颠倒中,教育的评估就被异化成了评估的教育,在许多情况下,教育已经不只是折服于评估,甚至是折服于评估符号了。①

　　所以,我们应当致力于构建健康的教育评估文化,使得这种文化不断产生正面的效应,引导正确的认知与行为,促进高等教育质量文化的形成。

　　宏观高等教育评估的文化特质,在制度层面表现得尤为明显。从制度生成的角度看,西方国家素有法治的传统,因而习惯于按规则行事,按客观标准评判。宏观高等教育评估在西方国家率先兴起并发达,与具有社会的法治文化土壤分不开。比较而言,我国的政治文化自古重人治、轻法治,少有按制度、按规范做事的习俗,加上浓厚的等级文化影响,评估制度不易生根,评估标准容易以长官主观意志为转移。从制度结构的角度看,西方国家公民社会发达,自由、民主、权利、平等的价值观深入人心,国家的政治结构是权力制衡性的。虽然西方国家里边政体也模式各

---

① 杨启亮:《评估的文化与高校文人精神的迷失》,载《江苏高教》2002 年第 6 期,第 7 页。

异,但是总体而言,治理结构重视权力主体间的关系,较有开放性和容受性。在宏观高等教育评估中,就体现出特有的文化个性。有学者指出:"文化差异是各国高等教育管理模式和评估模式选择的核心要素。美国的'个人主义'文化使美国形成了多样的民间型高等教育评估机构;英国的'绅士风度'文化使得英国在高等教育改革中'温和'前进,形成了英国半官方型高等教育评估机构;法国文化中的'平等崇拜'使得法国形成了官方色彩极为浓厚的官方型高等教育评估机构。各国文化不同,高等教育评估中介机构的模式也各具特色。"①在我国,自古以来讲究"大一统",行政文化具有很强的封闭性和排他性,集权主义有深厚的观念基础和政治基础,社会公众往往被排斥在公共事务管理之外,所以中介性的高等教育评估机构很难发育。在官方和准官方的高等教育评估机构中,则又是"等级崇拜"、"权力崇拜"的,这种文化使得评估容易"唯上"而忽视"民意"、忽视"权利"。从宏观高等教育评估的活动来说,偏好采用运动的方式,而不是制度化、常态化、规范化的方式,它也是服从于权力形态和意志要求的。

诚然,在宏观高等教育评估中,我们应当努力吸收世界各国优秀文化的精华,但必须注意的是,一定要从实际出发,切不可简单移植,世界上没有放之四海皆适用的高等教育评估制度与文化。照搬照抄的结果,只能是南橘北枳。在阿根廷,人们就在反思不从本国国情出发,采用他国高等教育评估方案的教训。

> 国家质量保证项目已经实施十多年了,阿根廷或许正在错误的道路上从事着一项有价值的事业。没有考虑阿根廷高等教育的特殊情况,该国就采用了一个普遍通用的方案。用普遍适用的评价标准进行评价,阿根廷的大学正把注意力和资源从改善教学这一学校的主要功能上转移开。

> 传统和经济这两个因素加在一起,导致衡量质量的国际标准对阿根廷来说不切实际,在短期内毫无意义。这一批判并不是意味着这些标准长期没用;唯一的问题在于阿根廷的评估不应该从这样的标准开始。目前使用国际标准的风险在于有限的资源将被重新分配,而更迫切(更相关的)的优先事务可能会被搁置在一边。举例来说,直到 20 世纪 80 年代中期,阿根廷的大学才开始提供极少的研究生教育项目。由于研究生学位一直都不是阿根廷大学教师所必备的条件,那么仅有很少一部分教授具有研究生学位也不奇怪。经费困难使得大部分大学都选择雇用大量的兼职教师。根据文化和教育部公布的年度统计数据,公立大学中的全职教师仅仅占 12%。阿根廷的大学几乎没有科研传统,如果有,过去也是由独立的研究机构进行的。此外,大量的兼职教

---

① 王洪斌、石馨:《文化差异与高等教育评估中介机构的模式选择》,载《长春理工大学学报(社科版)》2009 年第 6 期,第 983 页。

师和对基础设施有限的经费投入,也限制了大学未来的研究能力。平均来讲,公立大学的毕业率不到24%,私立大学的比例略高(26%)。阿根廷没有为学生提供服务的传统,即学术咨询、职业生涯辅导、个人辅导或经济援助。

考虑到当前的条件、预算和传统,其他国家和地区所采用的大学质量评价标准在阿根廷是行不通的。阿根廷大学所从事的(几乎完全)是教学。因此,衡量阿根廷大学质量的主要标准难道不应该是教学吗?然而在模仿其他国家的过程中,教学几乎被完全忽视了。①

这里之所以不惮其烦地大段引述了阿根廷学者的文章,就是想清楚地表达,宏观高等教育评估制度的引进应当充分考虑到其所根植的文化土壤。

"评估是一个始于'文化'又复归于'文化'的过程。文化传统是高等教育评估制度构建的逻辑起点,文化引领是高等教育评估和谐运行的基石,提升文化自觉是教育评估的价值旨归。"②我国宏观高等教育评估的健康发展,有赖于文化的批判与反思,有赖于文化的借鉴和吸收。因为只有文化的自觉,才会有文化的创造。尽管新评估文化的构建任重而道远,然而人们相信在社会转型中文化的建设必定提上日程。

第三节 宏观高等教育评估的艺术把握

把艺术与宏观高等教育评估联系起来,似乎有点风马牛不相及。艺术通常是指人们用形象思维来把握世界的一种实践方式,文学、电影、戏剧、绘画、雕塑、舞蹈等,都属于艺术的门类。这里所说的艺术显然不是可欣赏的艺术门类,而是指行为和方式达到某种恰当性,用大实话说就是恰到好处。这种恰当性"只可意会,不可言传",它没有科学的精确,不具备可验证的重复性。就像不可捉摸的"灵感",说不清,道不明。在现实生活中,人们赞誉管理大师懂得管理的艺术,赞誉常胜将军深谙战争的艺术,赞誉有成就的政治家通晓政治的艺术。用辞典里的说法,此中"艺术"之谓是指有创造性的方式和方法,我们所说的艺术概如此类。宏观高等教育评估为何与艺术挂起钩来?就是因为它关系重大,它过于复杂,仅靠"科学"的方式不足以驾驭,非有大智慧不能挥洒自如地运用。

好的宏观高等教育评估是一种政治的艺术。谁来评估,为谁评估,何时评估,评估什么,以何尺度,是评估制度的基本要素。每个要素都不可能有一个简单的、固定的答案。比如由谁来评估,宏观高等教育评估的主体可以有政府、政党,有非

---

① [美]Liz Reisberg:《衡量阿根廷高校的质量:细节决定成败》,载《国际高等教育(电子刊)》2008年3期,第15—16页。

② 刘子真:《高校教学评估的文化逻辑》,载《辽宁教育研究》2008年第11期,第39页。

政府组织,有用人机构,有媒体,有公众,哪个主体才是合适的? 没有办法得出一个抽象的公式。比如,在我国,常有公众质疑某大学排行榜的公信度,认为政府教育行政部门才有资格来发布大学排行榜。这种观点的背后,实际就是对政府主体的一种认可。当然,现在有越来越多的人认为,像大学排行榜这类的高等教育评估,不应该由政府做,而应当由社会中介机构或者说非政府组织去做。其理由主要是认为中国的大学大都是政府办的,政府不能既当运动员又当裁判员。而政府教育行政机构也不认可大学排行榜该由政府来做,甚至反对政府附属的机构去做类似的事情。他们的理由不得而知,据猜测,可能是怕摆不平,也可能担心引发其他社会问题。非常奇异的一个实际例子是,某大学一研究机构发布世界大学学术排行榜,居然引起了国际外交事件,有数国政府向中国政府表示抗议,认为这个排行榜有政府背景,排行有歧视,以至于政府领导人要求该大学的研究机构停止发布这种排行榜。那些提出抗议的国外政府,之所以作出有政府背景的判断,显然又是基于中国社会现状的一种推理,实在令人啼笑皆非。除却大学排行榜这类的评估不说,具有问责性质的规范评估该由谁来担当,也还没有形成共识,这就是中国的现实。从政府的角度看,目前通行的做法,是建立一个附属于自己的机构,这样既避免了角色错位的批评,又能够控制评估的运作。其实也许还可以有其他的选择,云南省教育行政部门没有像其他省那样成立一个附属于自己的事业单位评估院,而是委托云南大学高等教育评估事务所来实施高等教育评估,这是不是比直接成立附属机构要来得"艺术"些!

又如选择何时评估,这也是一个很有政治价值的议题。对政府而言,选择恰当的评估周期、恰当的评估时机,都不无政治的利益考量。日本国立大学独立法人化后要求实行以六年为一周期的评估,期间还要进行一次中间评估。而日本国立大学校长五年为一个任期,评估的时段长度与校长任期时段长度不一致。一种解释就是评估时段与政府任期时段长度可以重叠,因为日本政府三年一届,连任就是六年。中国大学的本科教学评估,教育部提出五年进行一轮,为什么是五年? 教育部并没有解释,一种推测是,中国政府五年一任期,中国国民经济计划也是五年一次。评估活动的周期与政治运行周期相衔接,或许更有利于政策制定、政绩考核。这些都是猜测,但可以相信,这绝不会是偶然的,一定有某种政治的"艺术"考量。其实,对非政府问责性的某些宏观高等教育评估而言,也不无政治的考虑。有的大学排行榜会选择在高等教育招生考试之前,有的教育发展报告会选择在全国"两会"前发布,这是民间的政治"艺术"。

依照布鲁贝克政治论的高等教育哲学,当代高等教育发展已经不可避免地要成为国家政治事务,它和知识论的高等教育哲学是有矛盾的,甚至是冲突的。其实不唯当代,即使是在历史上,高等教育的内在目的与高等教育外在的政治要求就存在着对立,政府与大学之间控制与反控制的较量,从来就没有停止过。只是在当代,这种对立越来越显现。而力量的对比则发生了变化,政府越来越强大,大学越来越处于弱势。但是,保持恰当的张力又是需要的,否则大学将从根本上颠覆它的本质,大学也就没有存在的必要了。所以,以政府问责为目的的宏观高等教育评估,很重要的一个特性是问责主体与客体之间存在着权力和权利博弈。政府有问责的权力,也有问责的限制,即需要尊重大学的学术自治。大学作为被问责的客体,一方面有责任回答政府的正当要求,一方面也有维护学术事务自治的权利。"全世界对问责制的推动,已经对高校领导人提出了更高的要求。这一不可逆转的发展趋势,已经改变了对大学领导者的能力要求,以及随之而来的高校管理队伍的能力建设需要。只有高校确实被赋予了自治权,能够自己负责时,问责制才是有意义的。作为结语,我认为问责制的成功演变将取决于在可信的问责做法和良好的自治之间寻找到合适的平衡点。"① 平衡点搁在哪里,就看政治家们的政治"艺术"能力了。

"教育变成一个文化领域,社会在其中为权力位置选拔人才,并分配地位和给予声望。学校和大学是主要的选拔机构。正是这种选拔性功能把大学和社会连接起来。从此教育是社会差异的主要形式,它有与生俱来的分层功能。"② 正是由于有社会分层的功能,所以高等教育就成为政治利益追逐的目标,社会各阶层的人群都会意图把它作为提升自己或保住自己社会地位和权力的工具。高等教育本身的政治性也就决定了高等教育评估的强烈政治性。按照社会学家们的观点,评估就是一种权力,也就是一种政治。评估给对象一个价值符号,这种符号所隐含的是权力,它具有强制性,并改变人的行为。"文化是专制的,只要它不是基于一种天然的秩序,而是基于符号暴力","所有的文化是建立在一种'错误识别'的基本条件之上";"教育是现代社会为文化资本的传递而设计的工具,文化资本可以看做是由社会主流文化模式构成的认知结构。在这一观点中,教育尤其是高等教育,与选拔、立法和论证机制的巩固有关";"文化作为一种分类认知体系而存在。通过这种认知体系为集团提供一种推行和维持分类的工具"。③ 所以,在宏观高等教育评估活动中,如何进行分类,也就显得特别重要。美国卡耐基高等教育分类标准经过了多次的修订,每进行一次修订,都会引起美国部分高校战略目标的改变。因为类别从某种意义上也意味着一定的等级,美国高校同样也会有争取更高等级的冲动。在中国,高等院校的分类问题更为敏感,政府教育行政部门也深深知道这其中的利害关系,故未轻易更改,这算是"艺术"地把握吧。

除了政治的艺术之外,宏观高等教育评估还需要管理的艺术。作为一种管理的工具,如何来运用好,使之最大限度地用来达到预期的目的,对政府而言不是一

① [摩]Jamil Salmi:《不断发展的问责制:是进步吗?》,载《国际高等教育(电子刊)》2008 年第 1 期,第 5 页。

② [英]杰勒德·德兰迪著,黄建如译:《知识社会中的大学》,北京大学出版社 2010 年版,第 112 页。

③ [英]杰勒德·德兰迪著,黄建如译:《知识社会中的大学》,北京大学出版社 2010 年版,第 110—111 页。

件轻松的事情。宏观高等教育评估是要付出成本的,"与任何一种价值判断活动总是伴随代价一样,高等教育质量评估过程在实现某种主导价值的同时,不可避免地存在代价问题。高等教育质量评估的代价植根于评估过程之中,其产生有内在的客观根据和历史必然性。高等教育质量评估不可能无代价,但应尽量追求低代价"。① 在种种的成本和代价中,最需要重视的是那些精神方面的代价和隐性的代价。比如,单个高校为追求某种"类"的发展而承受的损失或作出的牺牲,不端行为而导致对评估的不利社会舆论,违背教育基本规律而导致的失误。因为这样的代价给高等教育带来的消极影响可能是长久的、深层的。在英国,大学科研评估(Research Assessment Exercise, RAE)被引进,并与拨款挂钩,"迅速发展成为英国高等教育体系中一项重要的重构工具","RAE 能为长期重视科研的高校(科研密集型大学)带来声誉优势和利益","有助于加强一元系统中的等级",但"长期以来对 RAE 的批评之一是认为它助长了引进('挖墙脚')高水平科研人员以获得较高排名的风气(不可避免地导致学术职级和工资上涨)","一所研究型大学中没有参与 RAE 评估的那些教师,则意味着在学术上被判死刑,或至少要被罚承担大量教学工作"。② 类似的现象不只是英国有,其他国家也有,它的影响是持久而深远的。问责评估的主要目的是绩效管理,而绩效管理是一把双刃剑,弄得不好,就会伤及于善。

宏观高等教育评估又是一门实践的艺术。这么说并不是不重视理性,不是不重视评估理论对评估实践的指导作用,而是强调评估的理论和方法需要在实践中去丰富,在实践中去策略地、巧妙地运用,在实践中去检验和修正。"正是在社会活动中,在主体间各种各样的交往活动中,我们才获得了我们所拥有的评价能力和评价标准;正是在社会活动中,我们的评价才成为必要。"③规范意义上的宏观高等教育评估的历史并不长,它是在现实的需要中发展起来的,也是在实践经验的累积中建构起相关知识的。宏观高等教育评估的实践活动推动了宏观高等教育事业的发展,宏观高等教育事业的发展又给宏观高等教育评估不断提出新的问题和要求,促进其不断地丰富和完善。我们不能奢望有一套普遍适用的评估理论、模式和方法,把它们拿来就能够用上,而必须立足在现实的土壤上,实践在现实的文化语境中,去选择适用的理论精华、服水土的模式和切实可行的方法。我国的宏观高等教育评估起步晚,出现这样那样的问题一点也不奇怪,这是必然的,只有经历这样的过程,才能积累起有益的经验,才能提炼出有本土价值的理论与方法。

① 韦成龙、刘理、李文、钟华:《我国高等教育质量评估中的代价问题研究》,载《教育与现代化》2010 年第 2 期,第 21 页。

② [英]Michael Shattock:《英国大学科研评估的影响》,载《国际高等教育(电子刊)》2009 年第 3 期,第 91 页。

③ 冯平:《评价论》,东方出版社 1995 年版,第 207 页。

参 考 文 献

[1] 戴维·波普诺.社会学(下)[M].刘云德等译.沈阳:辽宁人民出版社,1987.

[2] 马克思·韦伯.社会科学方法论[M].北京:中国人民大学出版社,1992.

[3] 许建钺.高等学校教育鉴定与水平评估[M].北京:中国科学技术出版社,1992.

[4] 陈玉琨.中国高等教育评价论[M].广州:广东高等教育出版社,1993.

[5] 克拉克·克尔.大学的功用[M].陈学飞等译.南昌:江西教育出版社,1993.

[6] 伯顿·克拉克.高等教育系统——学术组织的跨国研究[M].王承绪等译.杭州:杭州大学出版社,1994.

[7] 冯平.评价论[M].北京:东方出版社,1995.

[8] 陈学飞.当代美国高等教育思想研究[M].大连:辽宁师范大学出版社,1996.

[9] 约翰·布鲁贝克.高等教育哲学[M].第二版.王承绪等译.杭州:浙江教育出版社,1998.

[10] 沈红.美国研究型大学形成与发展[M].武汉:华中理工大学出版社,1999.

[11] 许国志.系统科学[M].上海:上海科技教育出版社,2000.

[12] 褚宏启.走出中世纪——文艺复兴时代的教育情怀[M].北京:北京师范大学出版社,2000.

[13] 李惠斌,杨雪冬.社会资本与社会发展[M].北京:社会科学文献出版社,2000.

[14] 刘本固.教育评价的理论与实践[M].杭州:浙江教育出版社,2000.

[15] 克拉克·克尔.高等教育不能回避历史——21世纪的问题[M].王承绪译.杭州:浙江教育出版社,2001.

[16] 约翰·范德格拉夫等.学术权力——七国高等教育管理体制比较[M].王承绪等译.杭州:浙江教育出版社,2001(第二版).

[17] 潘懋元等.多学科观点的高等教育研究[M].上海:上海教育出版社,2001.

[18] 闵维方.高等教育运行机制研究[M].北京:人民教育出版社,2002.

[19] 王冀生.现代大学文化学[M].北京:北京大学出版社,2002.

[20] 戴维·奥斯本,彼得·普拉斯特里克.摒弃官僚制:政府再造的五项战略[M].北京:中国人民大学出版社,2002.

[21] 约翰·布伦南等.高等教育质量管理——一个关于高等院校评估和改革的国

际性观点[M].陆爱华等译.上海:华东师范大学出版社,2005.

[22] 詹姆斯·杜德斯达.21世纪的大学[M].刘彤主译.北京:北京大学出版社,2005.

[23] 贠杰,杨诚虎.公共政策评估:理论与方法[M].北京:中国社会科学出版社,2006.

[24] 斯塔弗尔比姆.评估模型[M].苏锦丽等译.北京:北京大学出版社,2007.

[25] 赵学文,龚旭.科学研究绩效评估的理论与实践[M].北京:高等教育出版社,2007.

[26] 熊庆年.高等教育管理引论[M].上海:复旦大学出版社,2007.

[27] 埃贡·G.古贝,伊冯娜·S.林肯.第四代评估[M].秦霖等译.北京:中国人民大学出版社,2008.

[28] 张蕊.中外大学评价的比较研究[M].杭州:浙江大学出版社,2008.

[29] 菲利普·G.阿特巴赫.高等教育变革的国际趋势[M].蒋凯主译.北京:北京大学出版社,2009.

[30] 于富增.改革开放30年的来华留学生教育[M].北京:北京语言大学出版社,2009.

[31] 刘道玉.中国高校之殇[M].武汉:湖北人民出版社,2010.

[32] 杰勒德·德兰迪.知识社会中的大学[M].黄建如译.北京:北京大学出版社,2010.

[33] 杨莹.两岸四地高等教育评鉴制度[M].台北:高等教育文化事业有限公司,2010.

[34] 阚阅.当代英国高等教育绩效评估研究[M].北京:高等教育出版社,2010.

[35] 田凌晖.公共教育改革——利益与博弈[M].上海:复旦大学出版社,2011.

[36] Biggs, J. B.. *Teaching for quality learning at university (2nd ed.)*[M]. Maidenhead: Open University Press, 2003.

[37] Bloland, H. C.. *Creating the Council for Higher Education Accreditation (CHEA)*[M]. Washington, DC: American Council on Education (ACE) Oryx Press, 2001.

[38] Bogue, E. G., & Hall, K. B.. *Quality and accountability in higher education: Improving policy, enhancing performance*[M]. Westport, CT: Praeger Publishers,2003.

[39] Boud, D. & Clegg (Eds). *Innovative assessment in higher education*[M].London and New York: Routledge,2006.

[40] Boud, D. & Falchikov, N. (Eds). *Rethinking assessment for higher education: Learning for the longer term*[M]. London: Routledge, 2007.

[41] Brown, G., Bull, J., & Pendlebury, M.. *Assessing student learning in higher*

education[M]. London: Routledge, 1997.

[42] Bryan, C. & Clegg, K. (Eds).. *Innovative assessment in higher education*[M]. London and New York: Routledge, 2006.

[43] Becker, H. S. , Geer, B. , & Hughes, E. C.. *Making the grade: The academic side of college life*[M]. New Brunswick: Transaction, 1995.

[44] Carless, D. , Joughin, G. , Liu, N. F. , & Associates. *How assessment supports learning: Learning – oriented assessment in action*[M]. Hong Kong: Hong Kong University Press, 2006.

[45] Castelluccio, C. & Masotti, L.. Quality assurance in United Kingdom higher education[M]// In C. Orsingher (Ed), *Assessing quality in European higher education institutions*. Physica – Verlag, 2006.

[46] Cattell, J. M.. *American men of science: A biographical dictionary*[M]. New York: Science Press, 1910.

[47] Cohen, A. M.. *The shaping of American higher education: Emergence and growth of the contemporary system*[M]. San Francisco: Jossey – Bass, 1998.

[48] Committee on the Foundations of Assessment, Pellegrino, J. W. , Chudowsky, N. , & Glaser, R. (Eds.).. *Knowing what students know: The science and design of educational assessment*[M]. Washington: National Academy Press, 2001.

[49] Detlef Müller – Böling. *Die entfesselte Hochschule* [M]. Gütersloh: Bertelsmann Stiftung, 2000.

[50] Dressel, P. L.. Student Progress, and Professional Performance for Decision Making in Higher Education[M] *Handbook of Academic Evaluation: Assessing Institutional Effectiveness*, Jossey – Bass, 1976.

[51] Ewell, P. T.. Can assessment serve accountability? It depends on the question [M]. In J. C. Burke and associates. *Achieving accountability in higher education*. San Francisco: Jossey – Bass, 2005.

[52] Flexner, A.. *Medical education in the United States and Canada*[M]. New York: Carnegie Foundation for Higher Education, 1910.

[53] Gibbs, G.. *How assessment frames student learning. In C. Bryan & K. Clegg (Eds.)* [M], Innovative assessment in higher education. London: Routledge, 2006.

[54] Joughin, G. (Eds).. *Assessment, learning and judgement in higher education* [M]. Dordrecht: Springer, 2009.

[55] Knight, P.. *Grading, Classifying and Future Learning. In D. Boud & N. Falchikov* (Eds.)[M], Rethinking assessment in higher education. Abingdon and New York: Rouledge, 2007.

后　记

　　最早接触高等教育评估知识是 1998 年 3 月,上海教育科学研究院的董秀华送我一本她参编的《各国高等教育评估》。第一次撰写有关高等教育评估的文字是 2001 年,随时任复旦大学副校长孙莱祥教授参加中国大学校长联谊会年会,按会议要求须准备一篇稿子,于是搜集了一点资料敷衍成篇,题目为"开放、动态:世界一流大学评价标准形成的基点"。其实并没有太多实际的内容,可能是出于友谊,《教育发展研究》主编黄焱拿去发表了,刊登在该刊 2002 年第 2 期上。文章写完了,就再没有继续探索下去。我一直认为,自己先天不足,不适合搞评估研究。1966 年小学毕业赶上"文化大革命",后来下放农村十年,连初中一年级数学也没有正儿八经地学过,对数量的敏感特别差。1977 年参加高考,数学只考了 12 分,如果不是当年江西省文科考生最后数学不算分,我根本进不了大学。评估少不了跟数量打交道,可我看到数字就发憷。

　　话说回来,对高等教育评估,自己尽管是门外汉,可近几年还是留了点心。因为高等教育评估成了人们热议的话题,作为高等教育管理的研究者,一点儿不了解总说不过去。然而自己心里有数,最多做个"票友",玩不了真的。不敢贸然涉足评估研究领域,但禁不住"热门"的诱惑,偶尔也会偷偷伸个脚尖去蹚蹚浑水。2007 年,复旦大学经济学院的石磊教授,推荐我作为评估专家参加东北某高校的本科教学预评估。壮着胆子走了一趟,获得了一点体验。不多久,复旦大学接受教育部本科教学评估,我被时任教务处处长陆靖教授拽进了评估报告起草小组,后来又作为联络人负责接待评估专家,品味了些受评者的甘苦。两次角色不同,体验也不一样,对高等教育评估实践稍许有了些真切的感受,更感到对高等教育评估有太多的未知,所以,始终不敢真"下海弄潮",搞高等教育评估研究。

　　2007 年,上海市教育评估院开始组织有关教育评估研究课题的招标,自己没敢去应标。张伟江院长为了推进课题研究项目,组织了上海各高校高教所所长沙龙,不定期地讨论有关问题,还不时召大家来参加各种开题论证、结题审核的活动。就这样,自己给"拖"进了评估研究的队伍。2009 年秋,上海市教育评估院举行第三次课题公开招标。会上张院长再三示意,希望我积极参与。自己心里极为矛盾,觉得没有能力做这方面的课题,但好像再退缩就有点不识抬举,对不起人了。最后只好硬着头皮申报,也没想到就"中"了。拿到中标通知真是"心有戚戚焉"。为了做好这篇命题作文,2010 年的春节就没有好好过,研究纲要五易其稿。开题时,张伟江院长又与沈玉顺、李亚东、应望江诸贤专程来复旦,与我们讨论了大半天。赶着鸭子上架,鸭子终究没有雄鸡一唱天下白的胆气,所以迟迟动不了笔。根据专家们的建议,研究纲要又改了三次。

好在愚人自有愚人福,我这不中用的"土鳖"幸运地得到了几位"海龟"的帮助。项目应标时,田凌晖博士还在美国做访问学者,她在连续几年雄居美国新闻周刊教育学院排行榜首的范德比尔大学皮博迪教育学院待了一年,接触了一些顶级的教育评估专家。她不仅参与了课题的设计,还邀请她的好朋友、在美国新泽西州罗格斯大学做院校研究的任佳博士参加课题组,这使我稍稍有点底气。课题中标以后不久,在日本广岛大学高等教育开发与研究中心博士毕业的叶林归来,欣然加盟了课题组。2010年夏,曾在德国留学14年的俞可博士来访,向他请教有关德国高等教育评估问题,于是课题组又多了一位成员。就是在几位年轻博士的鼎力相助下,课题研究才得以实施。

本来按计划,课题应当在2010年10月完成,却未能如愿。客观原因是大家都很忙,又各在一方,主观原因是自己始终心虚。书题最初是《宏观高等教育评估学》,斟酌再三,还是改为《宏观高等教育评估学引论》。引论者,抛砖引玉之意。张伟江教授不断给我们打气,说初始总是不完善的,许多著作,都是一次又一次地修订。我们又奋斗了一个寒假,才壮着胆子把书稿拿了出来。

本书写作分工:整体框架设计熊庆年、田凌晖;第一章第一、第三节熊庆年,第二节任佳;第二章第一、第三节熊庆年,第二、第四节田凌晖;第三章叶林;第四章熊庆年;第五章第一、第三、第六节叶林,第二、第四、第五节熊庆年;第六章第一、第三节任佳,第二、第五节叶林,第四节俞可;第七章田凌晖;第八章熊庆年。我指导的硕士研究生吴正霞、吴云香、赵洁慧、宋静波协助做了部分文字整理工作。统稿中,我感觉到各位作者思考方式各异,写作风格富于个性,而内容上有交叠之处。若要求得内容体系逻辑一致、风格一体,势必会削弱特色,淹没精彩。权衡再三,宁存体系之疏,且留各自风采。未当之处,悉以自咎。

感谢应望江教授对书稿提出的宝贵意见,感谢高等教育出版社编辑刘金菊、姚云云为本书出版付出辛勤的努力。当然,最要感谢的是,上海市教育评估院为我们提供机会和研究经费,感谢张伟江教授的鞭策,感谢郭朝红研究员的时常关切与督促。

婴儿的第一声啼哭,虽然混沌,但是表达了对未来的热望。希望读者不要太苛求我们稚嫩的第一声,是以为记。

熊庆年

2011年6月1日

郑重声明